LAURA ANDERSON BARBATA

TRANSCOMUNALIDAD

LAURA ANDERSON BARBATA

TRANSCOMUNALIDAD

Intervenciones y colaboraciones con comunidades de zanqueros

NUEVA YORK   TRINIDAD Y TOBAGO   OAXACA

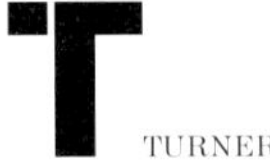

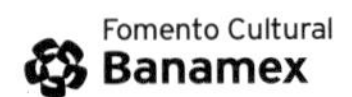
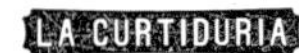
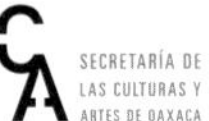
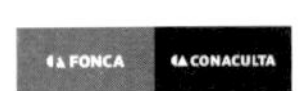

T

TURNER
www.turnerlibros.com

Distribuido en España por:
Machado Grupo de Distribución
machadolibros@machadolibros.com
y
Les Punxes Distribuidora
punxes@punxes.es
www.punxes.es

Distribuido en América Latina por:
Océano
info@oceano.com
www.oceano.com

Disponible en inglés a través de:
DAP
orders@dapinc.com
ART DATA
orders@artdata.co.uk

ISBN: 978-84-15427-92-6 (edición en español)
ISBN: 978-84-15427-91-9 (edición en inglés)

Juan García de Oteyza
Coordinación general

Alfalfa Studio:
Rafael Esquer, Gabriela Mirensky,
Angel B. Lee, Eunjoo Ree,
Haynes Riley, Clara Silva
Diseño y dirección de arte

Donna Wingate
Edición en inglés

Beth Chapple
Corrección en inglés

Jaime Blasco
Traducción

Virginia Ruano
Edición en español

Adriana Cataño
Corrección en español

La publicación de este libro fue posible gracias al
generoso apoyo de Fomento Cultural Banamex, A.C.,
la Secretaría de las Culturas y las Artes de Oaxaca,
La Curtiduría y el Fondo Nacional para la Cultura y las
Artes, Programa Sistema Nacional de Creadores, 2010-2013.

CONTENIDO

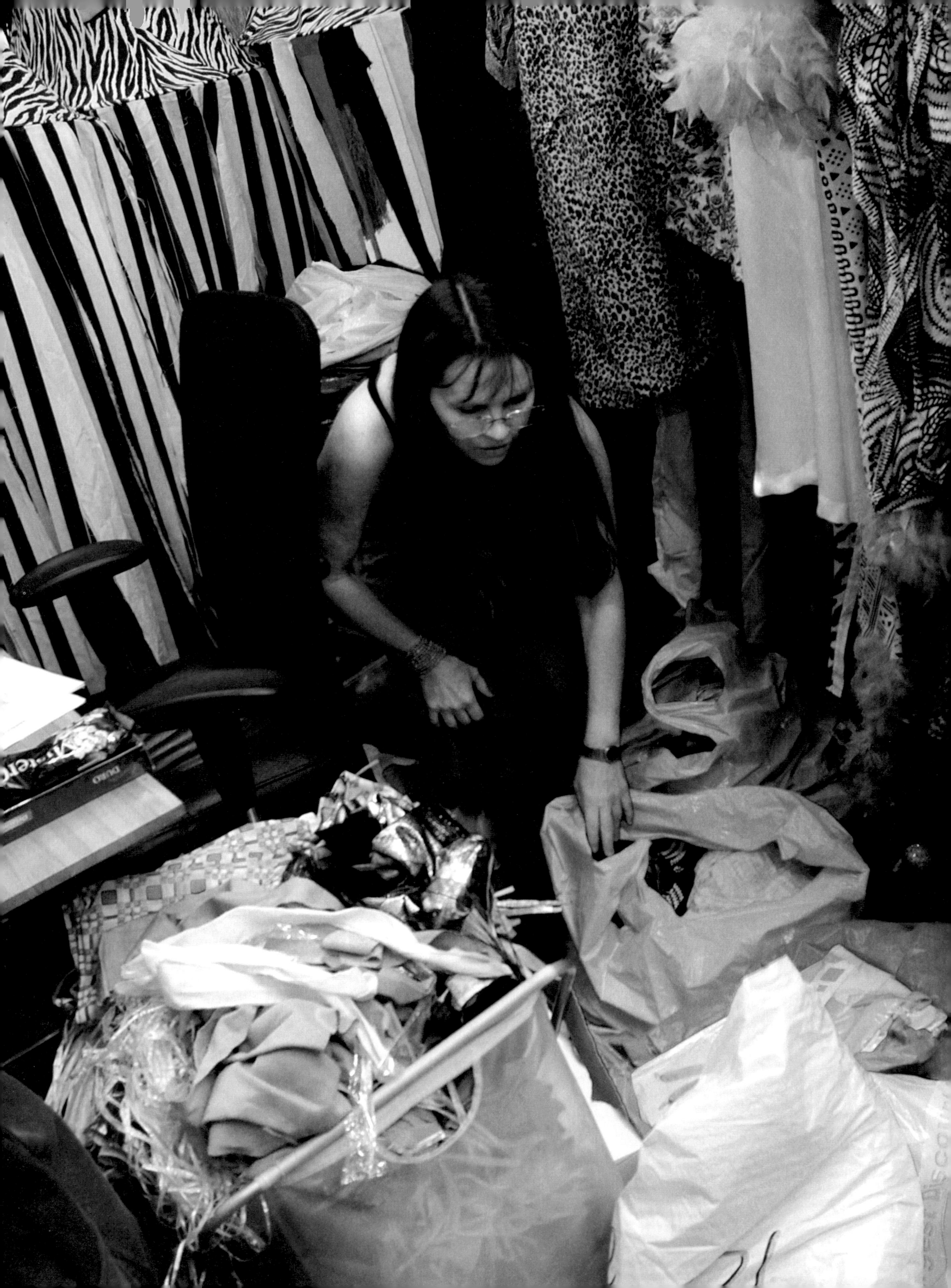

DEL ESTUDIO
A LA CALLE:
LAURA ANDERSON BARBATA

Edward J. Sullivan

Al principio del ensayo evocador y penetrante que escribió Melissa Potter para este libro sobre la obra que ha desarrollado Laura Anderson Barbata durante los últimos diez años, la autora insiste en que "pocos artistas combinan la acción comunitaria y la práctica artística de una manera tan eficaz como ella". Esta frase define la esencia del proyecto global de Anderson Barbata y pone de relieve la participación de una amplia variedad de participantes en las acciones e intervenciones que se documentan a fondo en el presente volumen. Sin embargo, me gustaría matizar ligeramente esta valoración de la obra de Anderson Barbata y afirmar que la "acción comunitaria" y la "práctica artística" son lo mismo, en realidad. Los proyectos de arte participativo y las creaciones individuales de la imaginación estética se funden indisociablemente en su arte.

Como conozco a la artista desde 1988 o 1989, me he tomado la libertad de utilizar su nombre de pila en este ensayo. Somos buenos amigos y compañeros de profesión, y me parece raro llamarla por su apellido.

Es muy difícil, si no imposible, definir la obra reciente de Laura según los criterios convencionales de la práctica artística. Si empleamos la etiqueta "arte performativo", su labor queda relegada, en mi opinión, a un ámbito que en la actualidad se caracteriza por la vanidad autorreferencial. Es indudable que el "activismo comunitario" forma parte de su práctica artística, pero utilizar esa etiqueta equivale a simplificar el impulso fundamental de la expresión estética. Sus acciones son ejemplos singulares de mestizaje[1] cultural o bien combinaciones y apropiaciones respetuosas de formas de actividad, de arte y de vida de muy diversos orígenes. Un ejemplo perfecto de este tipo de práctica es el de los encuentros de artistas procedentes de distintas

Jumbie Camp, 2007
Taller con Laura Anderson
Barbata en la galería Ramis
Barquet
Chelsea, Nueva York
Fotografía: Stefan Hagen

1 En español en el original (N. del T.).

esferas culturales que promueve la artista para que interactúen y creen nuevas formas de expresión. Este aspecto de la obra de Laura recuerda a los estudios del semiólogo y crítico literario francés Roland Barthes. Barthes desarrolló un nuevo concepto de "convivencia" (*vivre ensemble*) e investigó la naturaleza de las comunidades y de sus acuerdos y desacuerdos mutuos. La culminación de sus estudios en este ámbito es la magistral serie de seminarios titulada *Comment vivre ensemble* (Cómo vivir juntos), que impartió en el Collège de France en 1977, cuando ocupaba la cátedra de semiología literaria.[2] En esos seminarios, Barthes analizaba una serie de textos clásicos de la literatura, desde *Robinson Crusoe* de Daniel Defoe hasta *La montaña mágica* de Thomas Mann, para estudiar el modo en que la gente puede reinventar su propia personalidad, adaptarla a las exigencias del grupo o, en algunos casos, rechazar por completo la experiencia de la comunidad. A mi juicio, este tipo de enfoque es precisamente el que utiliza Laura en estos encuentros. En la intervención que organizó en 2011 en Nueva York coincidiendo con la protesta del movimiento Ocupa Wall Street, la artista cuestionó esta noción de *vivre ensemble* y la amplió hasta llevarla prácticamente al límite de su viabilidad. Éste ha sido uno de los proyectos más atrevidos de su carrera. La intervención tuvo lugar en un momento de extraordinarias tensiones sociales en Nueva York y en Estados Unidos (en el otoño y el invierno de 2011-2012), y coincidió con una serie de acciones que suscitaron la indignación social en muchos países. Esa reacción formaba parte de un nuevo movimiento mundial en favor de la tolerancia, derivado del mismo *Zeitgeist* que había desencadenado los levantamientos de la Primavera Árabe en Medio Oriente, las protestas contra la oligarquía dirigente en Rusia y otras manifestaciones similares de angustia colectiva que tuvieron lugar entre 2011 y 2012.

El proyecto *Wall Street* de Laura era atrevido, arriesgado y provocador, y sirvió como vehículo para la interacción de varios estratos sociales que se dieron cita para plantearse preguntas mutuamente y a título individual. Lo mismo puede decirse de casi todas sus obras interactivas. Los proyectos de larga duración con grupos indígenas yanomamis que ha llevado a cabo en Venezuela no pueden ser más necesarios ni provocadores. Elaborar papel, recuperar historias de la creación y ofrecerle a una sociedad una plataforma para ejercitar su patrimonio cultural es un proyecto atrevido que posee, al mismo tiempo, una dimensión ética desde el punto de vista artístico y moral. Su tarea ha consistido y consiste en poner la creatividad al servicio del progreso social.

Me gustaría dejar claro, sin embargo, que las intervenciones artísticas de Laura Anderson Barbata no están ni mucho menos desprovistas de elegancia, sutileza y sentido del humor. Lejos de la monotonía y el ensimismamiento

<hr>

2 Edición en español: *Cómo vivir juntos*, Siglo XXI, Buenos Aires, 2003.

de los *performances* de algunos de los artistas interactivos más famosos de nuestra época, las obras de Laura se caracterizan por su capacidad de cautivar los sentidos en cada aspecto de la creación. Cuando la artista prepara un encuentro entre los Zancudos de Zaachila, los Moko Jumbies de Trinidad y los zanqueros de Brooklyn, no se limita a crear una forma artística de globalización, sino que proporciona una plataforma de enriquecimiento mutuo que permite el intercambio físico, estético y cultural.

En estos proyectos Laura actúa a la vez como empresaria, agente catalizador, promotora artística y participante.

Este libro se centra en el análisis de esas *superobras* o proezas del *performance*, y es justo que sea así, puesto que este aspecto de su obra es vital, espectacular y está cargado de inspiración. Pero mi formación de historiador del arte me obliga a subrayar que Laura Anderson Barbata alcanzó la madurez creativa mucho antes de dedicarse al *performance*. Sus inquietudes actuales son el resultado de un largo periodo de evolución artística en una carrera que se caracteriza por el estudio riguroso, el trabajo duro, la versatilidad y la experimentación. Todos los proyectos de Laura, sean bidimensionales, tridimensionales o interactivos, son la consecuencia de largos periodos de investigación y reflexión. Laura, de hecho, dedica el mismo tiempo a la filosofía y al estudio de la historia del arte y de la cultura que al ejercicio de la creatividad visual. La lectura voraz, el trabajo de campo exhaustivo y la incursión en la historia cultural, social y política de los lugares y su gente han impulsado la formación de su carrera.

Como ya he señalado, conocí a Laura a finales de los ochenta, una época muy distinta de la década que ha alumbrado las obras fotografiadas y comentadas en el grueso de esta publicación. Fui el curador de una exposición que llevaba por título *La mujer en México*, que se inauguró en el National Academy of Design Museum de Nueva York y que luego viajó a la ciudad de México, a Monterrey y a Lieja. Para mí, que había trabajado durante mucho tiempo en el campo del arte mexicano y estaba profundamente interesado en la influencia de la mujer en las artes y las letras de ese país, fue una exposición muy importante. En la muestra aparecían los nombres de muchas artistas famosas de los años cuarenta y cincuenta: algunas nacidas en México y otras que habían emigrado allí en los años de la Segunda Guerra Mundial (Frida Kahlo, María Izquierdo, Lola Álvarez Bravo, Leonora Carrington, Remedios Varo, entre otras). Mi intención era compensar la presencia de esas figuras relevantes con obras de artistas jóvenes, exponentes de las corrientes más interesantes del arte contemporáneo. Laura participó en la exposición con las obras que estaba creando en aquel entonces, piezas de dos y tres dimensiones, abstractas en apariencia, pero cargadas de reminiscencias de símbolos totémicos y emblemas chamánicos. Sus esculturas eran largas estacas de madera con piedras incrustadas, similares a los símbolos que se utilizan en las sociedades sin escritura para señalar un cruce de caminos. También presentó algunos dibujos monocromos con gis, imágenes amplias y gestuales que reflejaban un interés latente por la expresión formal no objetiva y un conocimiento profundo de las técnicas del arte abstracto de principios del siglo xx.

En los proyectos que desarrolló en los años noventa se puede percibir una evolución gradual en el ámbito de las obras tridimensionales y un giro progresivo hacia la solidaridad con los problemas y los dilemas sociales. Una de las obras de esa época que más me impresionó fue un proyecto que presentó en la VI Bienal de La Habana (1997), una ambiciosa instalación que versaba sobre las lenguas indígenas en peligro de extinción en México y otros lugares.

En todas sus obras, Laura Anderson Barbata analiza la sensibilidad y la conciencia del individuo y de la comunidad. Quizá sea éste el motivo que la ha llevado a compartir sus experiencias y sus conocimientos a través de la práctica docente. Desde 2010, imparte clases de arte en la Escuela Nacional de Pintura, Escultura y Grabado, La Esmeralda, en la ciudad de México. Alterna la docencia con viajes, proyectos, talleres e intervenciones por todo el mundo. Sus alumnos tienen la suerte de poder compartir su sensibilidad, su sabiduría y su pericia. Y nosotros, los lectores de este libro, debemos agradecer la oportunidad que se nos brinda de adentrarnos de un modo más directo e íntimo en la conciencia estética compleja y en perpetuo estado de evolución de una fuerza del mundo del arte y de la acción social.

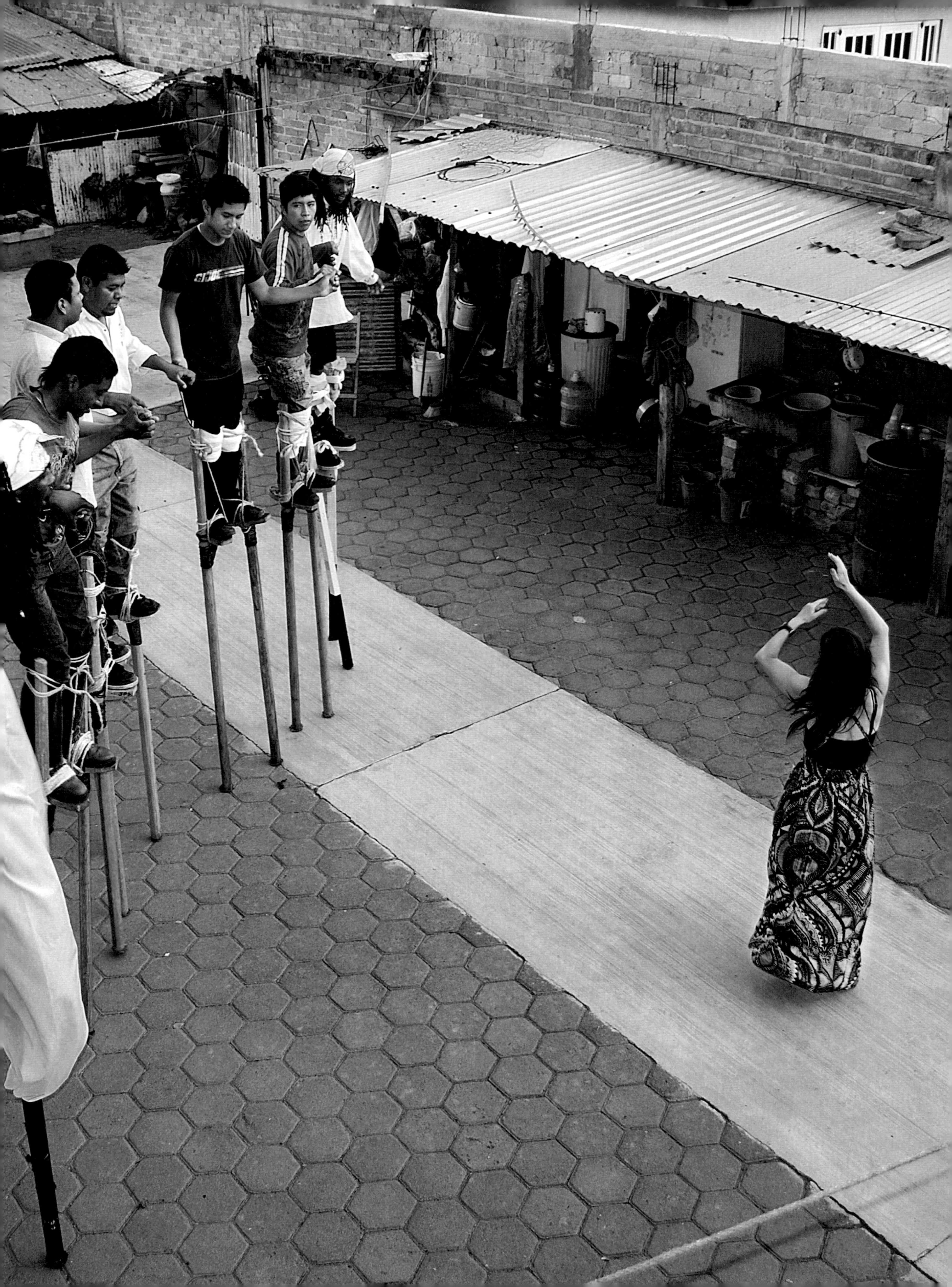

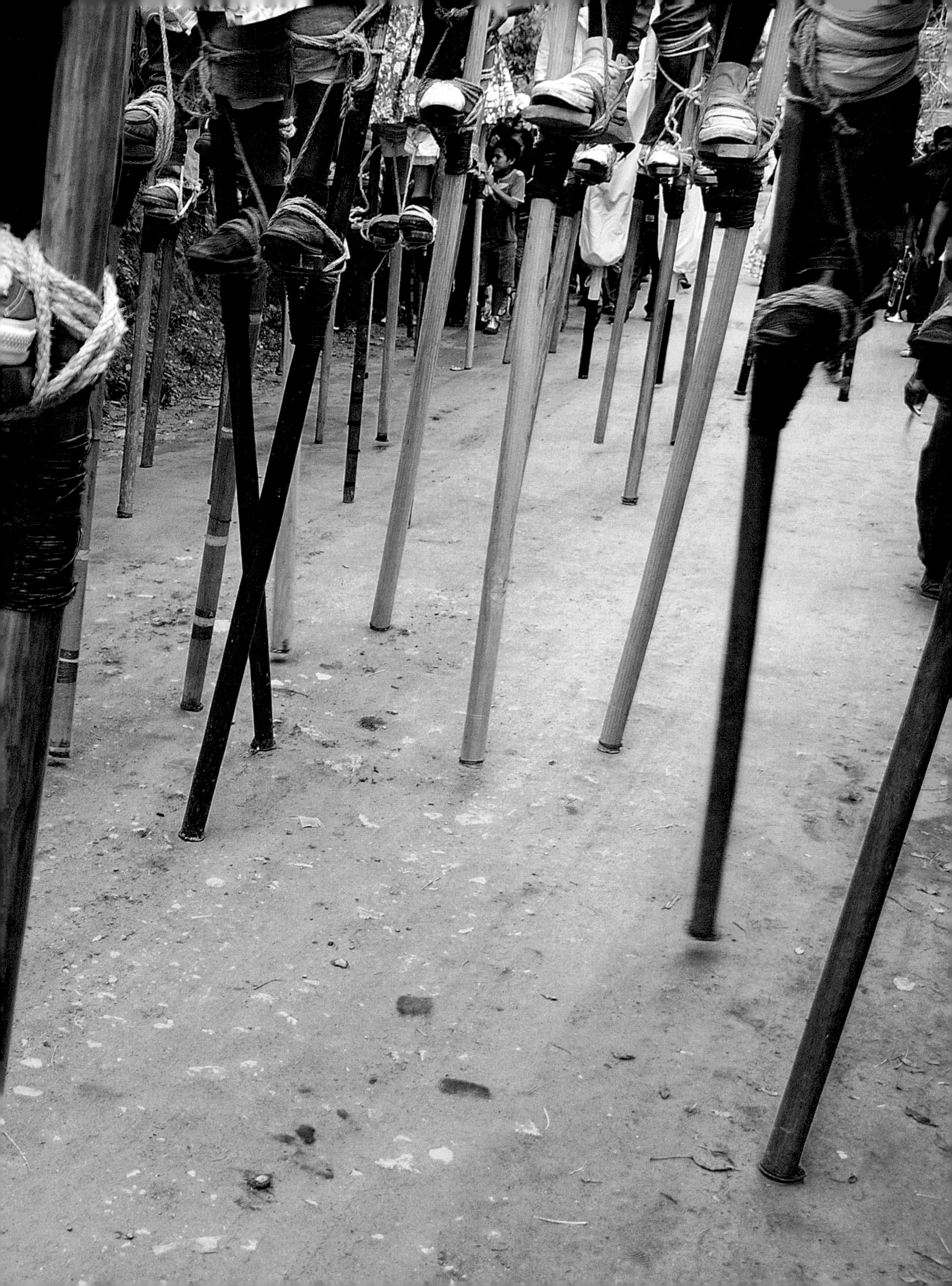

COMUNIDAD, COLABORACIÓN Y ESCULTURA SOCIAL: EL ARTE INTERDISCIPLINARIO DE LAURA ANDERSON BARBATA

Melissa Potter

Pocos artistas combinan la acción comunitaria y la práctica artística de una manera tan eficaz como Laura Anderson Barbata. Formada en el arte tradicional y consagrada en el circuito de las galerías y los museos más populares, su carrera ha evolucionado rápidamente para incorporar su pasión por el arte con un propósito.

Recuerdo cuando la conocí en Dieu Donné Papermill, el espacio artístico donde yo trabajaba en esa época, situado en aquel entonces en Broome Street, Nueva York. Laura realizaba algunos experimentos en nuestro taller, confeccionando papel a mano con unas páginas de la Biblia que había reunido en algunas comunidades indígenas de las profundidades de la Amazonia venezolana. La obra que resultó de esos experimentos, *¿Qué tiene que ver la piel, el pelo, la pluma, la madera con el jaguar, brujo, mago, sabio?*, había sido elaborada con páginas de distintas versiones del Nuevo Testamento: en lengua española, yekuana, yanomami, achuar, maya y quechua. Esta pieza expresa la relación compleja y conflictiva que mantienen las comunidades indígenas con los forasteros, cuya labor social basada en intereses religiosos dificulta la autonomía de esos pueblos no cristianos.

Con un enfoque interdisciplinario y etnográfico, Anderson Barbata había puesto en marcha en Dieu Donné un proyecto de catalogación exhaustiva de las muestras de fibra que había empleado en la confección de papel a mano en colaboración con aquellas comunidades. La artista registraba el nombre y el lugar de origen de cada fibra y el método de los indígenas para hacer papel a mano, una técnica que empleaban para crear grabados, libros y revistas que reflejaban la riqueza y la complejidad de sus historias. Todavía hoy me siento maravillada al contemplar esos archivos, que no son únicamente un manual técnico de elaboración de papel en la Amazonia, sino también un testimonio del peligro de extinción en el que se encuentran los grupos indígenas de Venezuela, comunidades, por lo general, de pocos centenares de individuos. Ese registro es además una descripción desapasionada del fin del aislamiento de los remotos territorios de la Amazonia y de los efectos devastadores de la tala de árboles y las explotaciones mineras y petrolíferas.

En 2010 curé una exposición en el Center for Book & Paper Arts del Columbia College de Chicago, en la que Anderson Barbata presentó una obra titulada *Among Tender Roots* [Entre tiernas raíces], inspirada en el título de la escultura *The One Who Rests Among Tender Roots* [El que yace entre tiernas raíces, 1995], una pieza en la que ya aparecía una Virgen sin cabeza, un motivo recurrente en su carrera. La atracción principal de esa muestra era *¿Qué tiene que ver la piel, el pelo, la pluma, la madera con el jaguar, brujo, mago, sabio?*, una imagen emblemática de sus trabajos en la Amazonia. Cientos de páginas salen flotando de libros abiertos en el suelo y se reorganizan en columnas que expresan el mensaje de la autodeterminación de los pueblos indígenas que han tenido que soportar durante generaciones el proselitismo

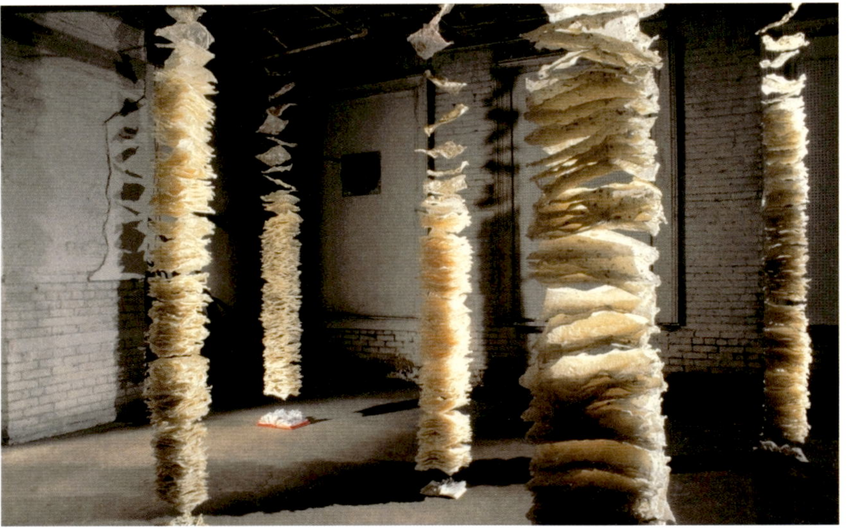

Figura 1. *¿Qué tiene que ver la piel, el pelo, la pluma, la madera con el jaguar, brujo, mago, sabio?*, 1998
Papel hecho a mano con versiones del Nuevo Testamento en español, yekuana, yanomami, ashuar, maya y quechua
Medidas variables
Colección de la artista
Fotografía: Stefan Hagen

y el sometimiento de su herencia espiritual (Fig. 1). La exposición hacía hincapié en la riqueza del trabajo comunitario que la artista había llevado a cabo en lugares tan diversos como la Amazonia, Oaxaca o Brooklyn.

Laura Anderson Barbata viajó por primera vez a la Amazonia venezolana en 1992 y entró en contacto con la comunidad yekuana, asentada a lo largo del río Cunucunuma, para aprender su método de construcción de canoas. A cambio de esa valiosa técnica, ella enseñó a los yekuana —y después a muchas otras comunidades ribereñas— a confeccionar papel a mano. Así nació el proyecto *Yanomami Owë Mamotima* (que significa, a grandes rasgos, "El arte yanomami de reproducir papel"). Con un equipo sencillo y respetuoso con el medio ambiente, los yanomamis elaboran papel para crear grabados, tarjetas y libros ilustrados. La artista tenía además una intención subversiva: parte de la pulpa de papel se había elaborado reciclando documentos procedentes de la misión católica de la región. Este papel se transformó en arte y en artículos que generaron ganancias y que se vendieron incluso a las propias misiones que habían creado las Biblias y los panfletos en un principio. Colaboró además con esta comunidad en la publicación de un libro de artista de edición limitada. Museos y bibliotecas de todo el mundo adquirieron ejemplares de esta obra que acercaba la historia y la cultura yanomami al público internacional por primera vez (Fig. 2).

Las publicaciones son toda una proeza: auténticos libros de artista creados en una de las regiones habitadas más remotas del planeta. El uso de fibras de la selva aporta fuerza y profundidad al material gráfico. Aunque los sellos de madera tallada forman parte de la cultura yanomami desde hace mucho tiempo, hasta ahora se habían utilizado exclusivamente para decorar sus cuerpos con *onoto*. Al incorporar un nuevo material, el papel, se funden

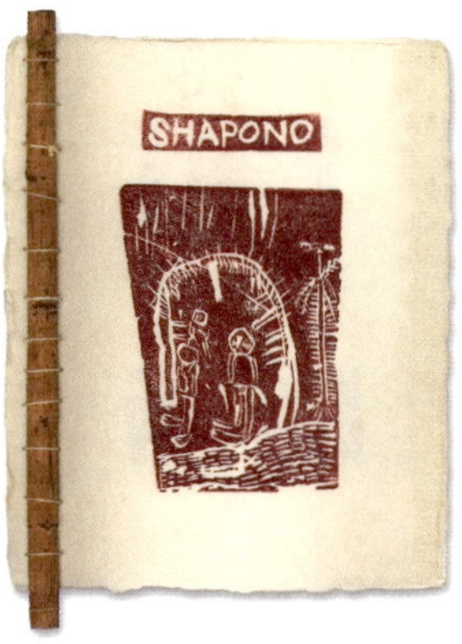

Figura 2. *Shapono*, 2001
Pinturas de agua sobre papel
de shiki y de abaca, con estuche
hecho a la medida
31.7 × 22.8 cm
Edición de 50
Colecciones públicas y privadas

dos técnicas para crear una forma de expresión artística con nuevas posibilidades de interpretación cultural.

    Shapono, el título del primer libro, narra la historia de Omawë y Yoawë, los hermanos gemelos que construyeron el primer *shapono*, la casa comunal típica de ese grupo. (Estas historias no se consideran narraciones mitológicas, sino episodios históricos reales.) El libro se ilustró con grabados en relieve realizados por los niños y era el primer documento escrito producido por esta cultura. Anderson Barbata concibió una versión en video de la

Figura 3. *Shapono*, 2002
DVD
Colección Tozzer Library,
Harvard University

historia, una película de animación con los dibujos, los grabados y la voz de narradores yanomamis, ofreciendo una interpretación diferente de la historia en un entorno inmersivo (Fig. 3).

    Inspirándose en la obra de Anderson Barbata sobre *Shapono*, el segundo libro de la comunidad, *Iwariwë*, narra la historia del embaucador como héroe cultural. La obra se concibió como un libro de artista de copia única, acompañado por una edición comercial. El Instituto de Estudios Avanzados (IDEA) de Caracas se encargó de la edición, y la coordinación y el diseño se encomendaron a Álvaro González Bastidas, quien, inspirándose en la labor que había desarrollado Anderson Barbata a finales de los noventa, sigue colaborando en la actualidad con la comunidad yanomami en la fabricación de utensilios y herramientas para el centro *Yanomami Owë Mamotima*.

Laura Anderson Barbata alterna este tipo de proyectos con el trabajo de estudio, otra forma de expresión de su labor comunitaria. Una pieza emblemática que encarna ese aspecto es la escultura *El viaje (autorretrato)*, de 1996. Se trata de una figura sin cabeza, hecha de cera y maíz, que flota sobre un río de pétalos de caléndula en una canoa. Este concepto de autorretrato guarda una relación muy interesante con esa faceta que acabamos de mencionar, pues refleja los símbolos y las metanarrativas de las culturas amazónicas que ha acabado conociendo de una manera tan íntima. Esta noción debe situarse en el contexto de la actitud explotadora de los antropólogos que ha hecho estragos en muchas comunidades amazónicas. Los líderes de los grupos indígenas colaboran con las misiones y el gobierno de

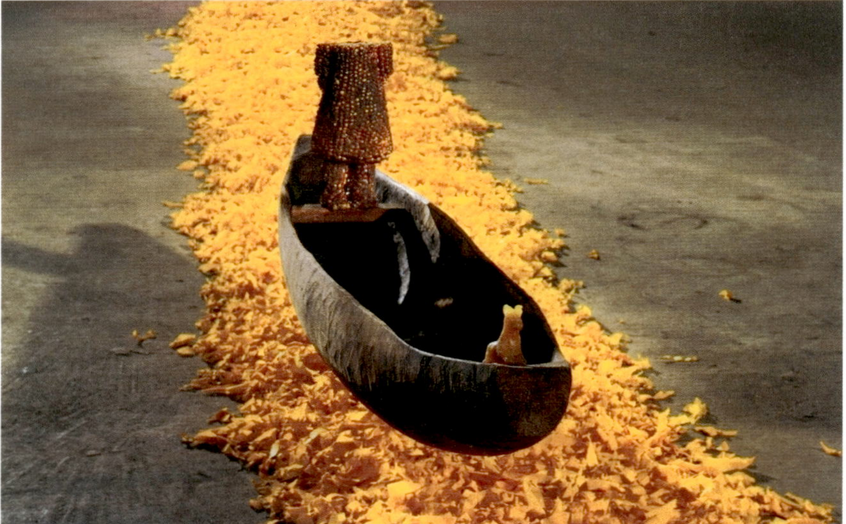

Figura 4. *El viaje (autorretrato)*, 1996
Madera, cera, maíz, pétalos de flor y papel
Canoa: 40.6 × 20.6 × 142.2 cm
Río: medidas variables
Colección de la artista
Fotografía: Stefan Hagen

Venezuela para restringir e incluso prohibir los trabajos de investigación que no cuentan con la aprobación de la comunidad. Además de alumbrar obras de arte extraordinarias, las colaboraciones de Anderson Barbata aportan nuevos criterios éticos para la colaboración comunitaria (Fig. 4).

En una línea muy similar, en 2001 la artista introdujo a algunos estudiantes de la localidad de Grande Riviere, en Trinidad y Tobago, en el arte de la elaboración de papel a mano, con el proyecto de la Anglican School, *GRAS*. Grande Riviere es el hogar de las famosas tortugas laúd, que todos los años acuden a la isla para anidar en sus playas. En colaboración con las Naciones Unidas, el pueblo de Grande Riviere organizó un proyecto de recuperación del hábitat que ha incrementado el número de tortugas en más de doscientos por ciento. La pasión de los estudiantes por el medio ambiente se reflejaba en el material gráfico que crearon en papel hecho a mano a partir de materiales reciclados. En sus obras aparecían tortugas, aves y plantas autóctonas de la región. En la actualidad, el proyecto de elaboración de papel forma parte del plan de estudios del colegio de Grande Riviere y las ventas del libro son una herramienta educativa y una oportunidad para obtener ingresos (Fig. 5).

Sin embargo, cualquier persona familiarizada con este método sabe que representa un gran desafío, y que, si no se practica con la máxima delicadeza, adaptándose a las condiciones locales, lo más habitual es obtener una horrible papilla en lugar de papel. Anderson Barbata es una maestra consumada y su impronta se percibe con claridad en la coordinación de sus proyectos. Posee una habilidad poco común para fomentar lo sublime y las expresiones locales más auténticas. Como tantos otros proyectos suyos, *Yanomami Owë Mamotima* ha dado lugar a nuevas manifestaciones, la más reciente de los cuales es la estadía de Sheroanawë Hakihiiwë, el líder del taller, como artista residente en el Center for Book & Paper Arts en Chicago.

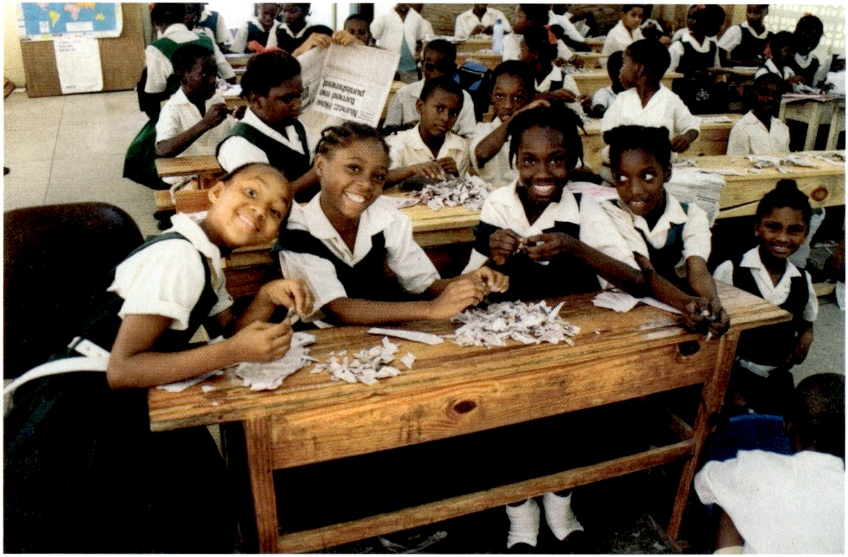

Figura 5. Los niños reciclan el material de sus cuadernos para hacer papel nuevo
Proyecto *GRAS* para hacer papel y grabados
Grande Riviere, Trinidad y Tobago
Fotografía: Laura Anderson Barbata

Sheroanawë es un hombre de mediana edad, experto en la elaboración de papel artesanal, pero cuando se puso en marcha el proyecto no era más que un niño, como atestiguan las primeras fotografías de la exposición *Among Tender Roots*. Sheroanawë ha colaborado durante tres años consecutivos con estudiantes graduados en la fabricación de papel para convertir sus dibujos en libros de edición limitada en papel artesanal. Gracias a la relación que mantiene con Anderson Barbata desde hace veinte años, este procedimiento siempre genera obras pertinentes y adecuadas para la evolución de su carrera artística. El éxito de los proyectos de la artista se basa en gran medida en esta afinada "escucha profunda", una actitud poco frecuente en el mundo del arte, obsesionado por las modas. La influencia en la carrera de Sheroanawë ha sido enorme, y le ha permitido obtener becas importantes y vender su obra para financiar el proyecto *Yanomami Owë Mamotima*.

Quizá el aspecto más importante de estas colaboraciones sea la tremenda autonomía que han alcanzado. A diferencia de tantas otras iniciativas artísticas, cuyo compromiso social se agota una vez que el rumor de la crítica se apaga, los proyectos de Anderson Barbata siguen funcionando de forma independiente. En el caso de *GRAS*, los estudiantes aceptaron la propuesta de coordinar talleres para compartir sus conocimientos con alumnos de otros colegios de Trinidad. En Venezuela, el cargo de administrador de la producción artística del proyecto *Yanomami Owë Mamotima* se comparte de generación en generación entre los miembros de la comunidad, una hazaña monumental de compromiso y determinación. Organizan además talleres en otras comunidades vecinas, lo que ha contribuido a difundir la imagen de todas las comunidades indígenas de Venezuela. *Yanomami Owë Mamotima* ha obtenido el reconocimiento merecido de algunas instituciones culturales: en 2000, *Shapono* recibió el Premio al Mejor Libro del Año concedido por el Centro Nacional del Libro de Venezuela. Además, el proyecto ha inspirado al Instituto de Estudios Avanzados (IDEA) a construir en el Alto Orinoco la Escuela Shapono, dedicada a la conservación y a la mejora de la cultura yanomami.

El éxito de estas obras ha impulsado nuevos proyectos en la carrera de Anderson Barbata. En sus colaboraciones con los Moko Jumbies y los Brooklyn Jumbies, utiliza en ocasiones fibras amazónicas, shiki, y recicla toda clase de desperdicios, desde discos compactos a textiles. El proyecto (*Moko* es un dios africano y *Jumbi* un fantasma o espíritu de las Indias Occidentales) comparte inquietudes sociales con otros trabajos de la artista y se puso en marcha en 2001 en Cocorite, Trinidad, en colaboración con la Dragon Keylemanjahro School of Arts and Culture. Se basa en una tradición antillana que llegó al Caribe procedente de África. Según la leyenda, los Moko cruzaron a pie el océano Atlántico para traer esperanza e inspiración a los descendientes africanos del esclavismo y el colonialismo. En la actualidad

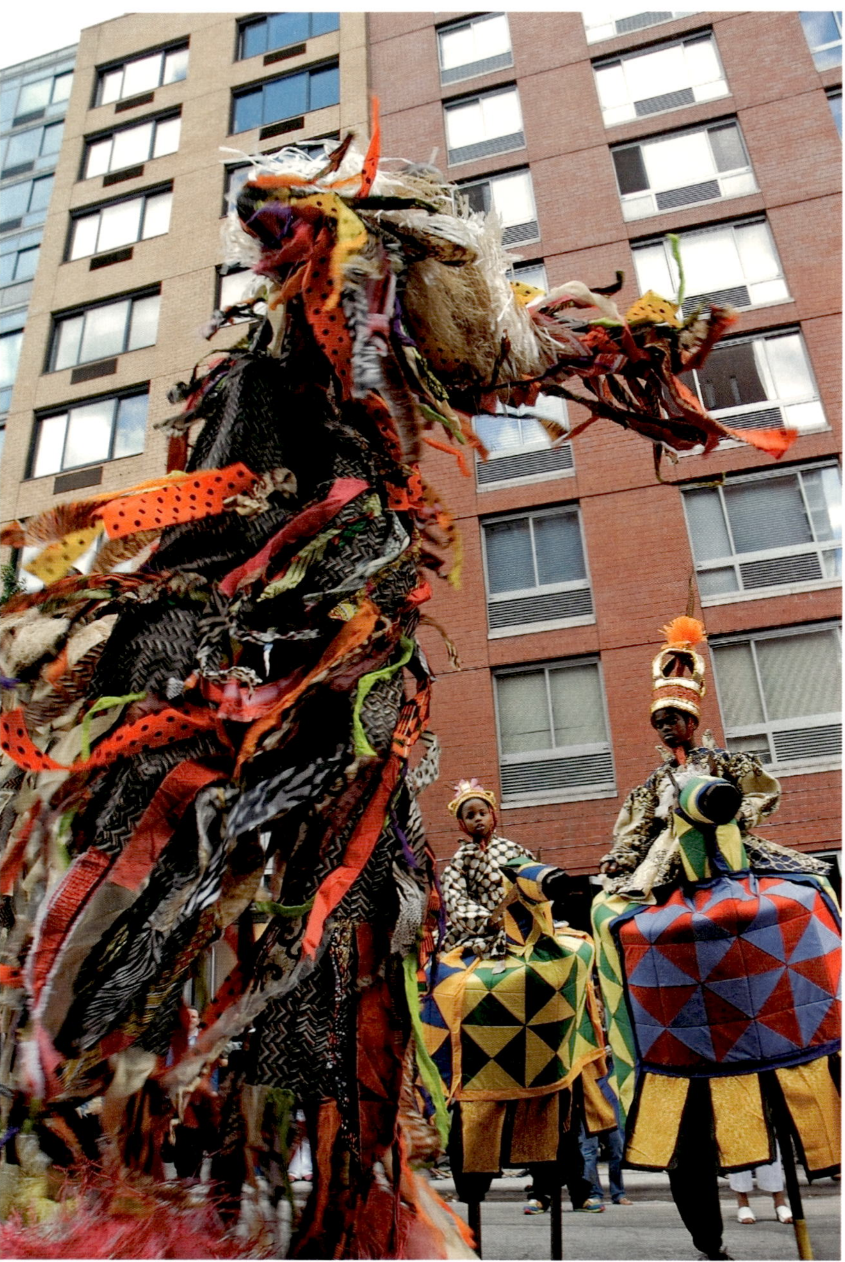

Figura 6. *Jumbie Camp*, 2007
Performance en la calle 24
Colaboración con los Brooklyn Jumbies
Chelsea, Nueva York
Fotografía: Stefan Hagen

participan en el West Indian Carnival Festival que se celebra todos los años. Aprender esta tradición es una oportunidad única y un estímulo para los jóvenes de Puerto España, Trinidad, Brooklyn y Nueva York (Fig. 6).

El trabajo con los Jumbies ayuda a reforzar el conocimiento del arte y la herencia cultural de la diáspora del África occidental y enseña a los

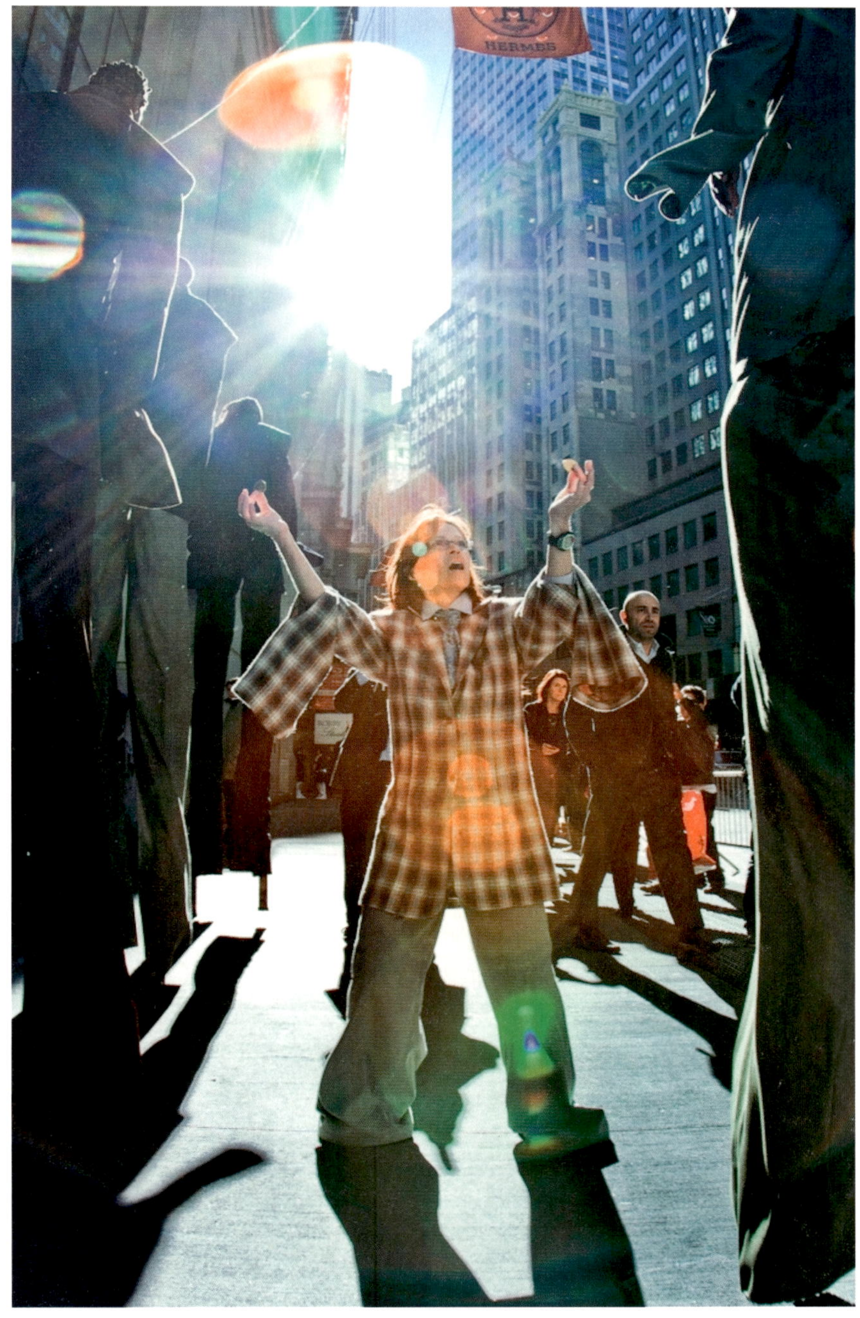

Figura 7. *Intervention: Wall Street*, 2011
Colaboración con los Brooklyn Jumbies
Distrito Financiero, Nueva York
Fotografía: Frank Veronsky

que participan técnicas de colaboración, de organización e incluso estrategias comerciales. En el verano de 2007, la artista organizó en Nueva York una exposición y un proyecto comunitario llamado *Jumbie Camp*, para lo cual transformó una típica galería de arte de Chelsea en un taller abierto. Los Brooklyn Jumbies se instalaron en la galería durante el tiempo que duró la exposición para ensayar y preparar una actuación callejera bajo la dirección de Anderson Barbata. Invitaba a los visitantes a participar en aquel espectáculo lleno de colorido y enormes vestidos (los zancos y el vestuario pueden llegar a alcanzar una altura de hasta cuatro metros y medio). La calle 24 de Chelsea se convirtió en el escenario de un espectáculo público multitudinario. Más de quinientas personas asistieron al desfile de los Brooklyn Jumbies. Un año después, se presentó en el Museo de Arte Moderno de Fort Worth, Texas, y atrajo a más de setecientas personas; a la vez, el programa comunitario que lo acompañaba involucró a más de dos mil.

En el otoño de 2011, Anderson Barbata utilizó el movimiento Ocupa Wall Street como plataforma artística. Concibió una intervención llamada *Intervention: Wall Street*, en la que participaron los Brooklyn Jumbies caminando sobre sus zancos, vestidos con trajes sastre con mangas y pantalones desmesuradamente largos. Se elevaban muy por encima del nivel de la calle, a la altura de la segunda planta de los edificios de oficinas de la zona. ¡Imagínense a los oficinistas al ver a unos jóvenes de color trajeados mirándolos fijamente! (Fig. 7.) El mensaje tenía mucha fuerza, y lo mismo se puede decir de la participación de la propia Anderson Barbata, que ofrecía

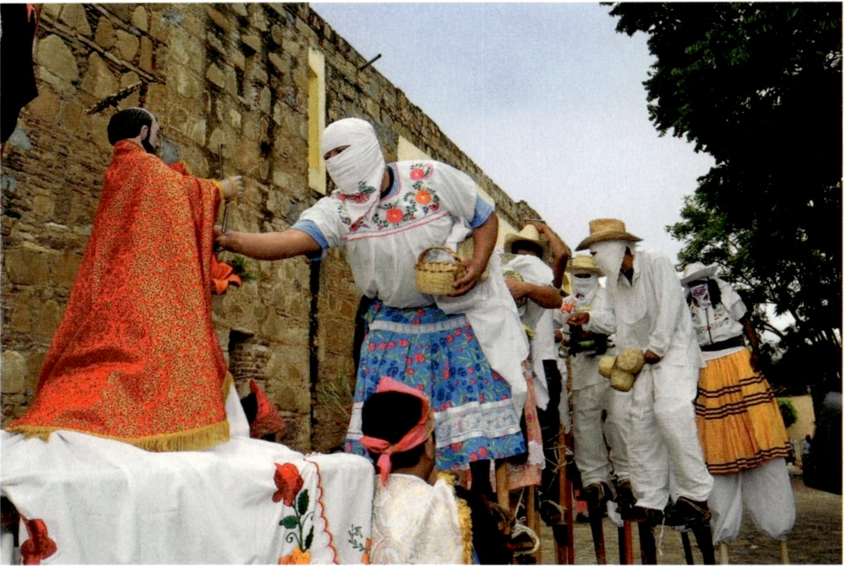

Figura 8. Los Zancudos de Zaachila y los Brooklyn Jumbies hacen ofrendas a San Pedro antes de las procesiones, 2011 Zaachila, Oaxaca Fotografía: Marco Pacheco

enormes monedas a los transeúntes vestida con un traje similar. Empequeñecida por la altura de los Jumbies, su imagen expresaba un comentario adicional sobre el papel de las mujeres en el Estados Unidos corporativo.

El amor desmesurado (y contagioso) de Laura Anderson Barbata por México, su patria natal, renace en su colaboración con los Zancudos de Zaachila, un grupo afincado en Oaxaca. Se sabe que esta tradición tiene un origen remoto, en la que los Zancudos celebran todos los años el día de San Pedro en Zaachila con una procesión de bailes de la tradición precolombina. Circulan numerosas versiones de la historia de esa costumbre: según una de ellas, San Pedro se le apareció a un aldeano y le pidió que levantara una iglesia en su honor. Como los aldeanos no lograron terminarla a tiempo, San Pedro les ordenó que celebraran la festividad bailando en zancos (Fig. 8).

Después de años de colaboración, en 2011 Anderson Barbata decidió contactar con artesanos tradicionales de la región de Oaxaca e invitarlos a participar en pintura, costura, talla en madera y otras disciplinas. A diferencia de la tradición antillana, en la cual se decoran los zancos para la actuación, en Oaxaca se utilizan sencillos zancos de madera sin pintar. Anderson Barbata aprovechó esta circunstancia para reinterpretar los zancos tradicionales y ofrecer a los artesanos un modo de expresión nuevo. Los artesanos ejercen su libertad artística y dejan su impronta en la decoración de los zancos, las máscaras y otros objetos. Los dibujos de animales fantásticos y objetos cotidianos hacen referencia al contexto histórico y ofrecen una reinterpretación de los rituales que se adapta al contexto del siglo XXI. La riqueza de esta tradición, en la que los hombres interpretan tanto los papeles masculinos como los femeninos, y se cubren las caras con tela, cobra nueva vida en estos eventos públicos multitudinarios que atraen a cientos de personas.

La artista ha estudiado todas estas conexiones culturales en uno de sus últimos *performances*. Los Brooklyn Jumbies viajaron hasta Oaxaca para actuar con el grupo de los Zancudos en un impresionante análisis intercultural de la tradición, la identidad y la evolución social. Combinando la sensibilidad extrema con las prácticas locales de colaboración, actuación en público y piedad religiosa con su habitual valentía y visión artística, Anderson Barbata organizó un *performance* concebido como espacio de investigación artístico y educativo. En esta obra la artista experimenta con los significantes culturales de cada grupo y aporta una maravillosa dosis de humor y soltura. Estas colaboraciones atraen a distintos públicos, desde los habitantes de las ciudades donde se representan los *performances* a las personas que contemplan las versiones más recientes de sus instalaciones de "esculturas sociales", en las que se exhiben las prendas artísticas que visten los participantes de los *performances*. Gracias a estas intervenciones, la comunidad local celebra sus tradiciones y da a conocer su herencia intangible a un público más amplio y, al mismo tiempo, se estimula la microindustria de los invaluables artesanos mexicanos. Recientemente, Anderson Barbata se deja ver con mayor frecuencia en sus propios *performances*, adaptando de nuevo su noción de autorretrato a estas interacciones reveladoras.

El auténtico propósito que debe fijarse el arte en la actualidad es ofrecer nuevas percepciones de nuestra sociedad globalizada, una sociedad que evoluciona tan rápido que apenas podemos calcular el daño que inflige a las tradiciones que nos humanizan. Las comunidades minoritarias y sus frágiles culturas desaparecen sin dejar rastro y al hacerlo se pierde, quizá para siempre, su potencial social, intelectual y económico. ¿Qué es, exactamente, lo que está en juego? Los proyectos de Anderson Barbata permiten comprender en gran medida el significado de esta pregunta. La obra artística interdisciplinaria que ha desarrollado a lo largo de más de treinta años ha abierto nuevos caminos y ofrece nuevos modelos para estudiar estos retos sociales. Por medio de sus proyectos de colaboración, el público empieza a conocer realmente un lugar determinado, y las comunidades locales se convierten en accionistas de nuevos actos de afirmación cultural. Su obra desafía nuestra noción de identidad, de ritual y de herencia; la marca indeleble que ha dejado en tantas vidas y comunidades es un homenaje al extraordinario potencial y a la belleza de la expresión humana.

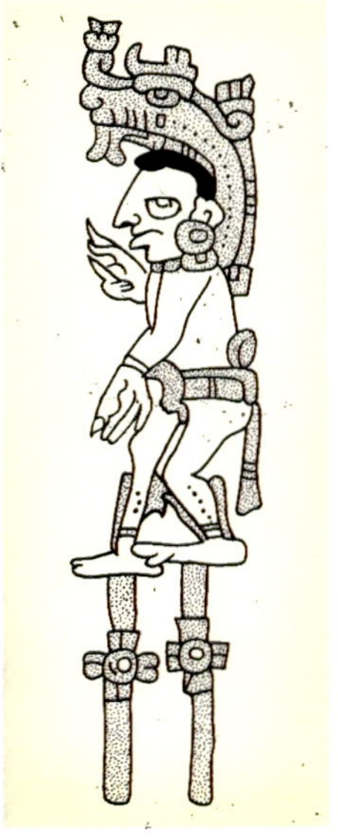

Figura 9. Mujer en zancos, con tocado de animal en una ceremonia ritual, según el códice Tro-Cortesiano, f. 36, arriba, en Sylvanus Griswold Morley, *The Ancient Maya*, 3a. ed. revisada por G. W. Brainerd, Stanford University Press, Stanford, 1956, p. 215

NUEVA YORK

WALL STREET

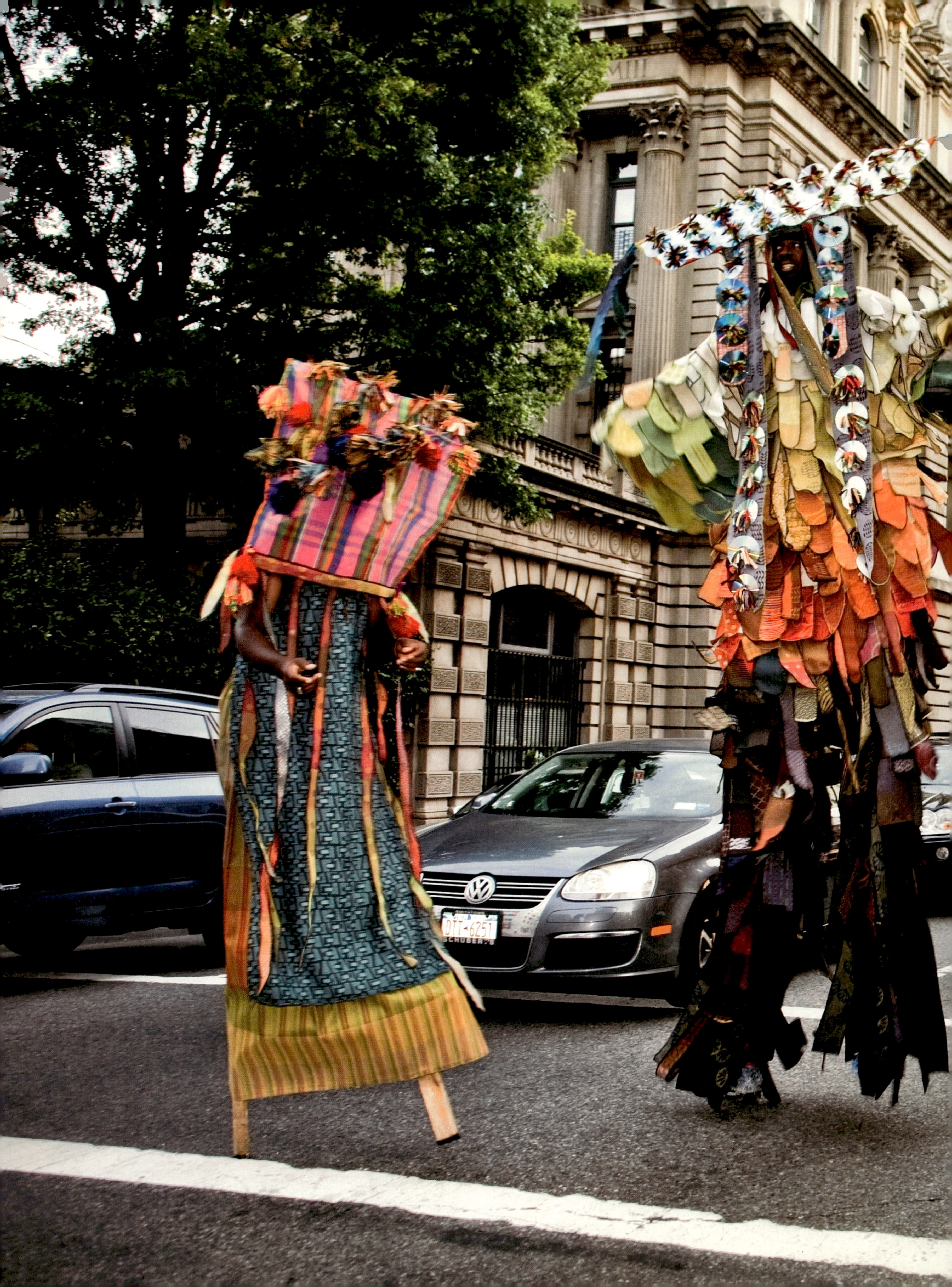

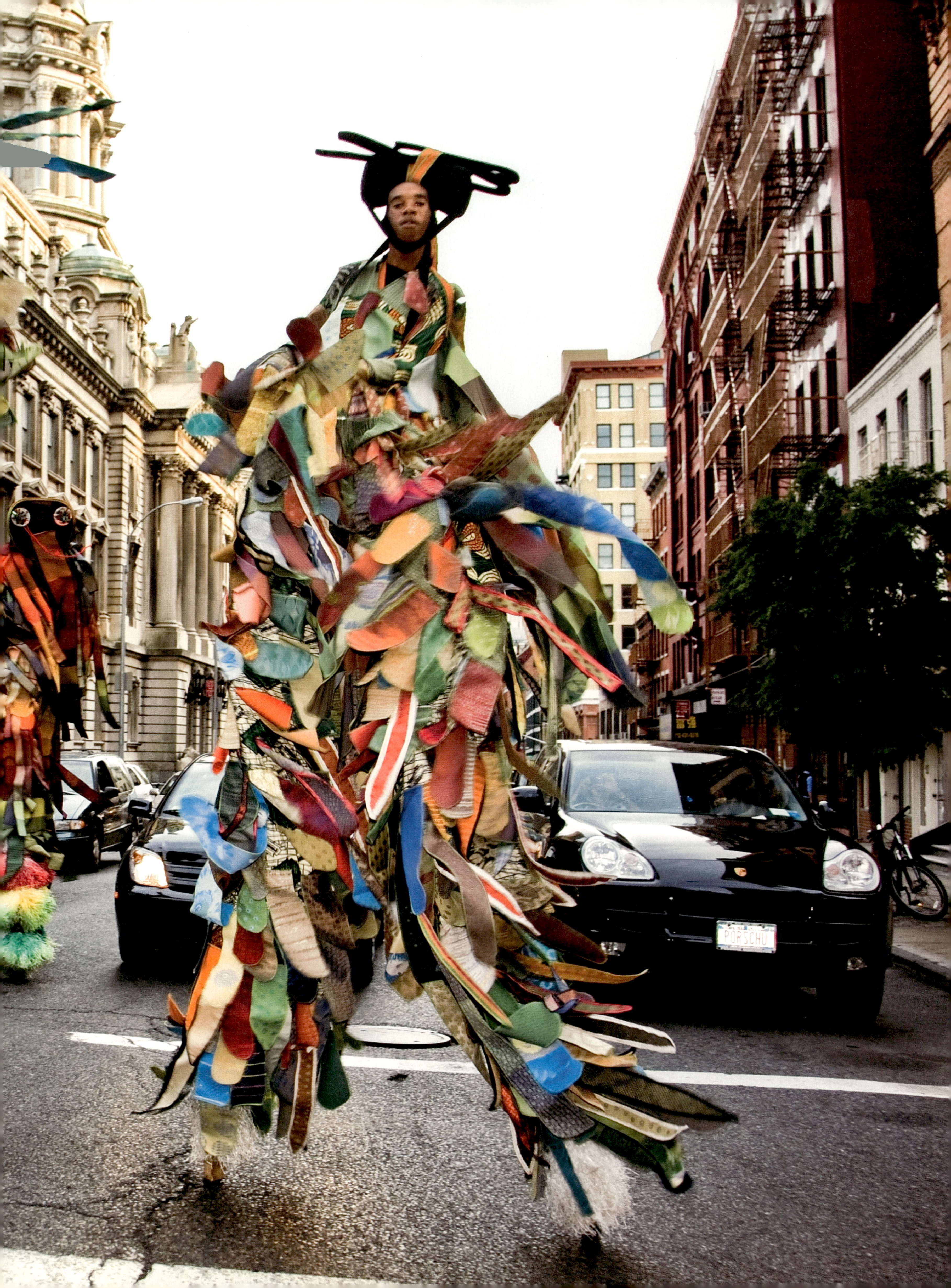

POR5CHU

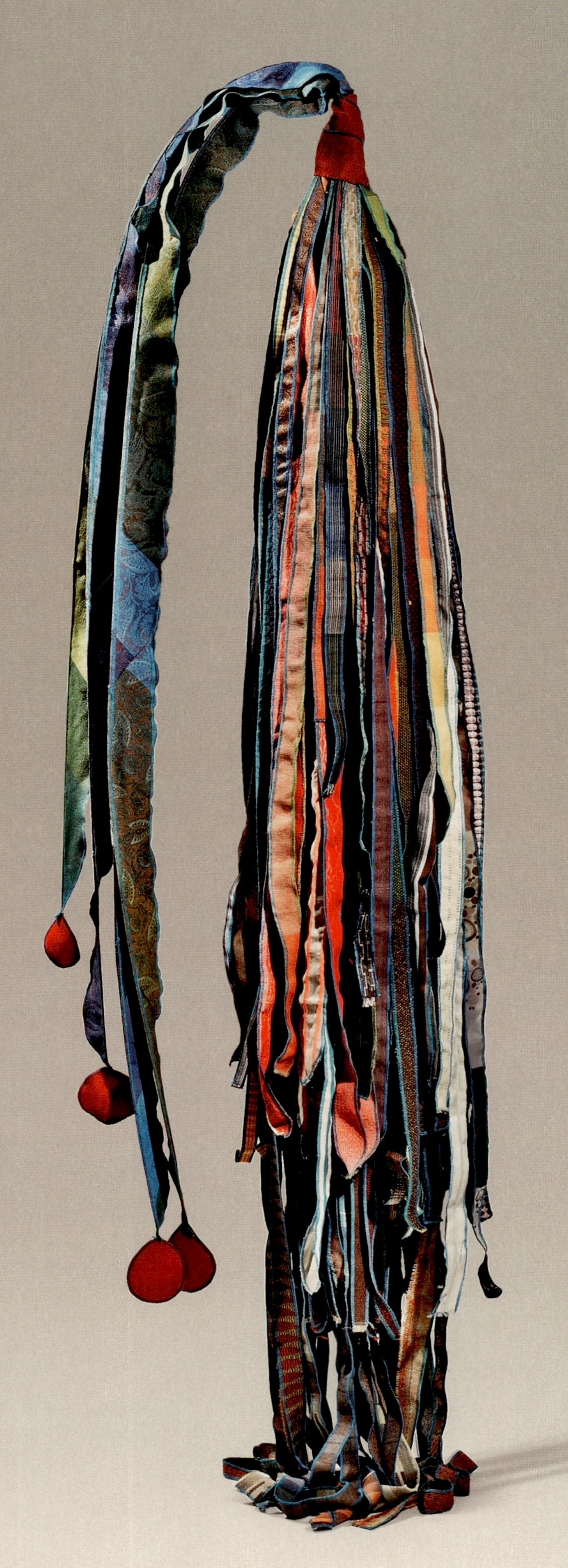

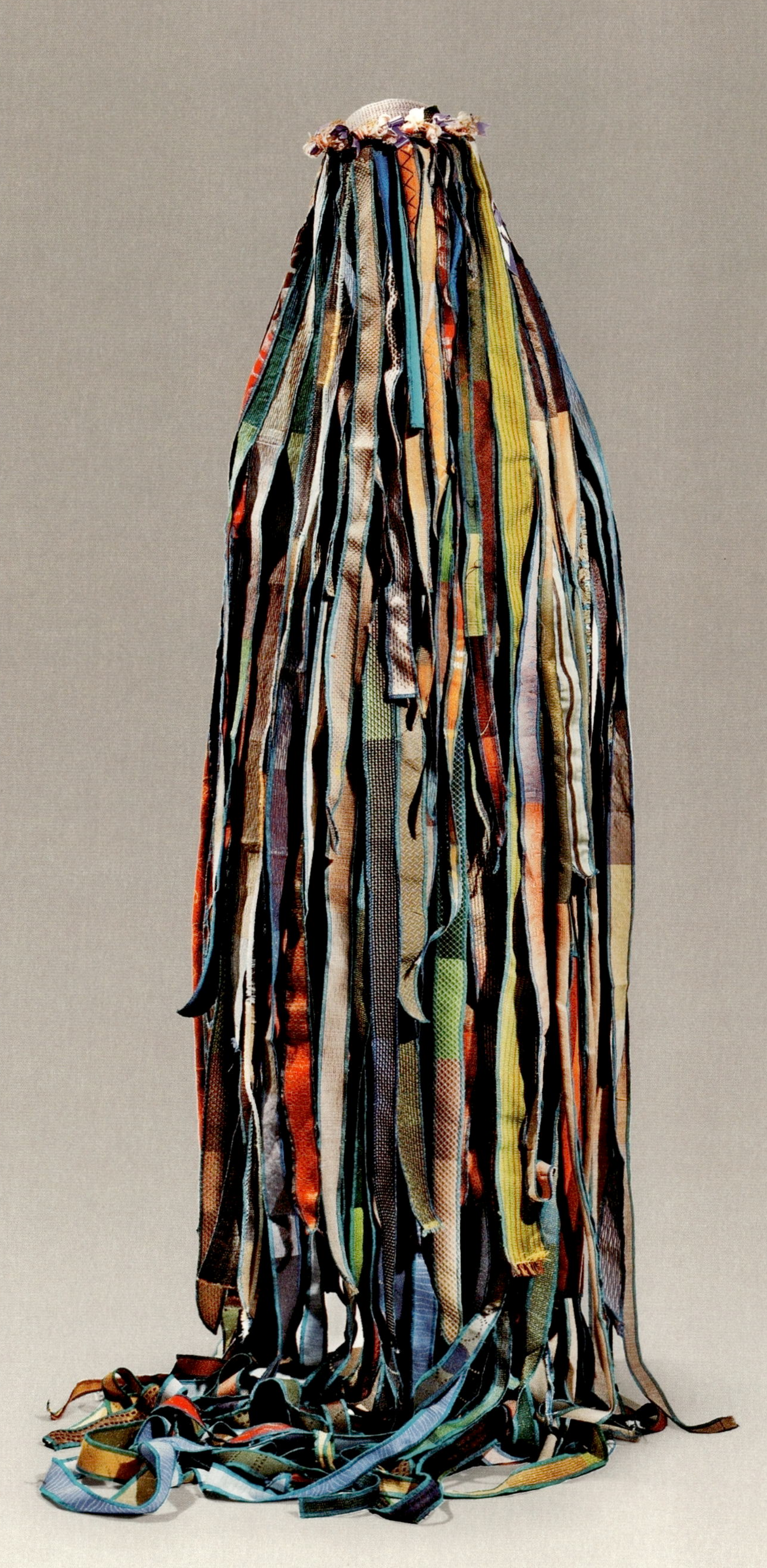

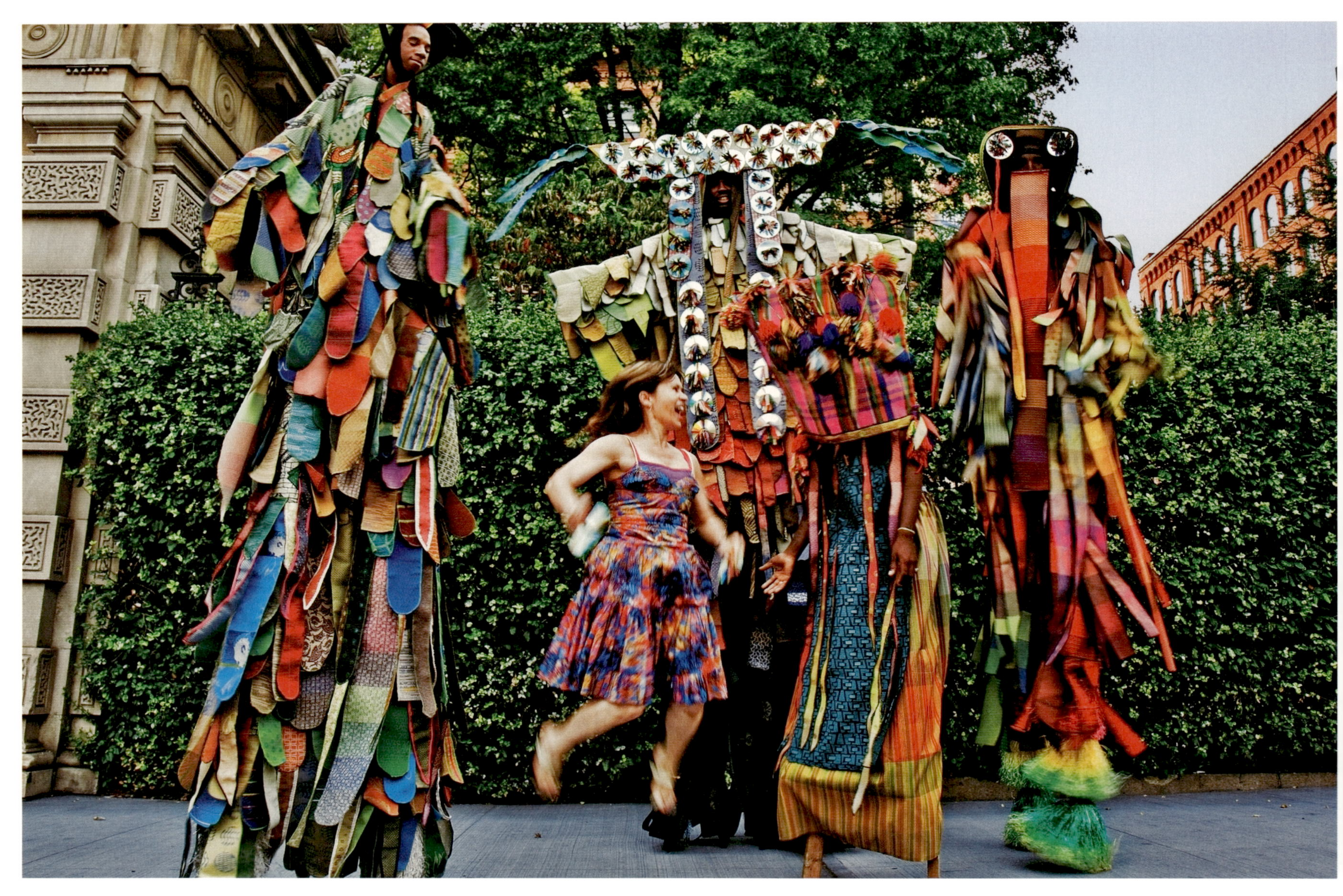

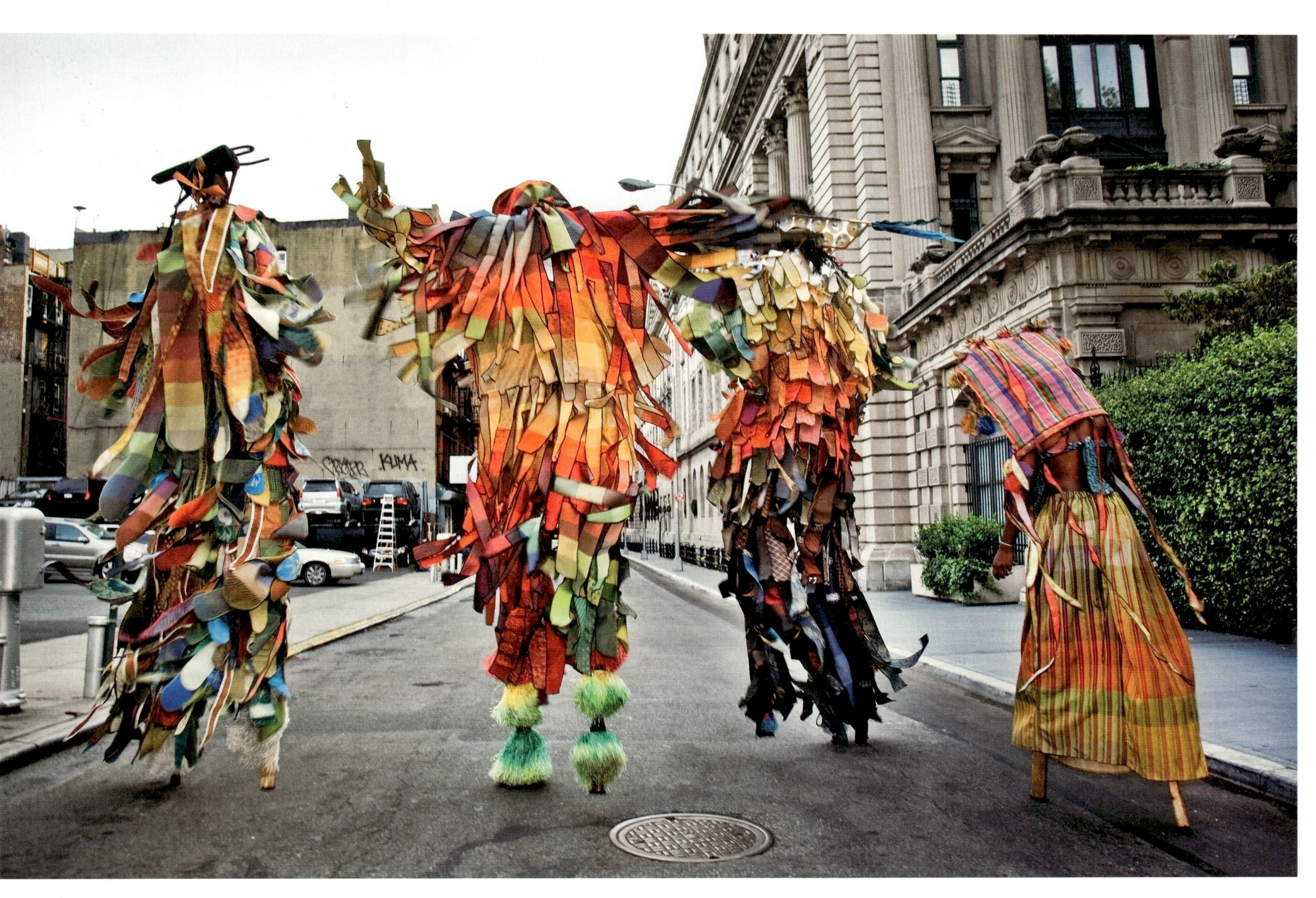

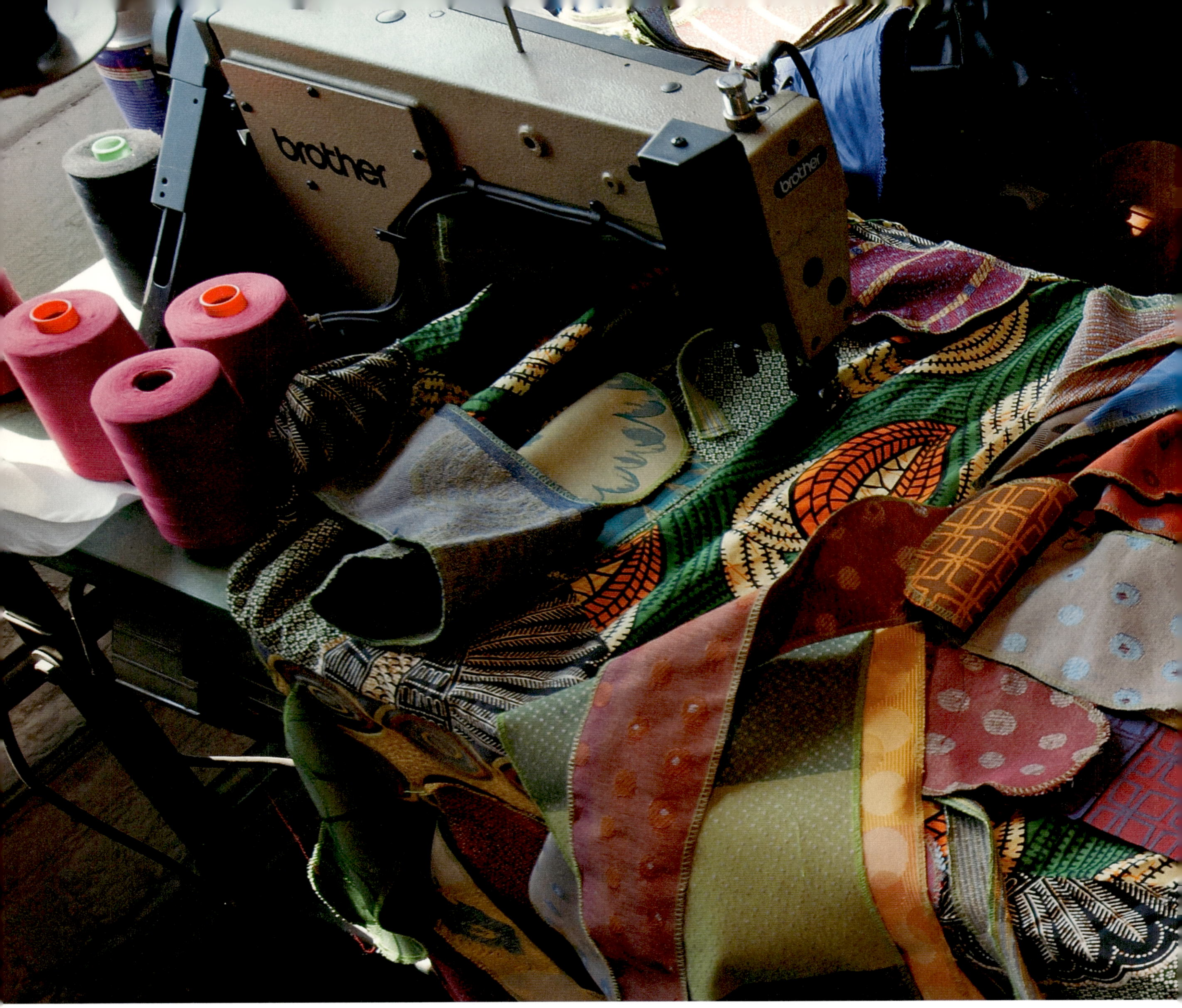

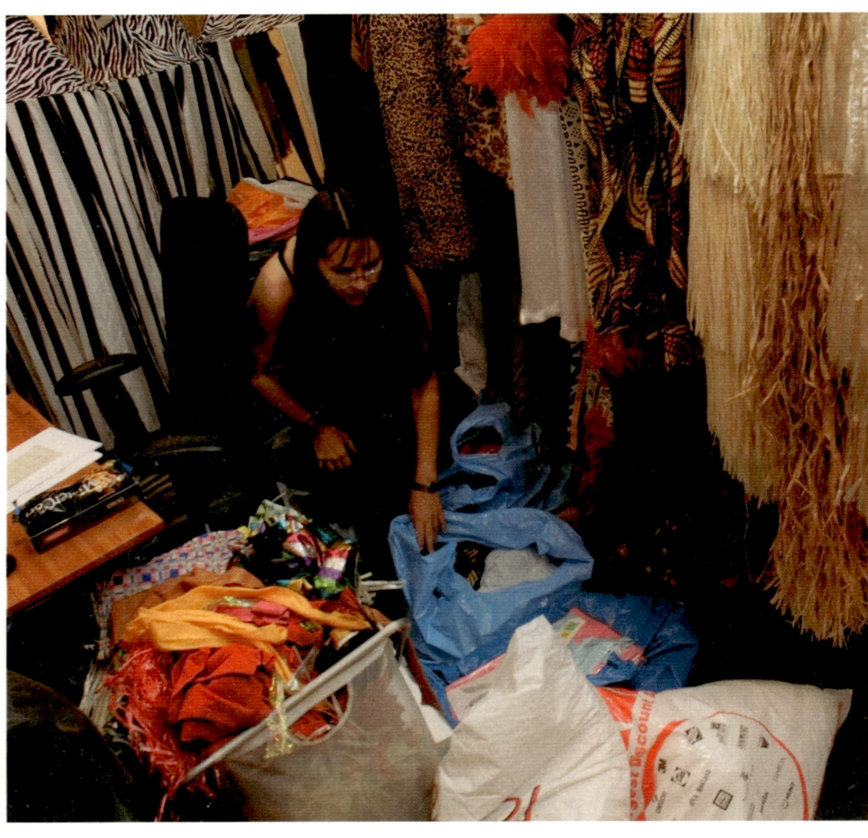

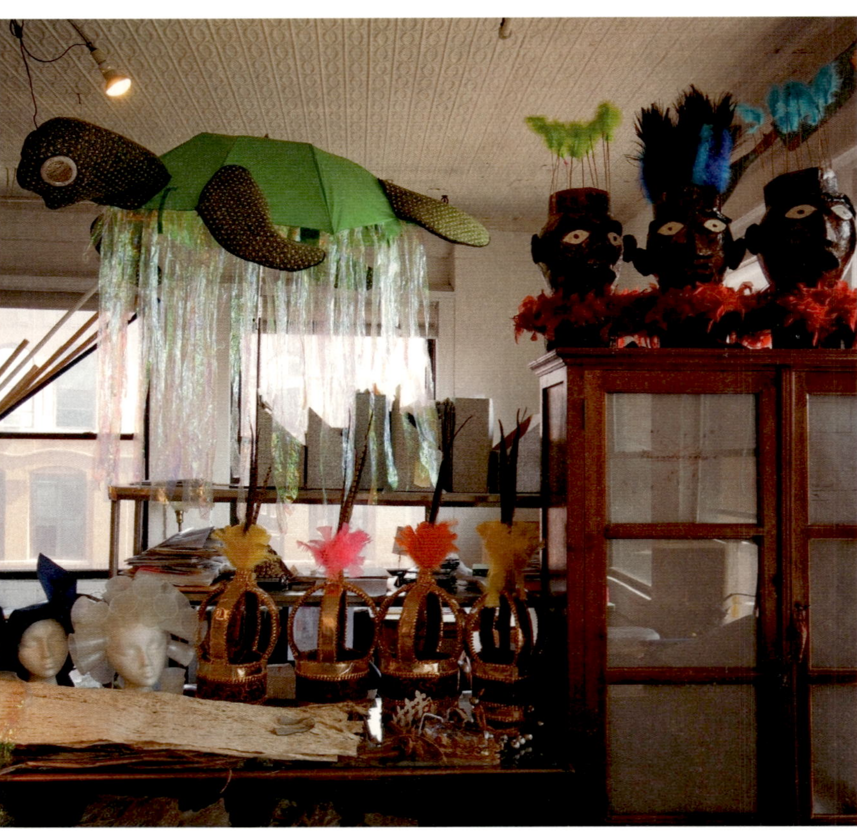

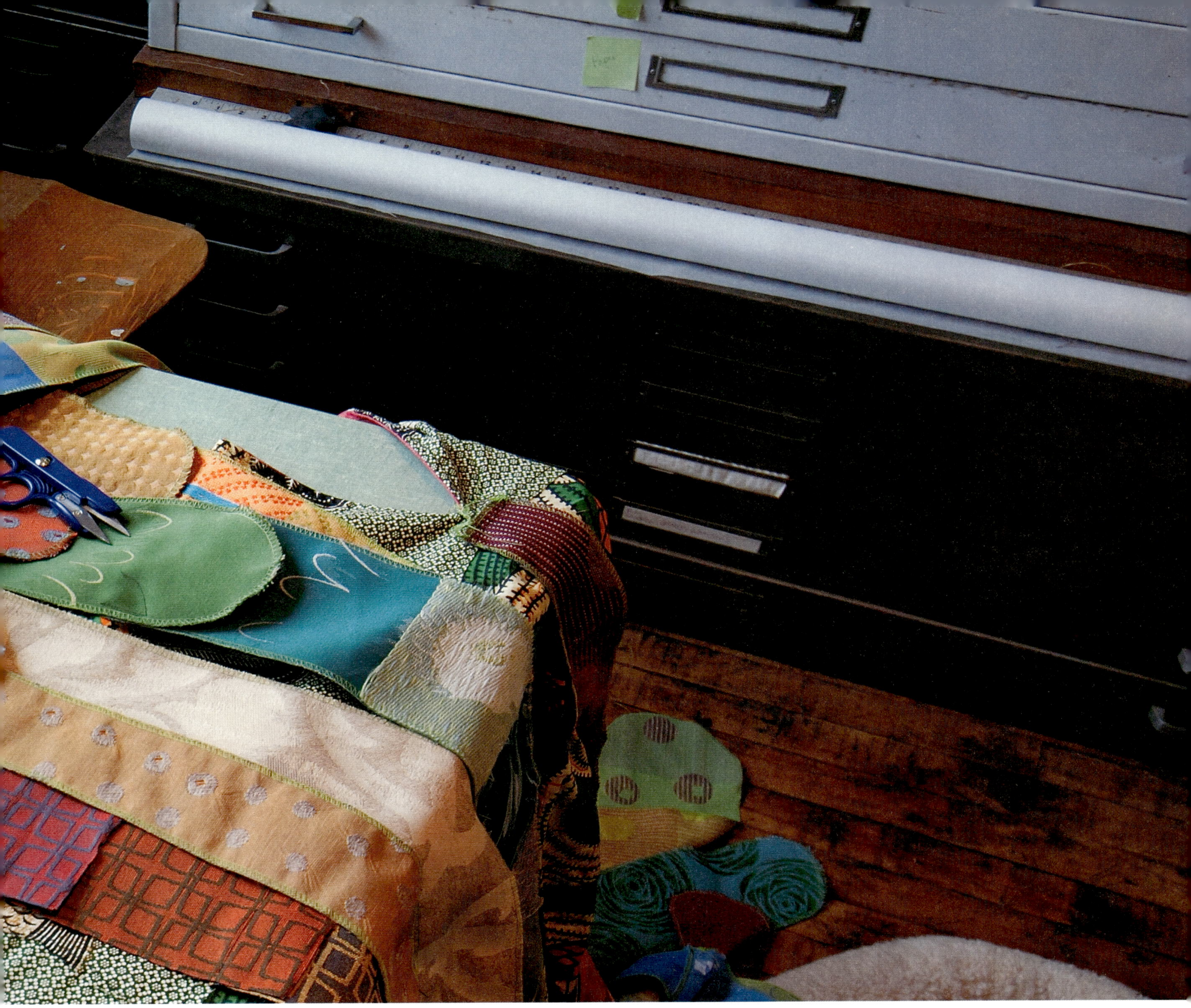

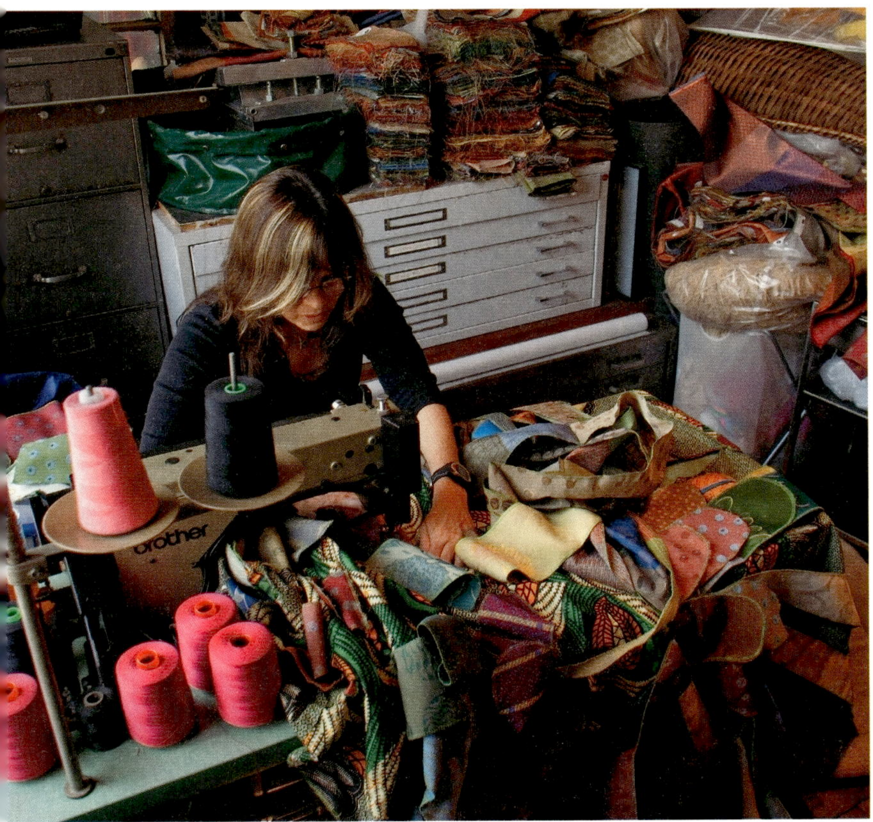

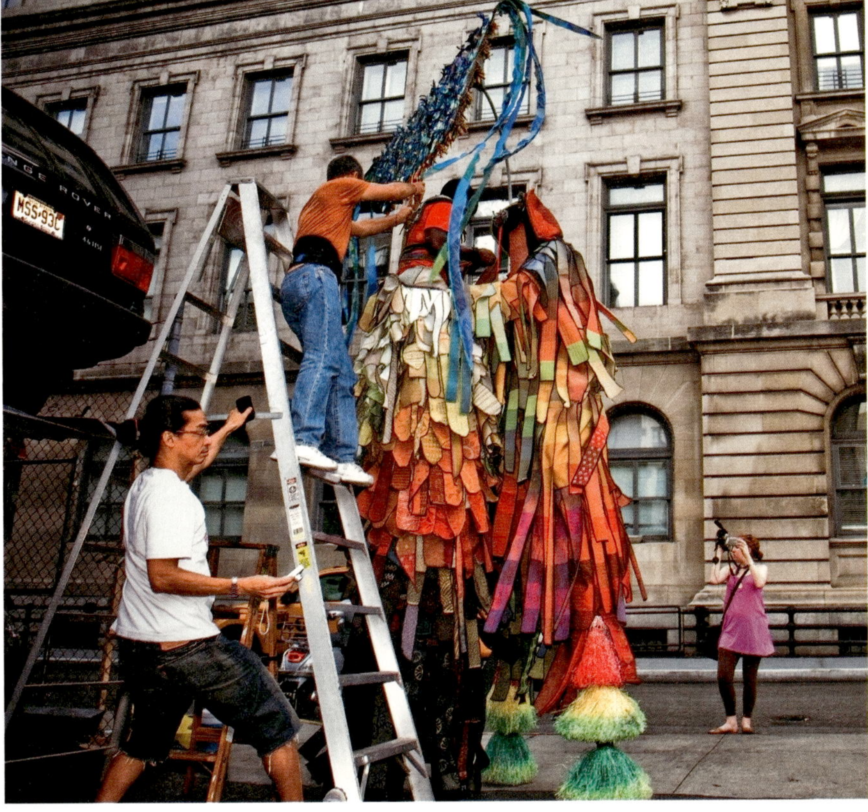

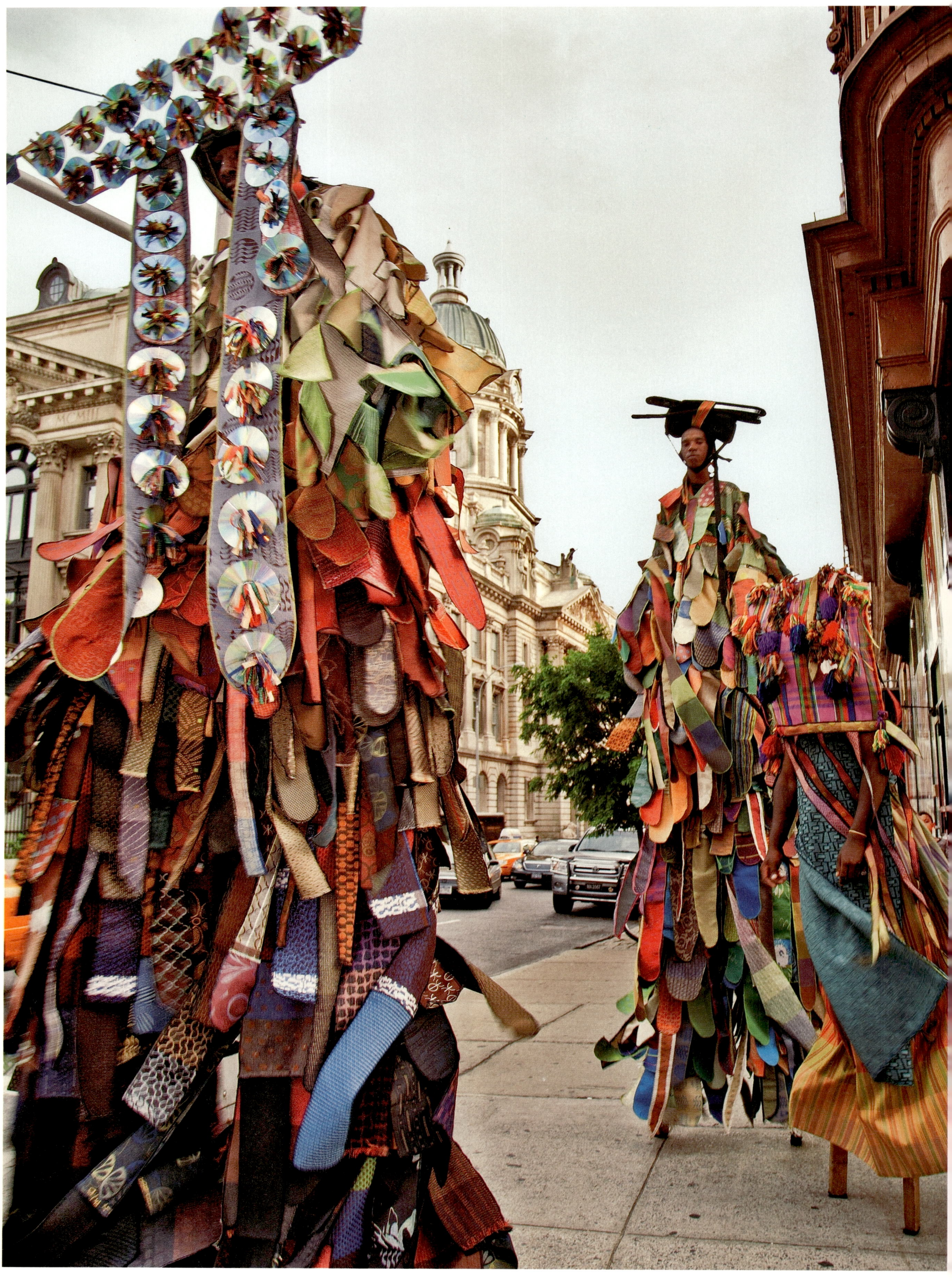

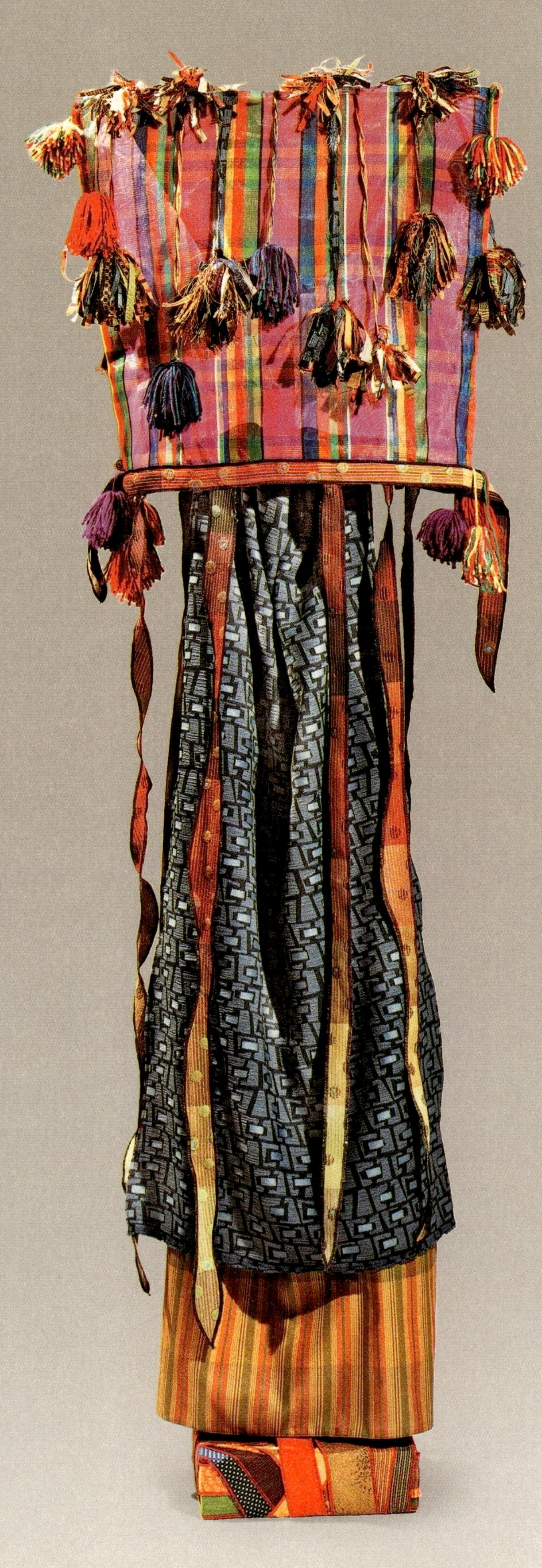

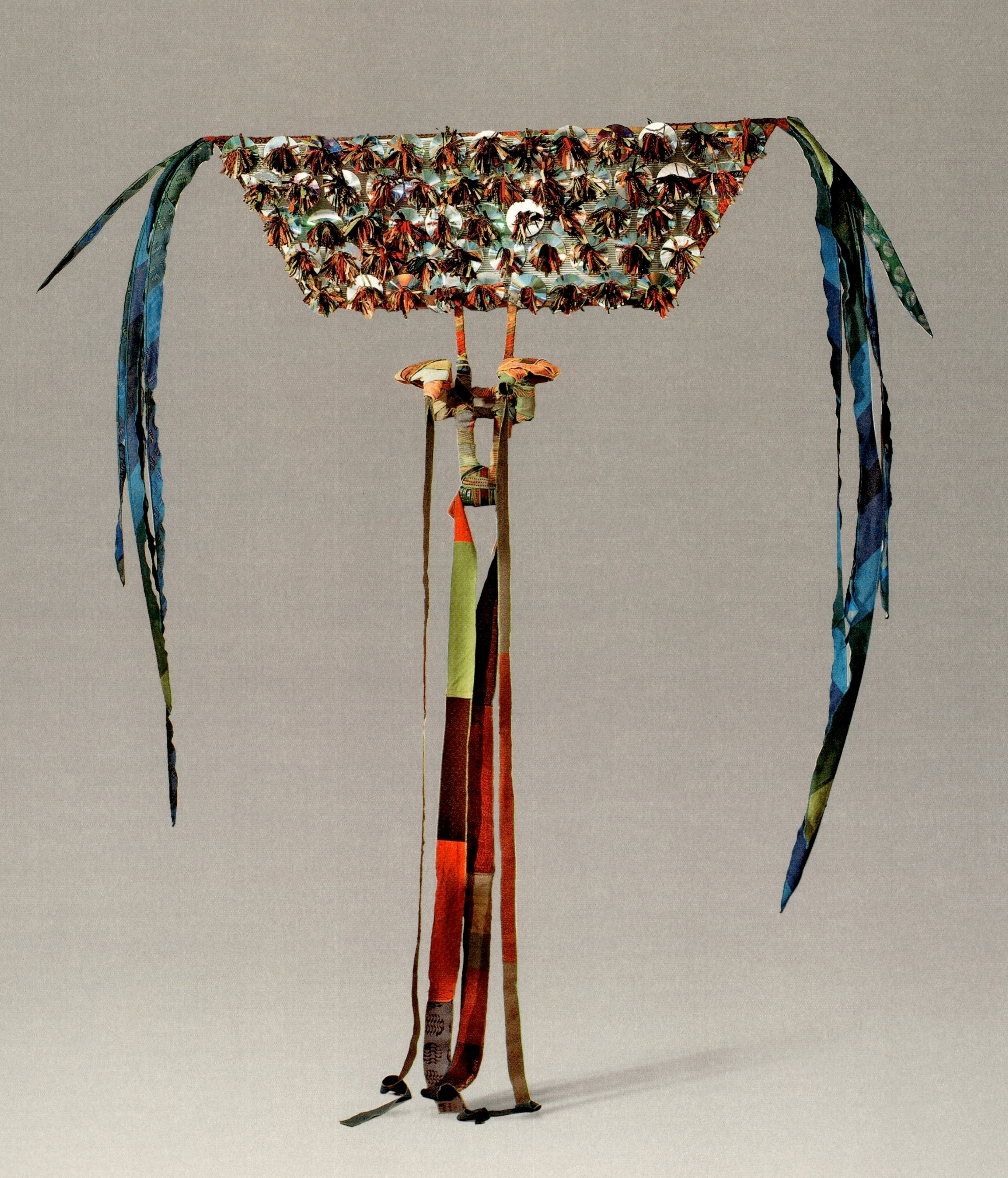

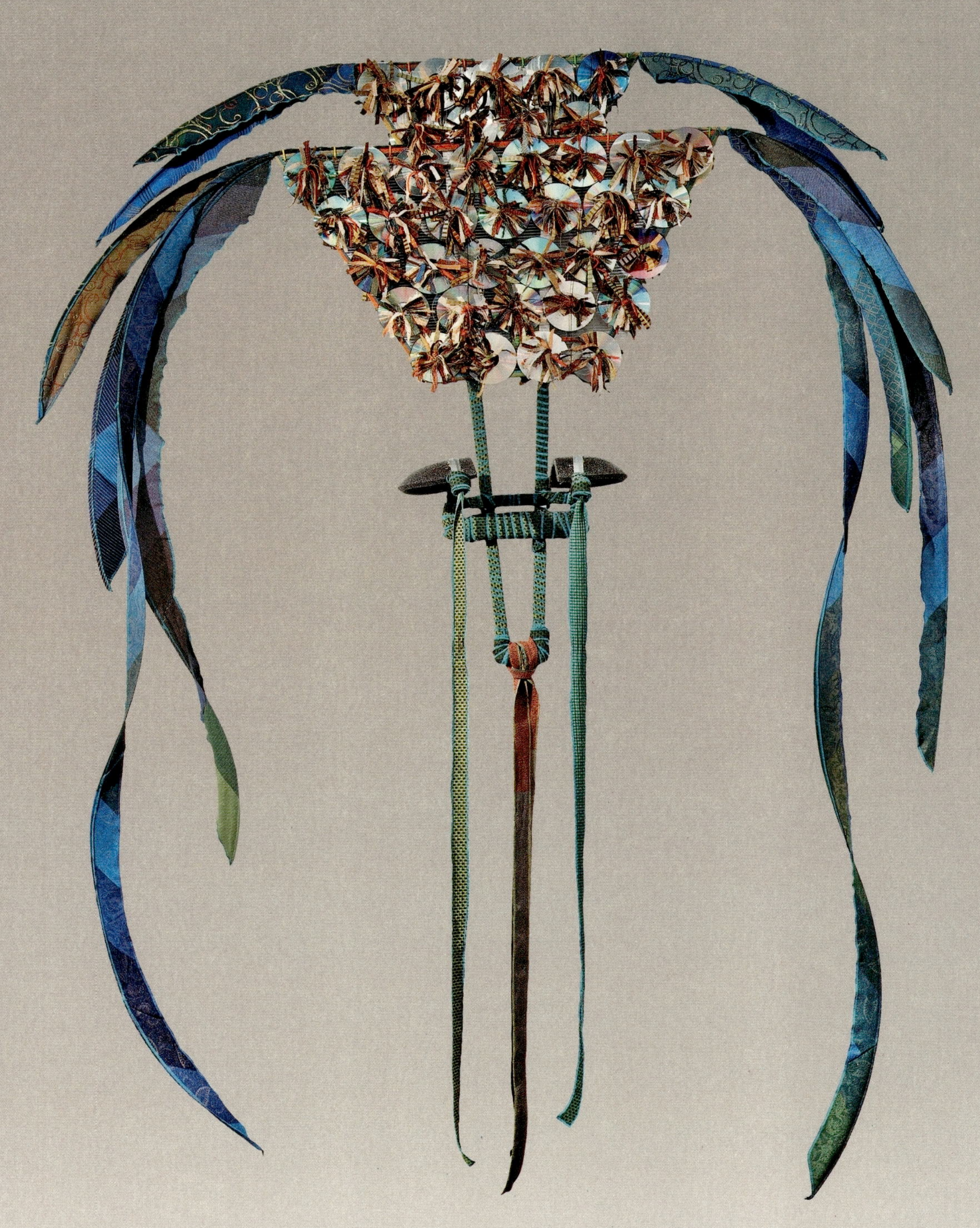

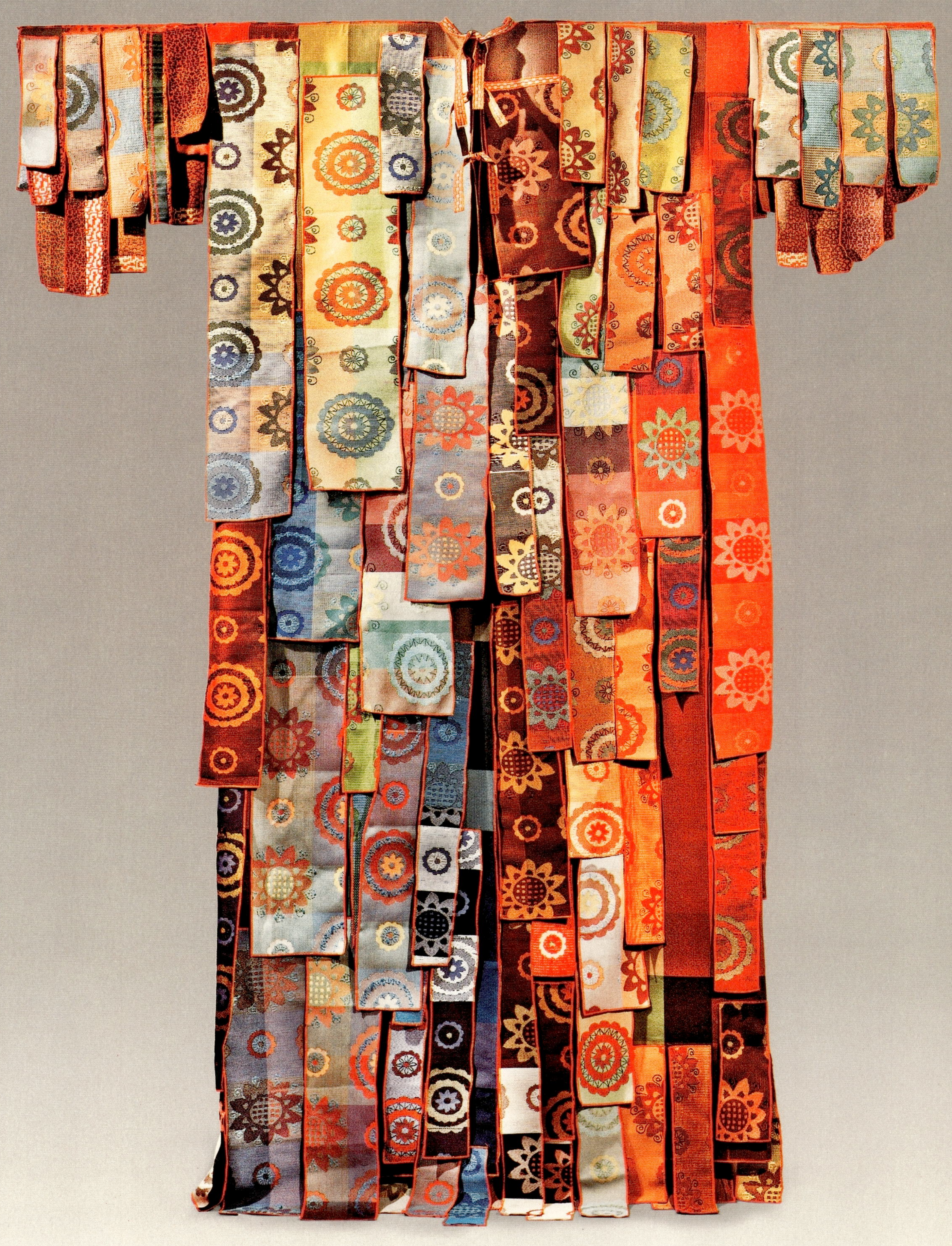

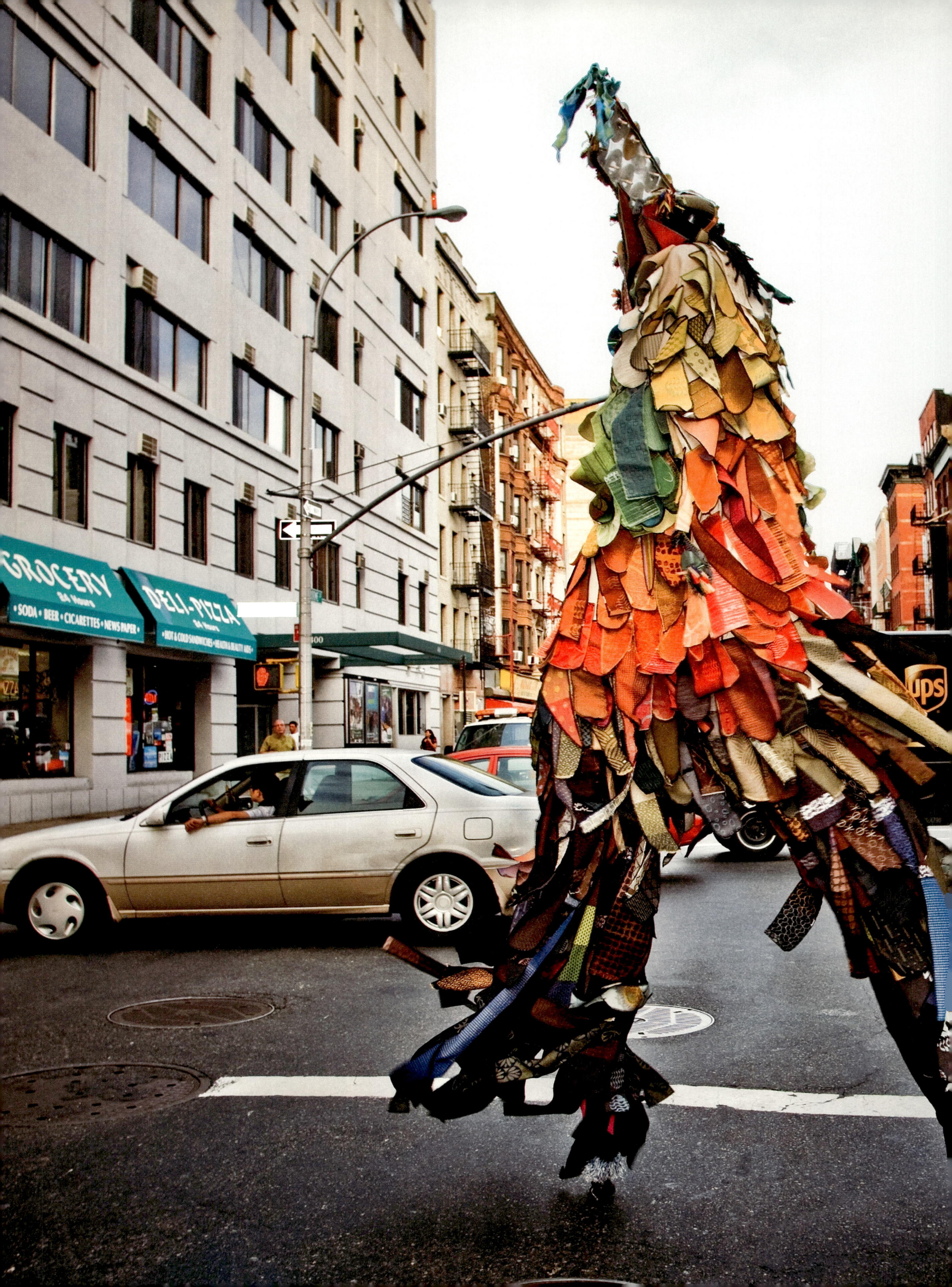
GROCERY
24 Hours
DELI-PIZZA
24 Hours
• SODA • BEER • CICARETTES • NEWS PAPER •
HOT & COLD SANDWICHES • HEALTH & BEAUTY AIDS
ups

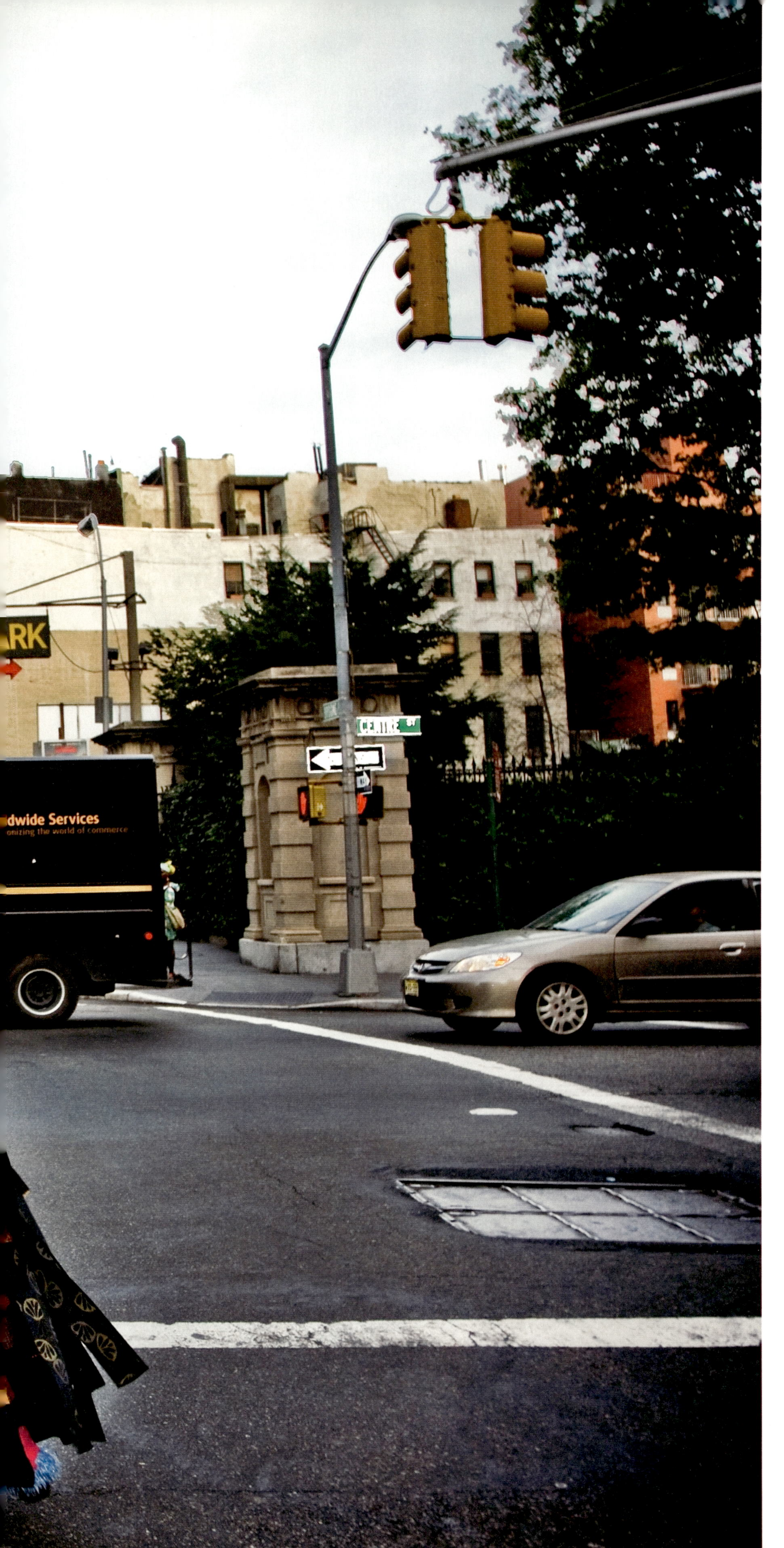
RK
dwide Services
onizing the world of commerce
E. 11 St

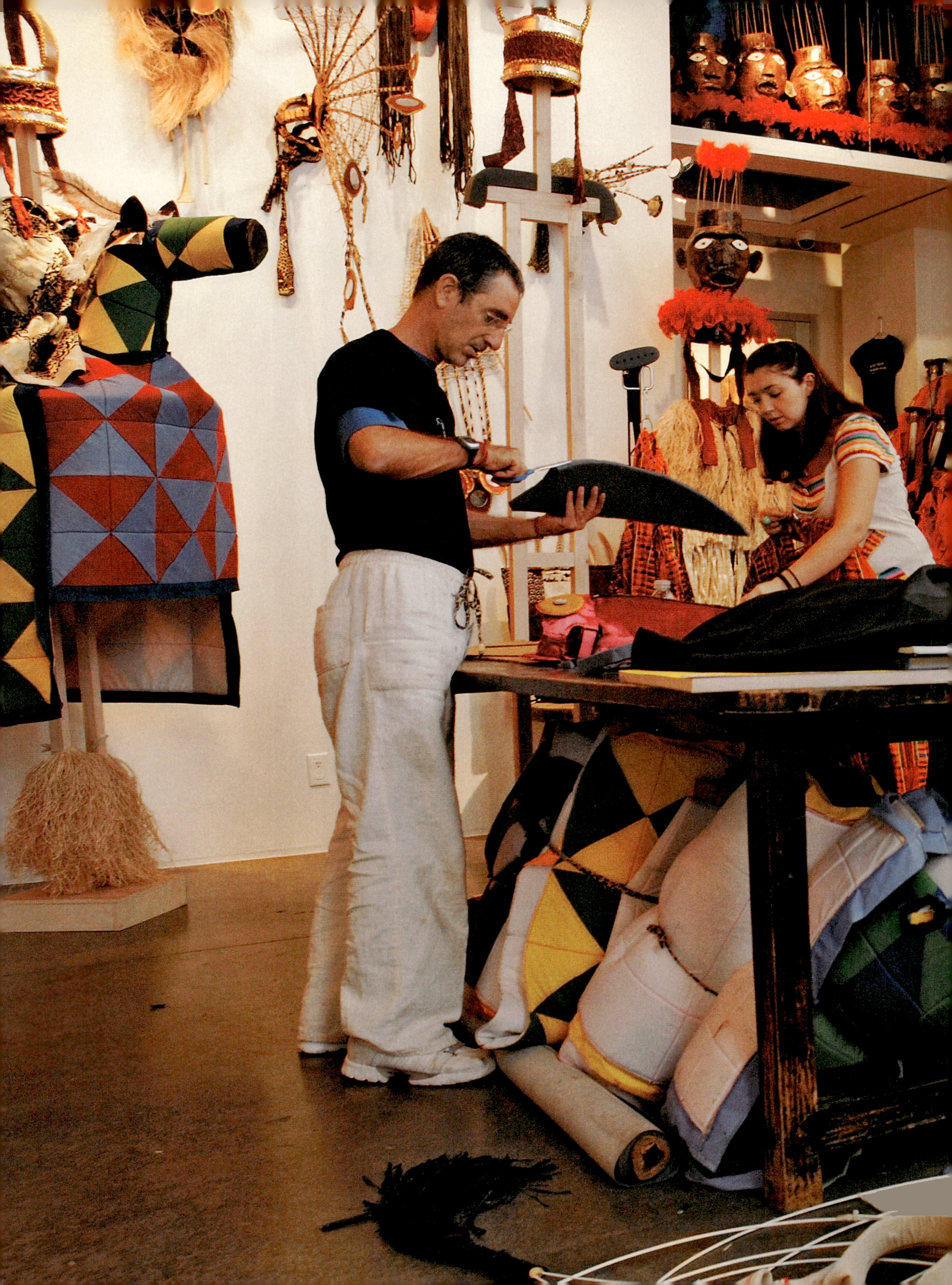

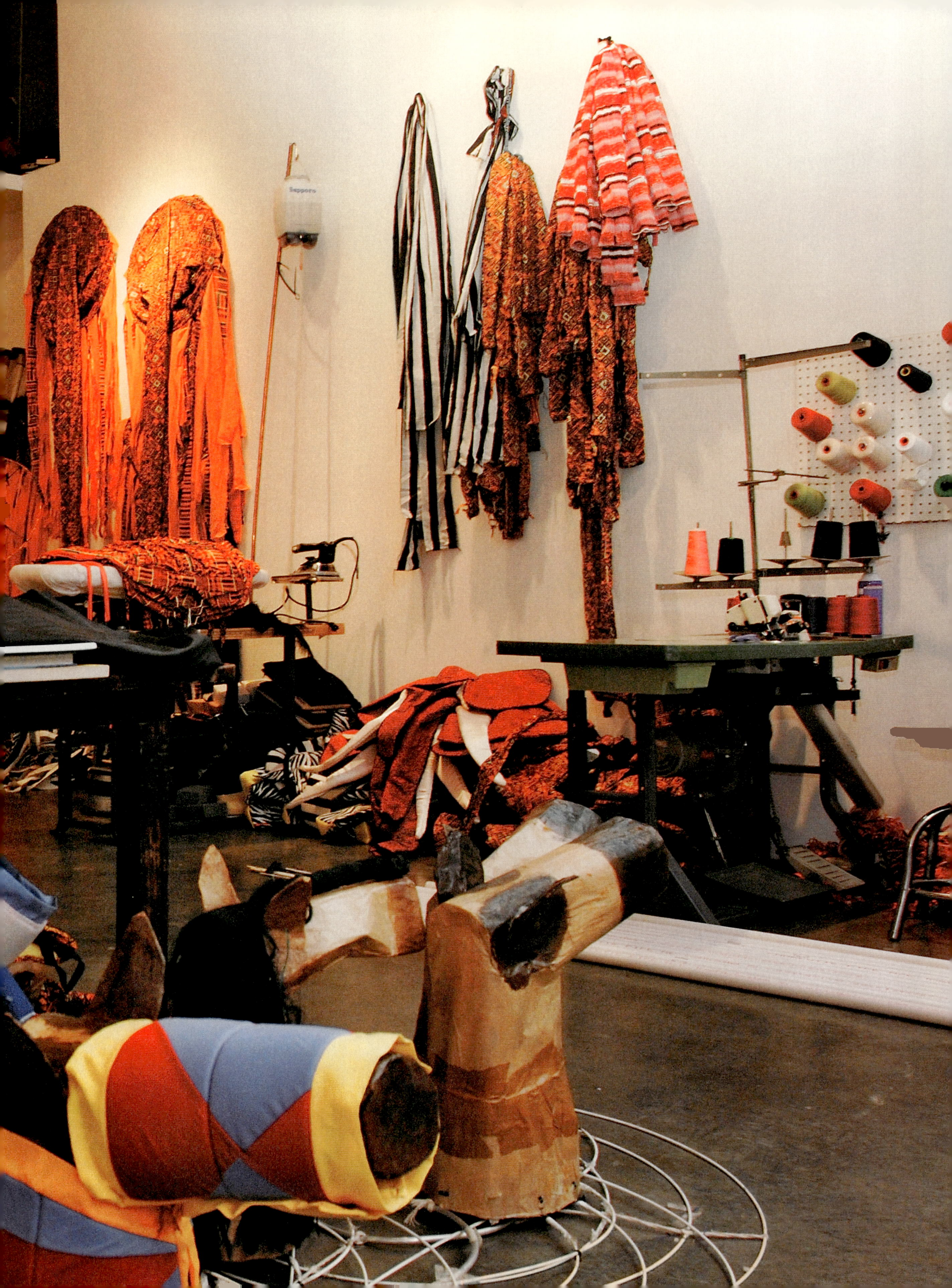

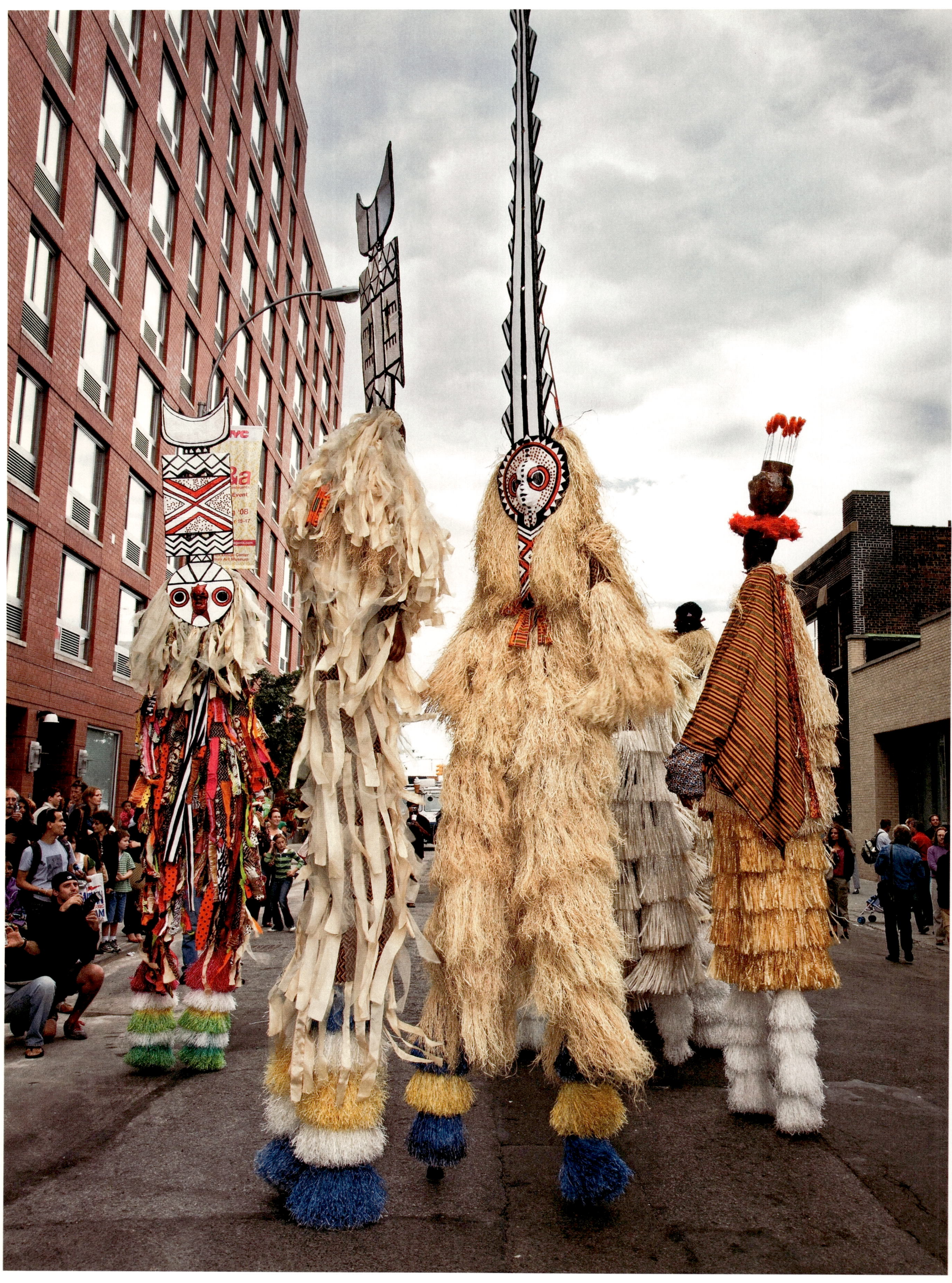

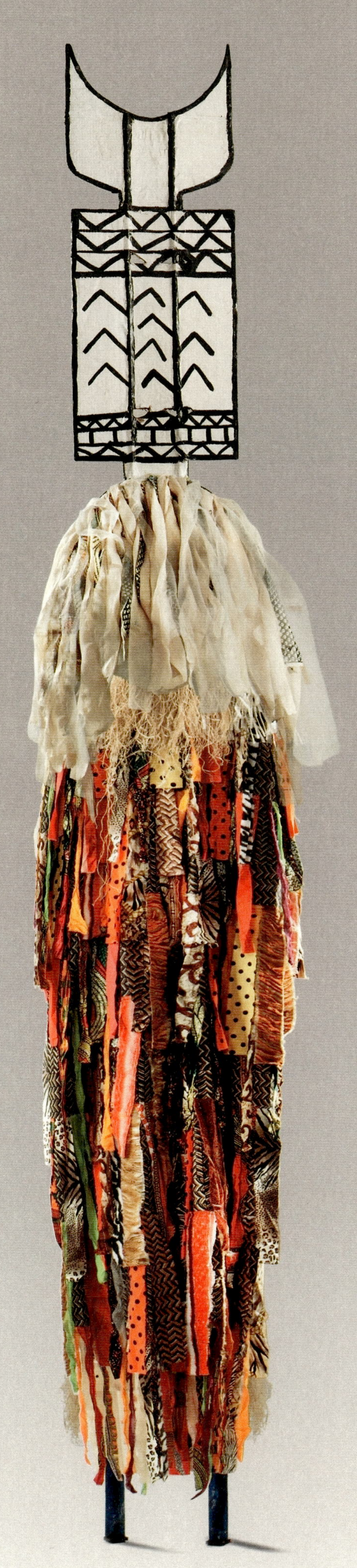

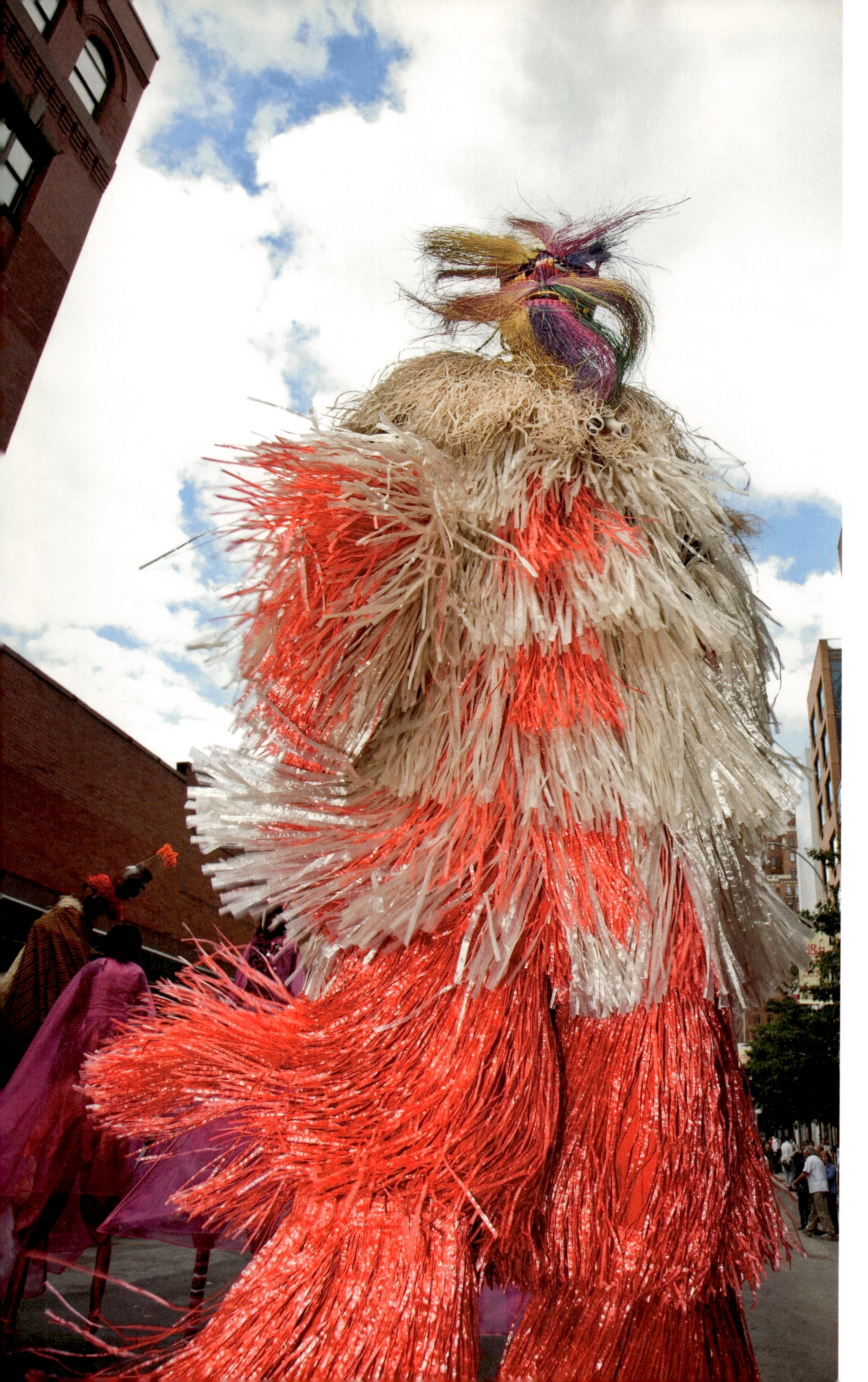

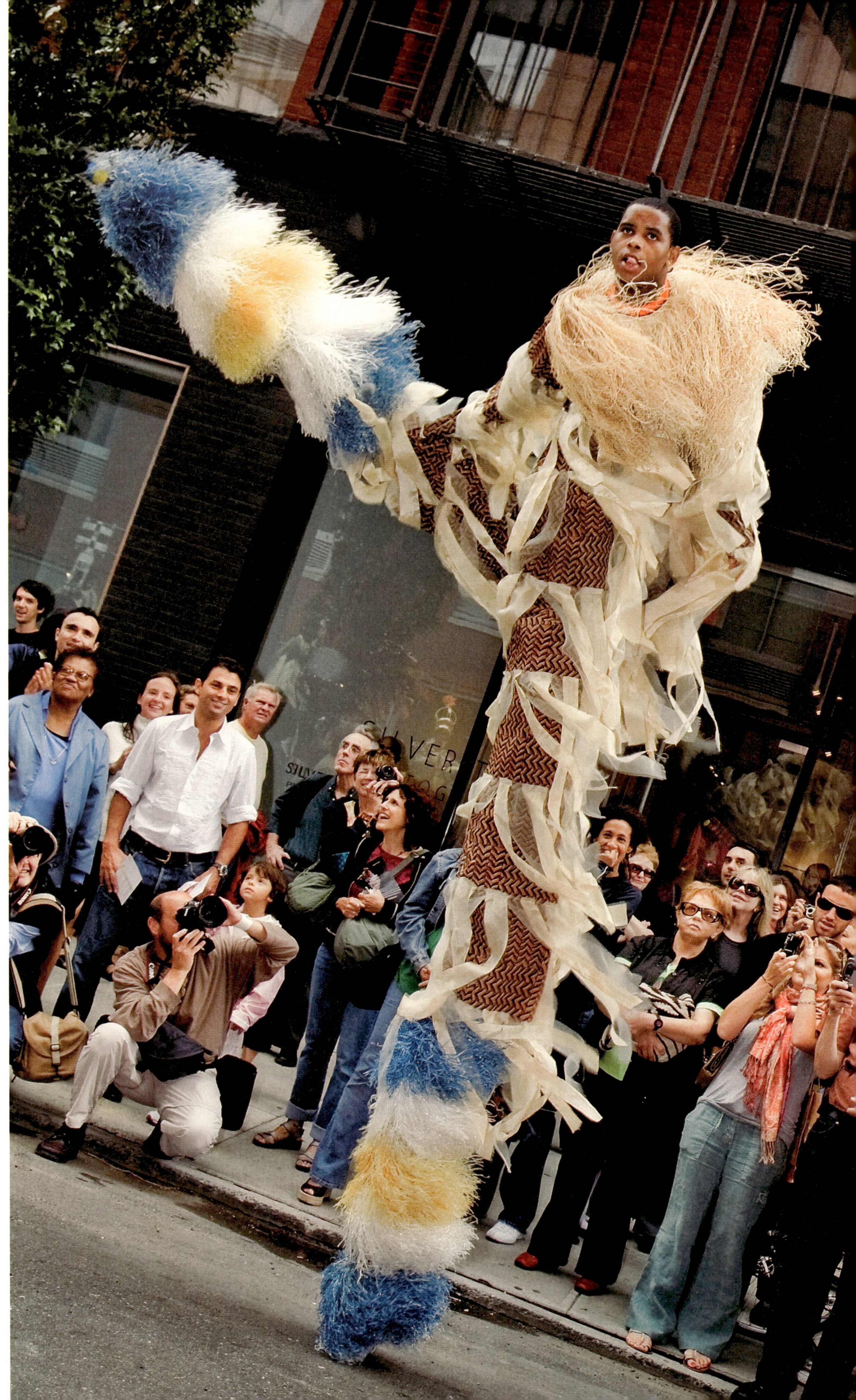

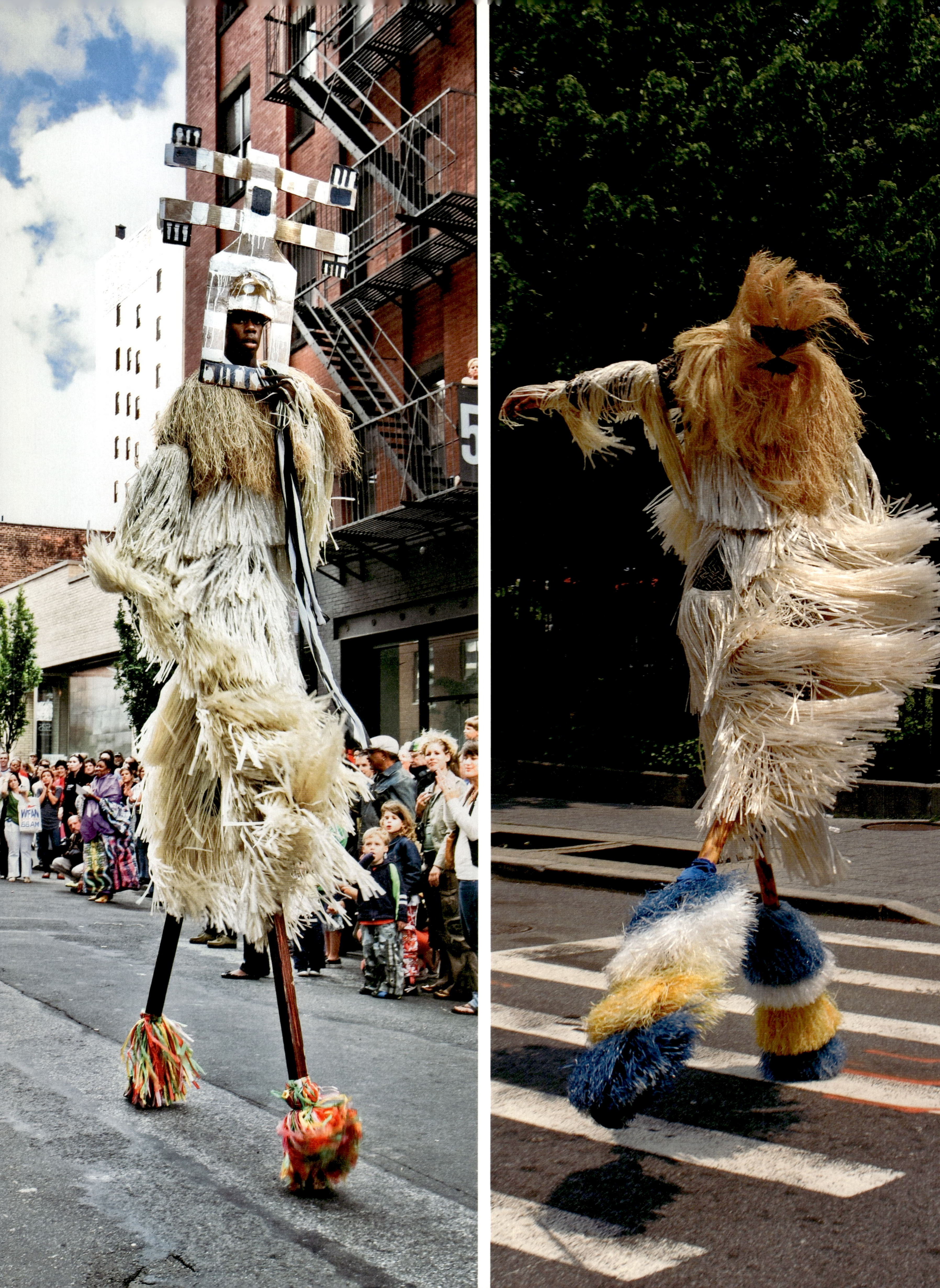

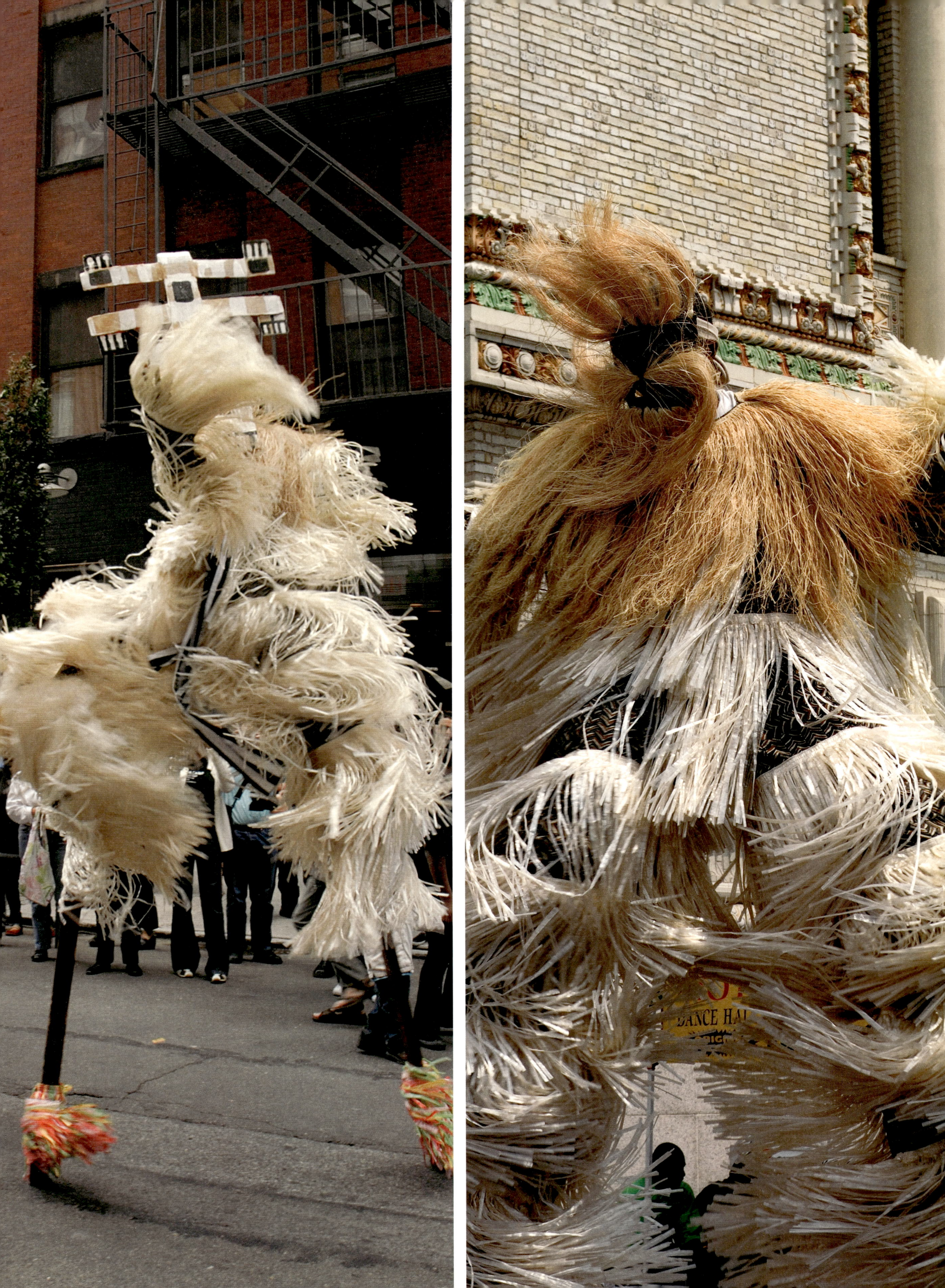
DANCE HALL

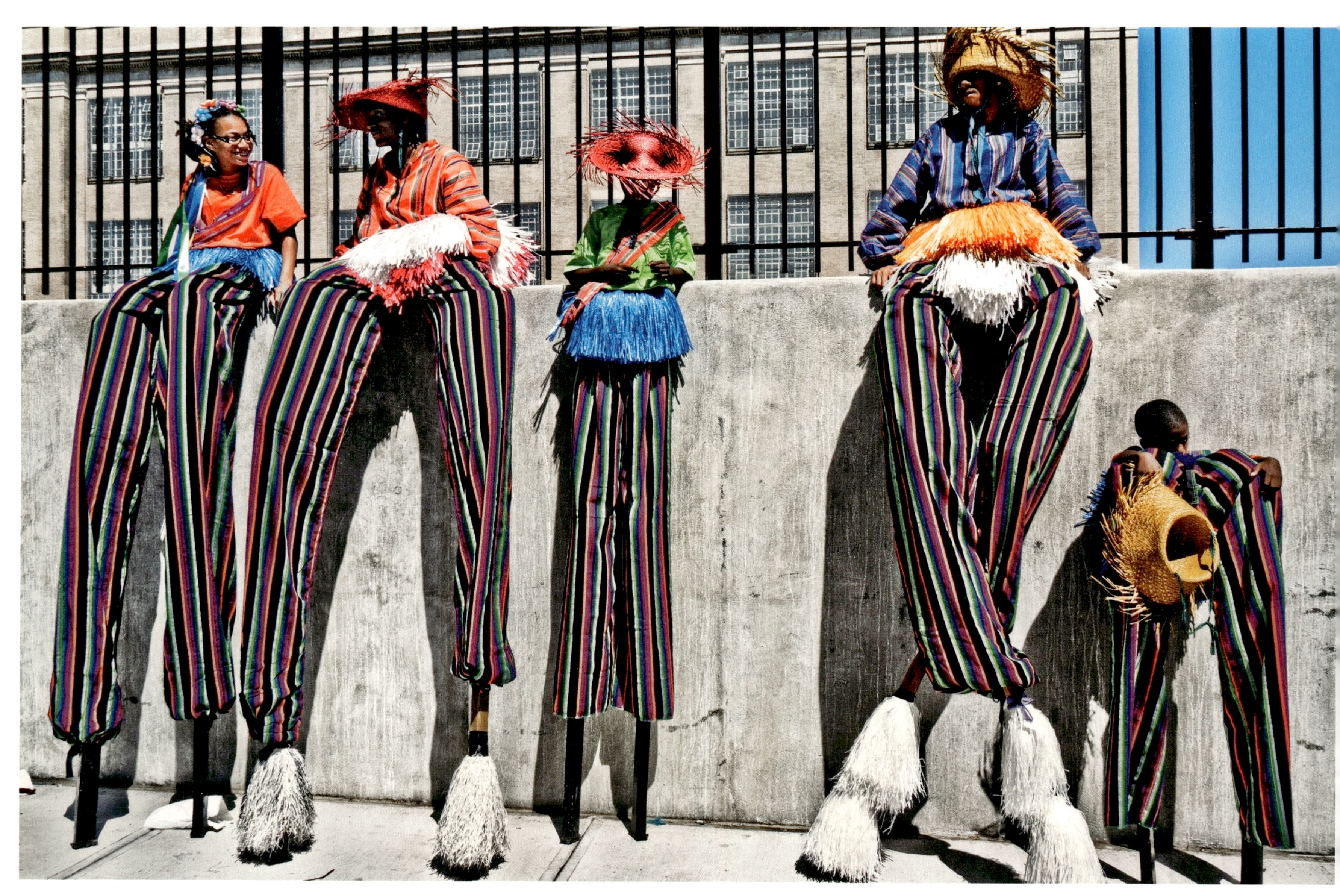

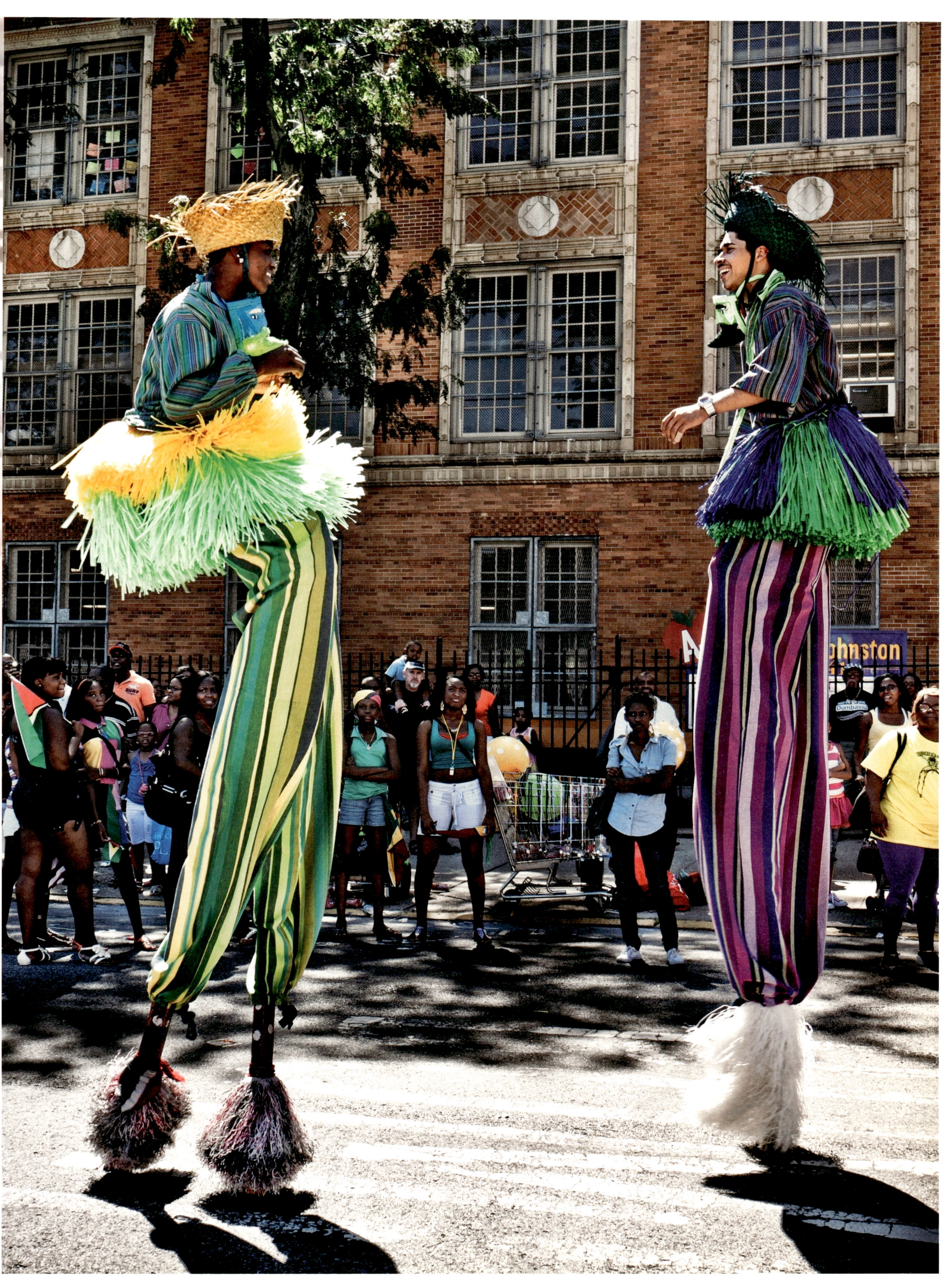

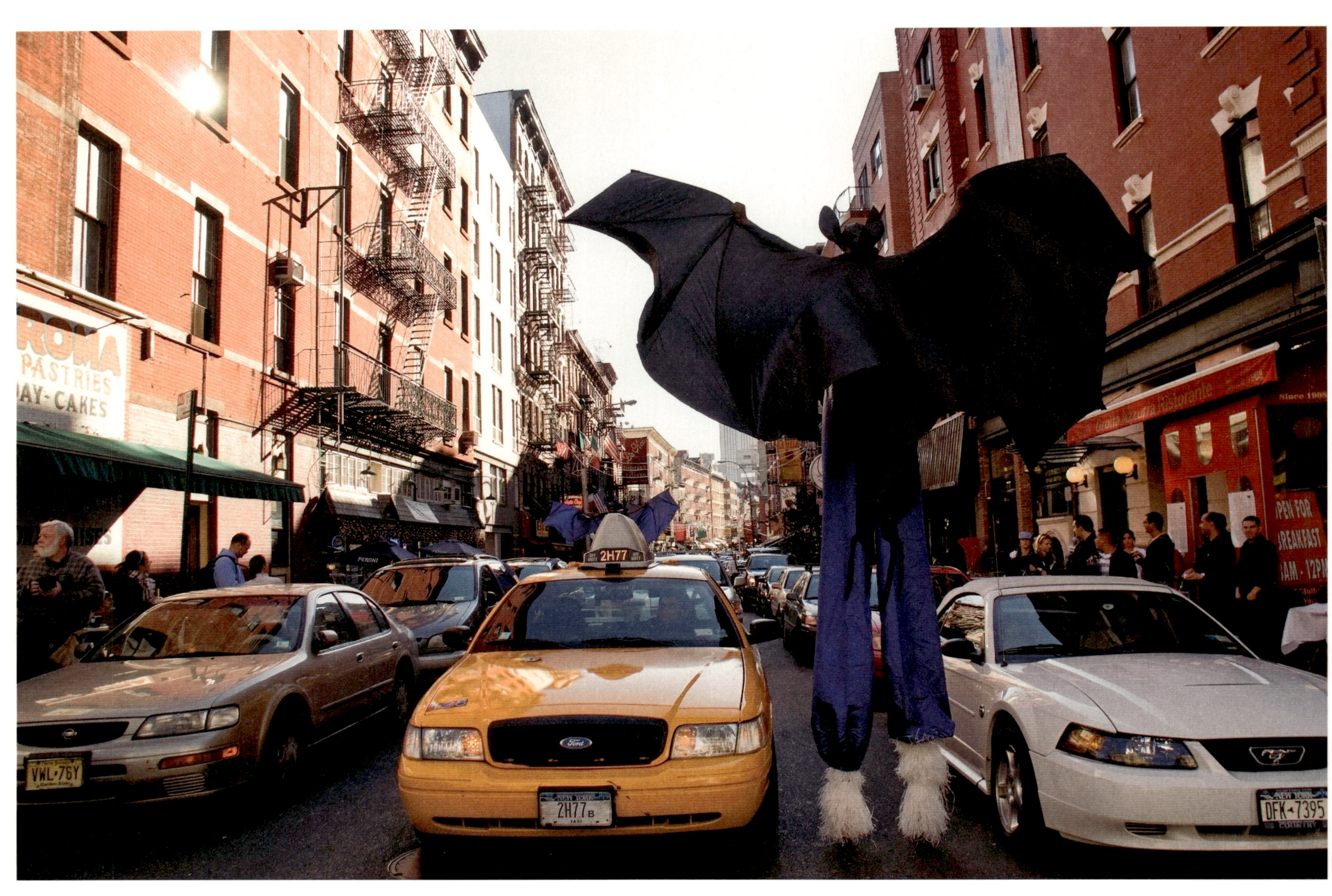

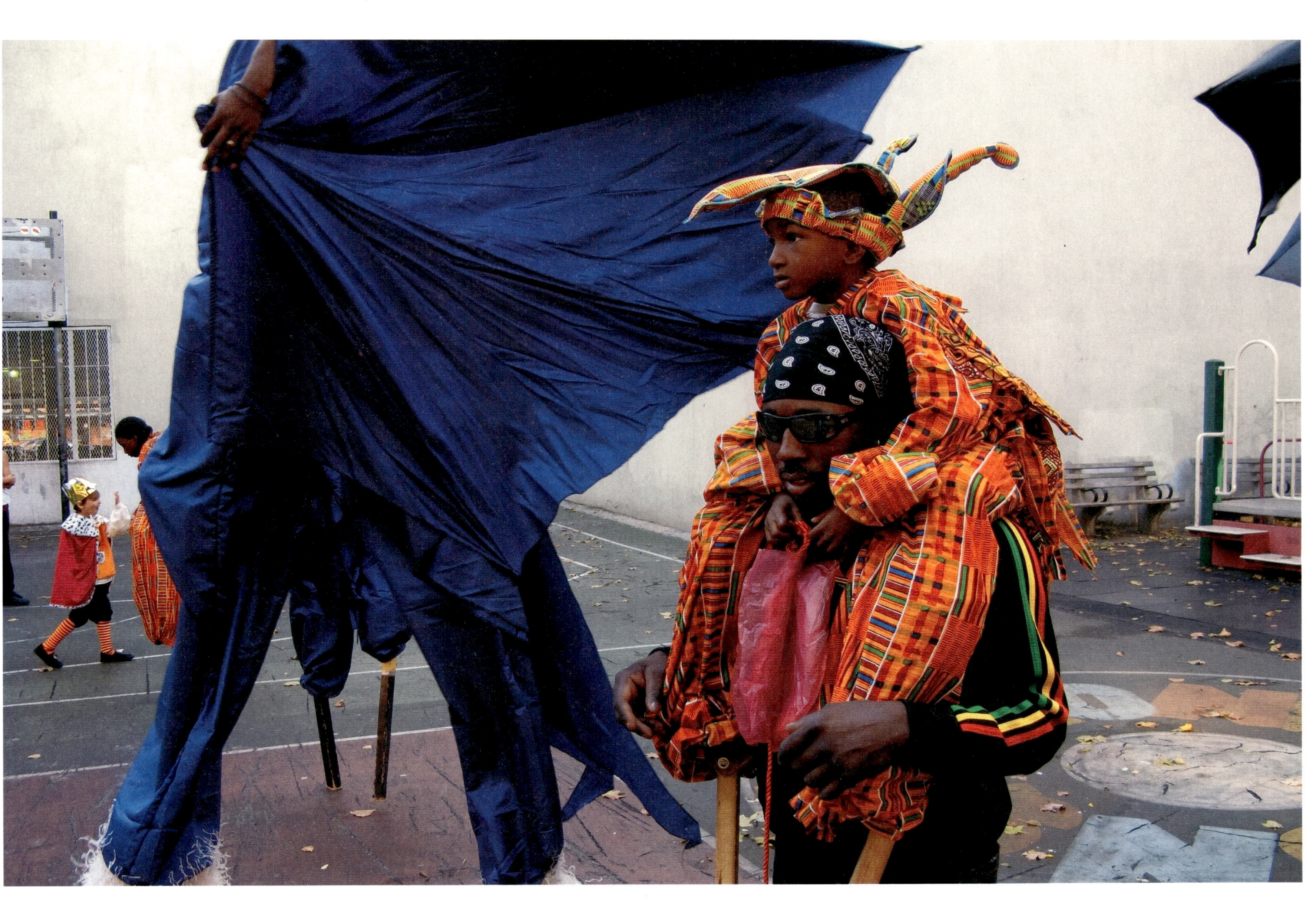

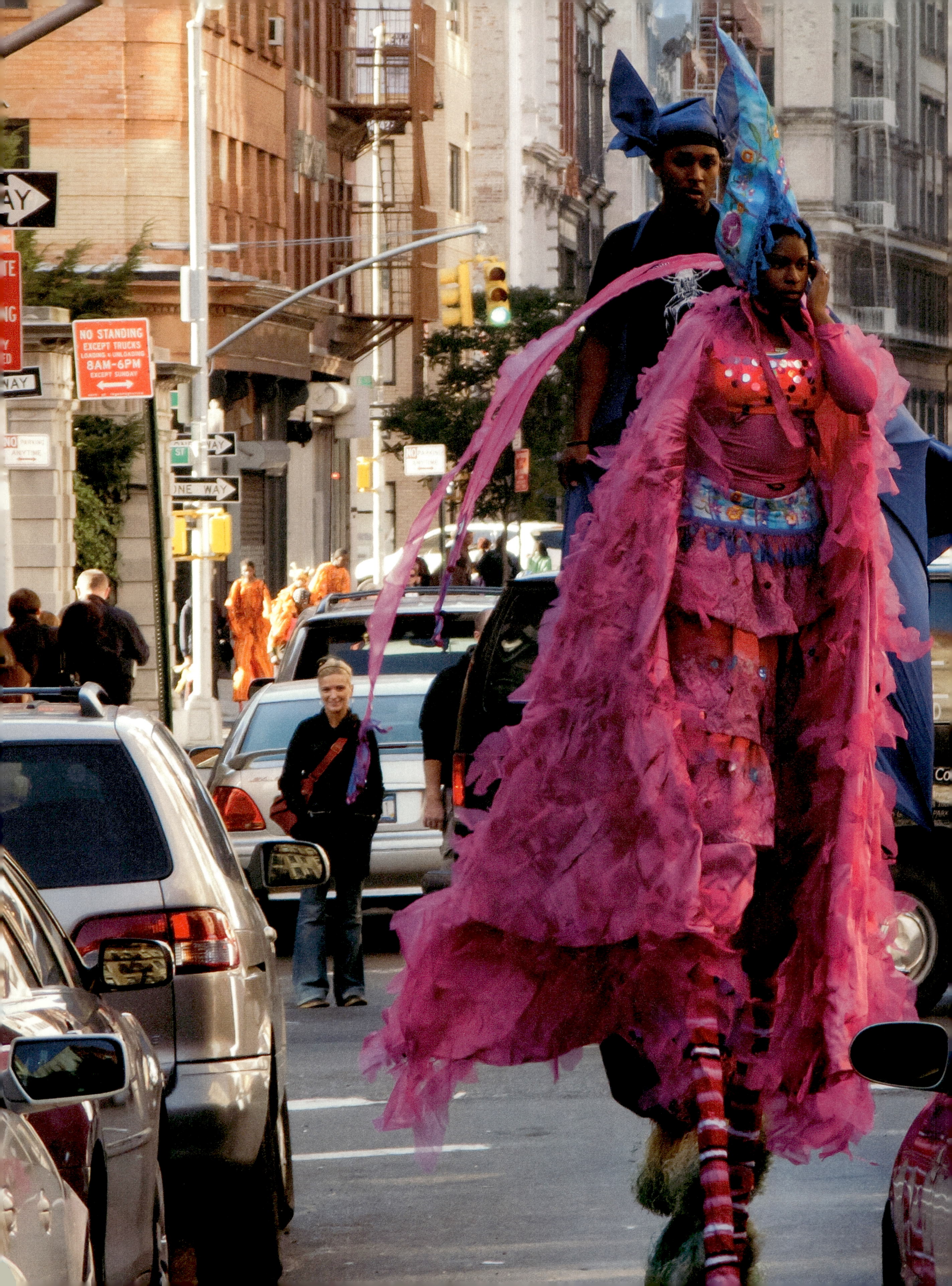

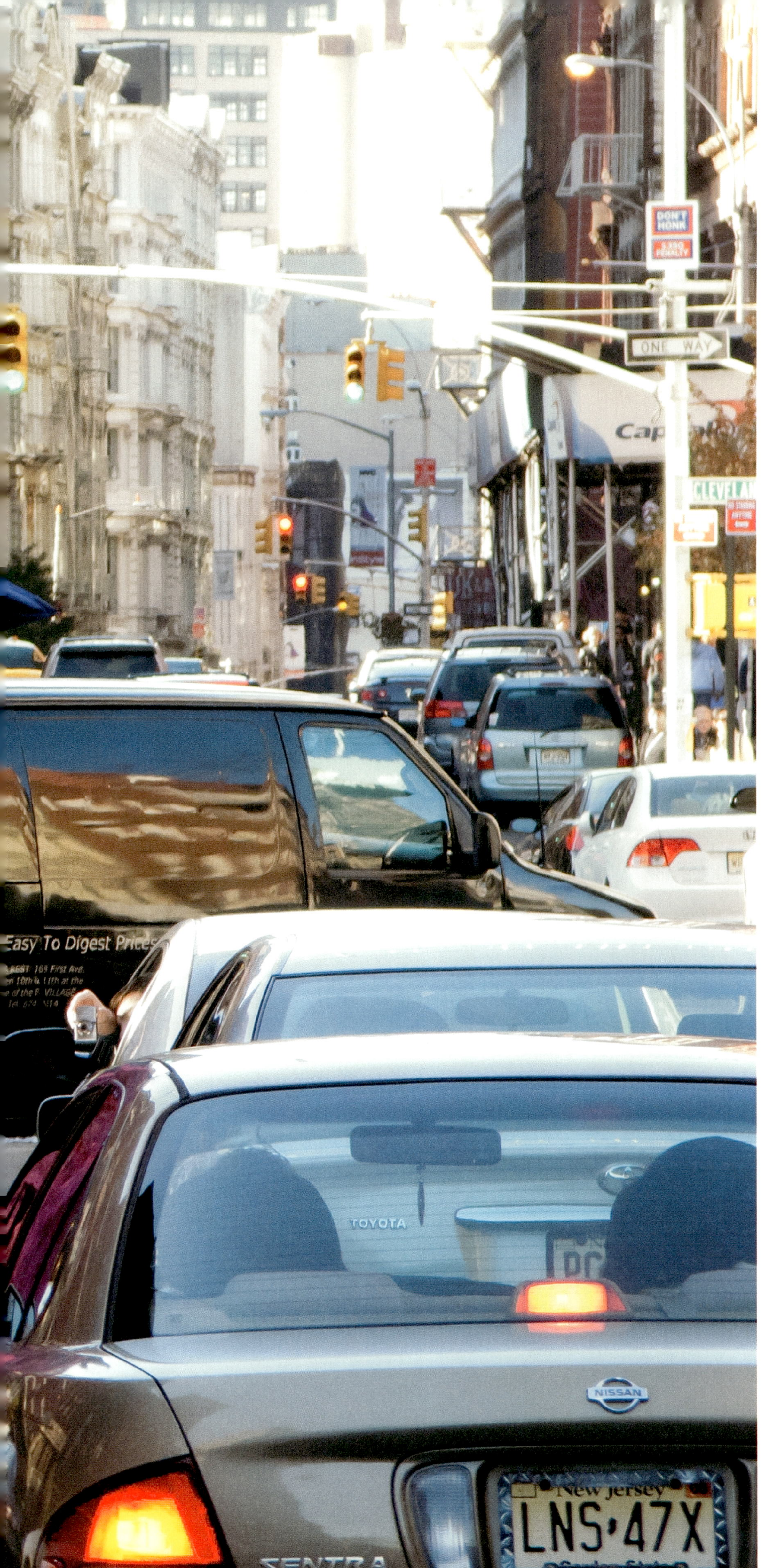

DON'T
HONK
$350 PENALTY
ONE WAY
CLEVELAN
NO STANDING ANYTIME
Cap
Easy To Digest Prices
BEST: 169 First Ave.
10th & 11th at the
of the E. VILLAGE
Tel. 674 3514
TOYOTA
NISSAN
New Jersey
LNS·47X
Garden State
SENTRA

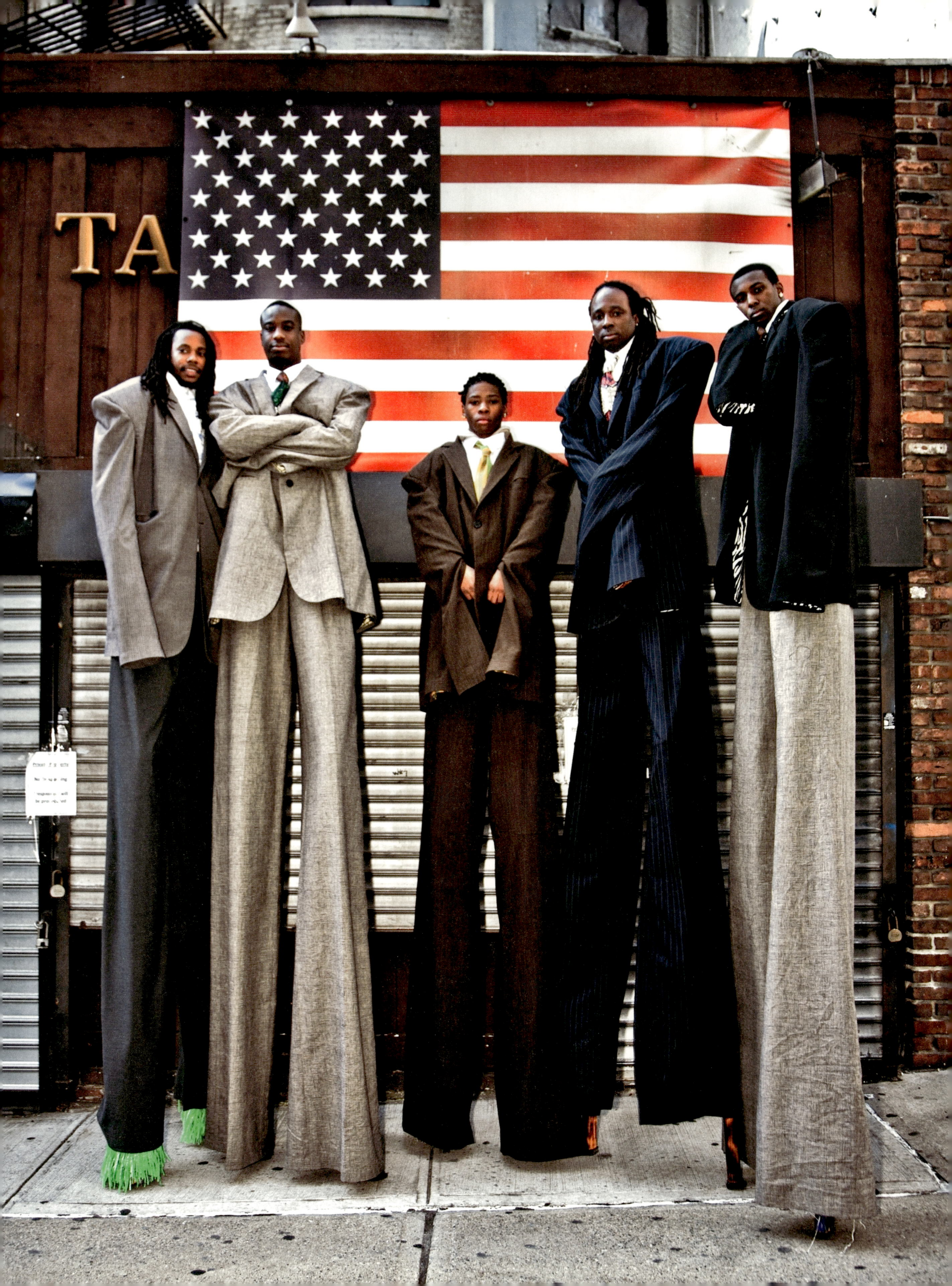
TA

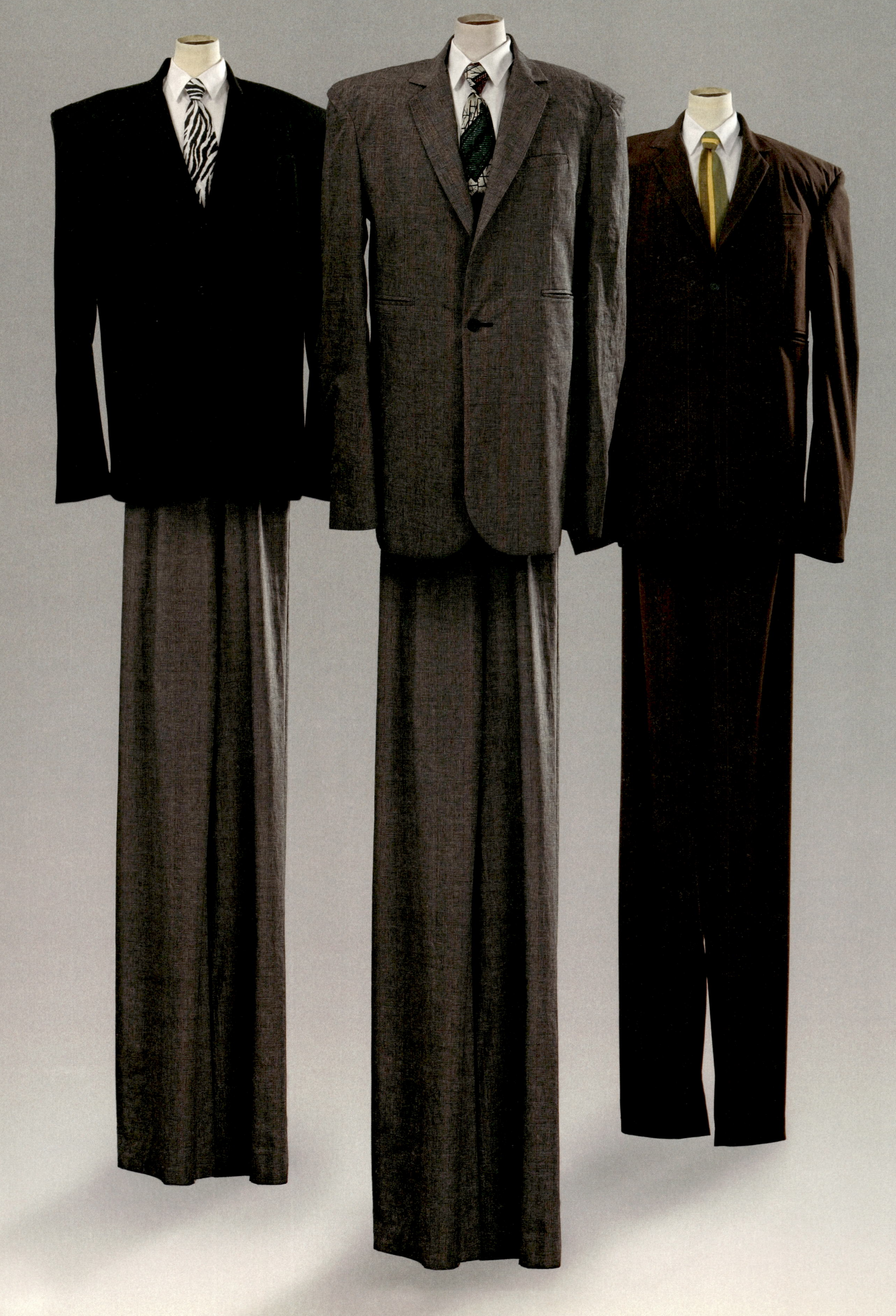

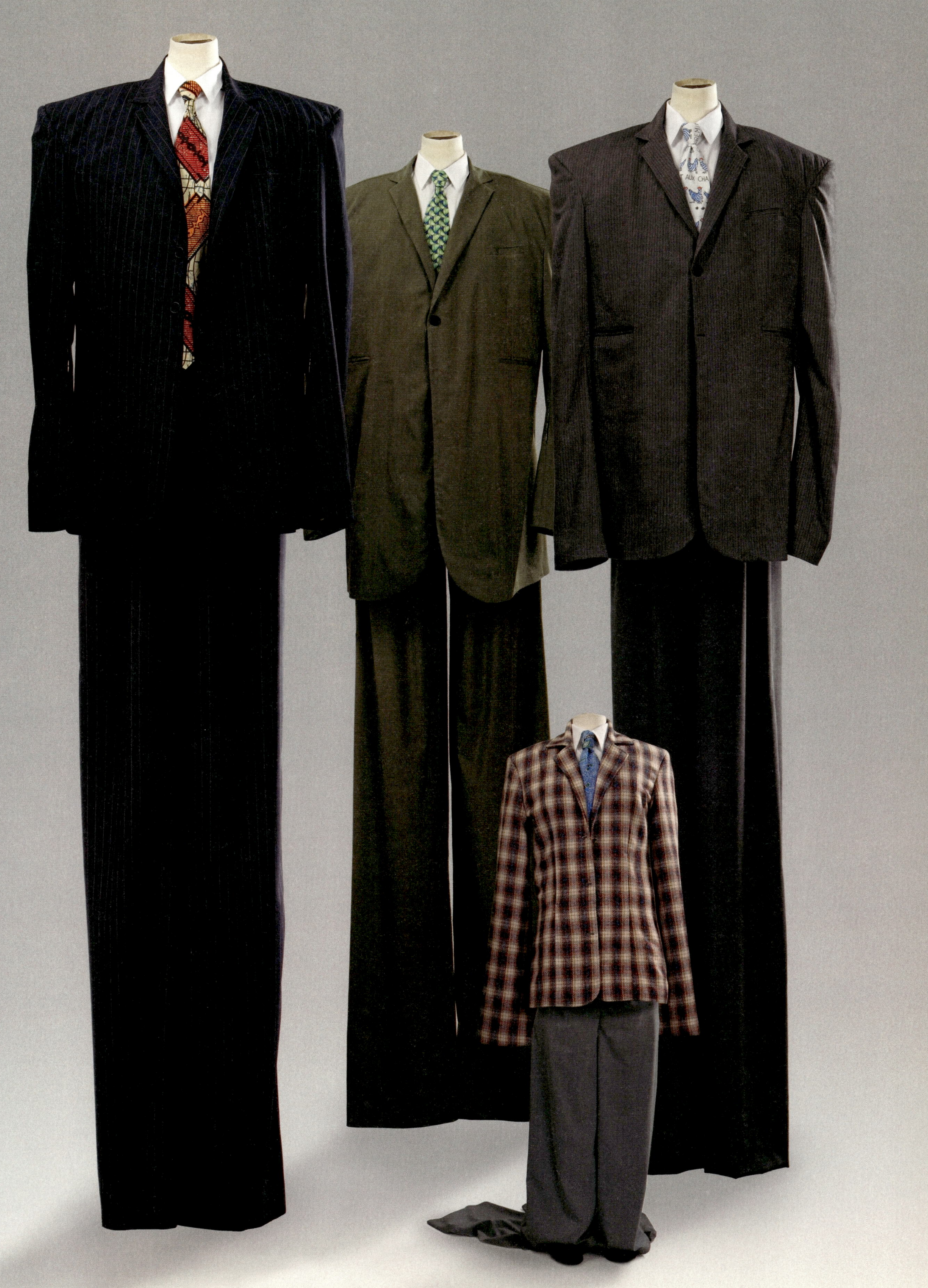

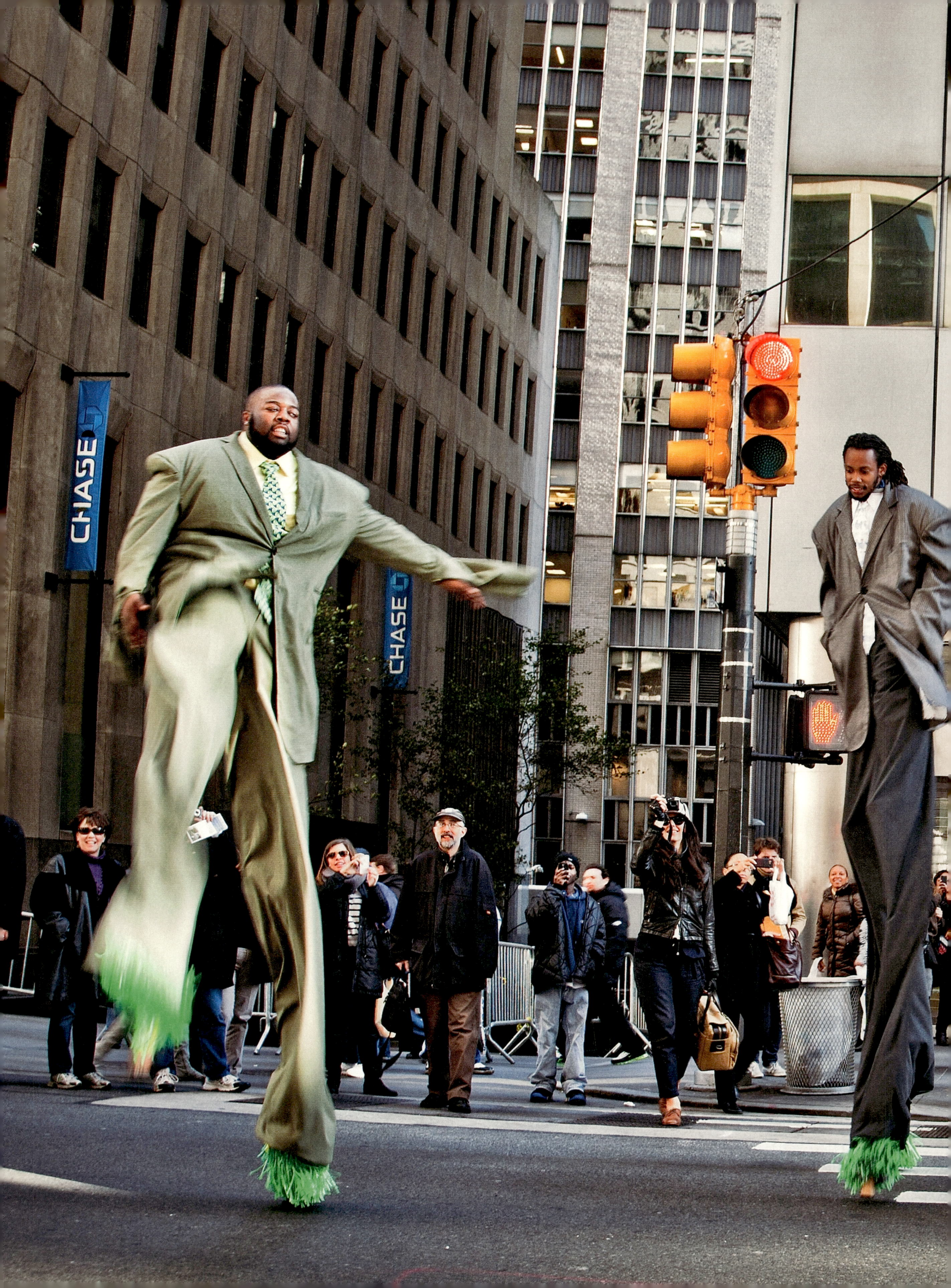
CHASE
CHASE

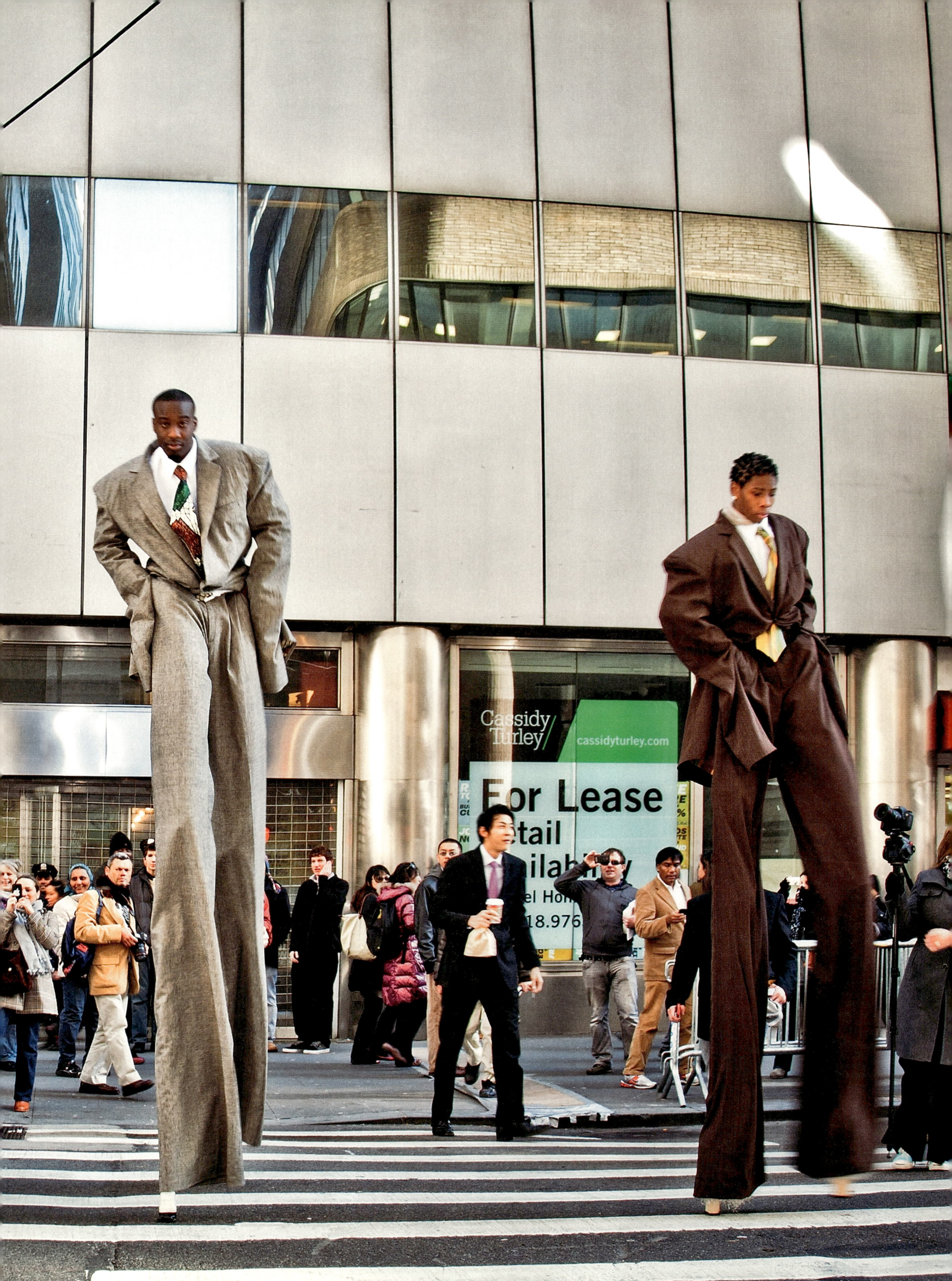

Cassidy Turley
cassidyturley.com
For Lease
tail
ilabili
18.976

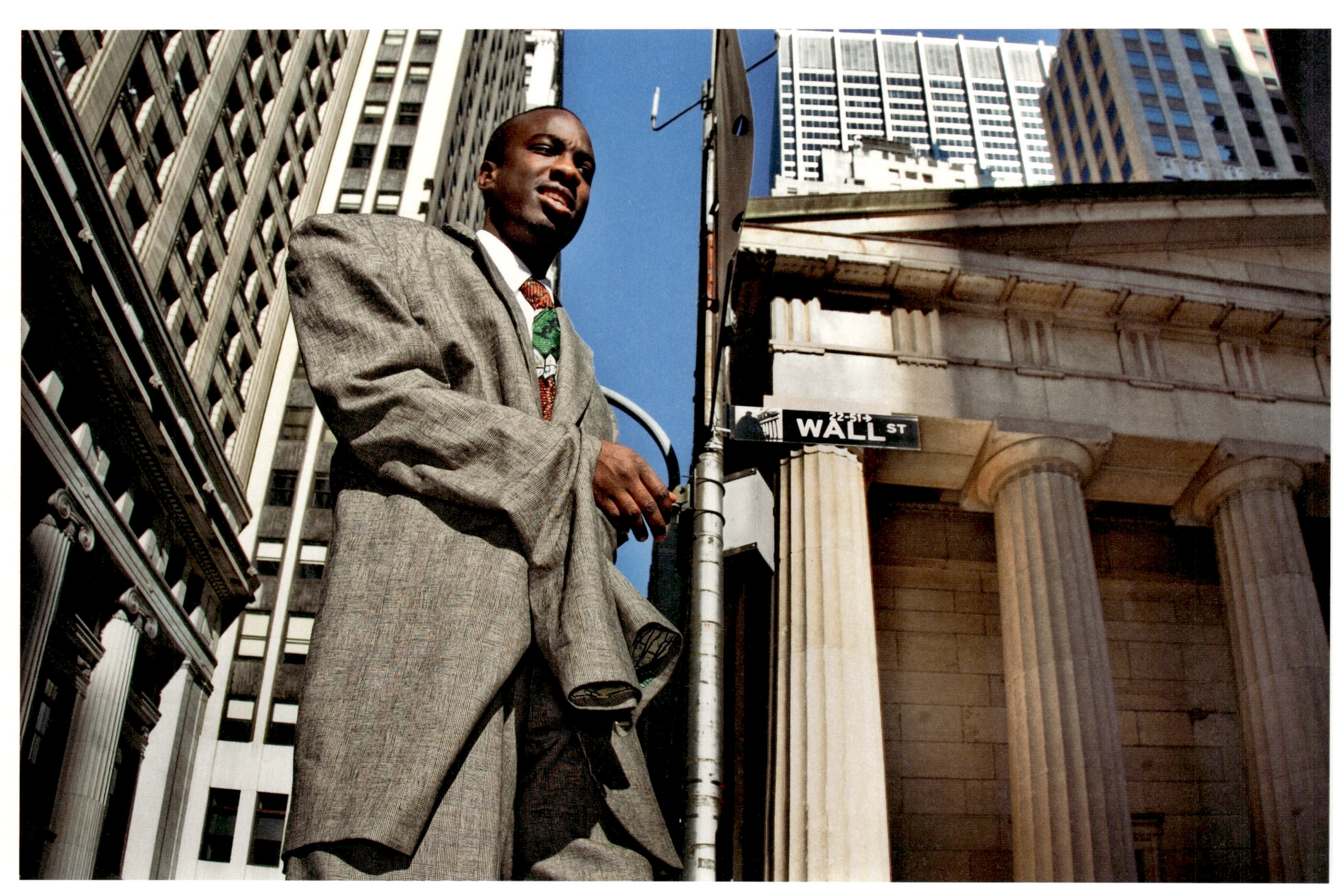
22-51½
WALL ST

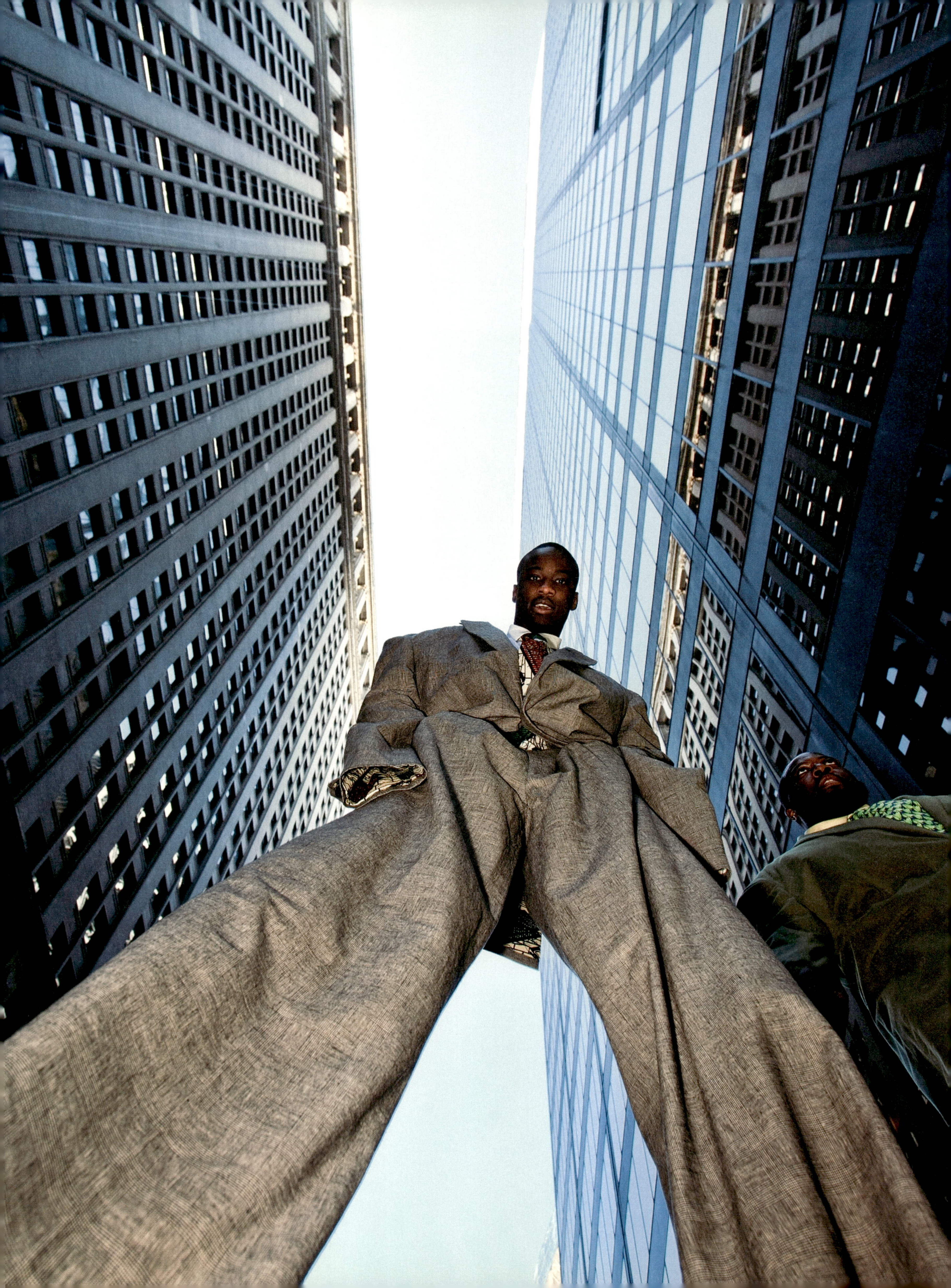

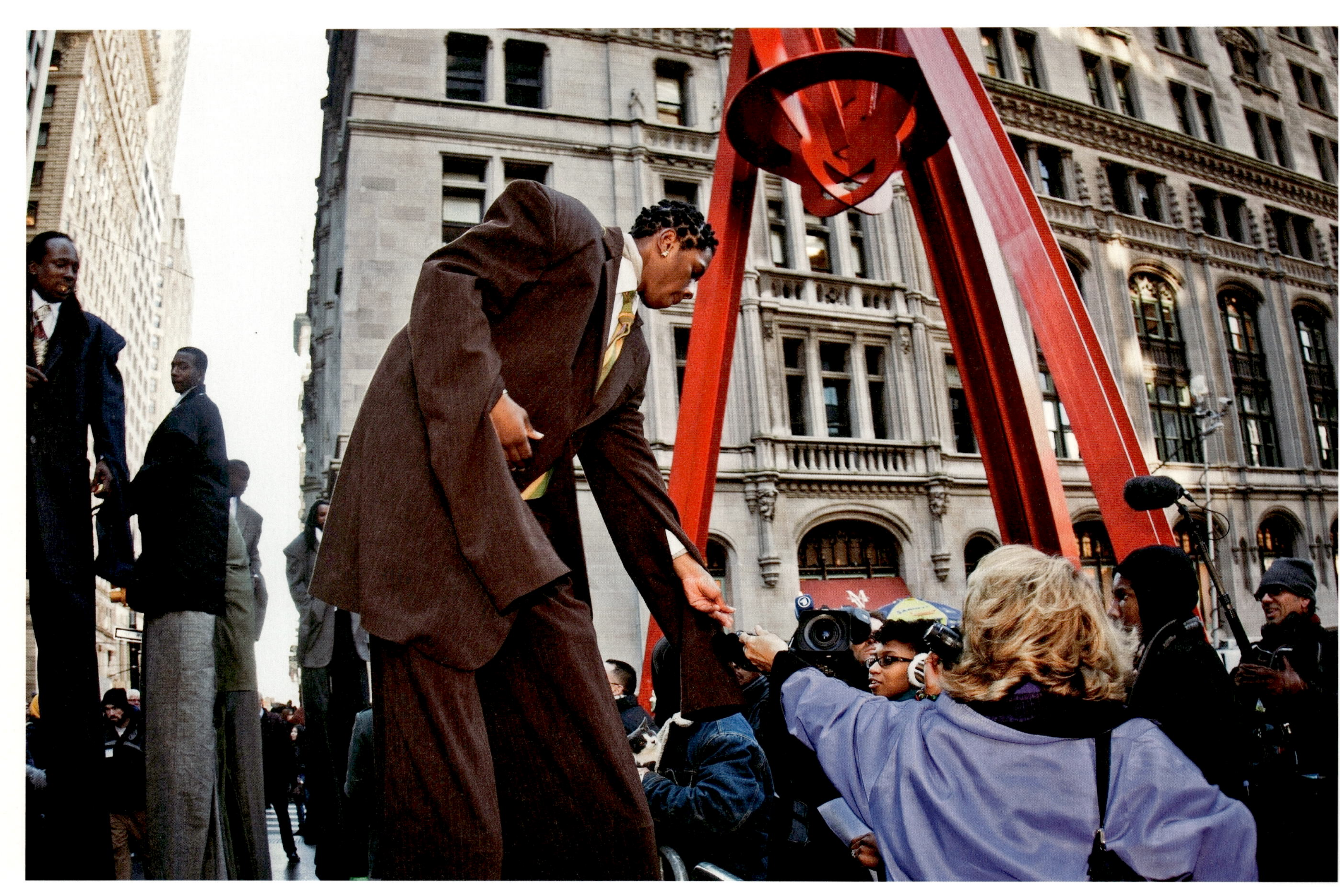

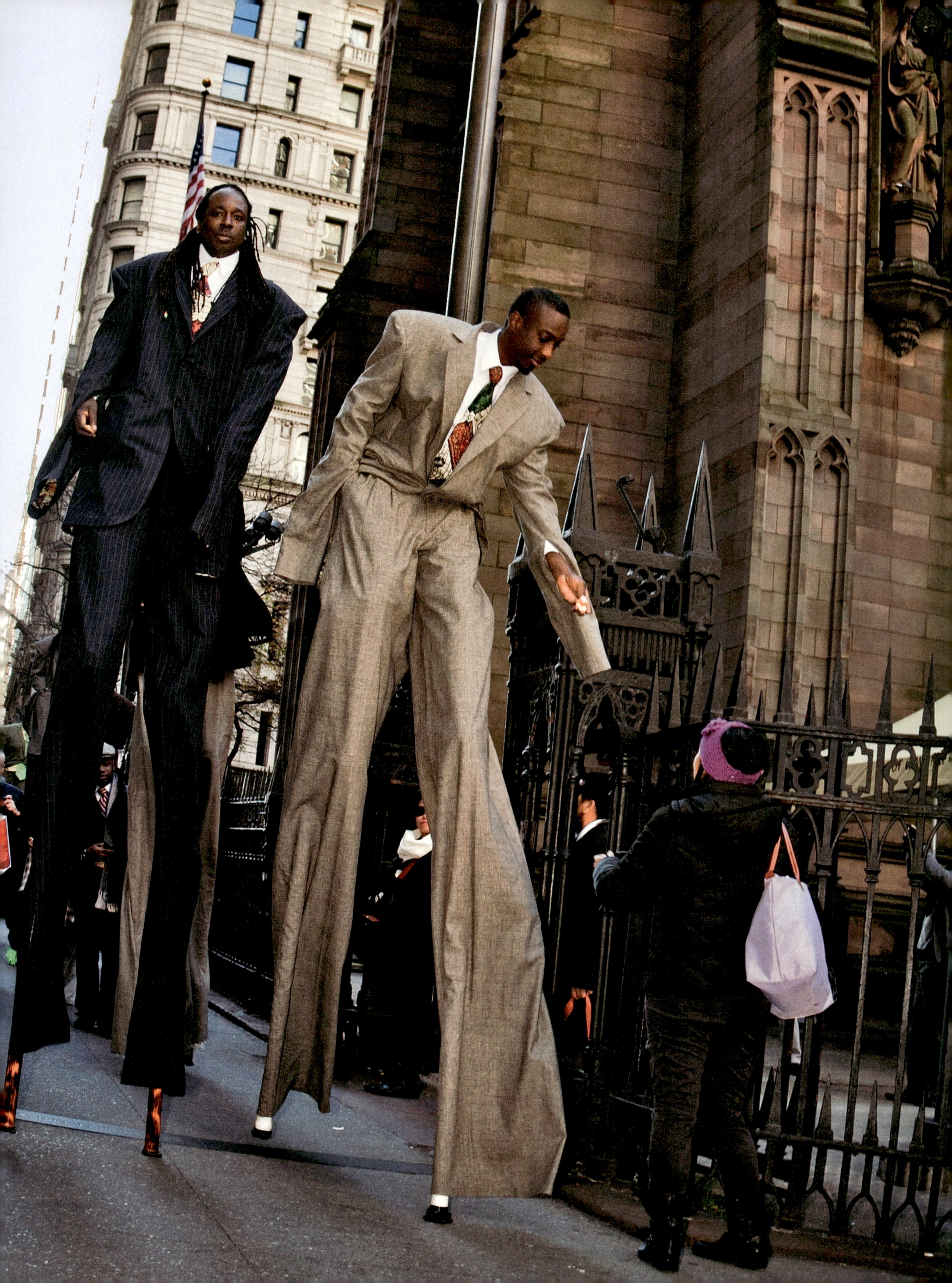

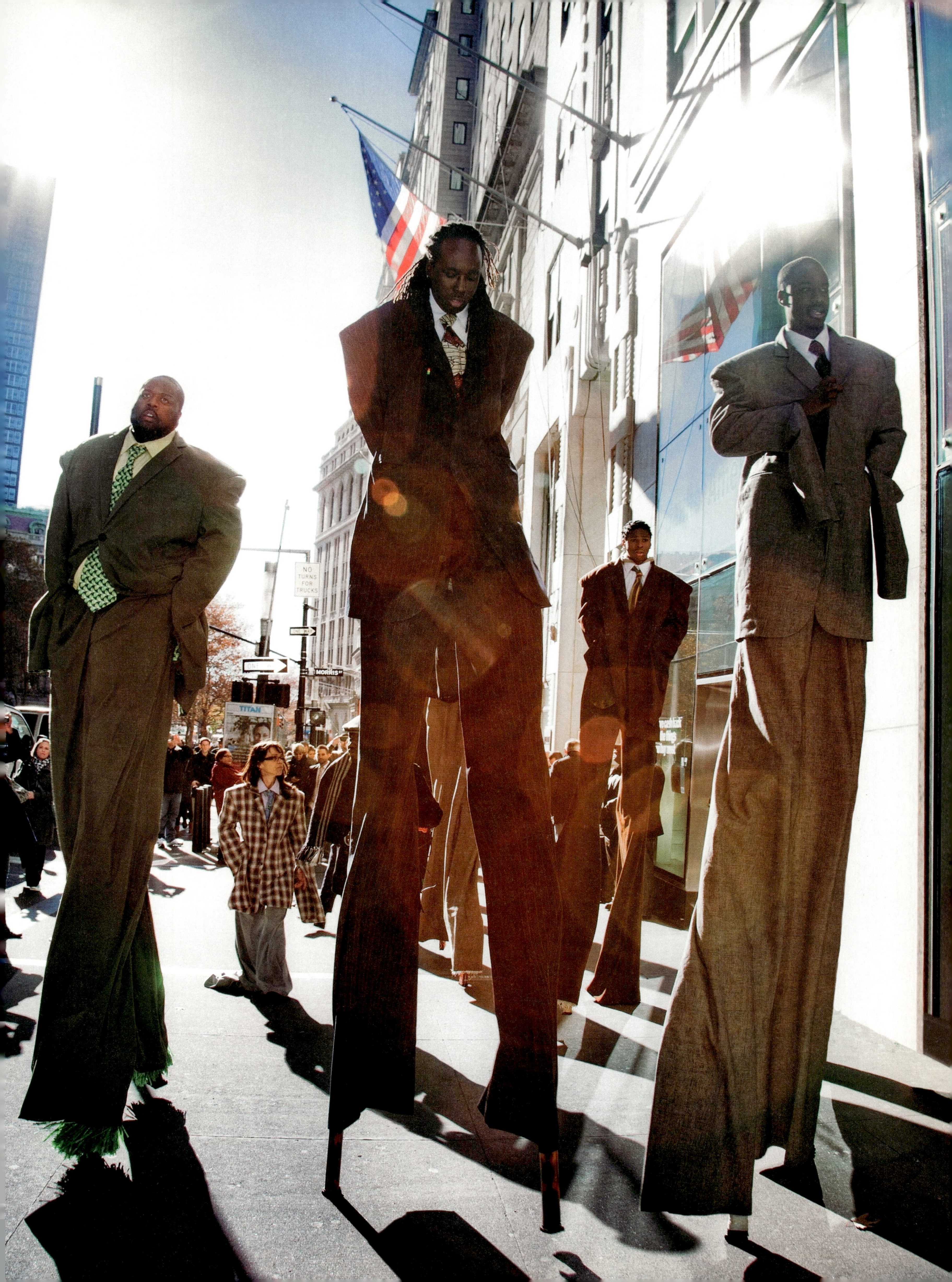

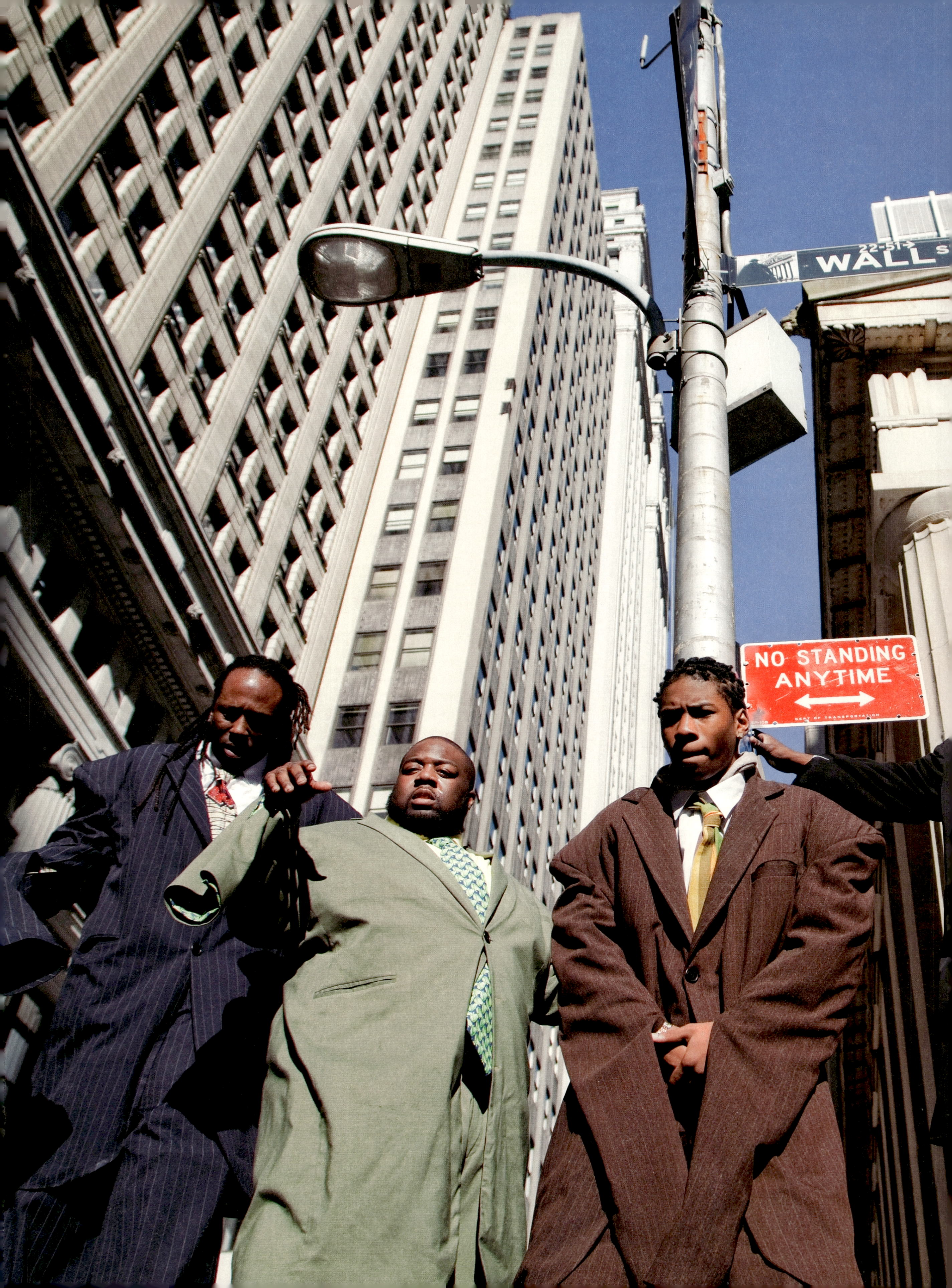
22-513
WALL St
NO STANDING
ANYTIME

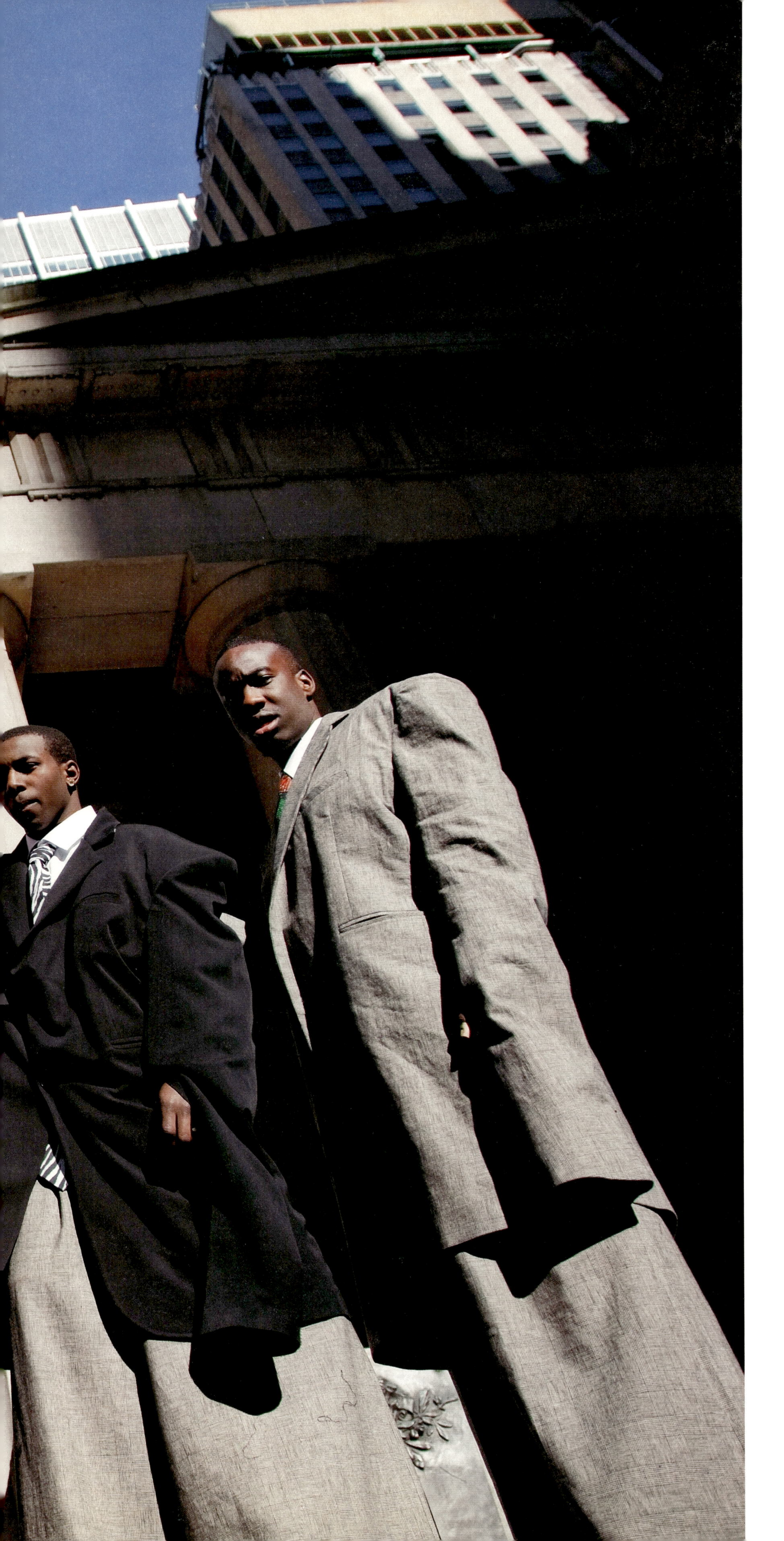

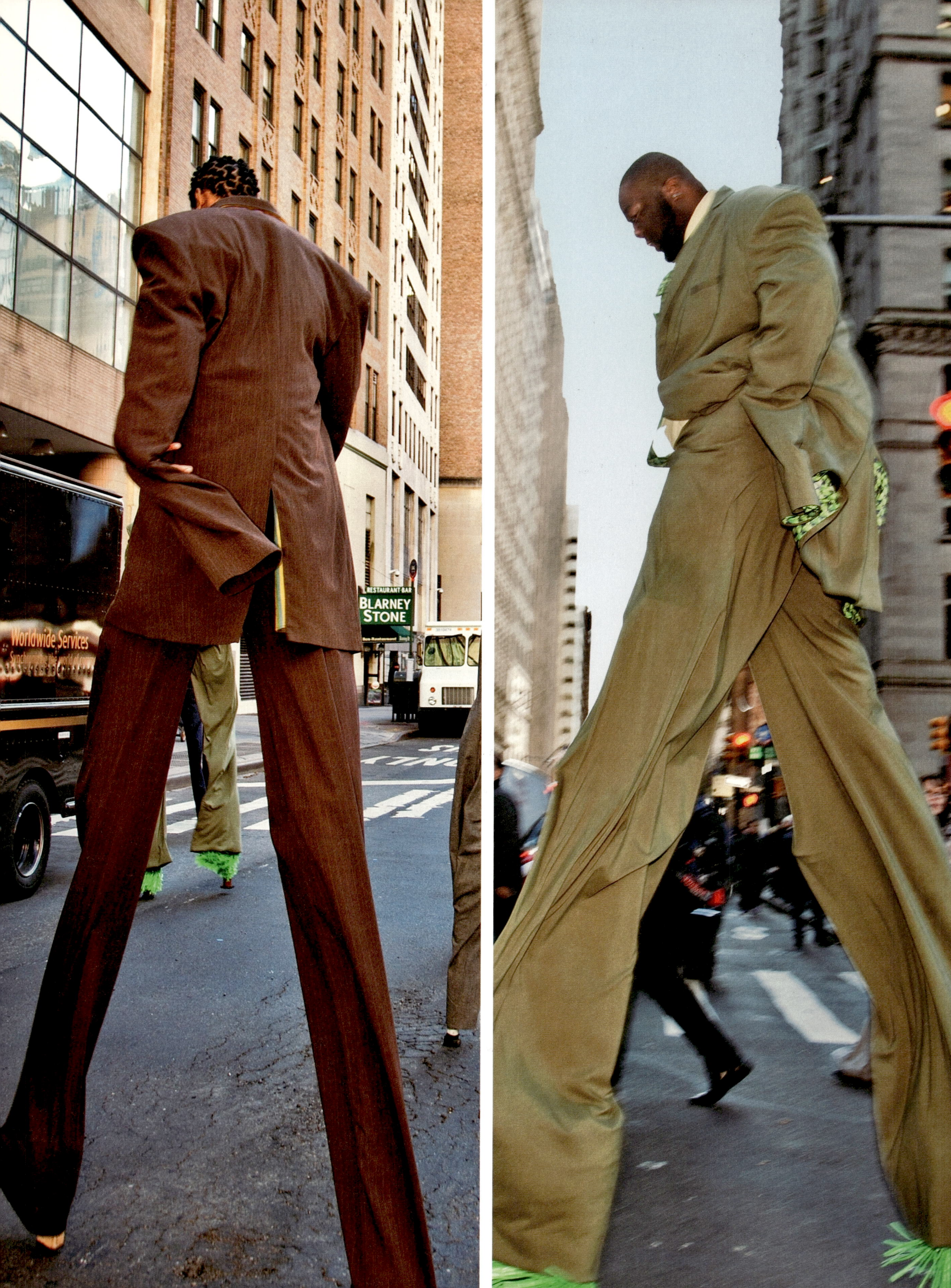

Worldwide Services
BLARNEY STONE
RESTAURANT-BAR

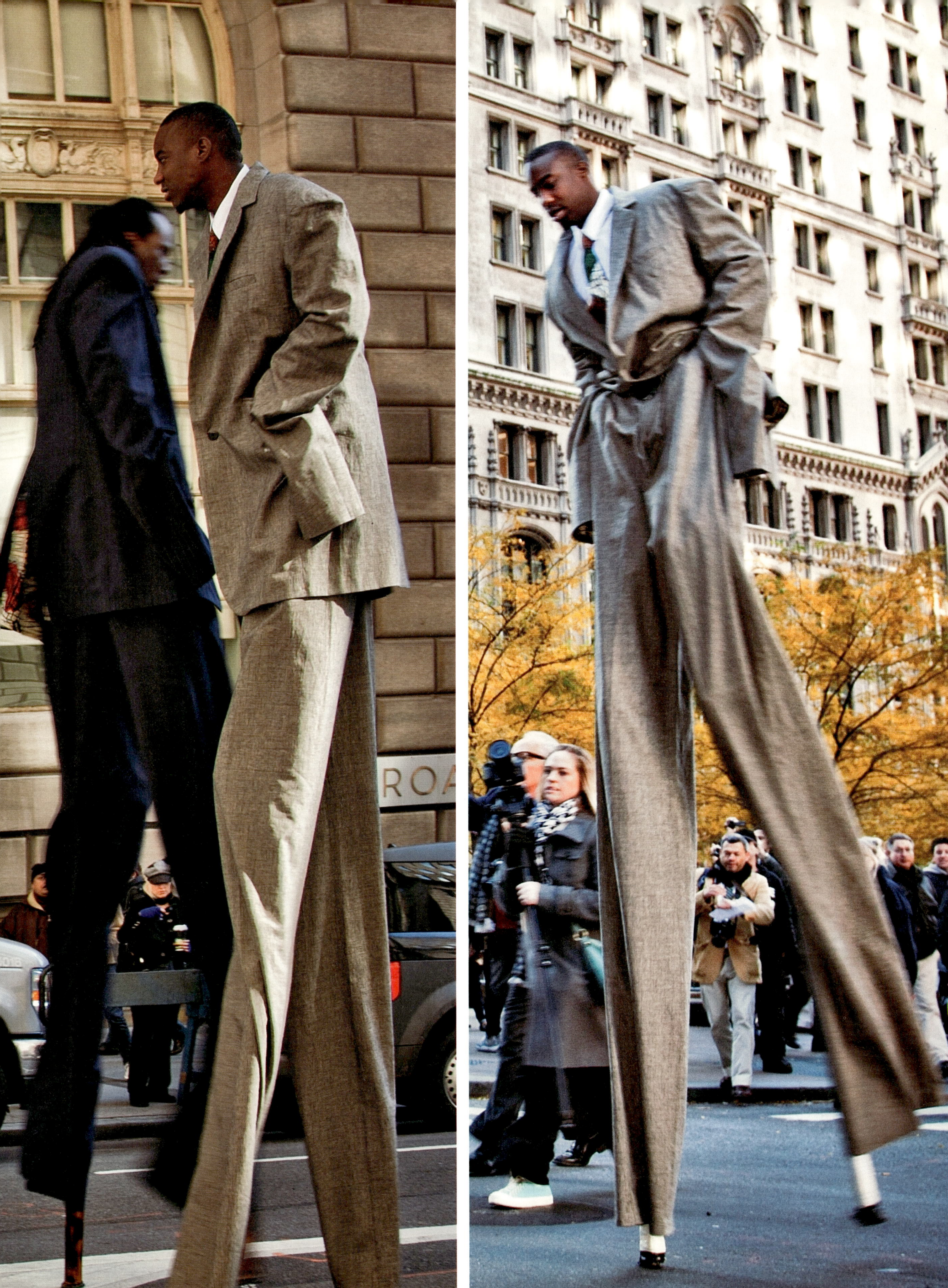

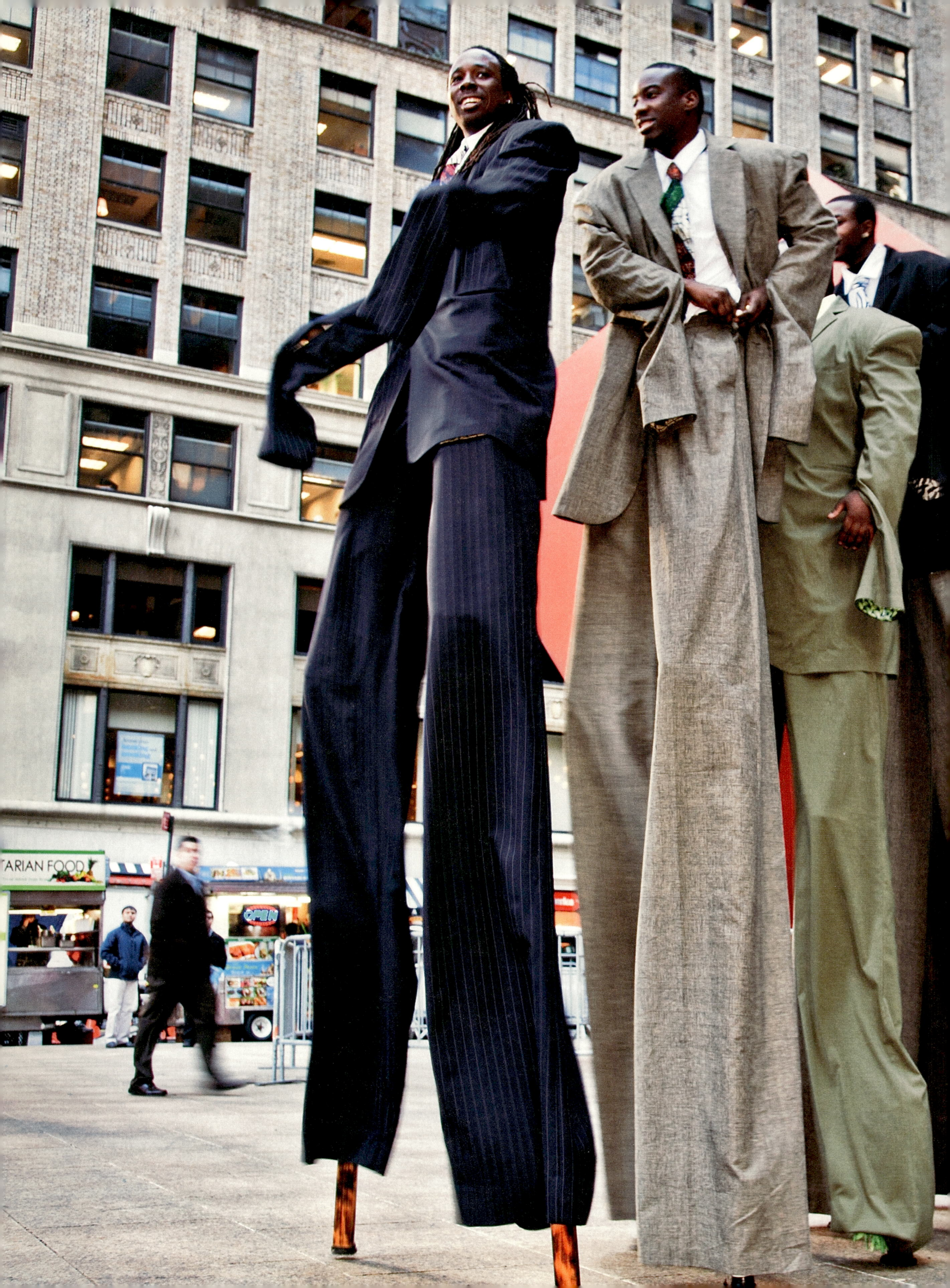

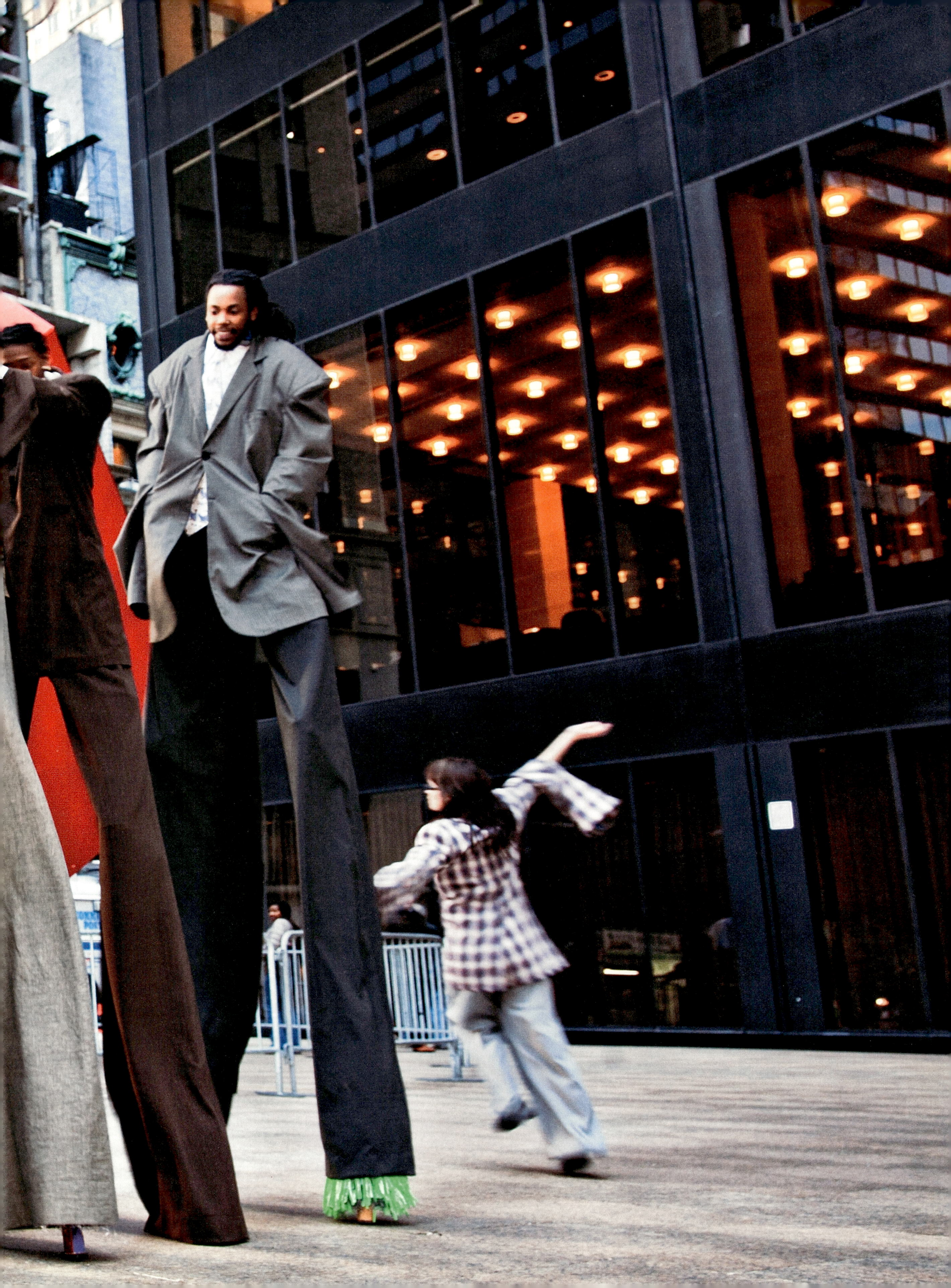

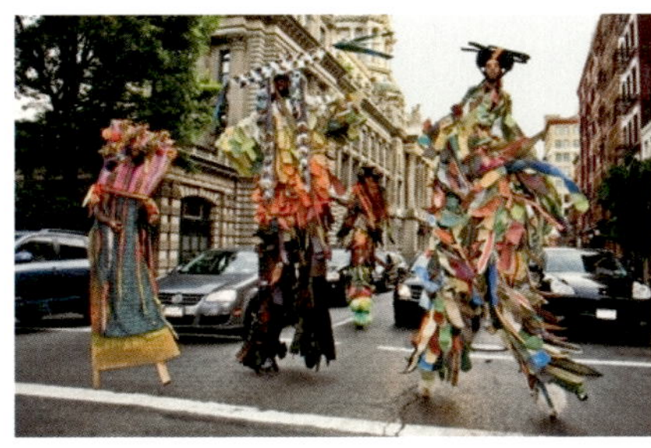

Intervención espontánea, 2008
Colaboración con los Brooklyn Jumbies
Soho/Barrio Chino, Nueva York
Fotografía: Frank Veronsky

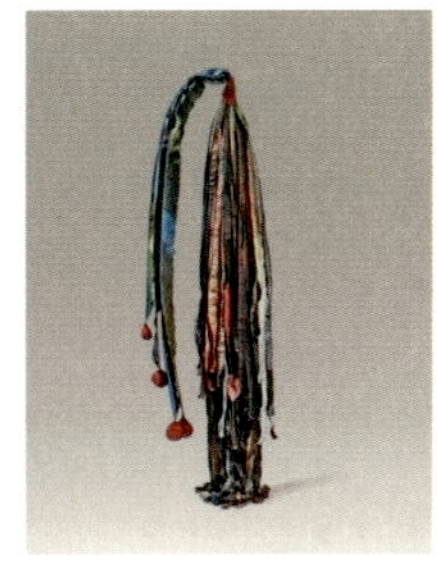

Árbol joven, 2008
Textiles reciclados, varillas de fibra de vidrio e hilo
236.2 x 71 x 61 cm
Fotografía: Stefan Hagen

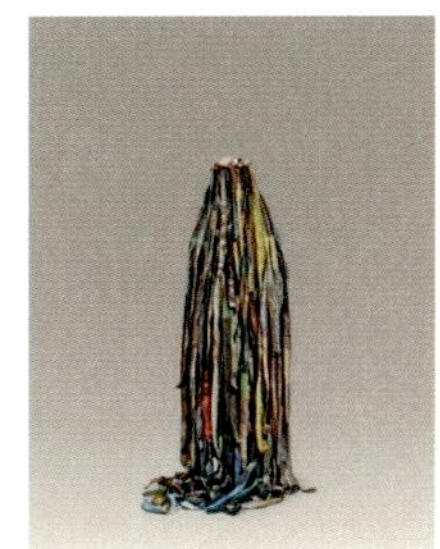

Julia Pastrana pensando en Dafne, 2010
Textiles reciclados y corona de flores de seda
sobre maniquí forrado
157 x 71 x 71 cm
Fotografía: Stefan Hagen

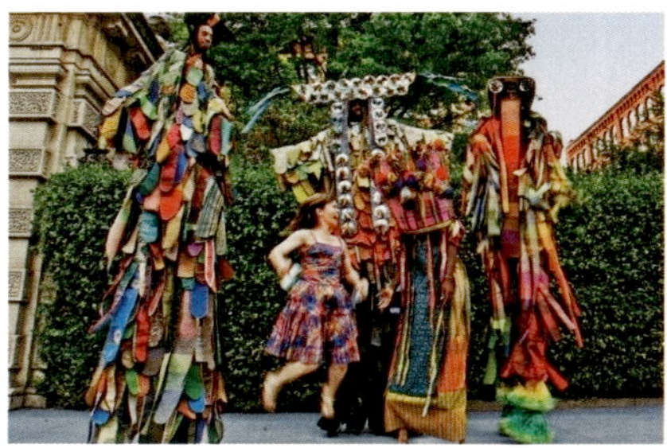

Intervención espontánea, 2008
Colaboración con los Brooklyn Jumbies
Soho/Barrio Chino, Nueva York
Fotografía: Frank Veronsky

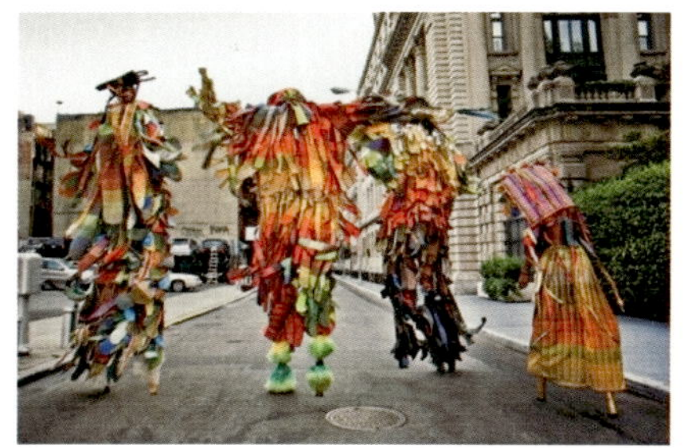

Intervención espontánea, 2008
Colaboración con los Brooklyn Jumbies
Soho/Barrio Chino, Nueva York
Fotografía: Frank Veronsky

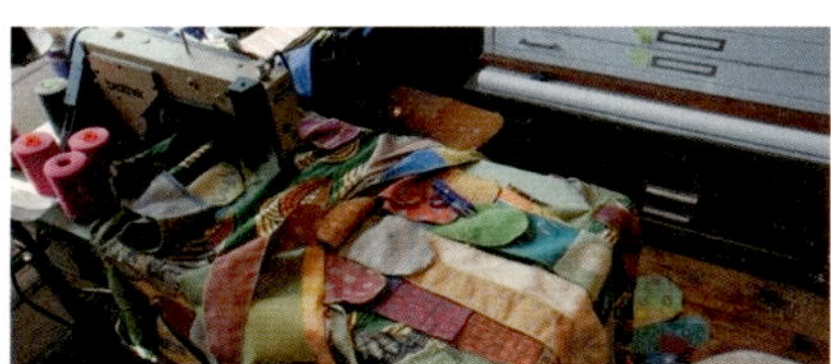

Estudio de Laura Anderson Barbata, 2009
Nueva York
Fotografía: Stefan Falke

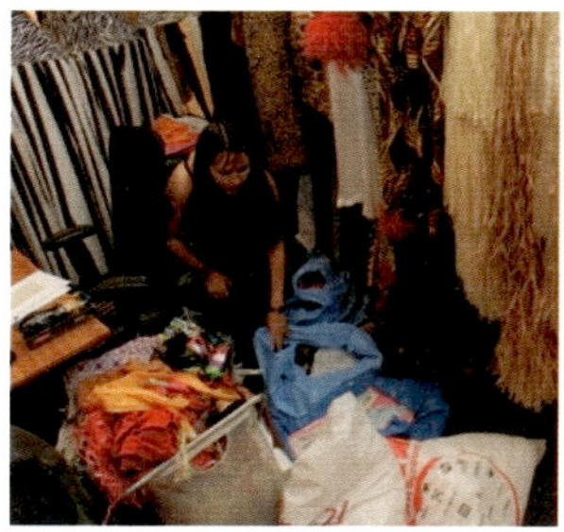

Jumbie Camp, 2007
Instalación en la galería Ramis Barquet
en un taller con Laura Anderson Barbata
Chelsea, Nueva York
Fotografía: Stefan Hagen

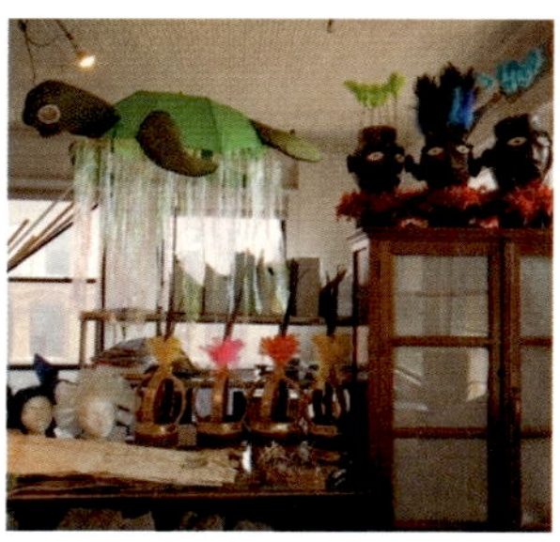

Estudio de Laura Anderson Barbata, 2009
Nueva York
Fotografía: Stefan Falke

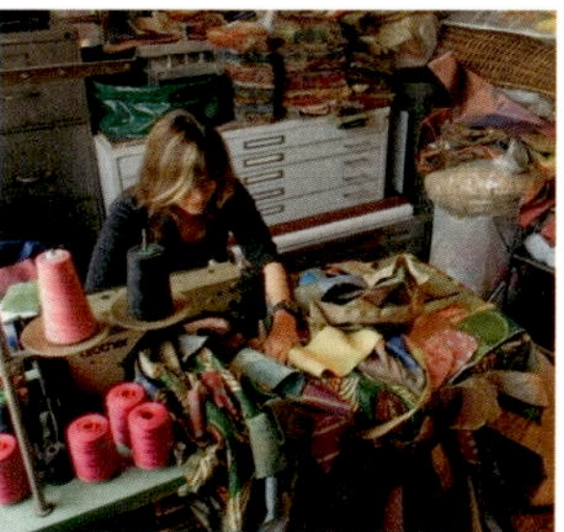

Laura Anderson Barbata en su estudio cose
para una intervención espontánea, 2009
Nueva York
Fotografía: Stefan Falke

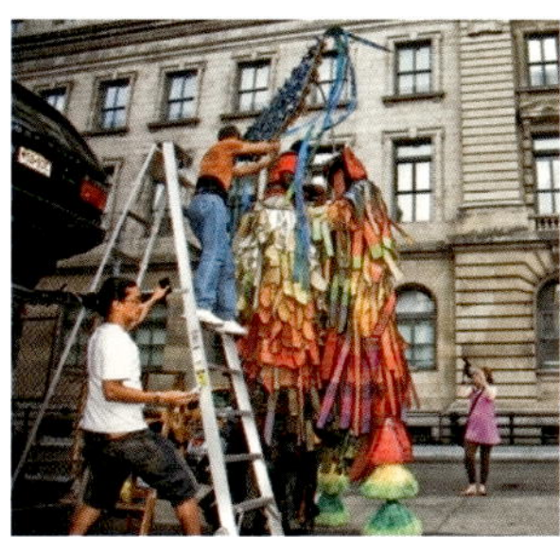

Preparativos para una intervención espontánea, 2008
Colaboración con los Brooklyn Jumbies,
Hemit Kaiser, Gary Chin y Alix Milne
Soho/Barrio Chino, Nueva York
Fotografía: Frank Veronsky

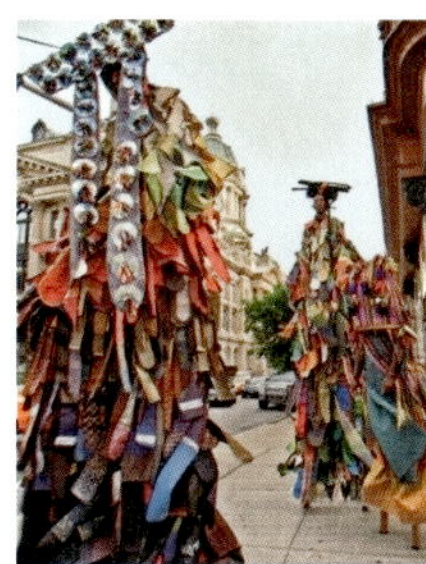

Intervención espontánea, 2008
Colaboración con los Brooklyn Jumbies
Soho/Barrio Chino, Nueva York
Fotografía: Frank Veronsky

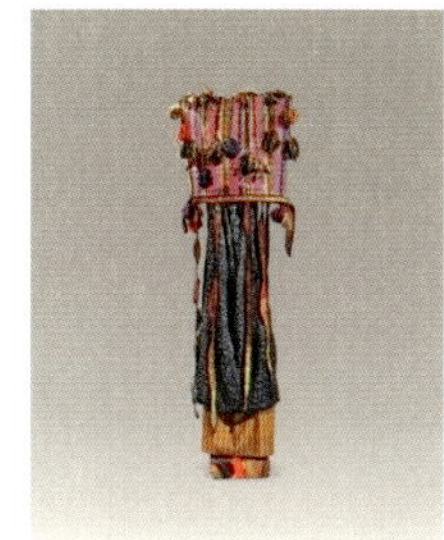

Mujer joven, 2008
Textiles reciclados, hilo, cuerda, bolsa del mandado
tejida en plástico, madera y clavos
213.3 x 66 x 40.6 cm
Fotografía: Stefan Hagen

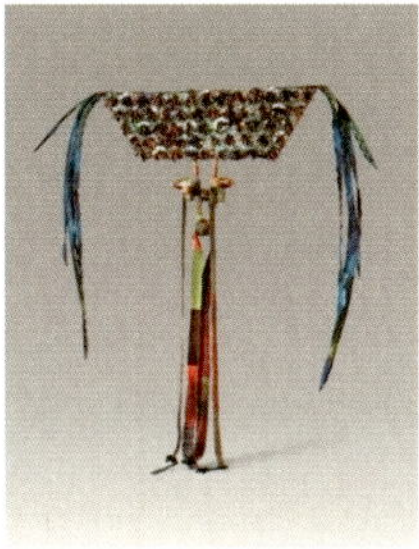

Mochila para el señor de Aztlán, 2008
304.8 x 274.3 x 30.4 cm
Fotografía: Stefan Hagen

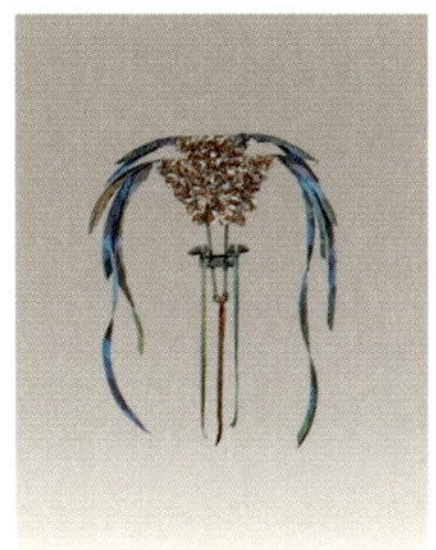

Resplandor del señor de Aztlán, 2008
Discos compactos de desecho, textiles,
soporte de carbono, aluminio, hilo y
varillas de fibra de vidrio
304.8 x 205.7 x 25.4 cm
Fotografía: Stefan Hagen

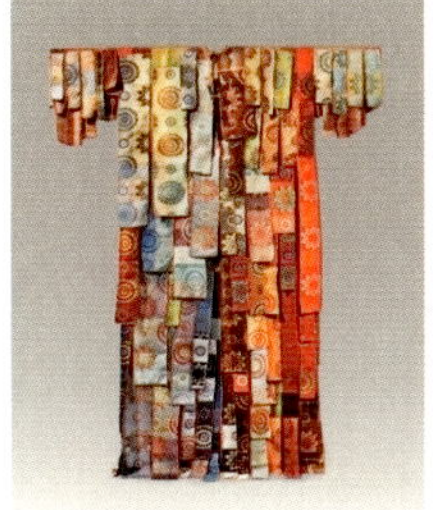

Happy Suit, 2008
Textiles reciclados e hilo
324.1 x 215.9 x 15.2 cm
Fotografía: Stefan Hagen

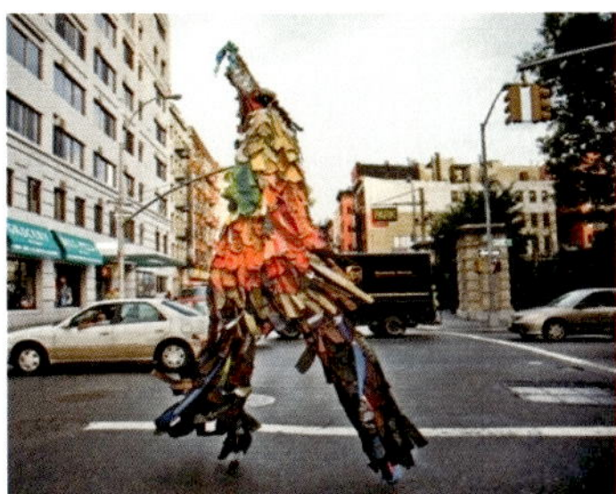

Intervención espontánea, 2008
Colaboración con los Brooklyn Jumbies
Soho/Barrio Chino, Nueva York
Fotografía: Frank Veronsky

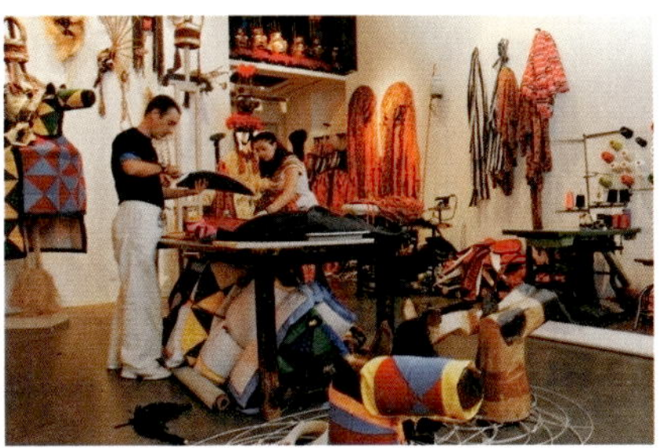

Jumbie Camp, 2007
Hemit Kaiser y Jennifer Russell en la instalación
y el taller en la galería Ramis Barquet
Chelsea, Nueva York
Fotografía: Stefan Hagen

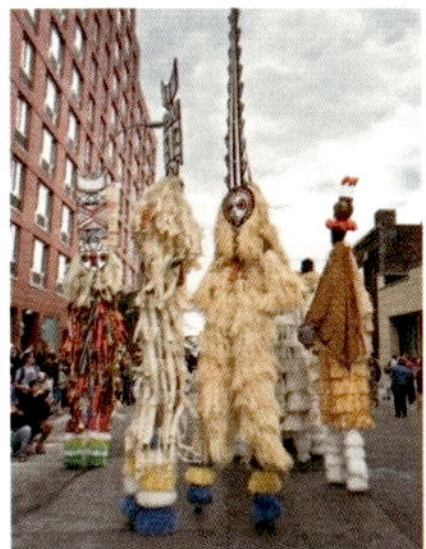

Jumbie Camp, 2007
Performance en la calle 24
Colaboración con los Brooklyn Jumbies
Chelsea, Nueva York
Fotografía: Frank Veronsky

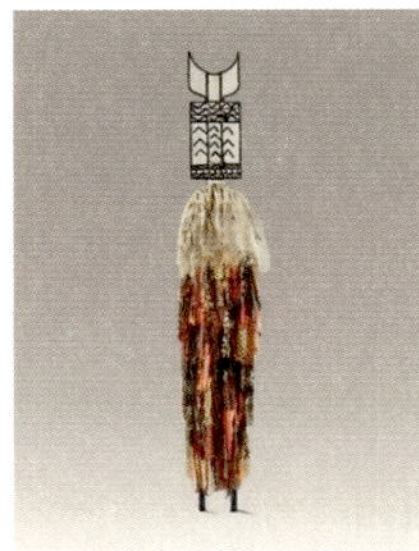

Protector de la aldea 1, 2005-2007
Papel maché, cartón, varillas de aluminio y de fibra
de vidrio, pintura, barniz, tela y cuentas de jumbie
548.6 x 86.3 x 66 cm
Fotografía: Stefan Hagen

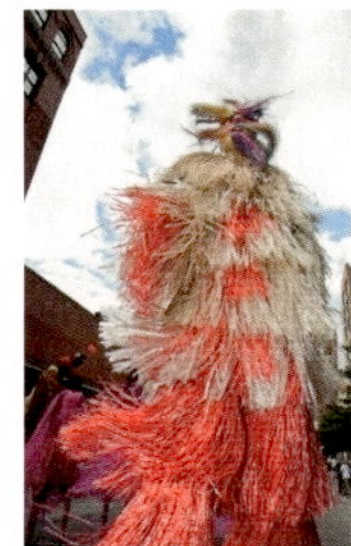

Jumbie Camp, 2007
Performance en la calle 24
Colaboración con los Brooklyn Jumbies
Chelsea, Nueva York
Fotografía: Frank Veronsky

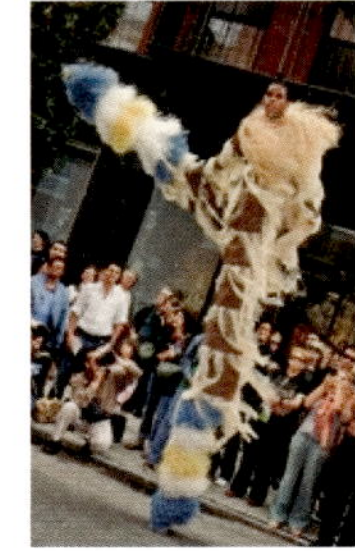

Jumbie Camp, 2007
Performance en la calle 24
Colaboración con los Brooklyn Jumbies
Chelsea, Nueva York
Fotografía: Frank Veronsky

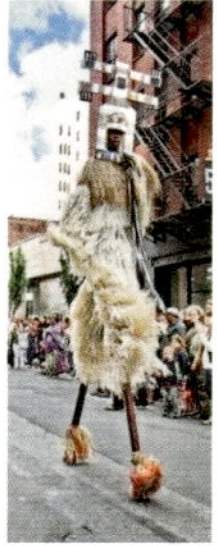

Jumbie Camp, 2007
Performance en la calle 24
Colaboración con los Brooklyn Jumbies
Chelsea, Nueva York
Fotografía: Frank Veronsky

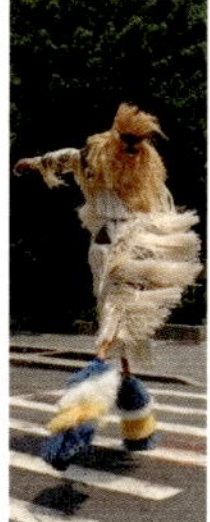

Festival Dance Africa, Brooklyn Academy
of Music, 2007
Colaboración con los Brooklyn Jumbies
Brooklyn, Nueva York
Fotografía: Stefan Falke

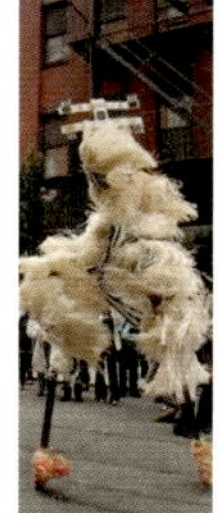

Jumbie Camp, 2007
Performance en la calle 24
Colaboración con los Brooklyn Jumbies
Chelsea, Nueva York
Fotografía: Frank Veronsky

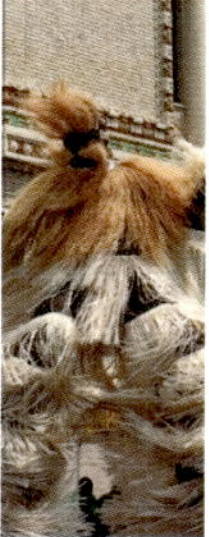

Festival Dance Africa, Brooklyn Academy
of Music, 2007
Colaboración con los Brooklyn Jumbies
Brooklyn, Nueva York
Fotografía: Stefan Falke

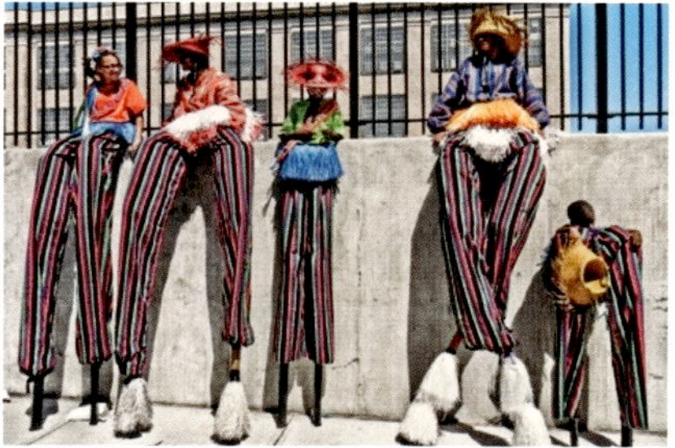

Desfile del carnaval West Indian-American
Day Junior Carnival, 2010
Colaboración con los Brooklyn Jumbies
Brooklyn, Nueva York
Fotografía: Frank Veronsky

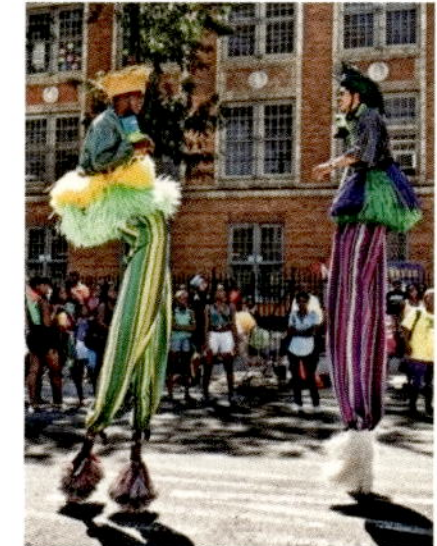

Desfile del West Indian-American
Day Junior Carnival, 2010
Colaboración con los Brooklyn Jumbies
Brooklyn, Nueva York
Fotografía: Frank Veronsky

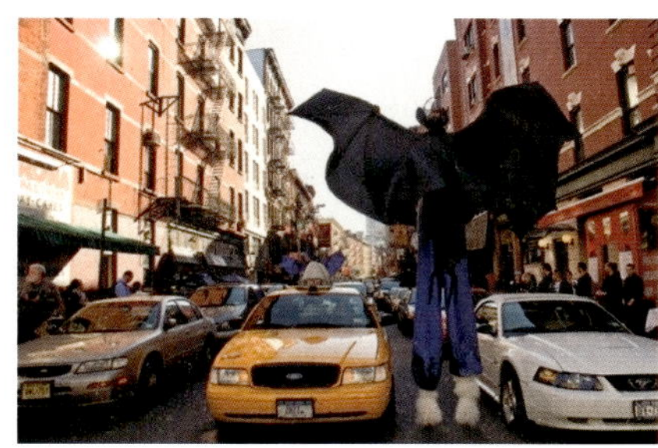

Intervention: Halloween, 2008
Colaboración con el Children's Museum of
the Arts de Nueva York y los Brooklyn Jumbies
Soho, Nueva York
Fotografía: Stefan Falke

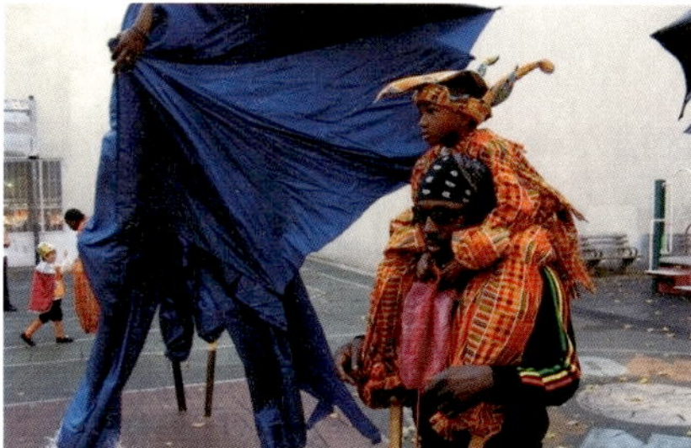

Intervention: Halloween, 2008
Colaboración con el Children's Museum of
the Arts de Nueva York y los Brooklyn Jumbies
Soho, Nueva York
Fotografía: Stefan Falke

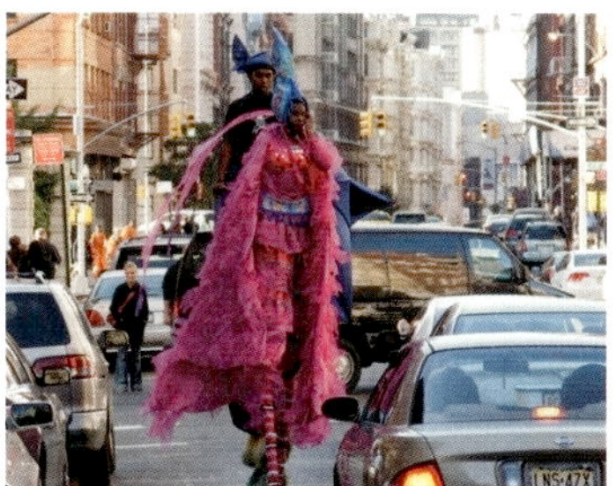

Intervention: Halloween, 2008
Colaboración con el Children's Museum of
the Arts de Nueva York y los Brooklyn Jumbies
Soho, Nueva York
Fotografía: Stefan Falke

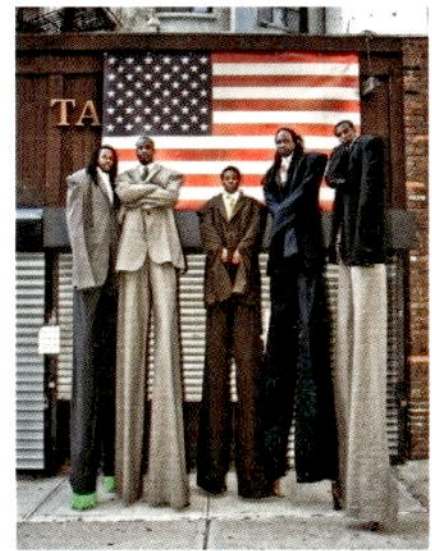

Intervention: Wall Street, 2011
Colaboración con los Brooklyn Jumbies
Distrito Financiero, Nueva York
Fotografía: Frank Veronsky

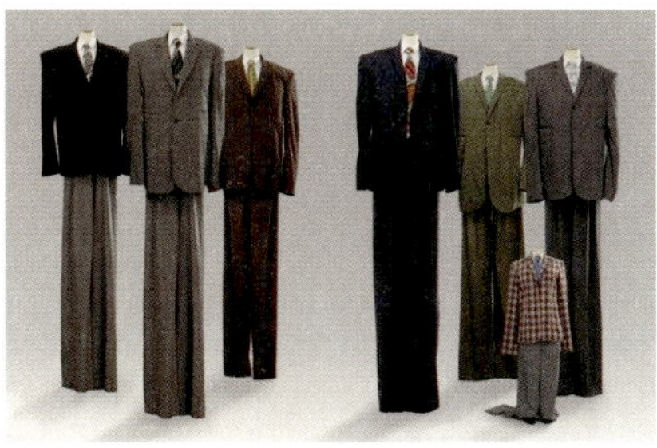

Intervention: Wall Street, 2011
Instalación
Diversos tipos de tela
584.2 cm de alto (medidas variables)
Fotografía: Stefan Hagen

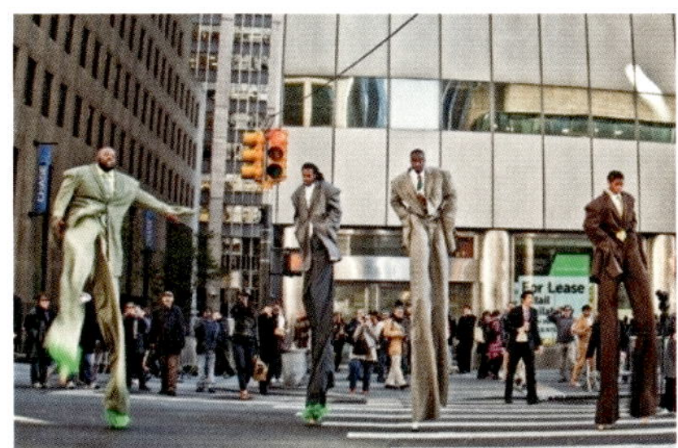

Intervention: Wall Street, 2011
Colaboración con los Brooklyn Jumbies
Distrito Financiero, Nueva York
Fotografía: Frank Veronsky

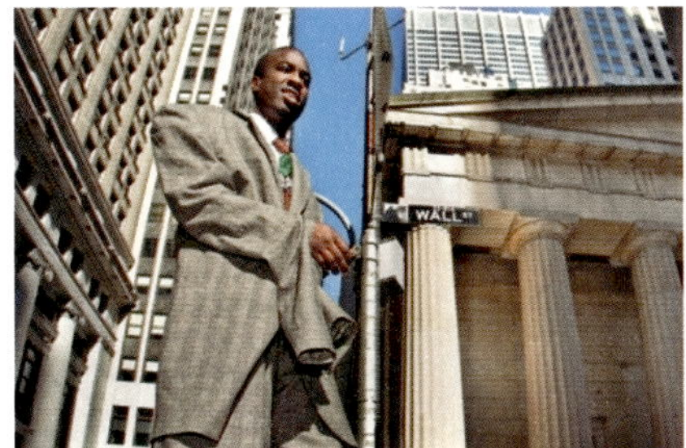

Intervention: Wall Street, 2011
Colaboración con los Brooklyn Jumbies
Distrito Financiero, Nueva York
Fotografía: Frank Veronsky

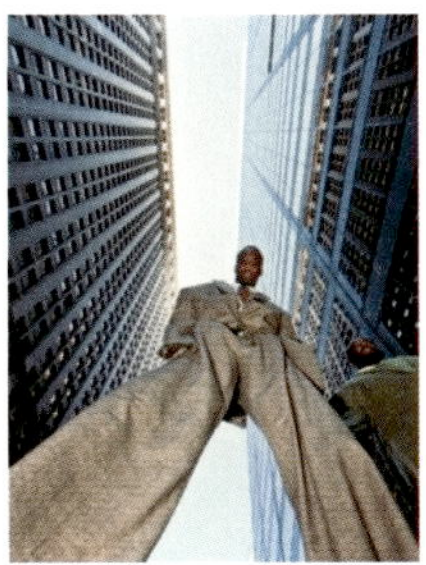

Intervention: Wall Street, 2011
Colaboración con los Brooklyn Jumbies
Distrito Financiero, Nueva York
Fotografía: Frank Veronsky

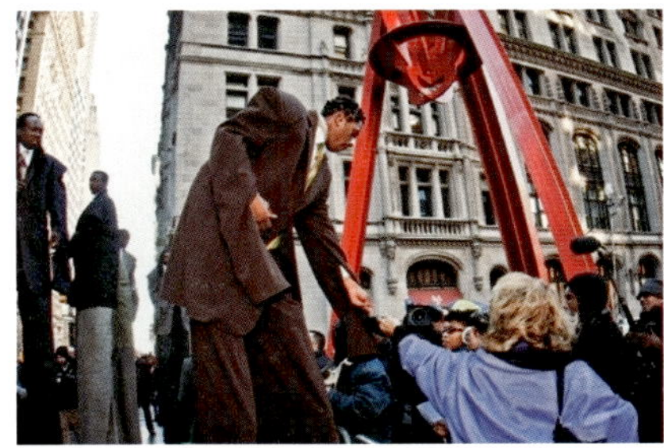

Intervention: Wall Street, 2011
Colaboración con los Brooklyn Jumbies
Distrito Financiero, Nueva York
Fotografía: Frank Veronsky

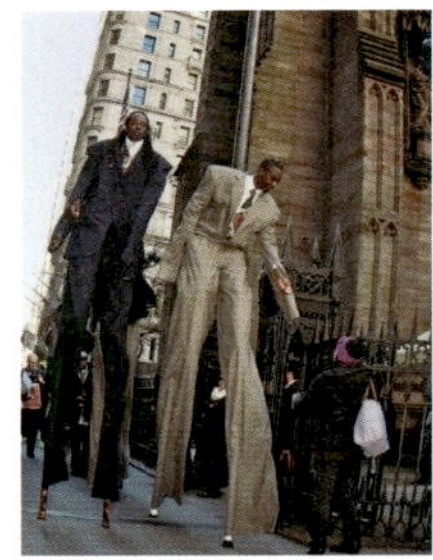

Intervention: Wall Street, 2011
Colaboración con los Brooklyn Jumbies
Distrito Financiero, Nueva York
Fotografía: Frank Veronsky

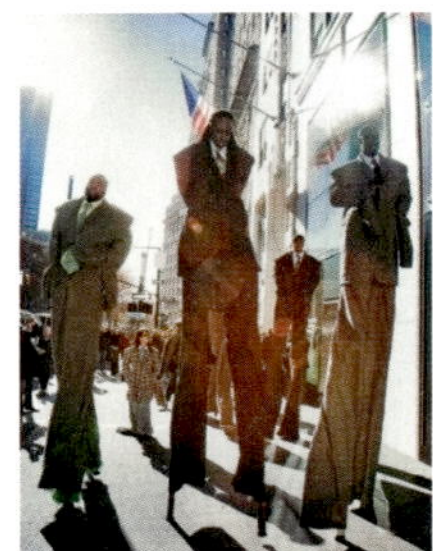

Intervention: Wall Street, 2011
Laura Anderson Barbata con los Brooklyn Jumbies
Distrito Financiero, Nueva York
Fotografía: Frank Veronsky

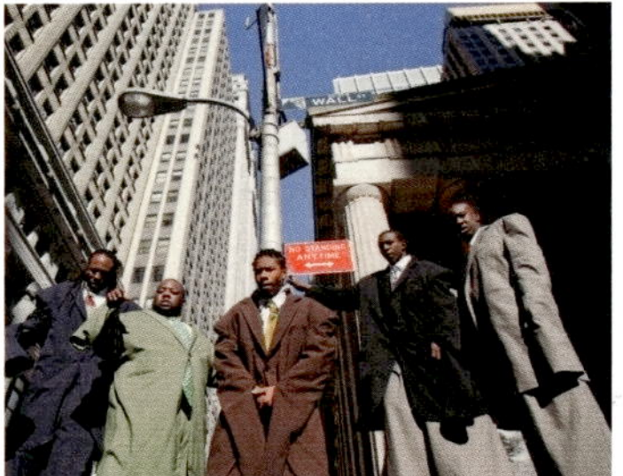

Intervention: Wall Street, 2011
Colaboración con los Brooklyn Jumbies
Distrito Financiero, Nueva York
Fotografía: Rafael Esquer

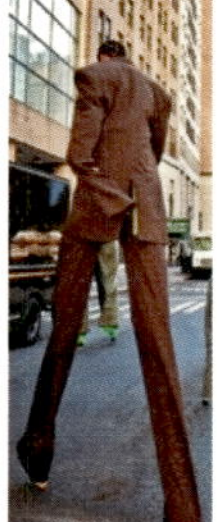

Intervention: Wall Street, 2011
Colaboración con los Brooklyn Jumbies
Distrito Financiero, Nueva York
Fotografía: Frank Veronsky

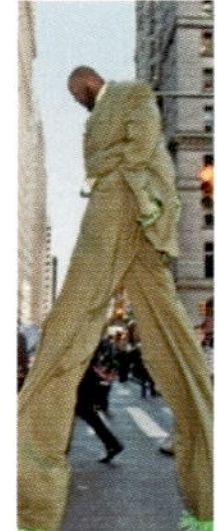

Intervention: Wall Street, 2011
Colaboración con los Brooklyn Jumbies
Distrito Financiero, Nueva York
Fotografía: Frank Veronsky

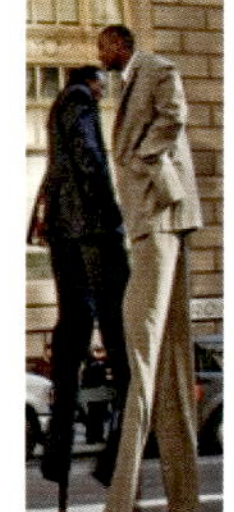

Intervention: Wall Street, 2011
Colaboración con los Brooklyn Jumbies
Distrito Financiero, Nueva York
Fotografía: Frank Veronsky

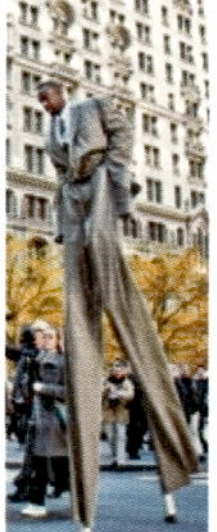

Intervention: Wall Street, 2011
Colaboración con los Brooklyn Jumbies
Distrito Financiero, Nueva York
Fotografía: Frank Veronsky

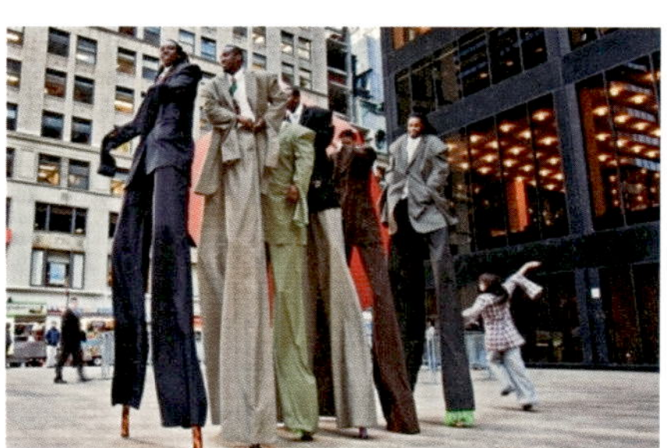

Intervention: Wall Street, 2011
Colaboración con los Brooklyn Jumbies
Distrito Financiero, Nueva York
Fotografía: Frank Veronsky

TRINIDAD Y TOBAGO
SIN CAER

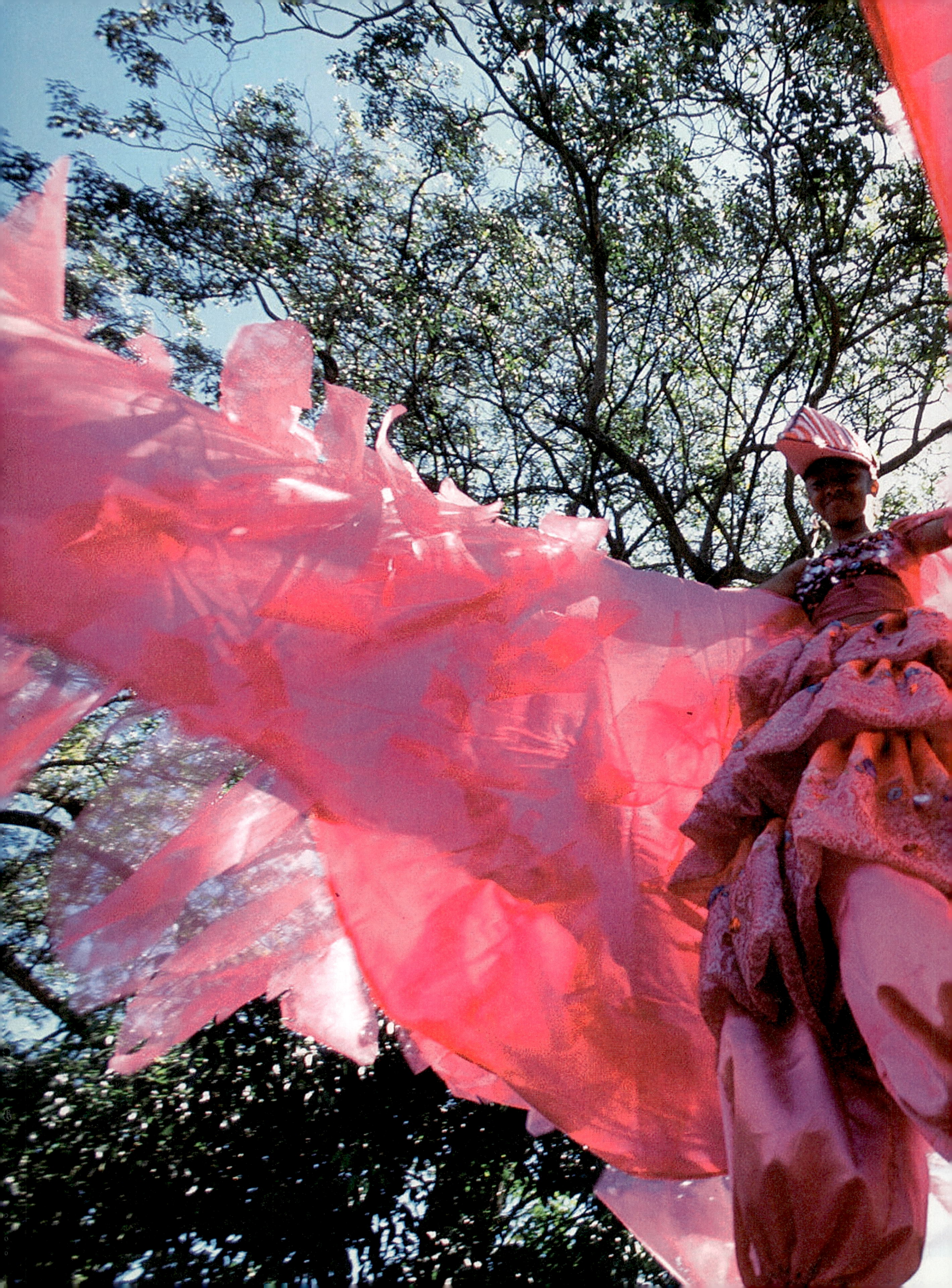

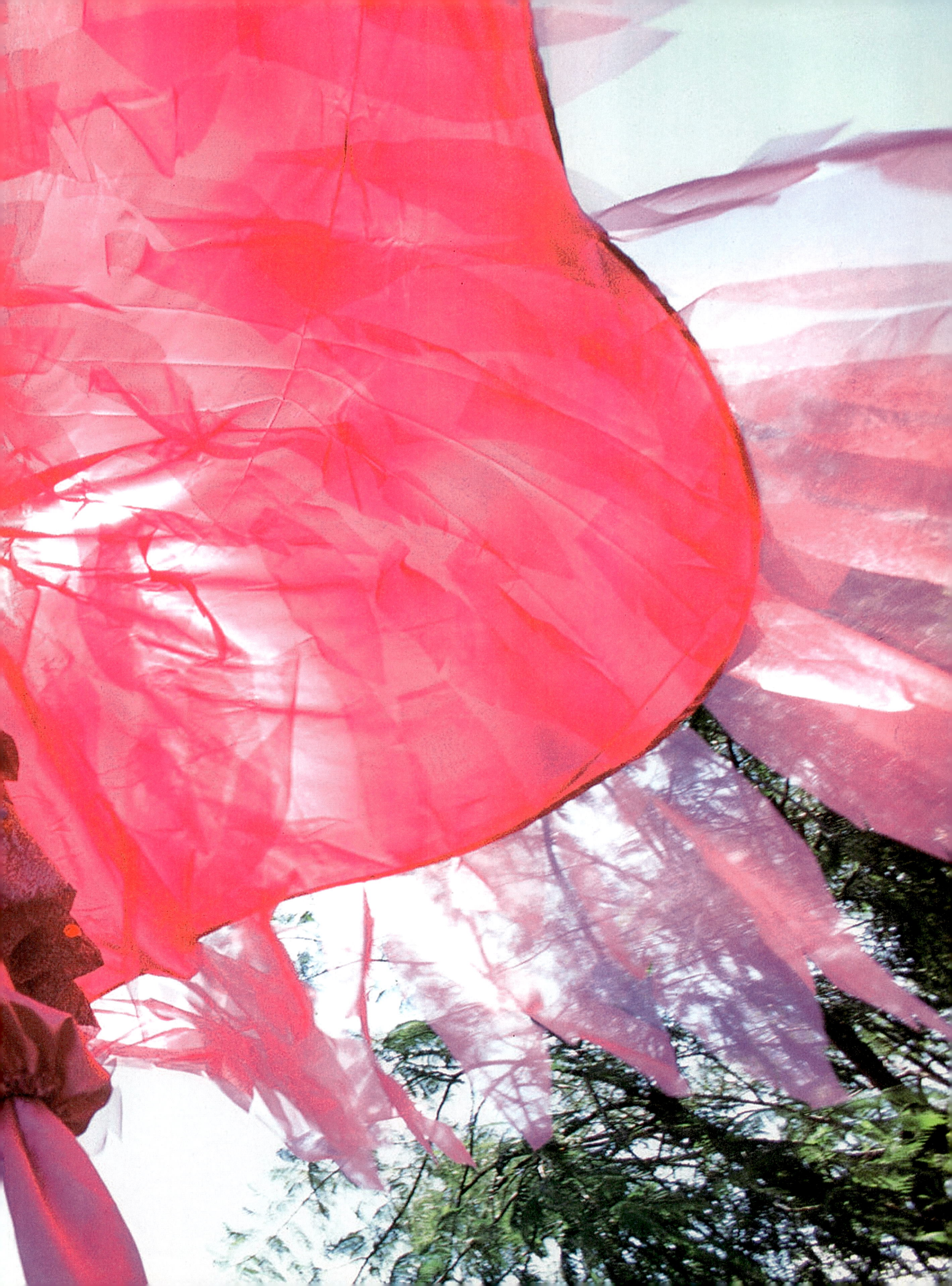

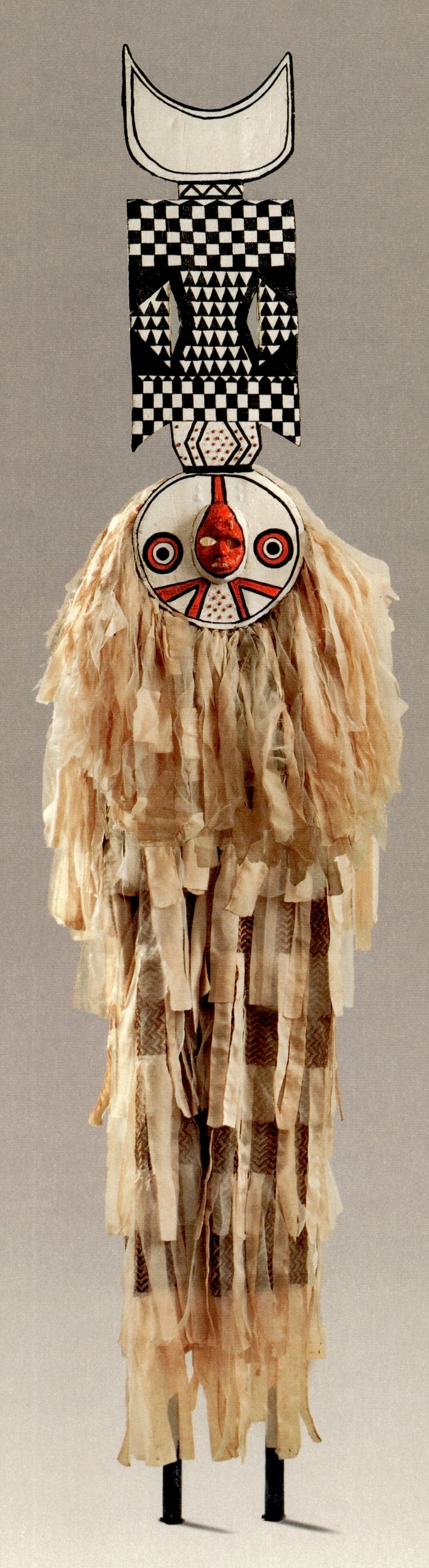

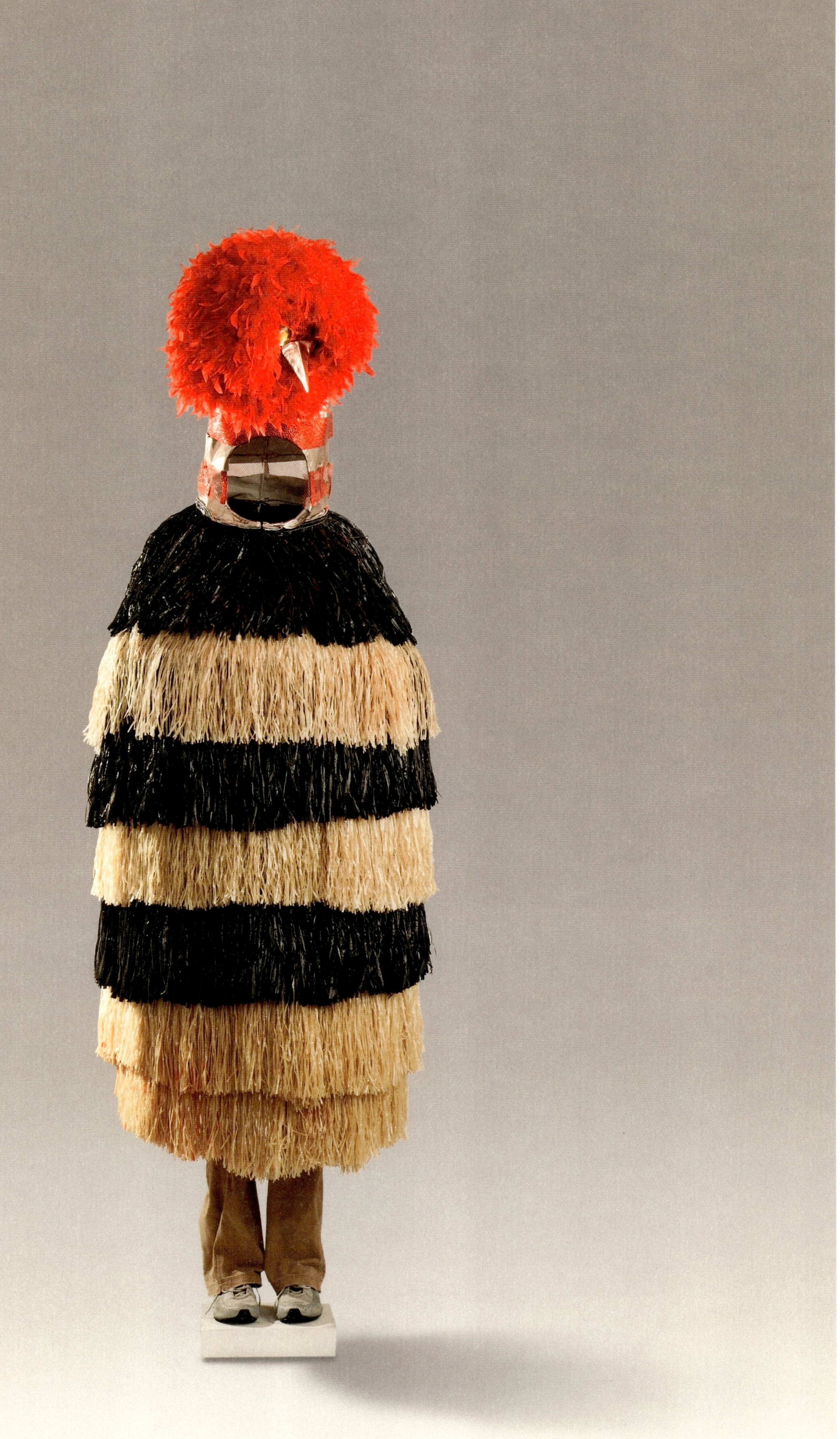

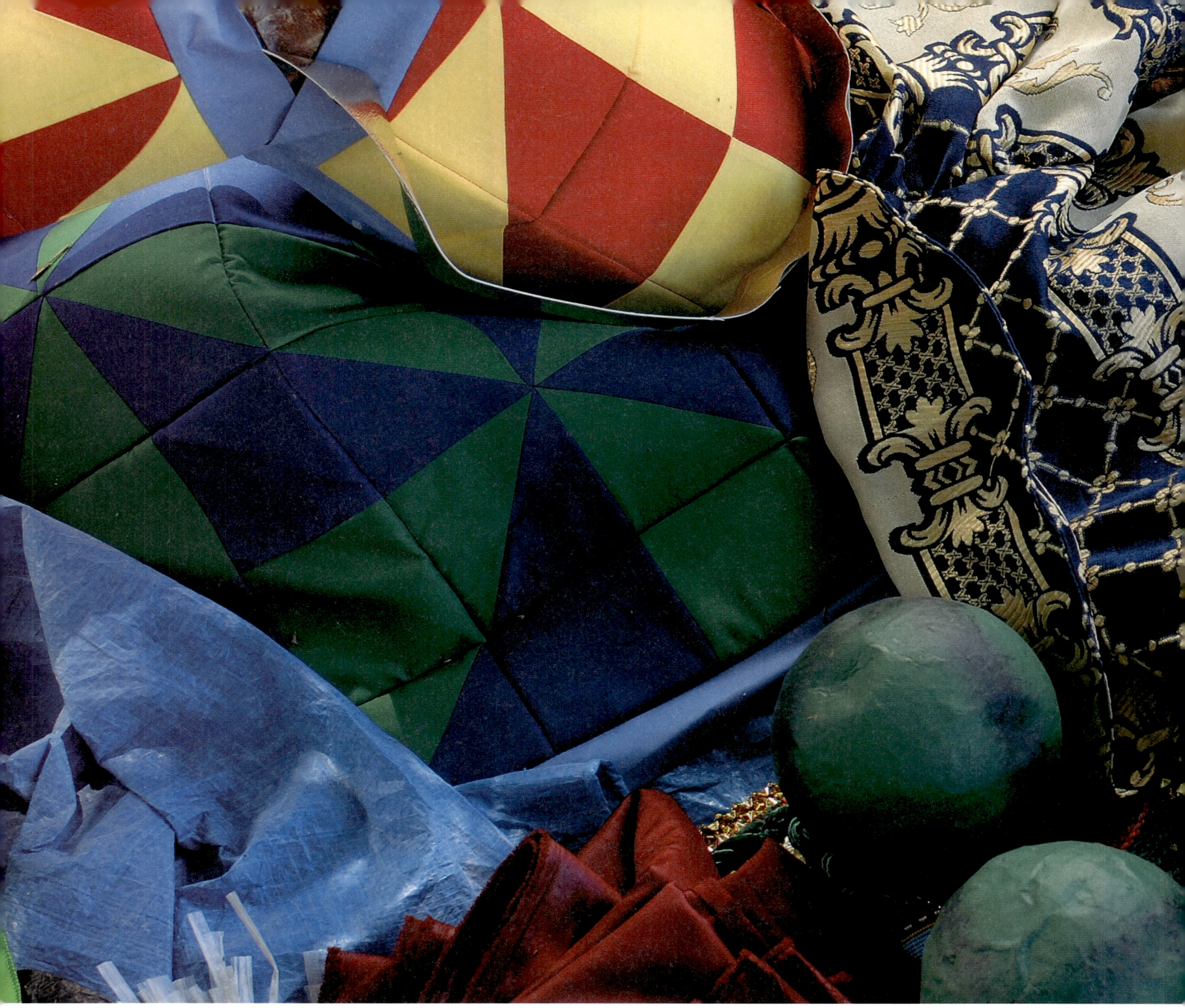

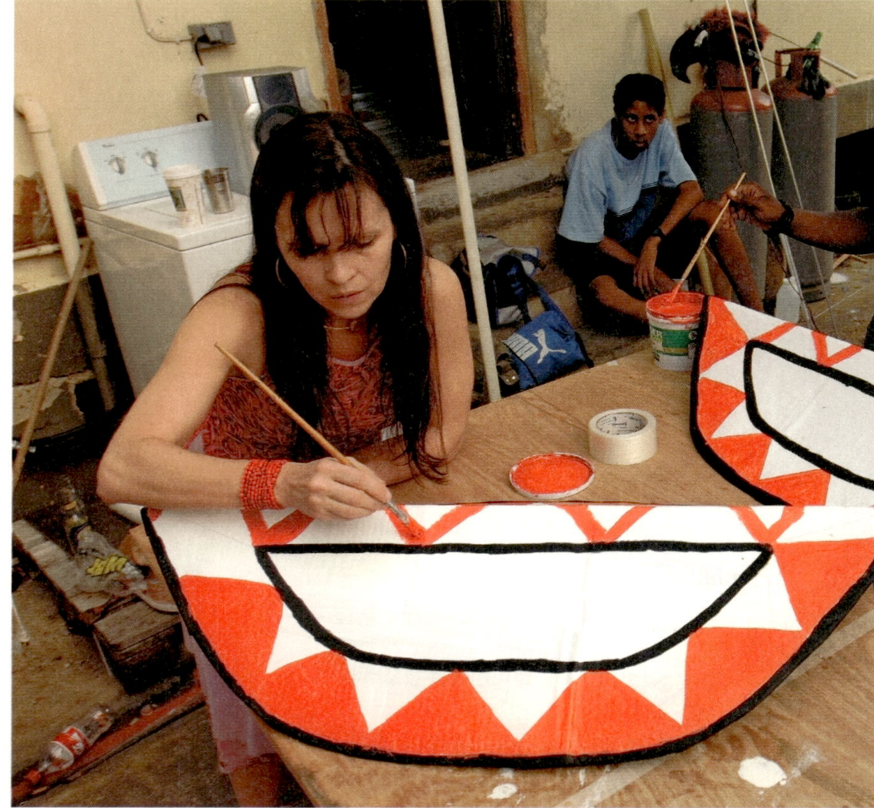
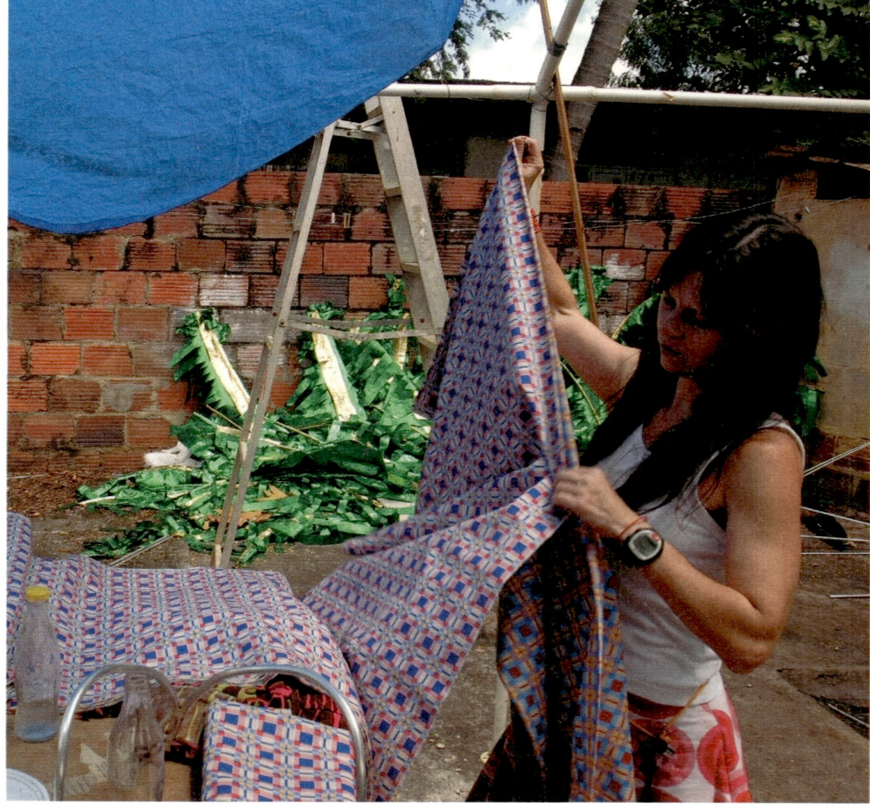

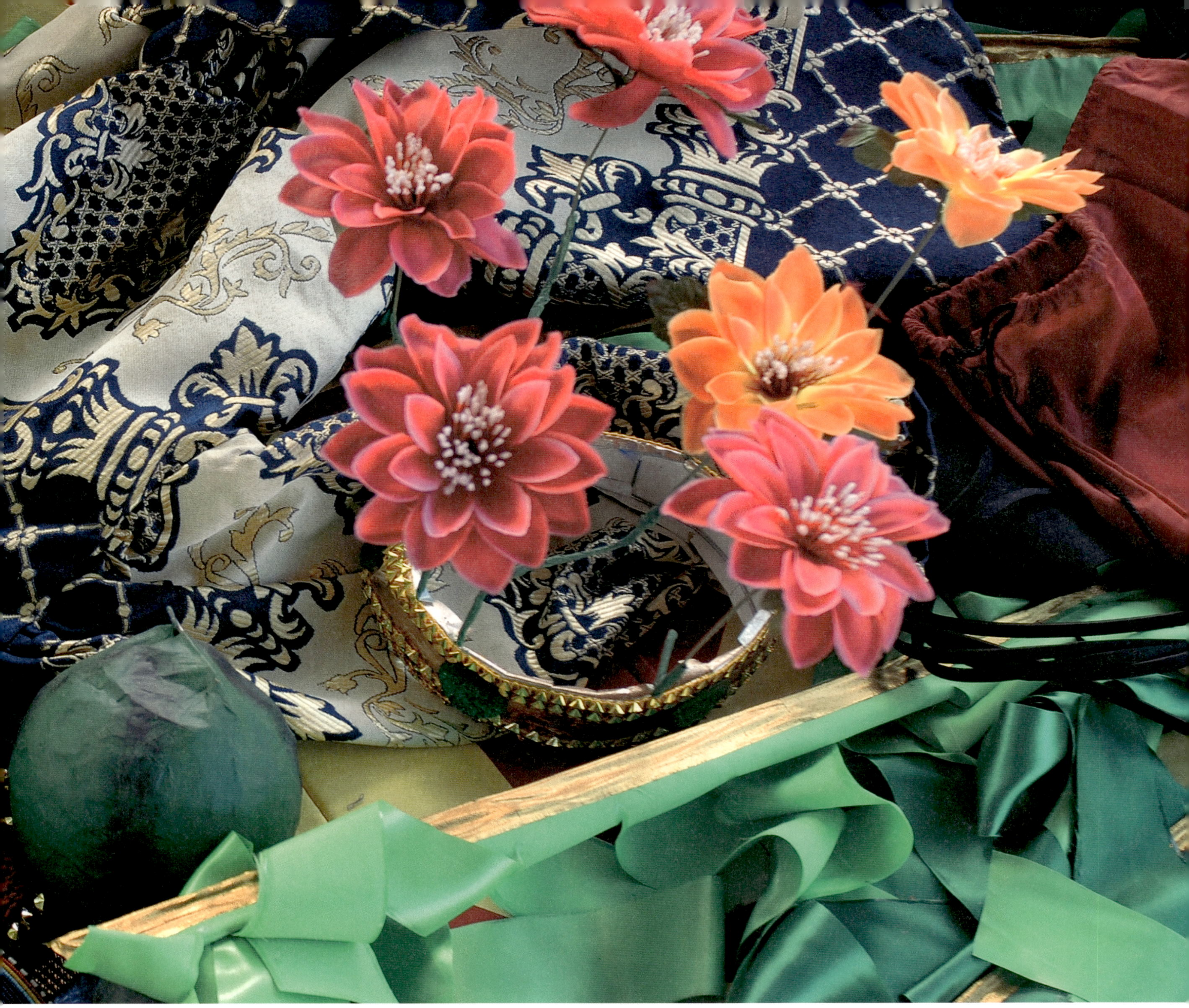

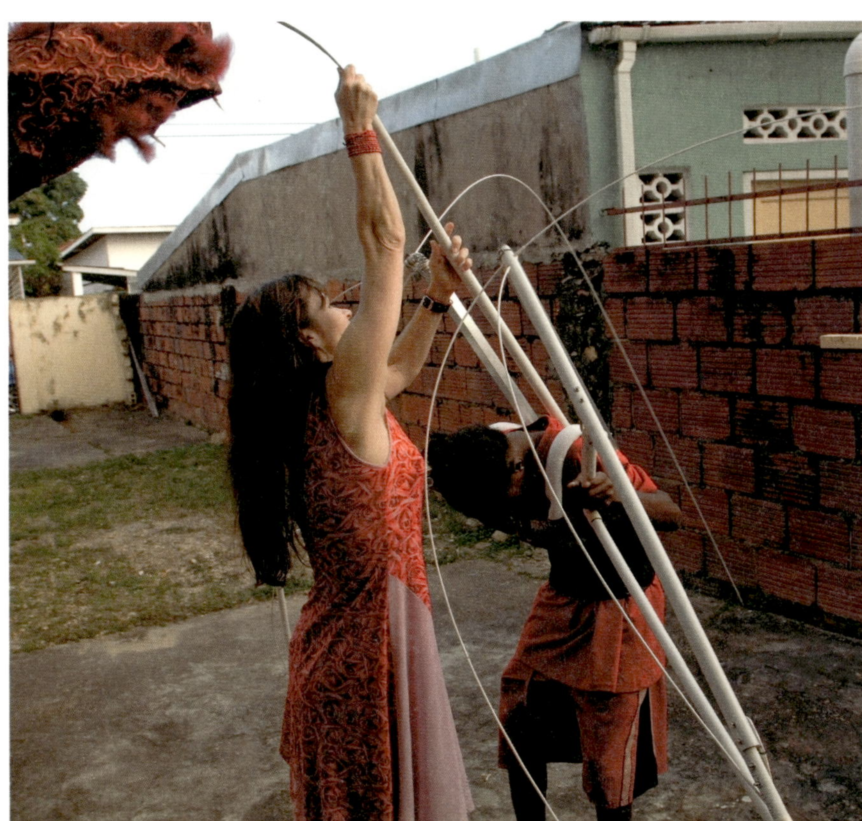
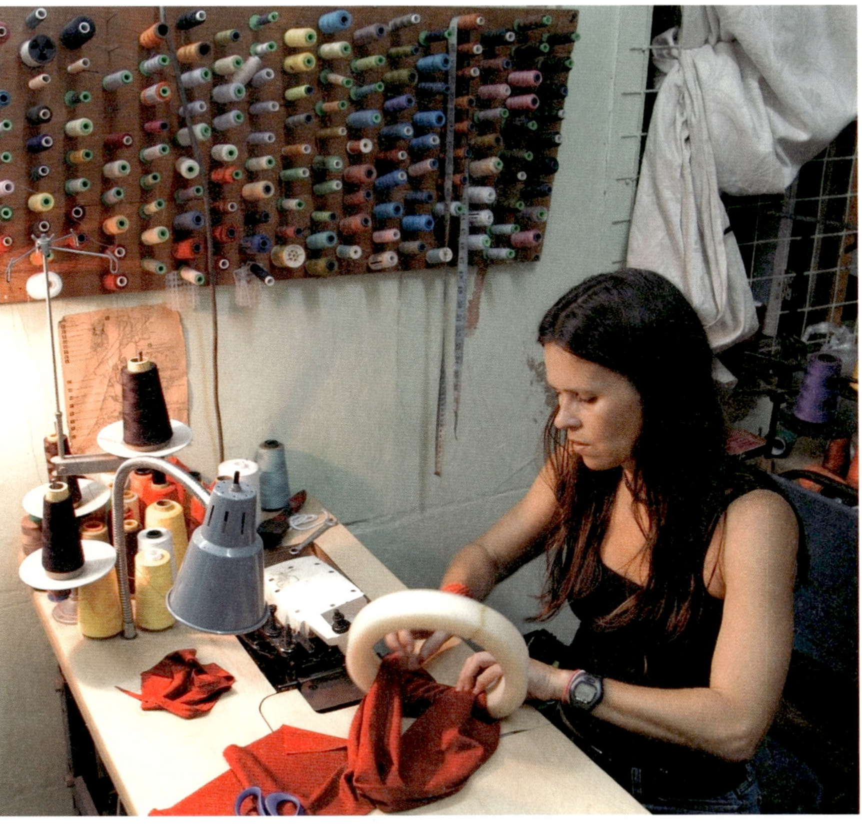

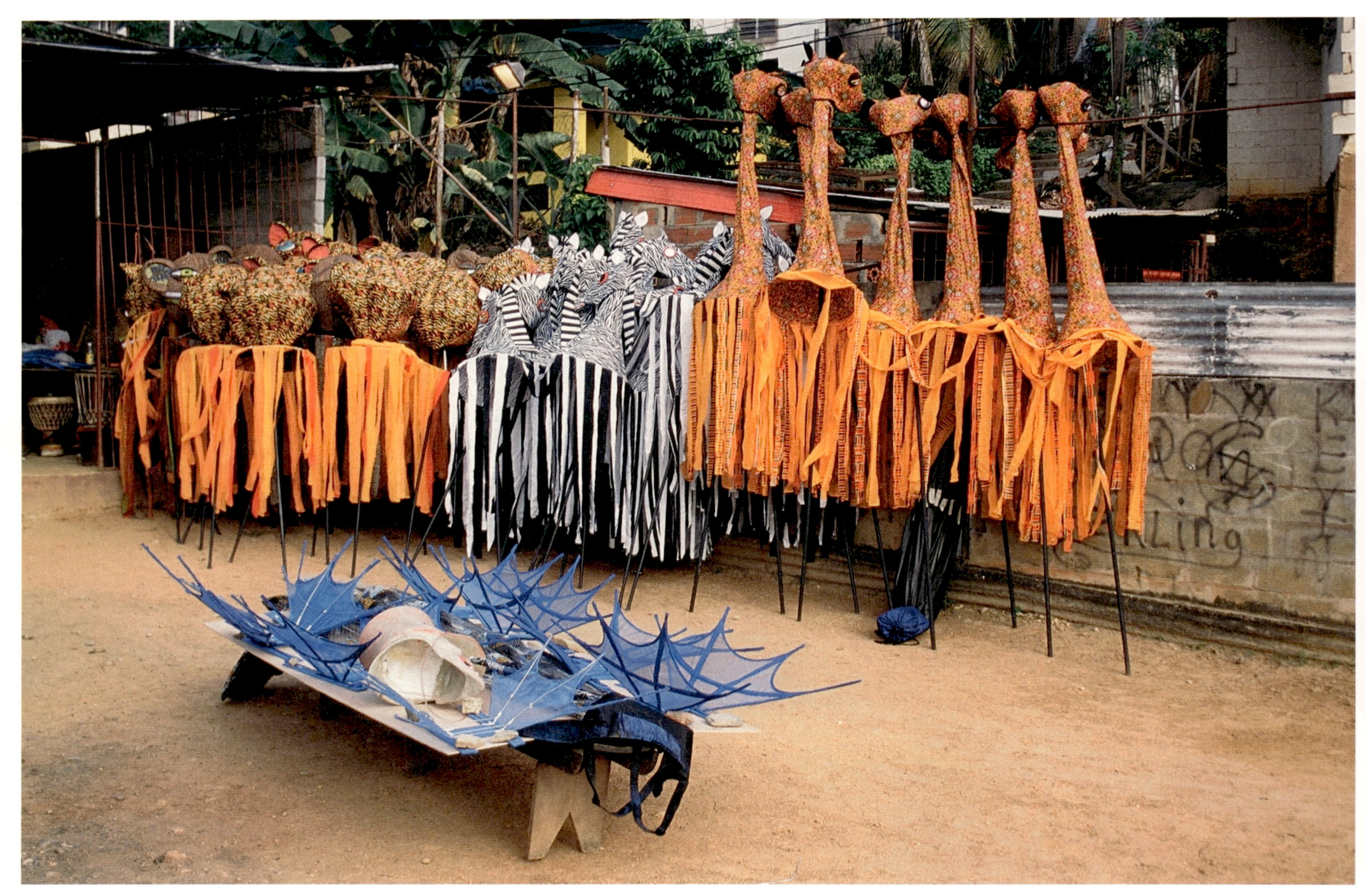

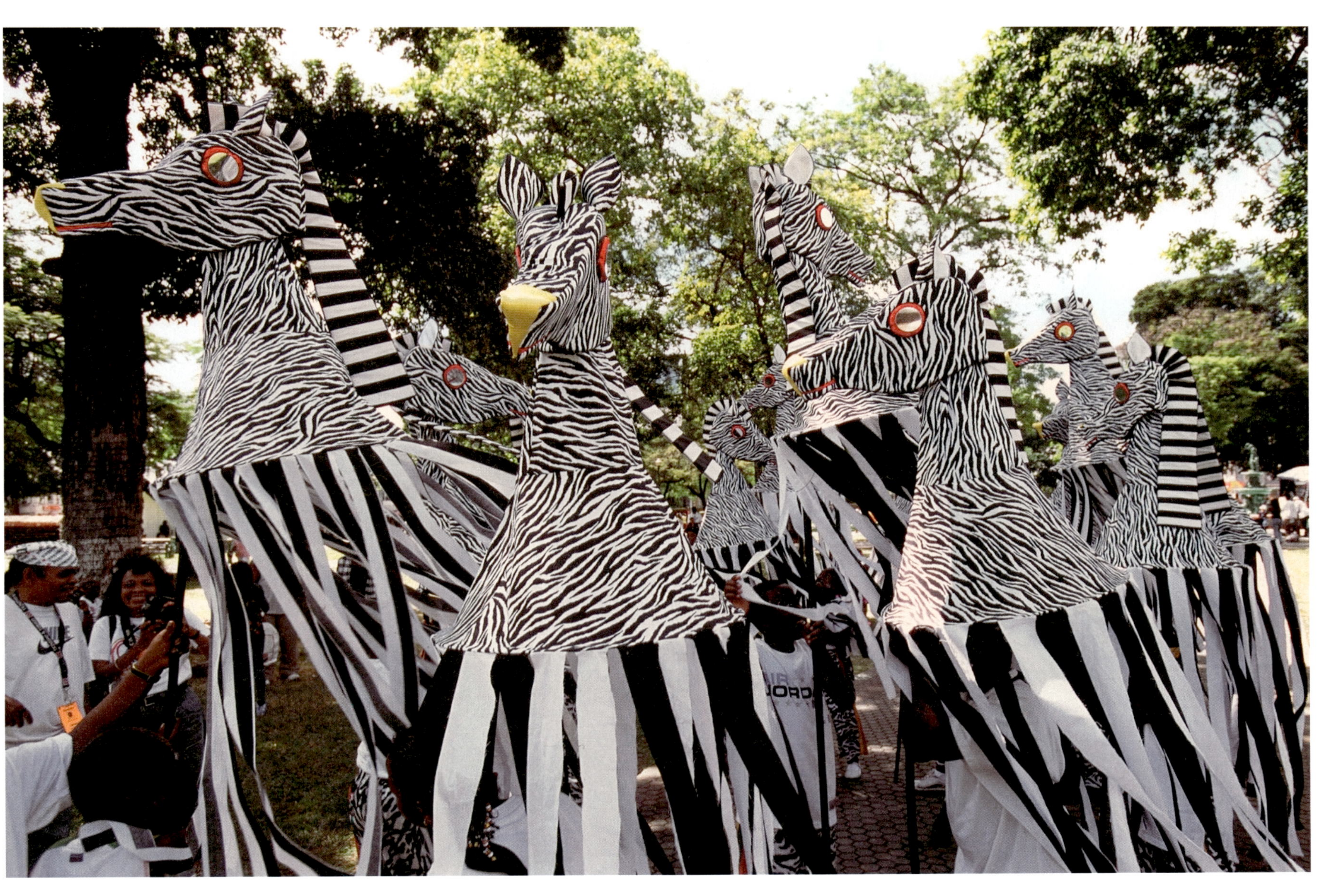

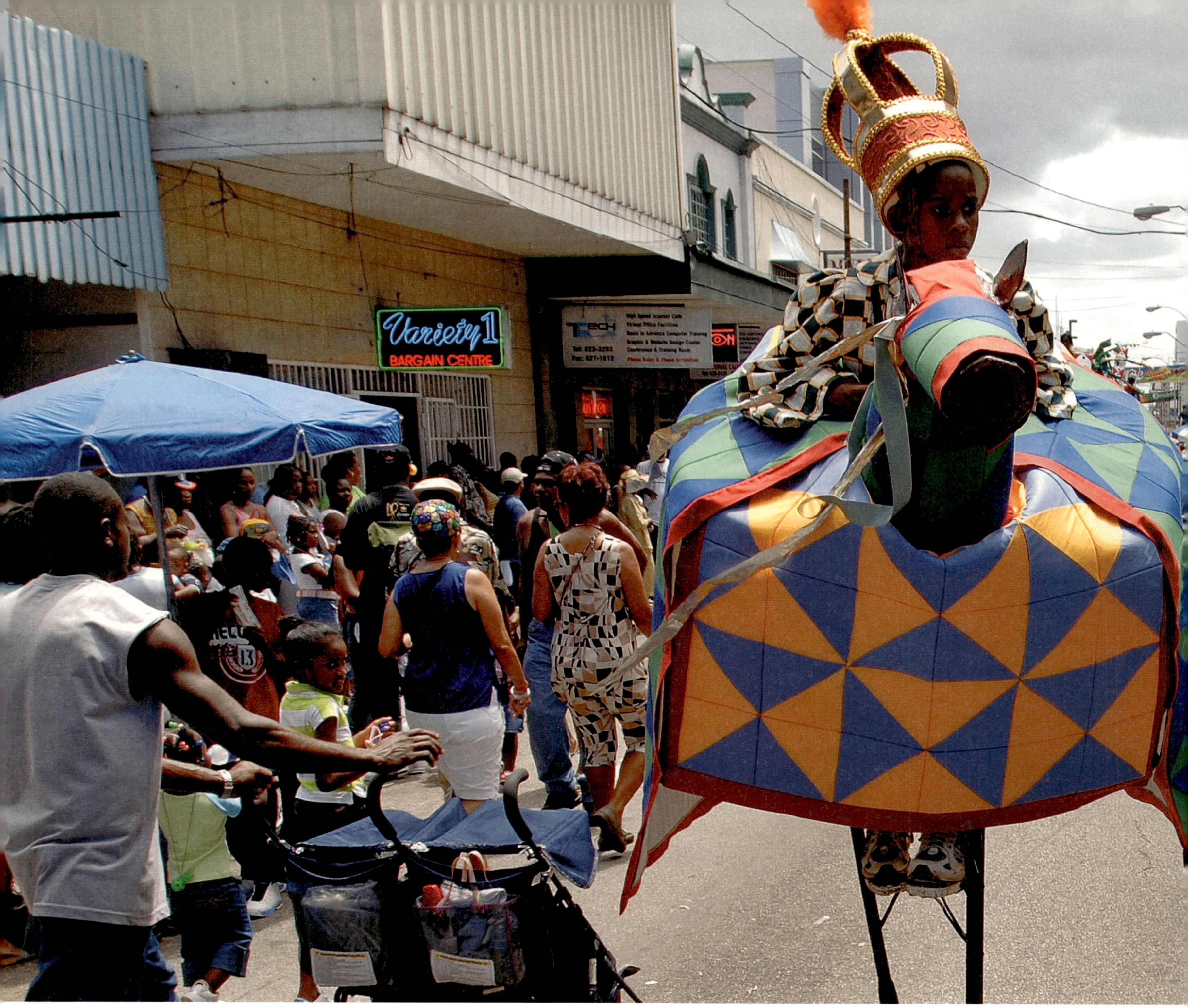

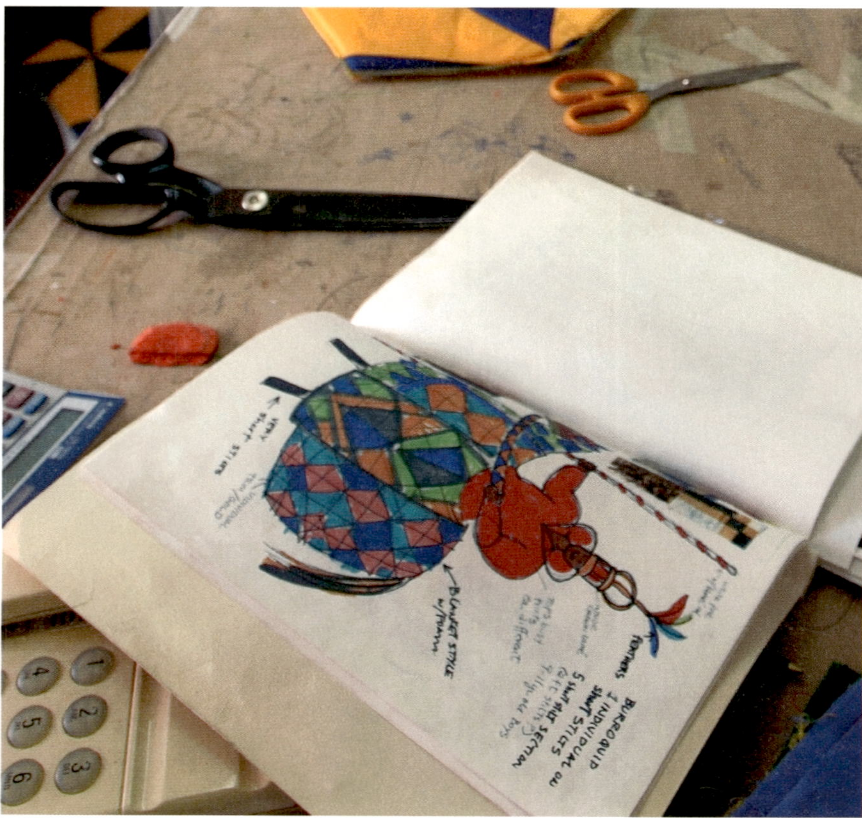
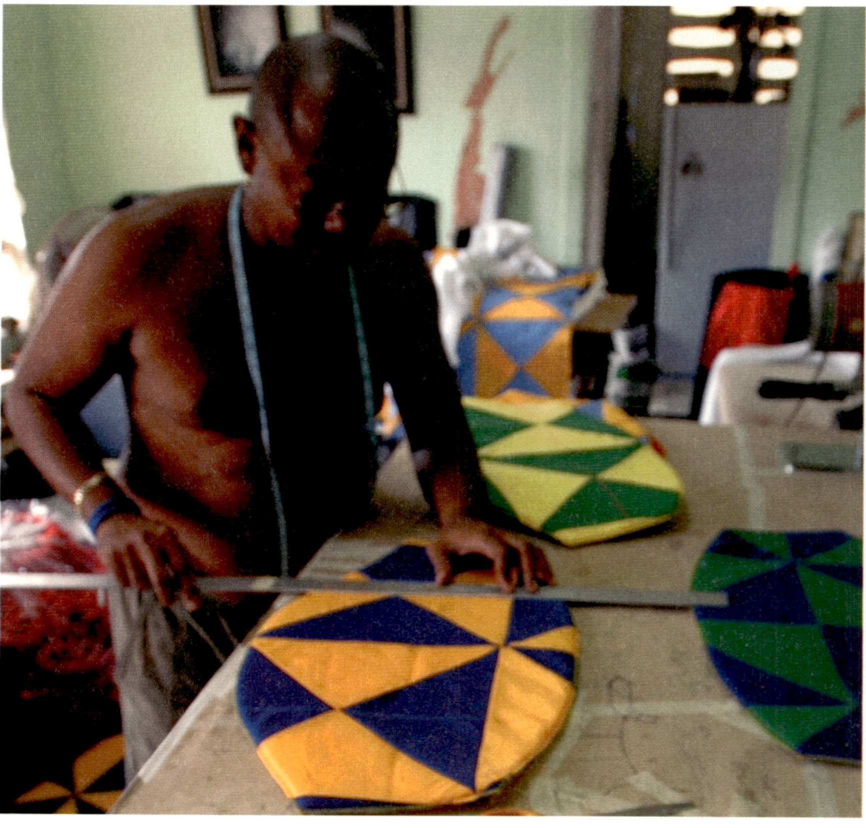

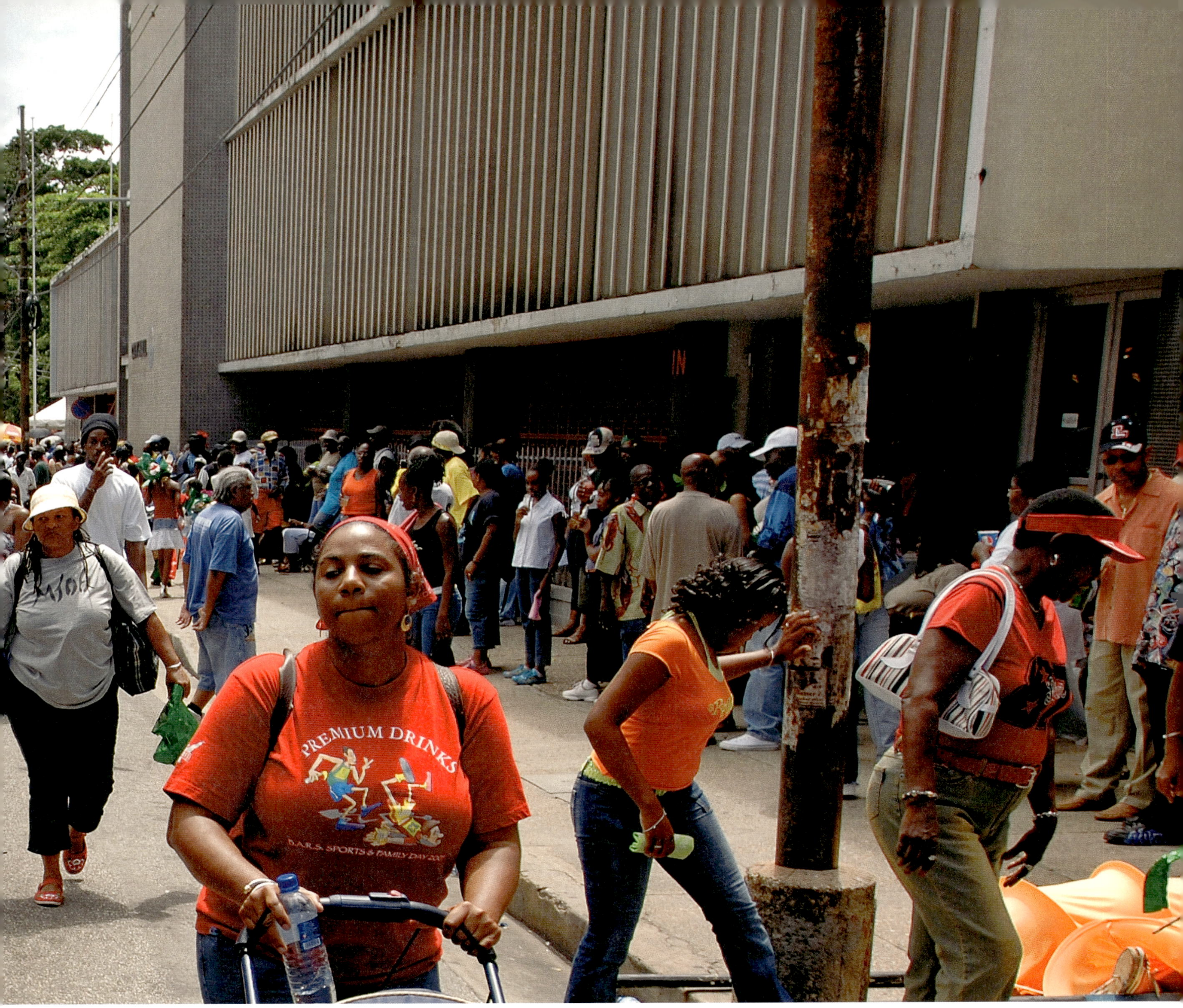

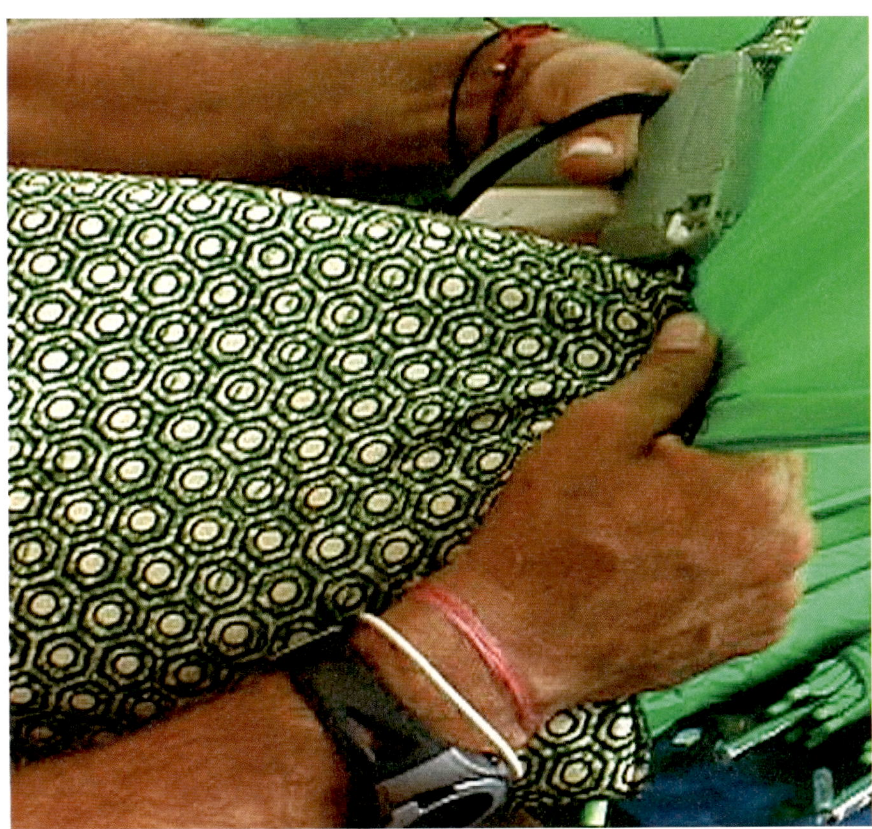

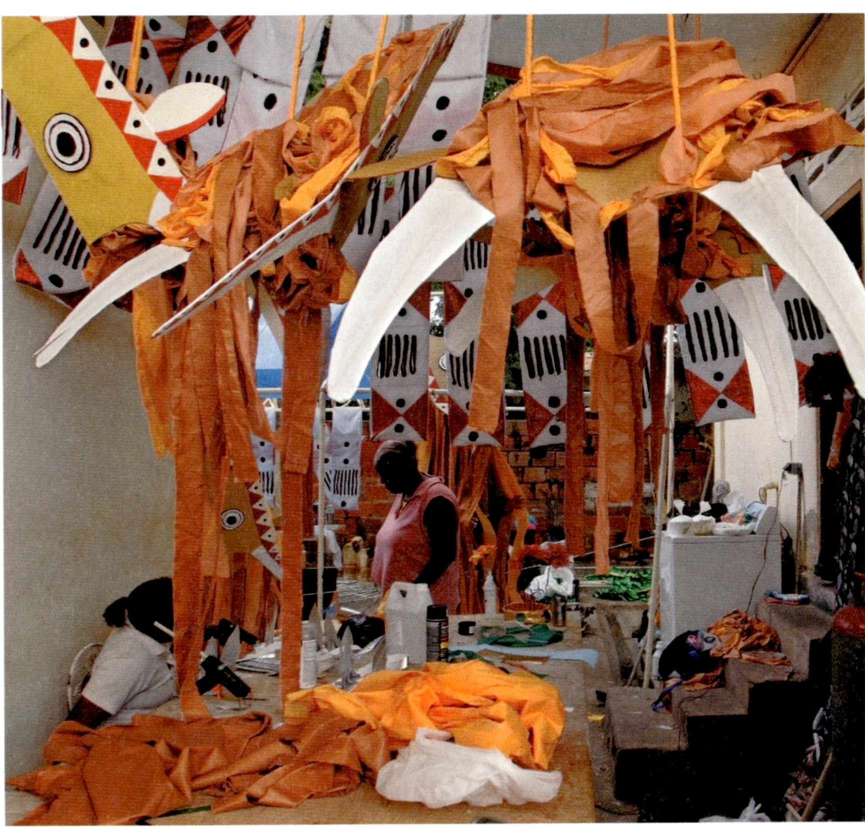

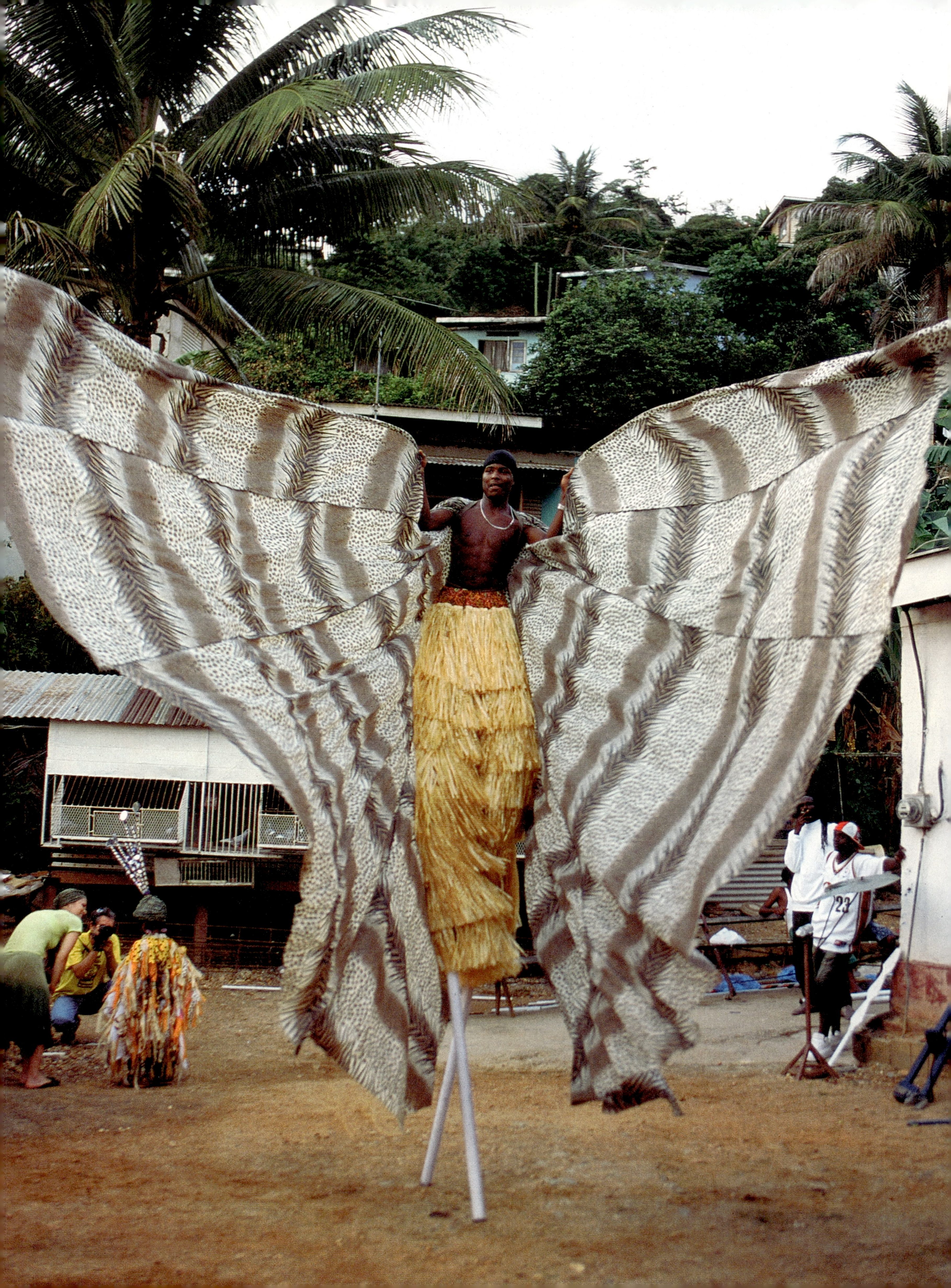

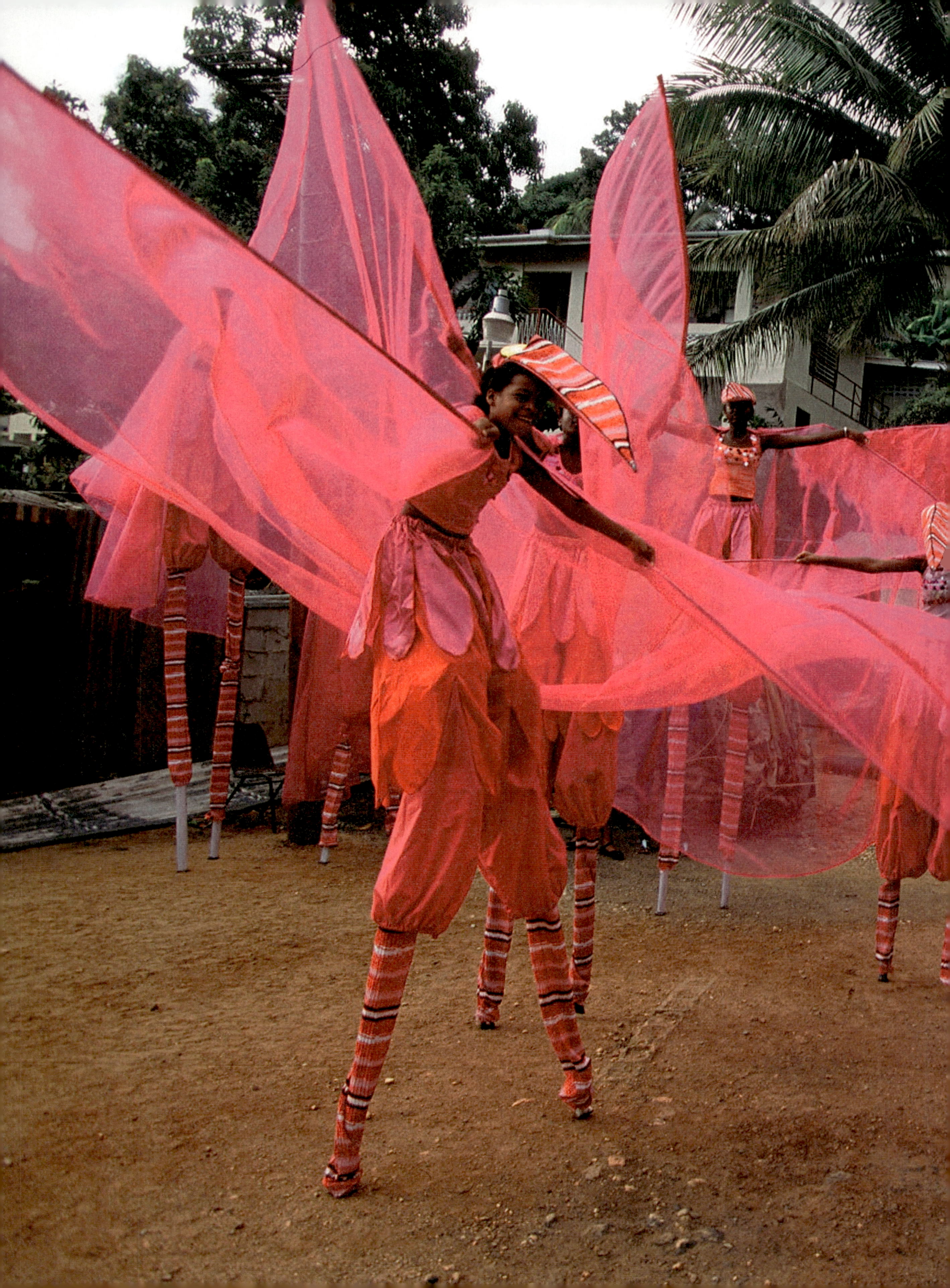

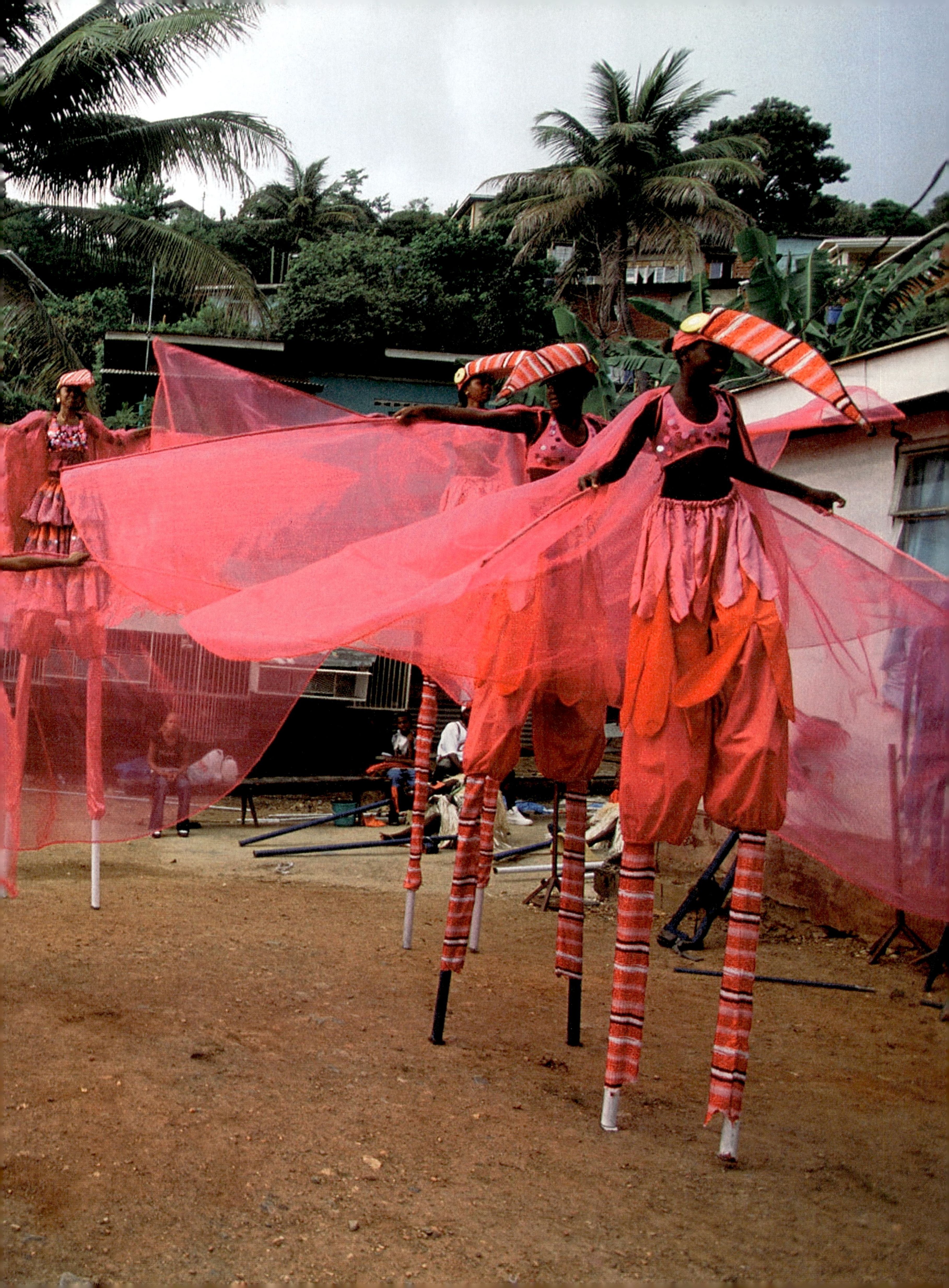

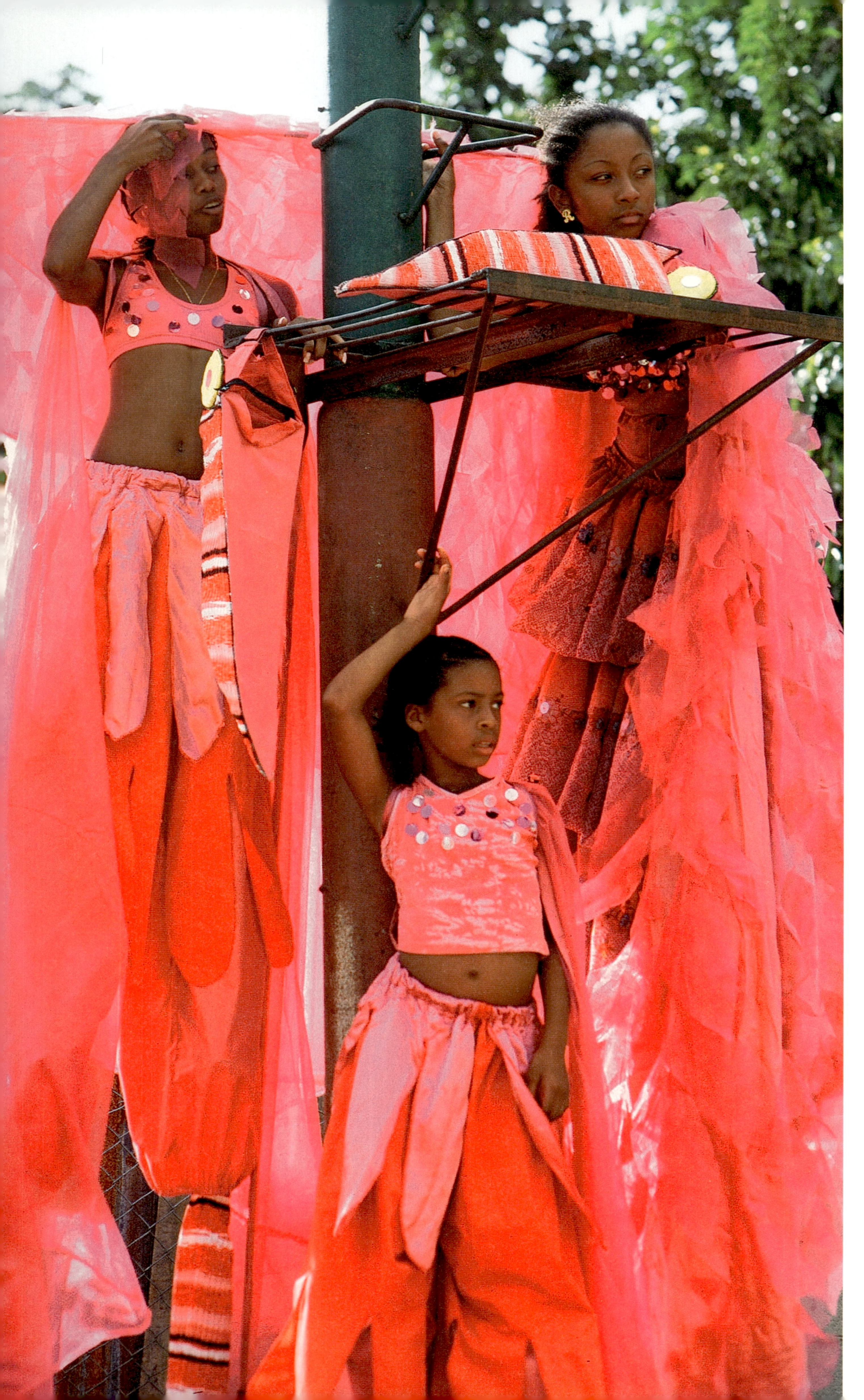

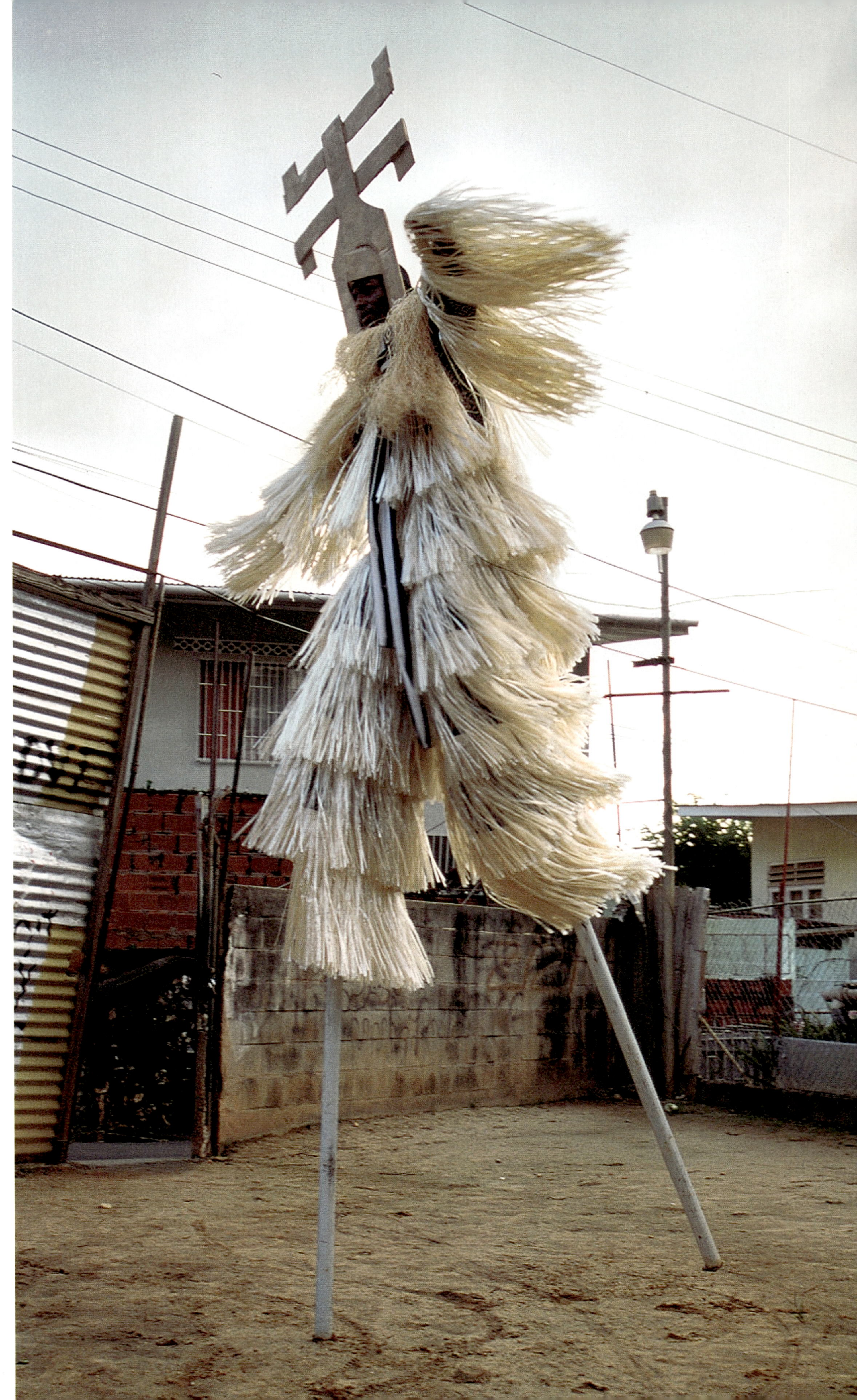

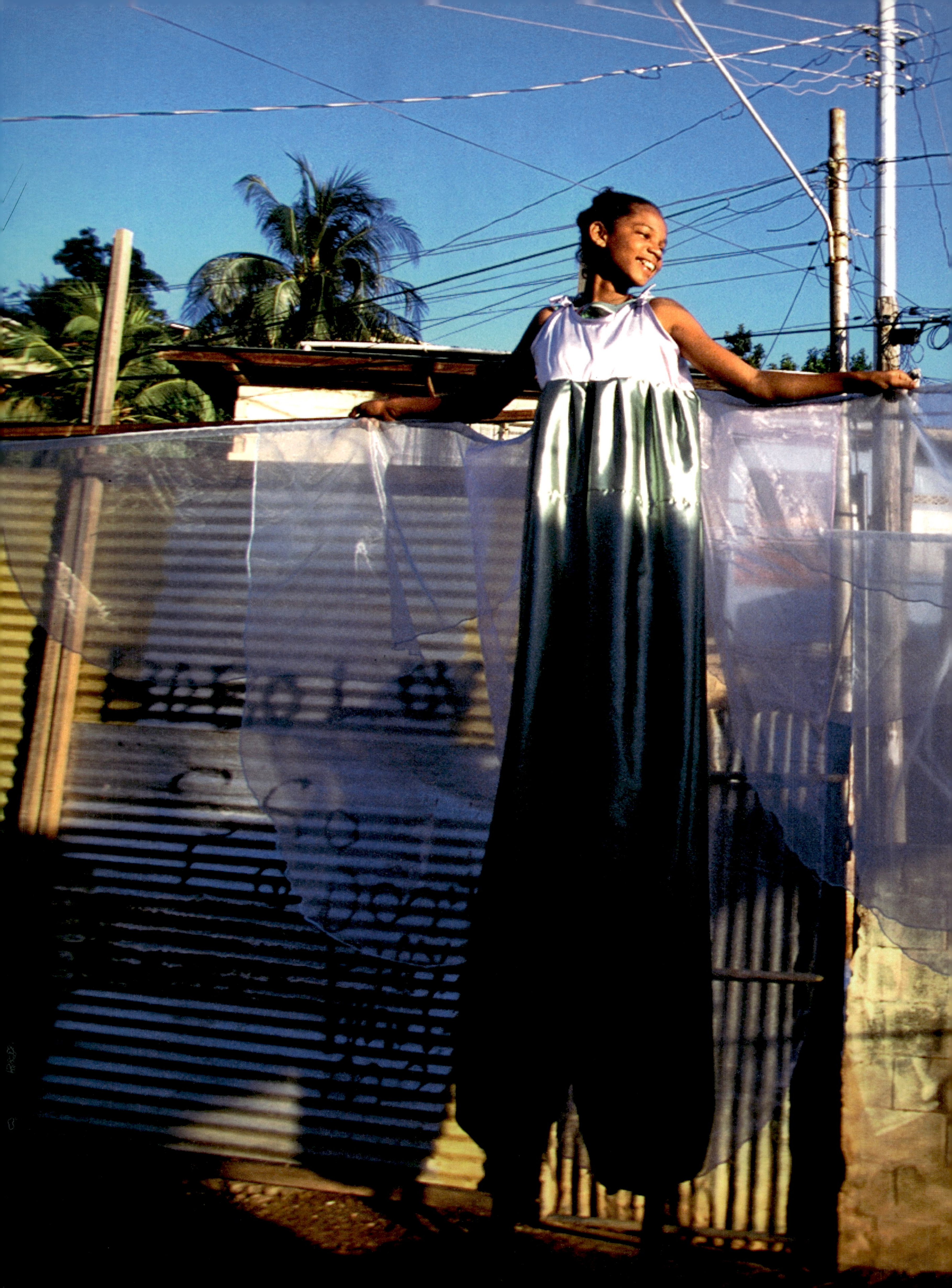

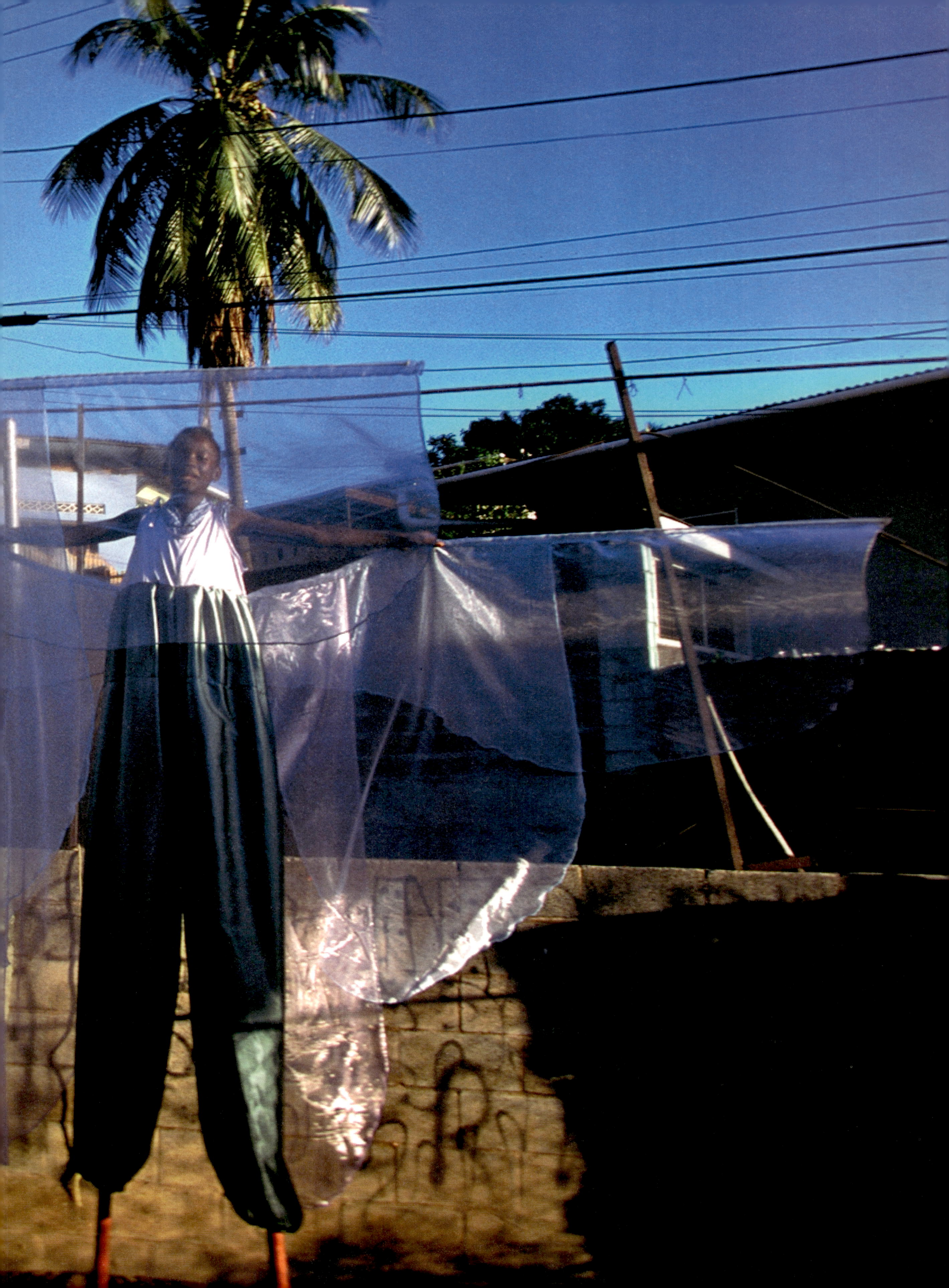

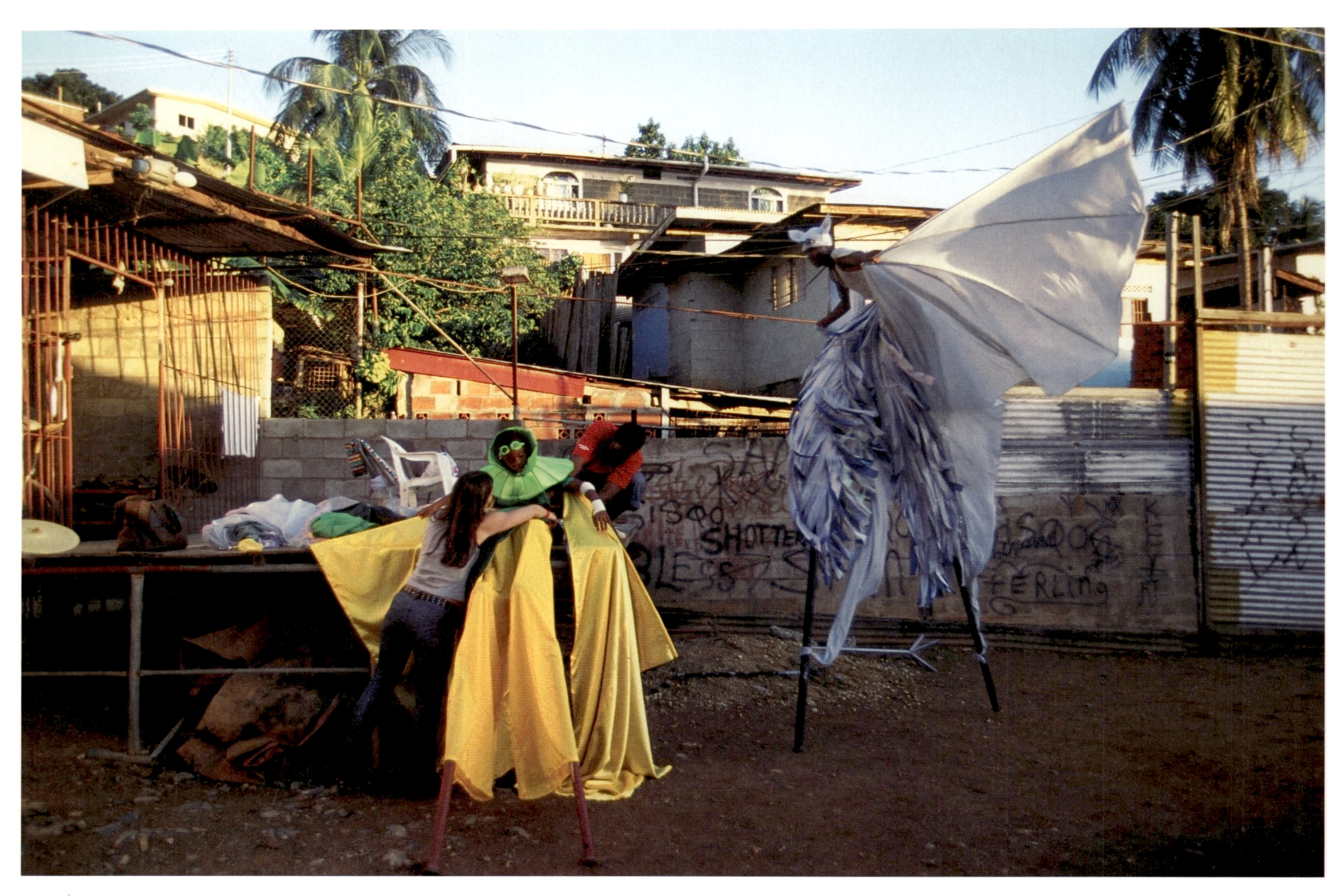

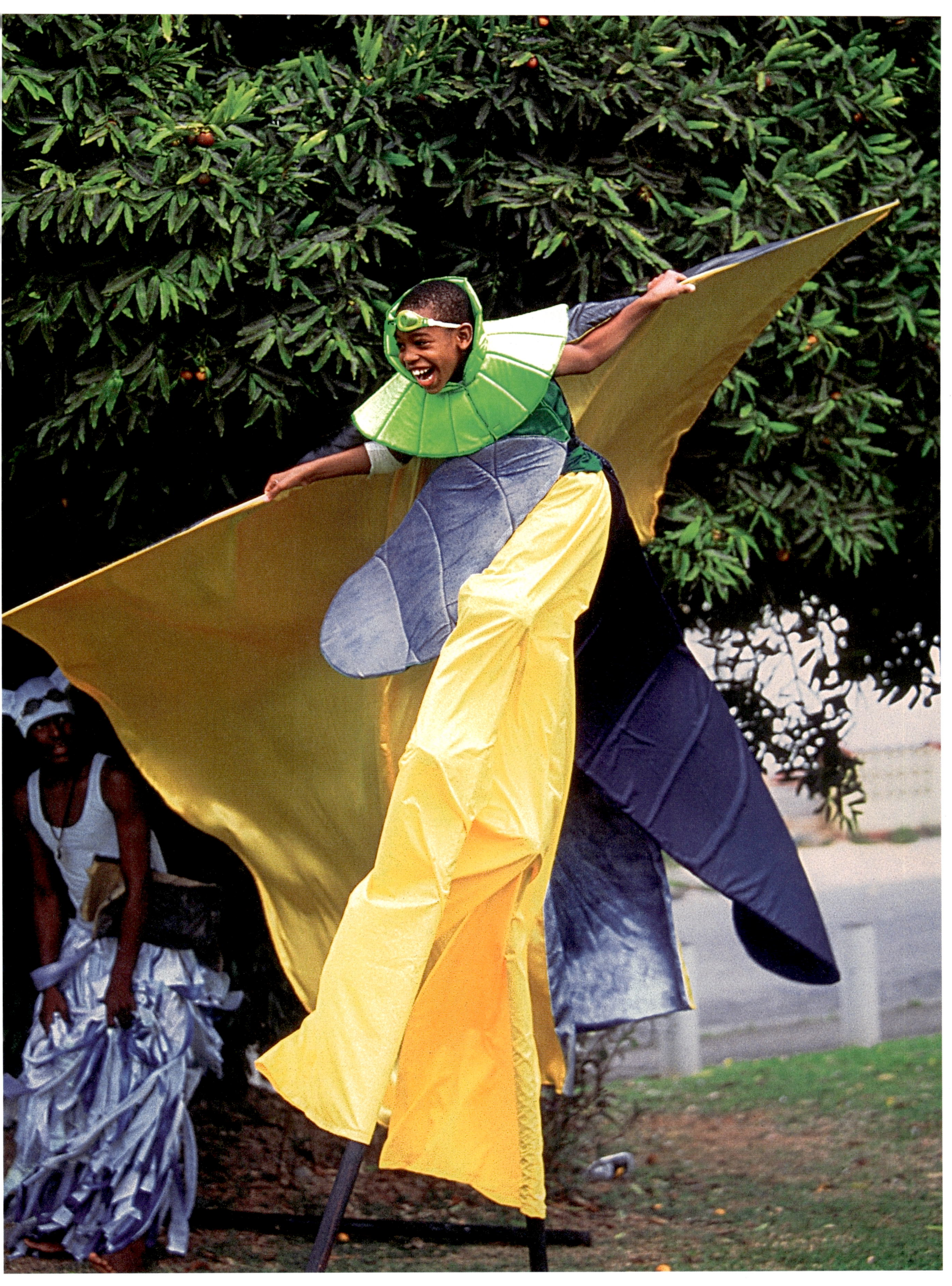

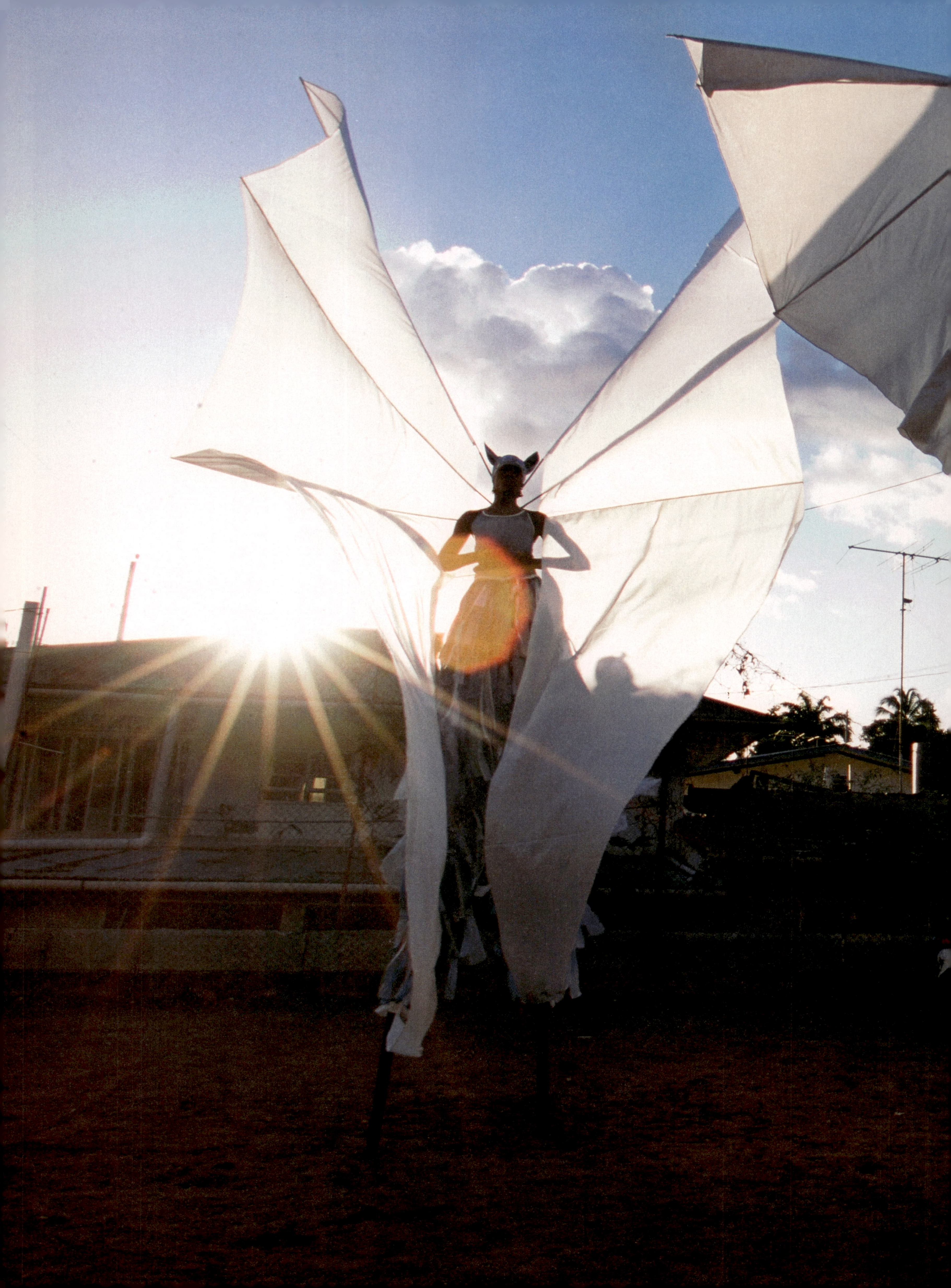

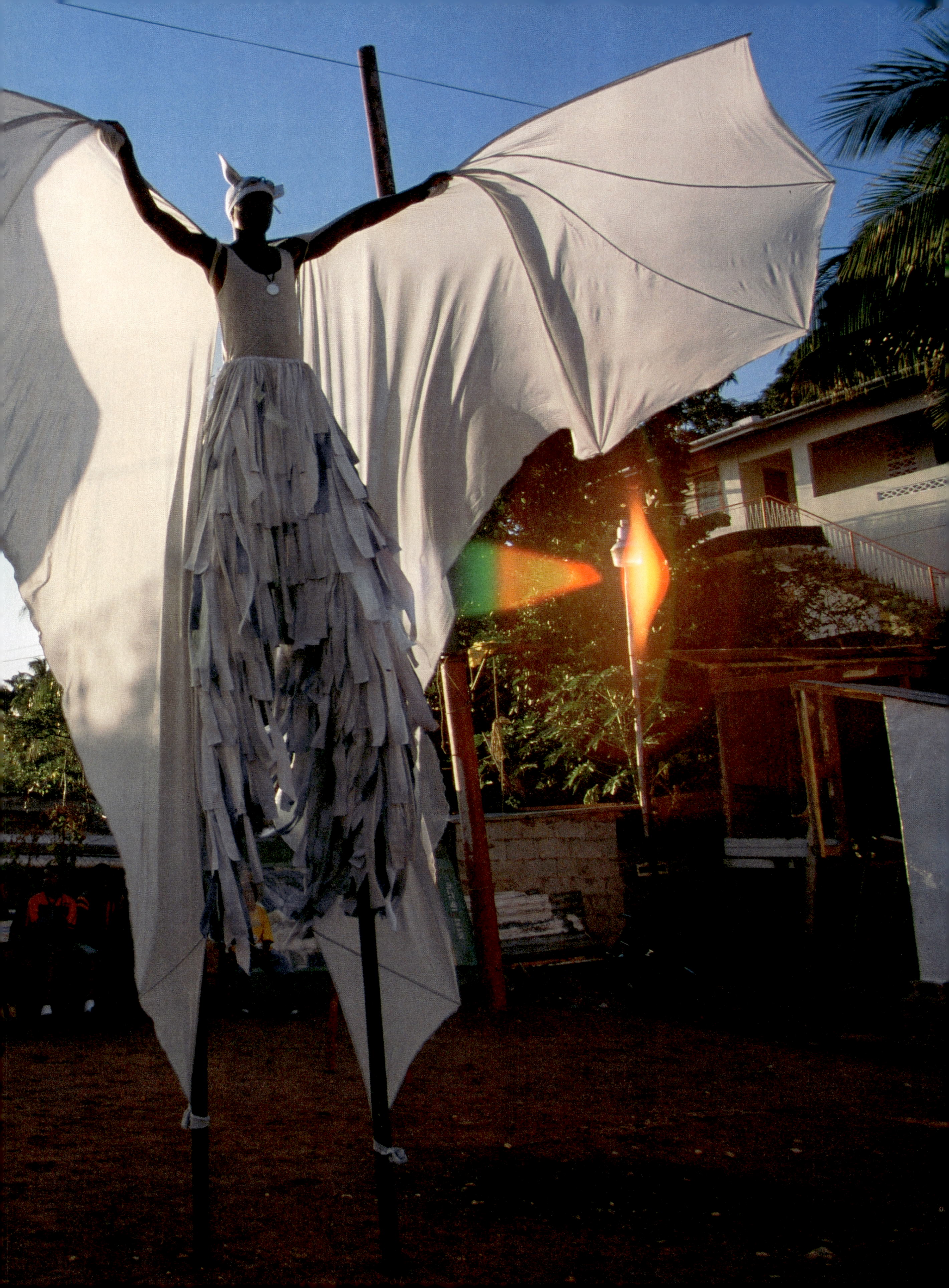

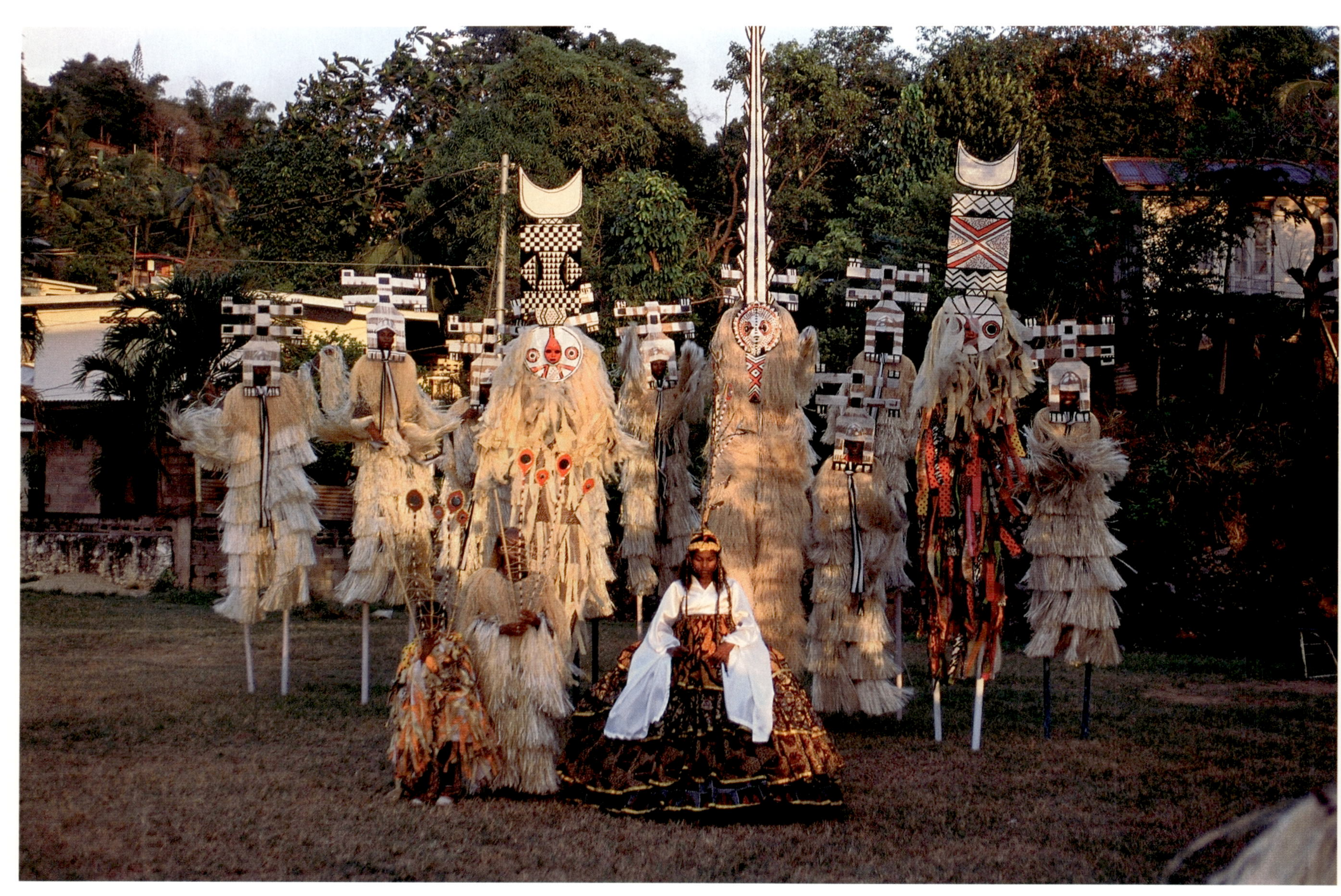

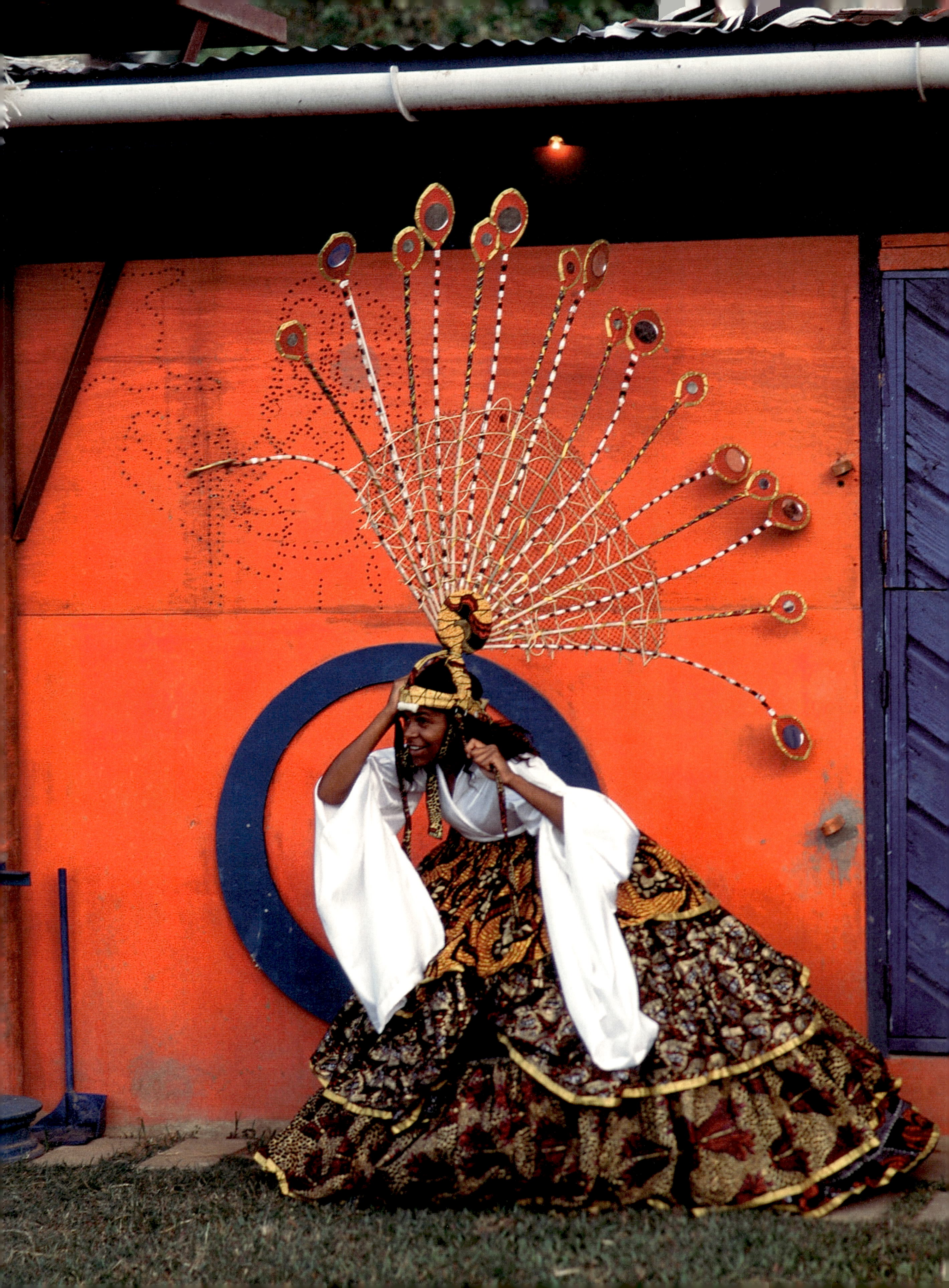

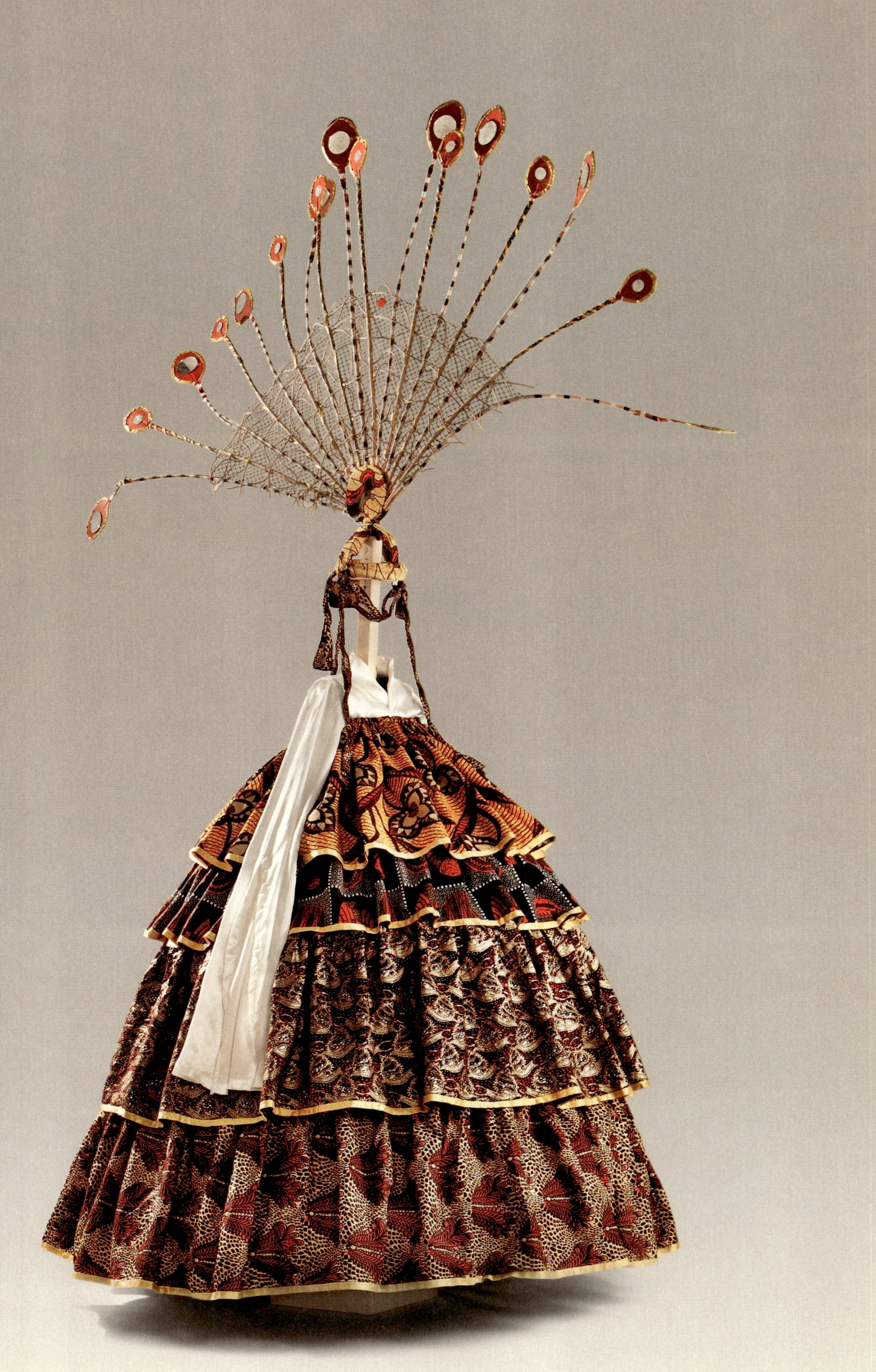

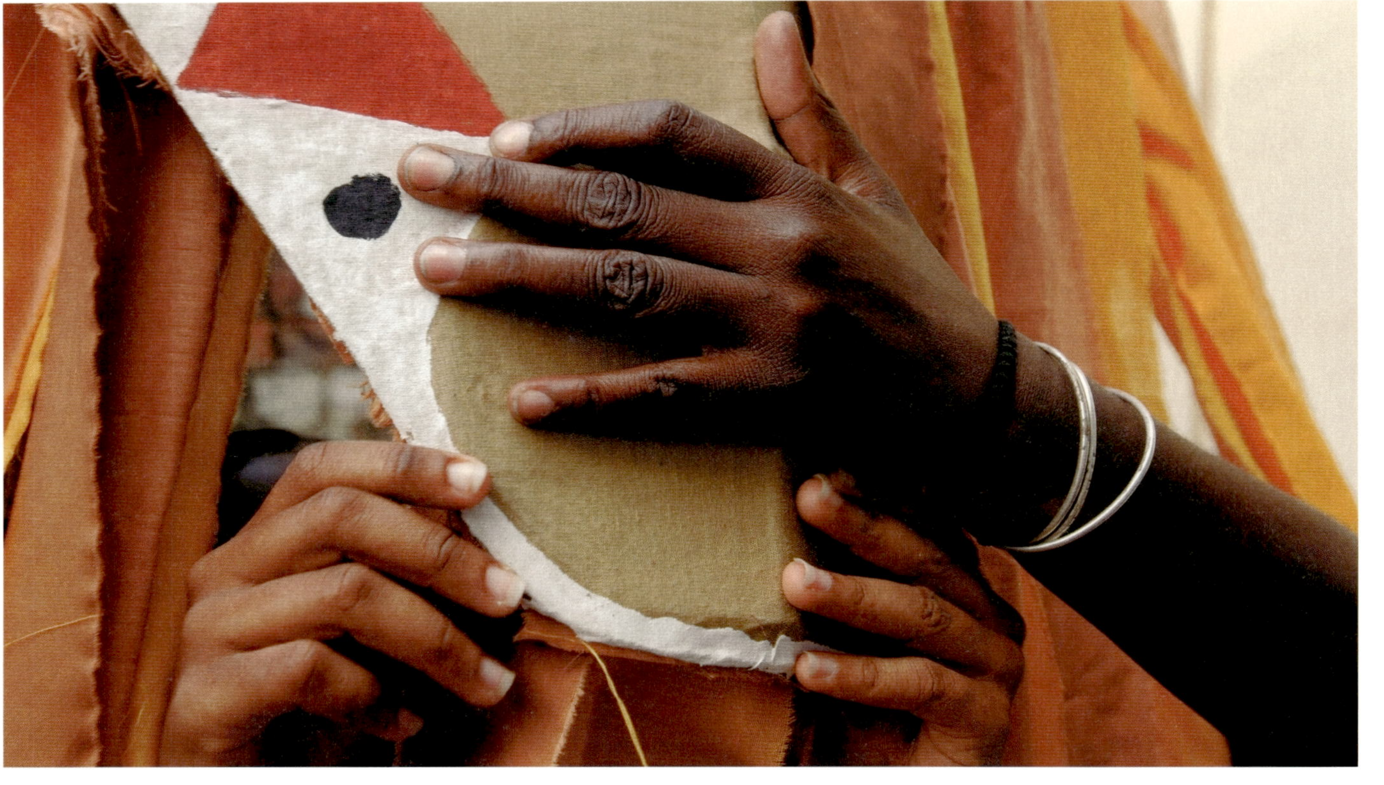
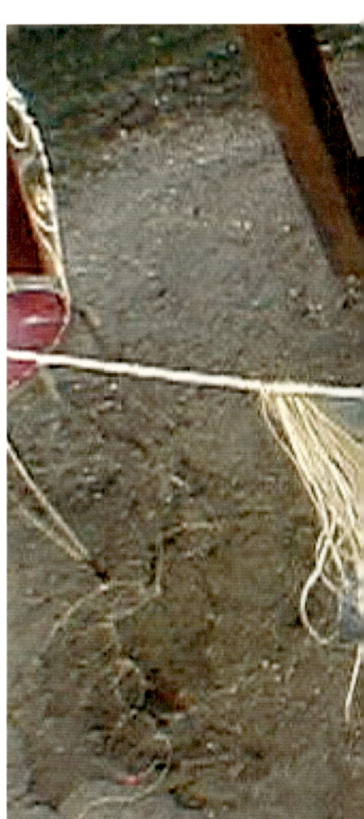
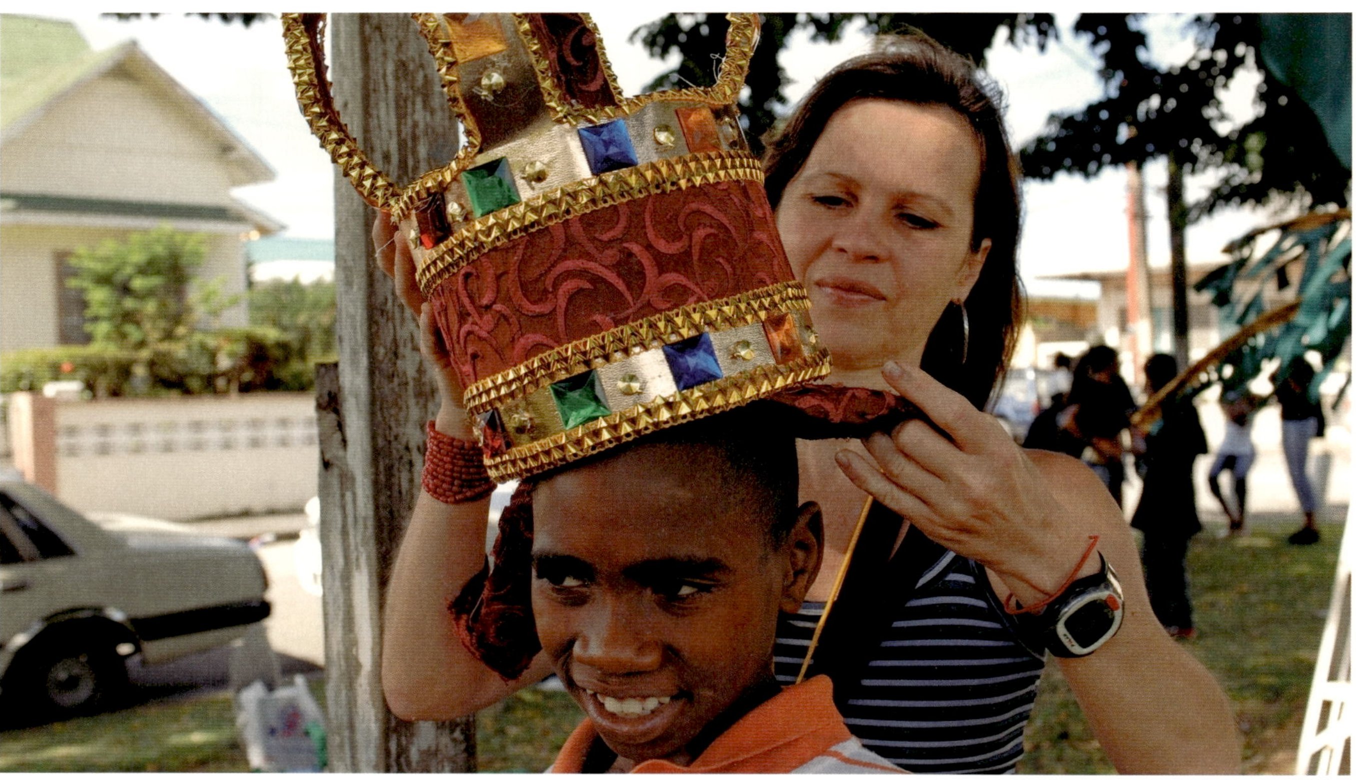
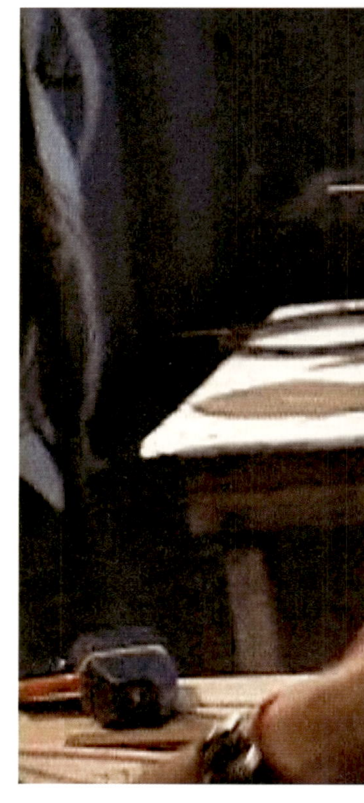
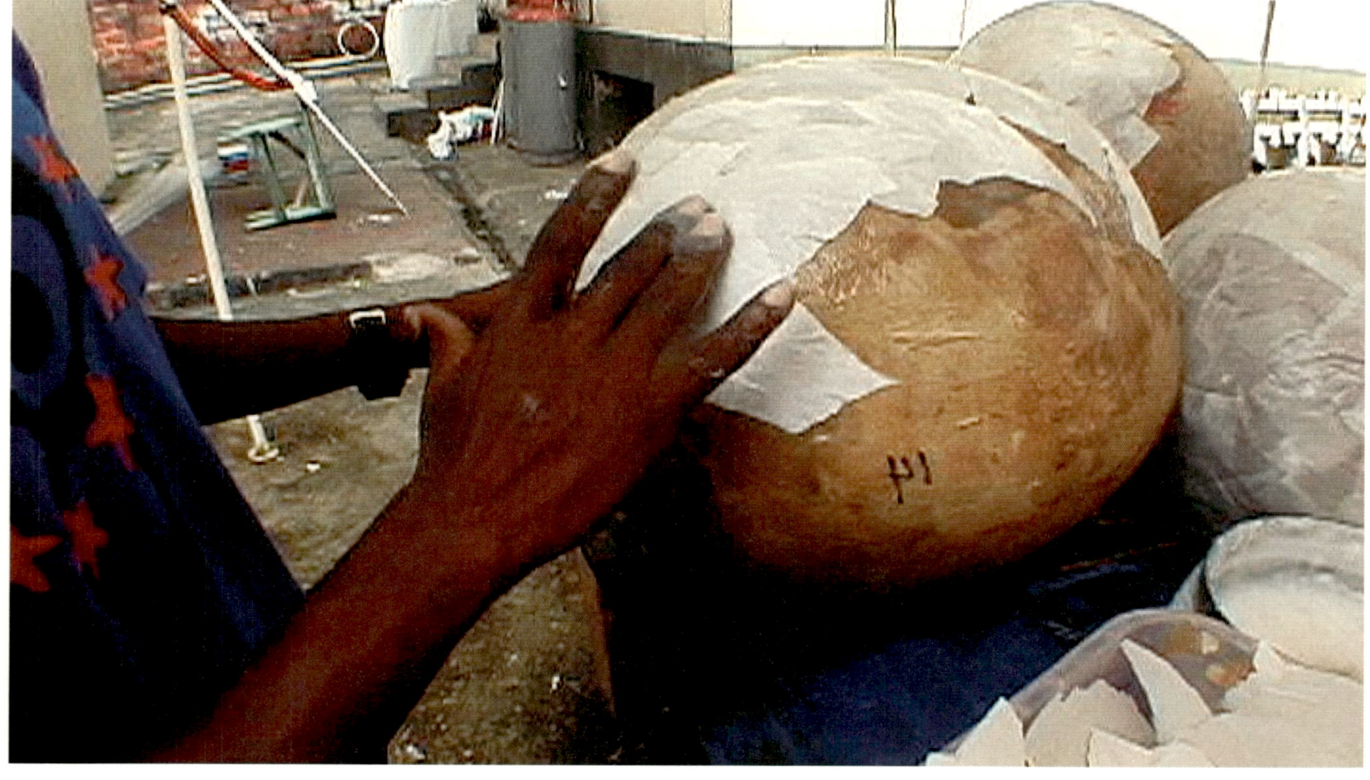
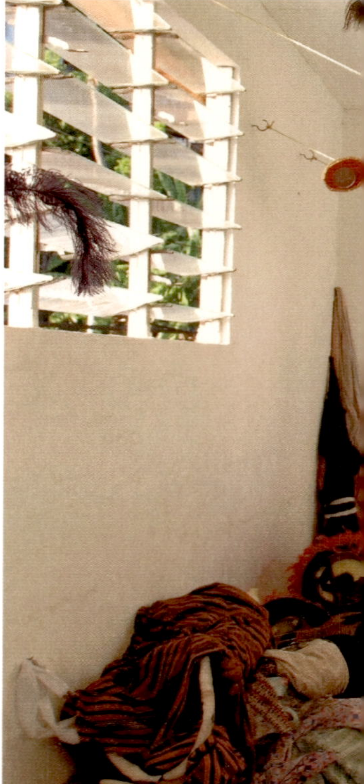

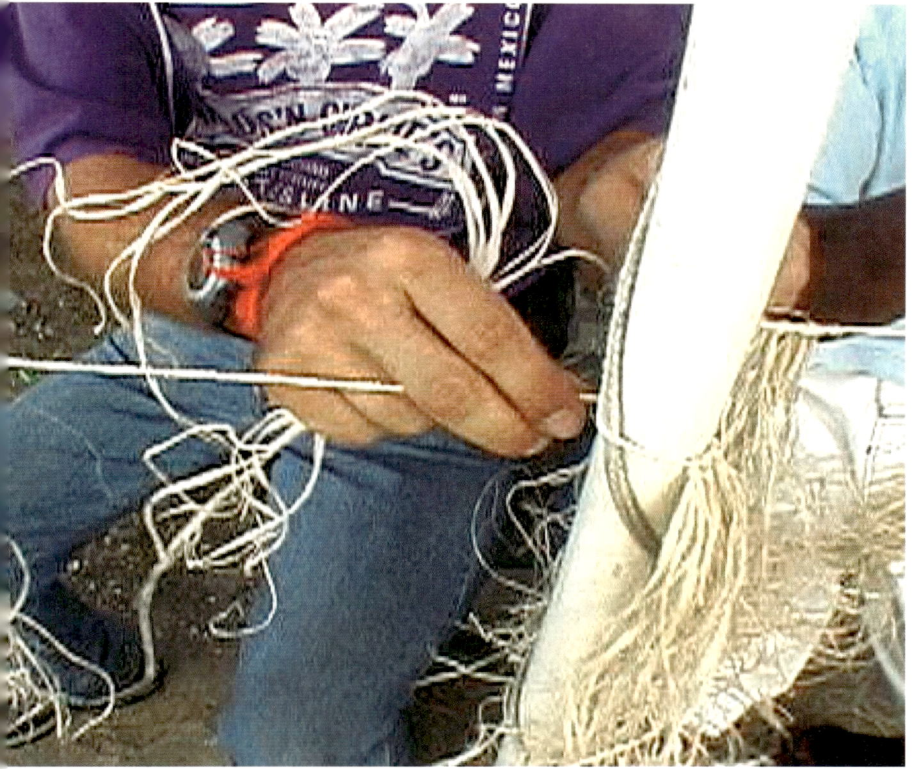
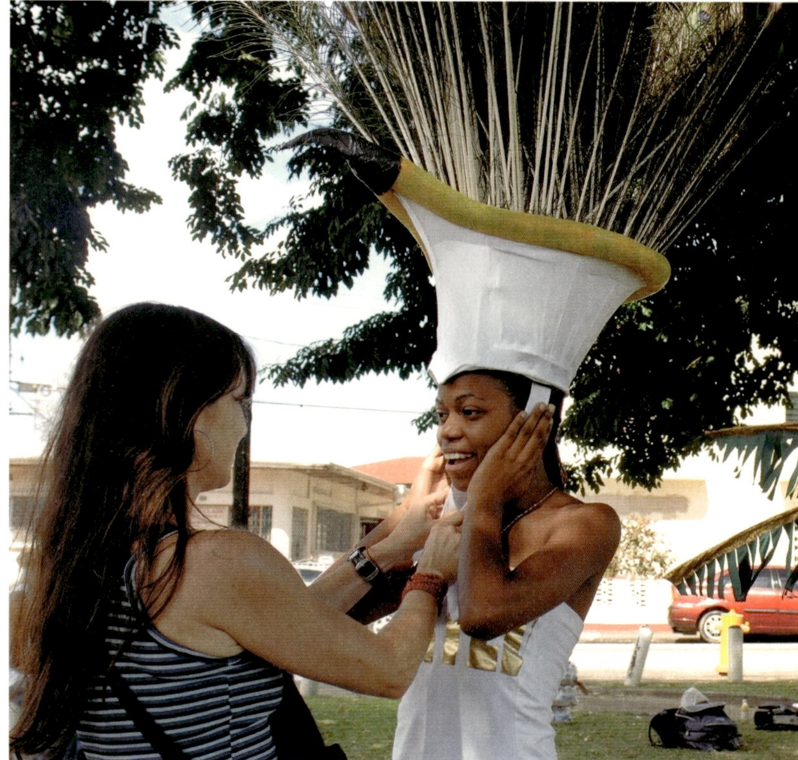
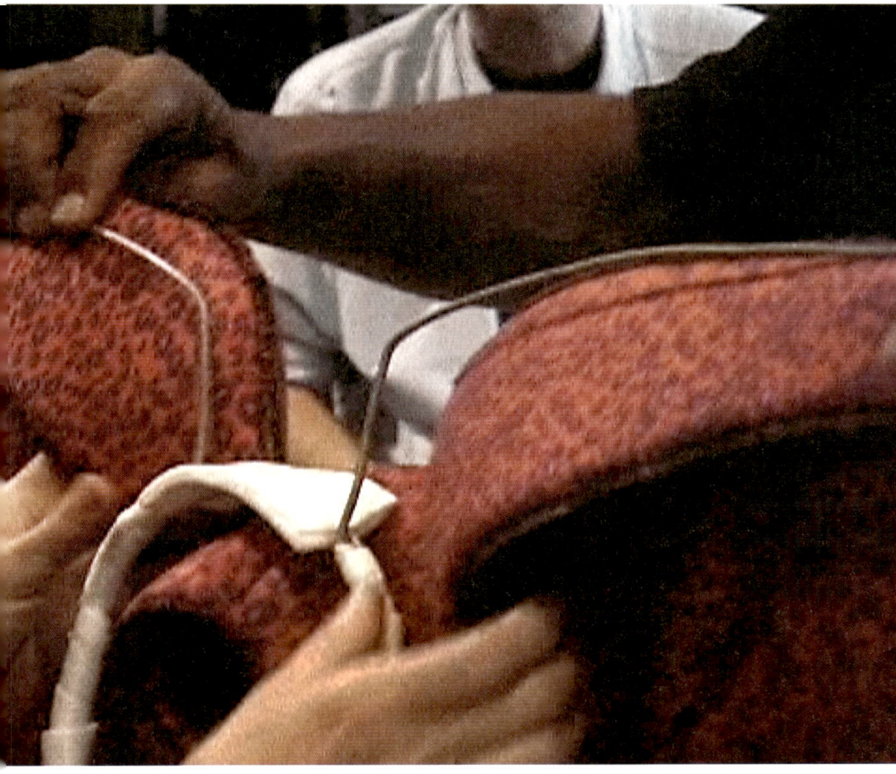
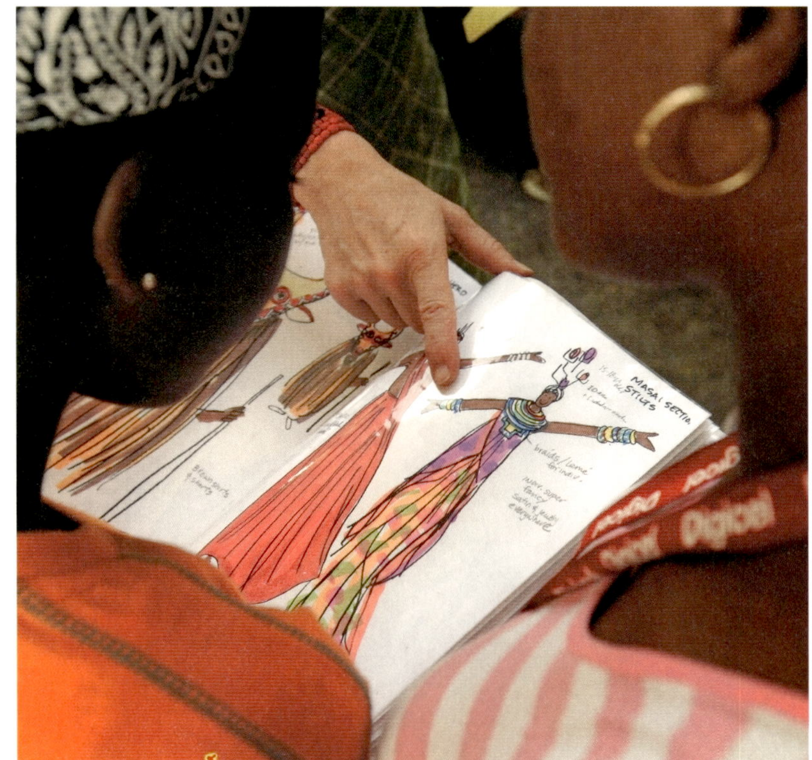
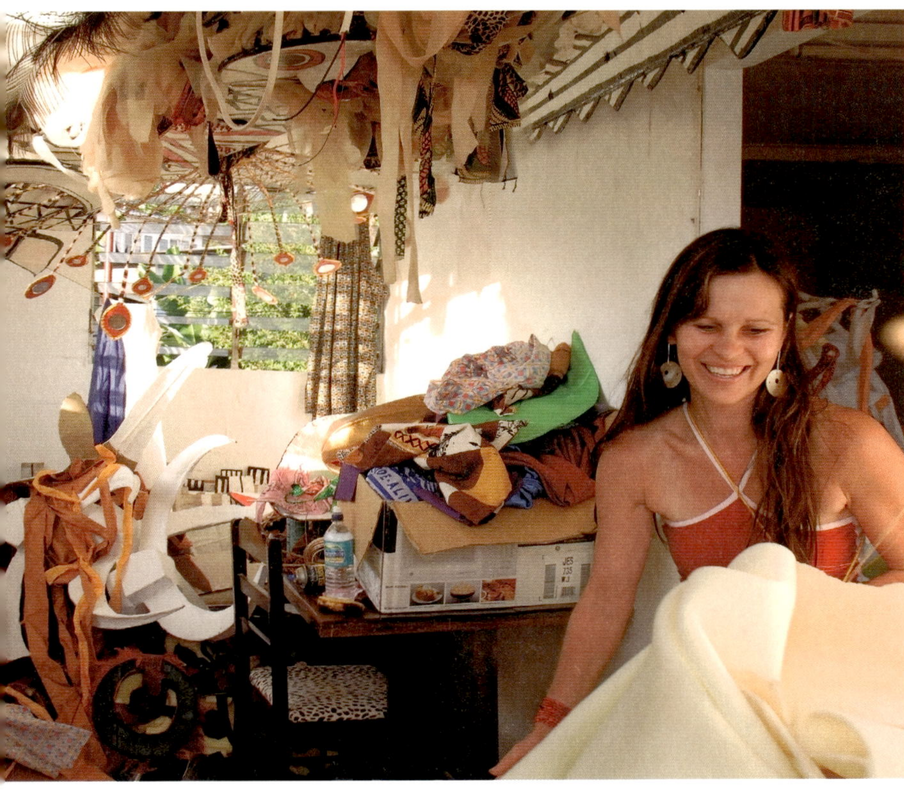
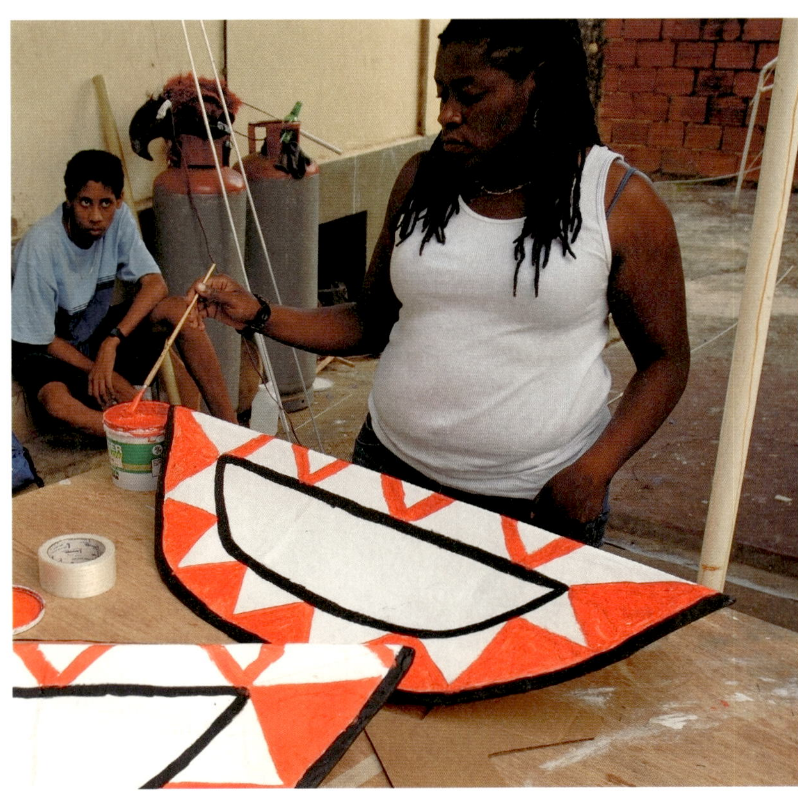

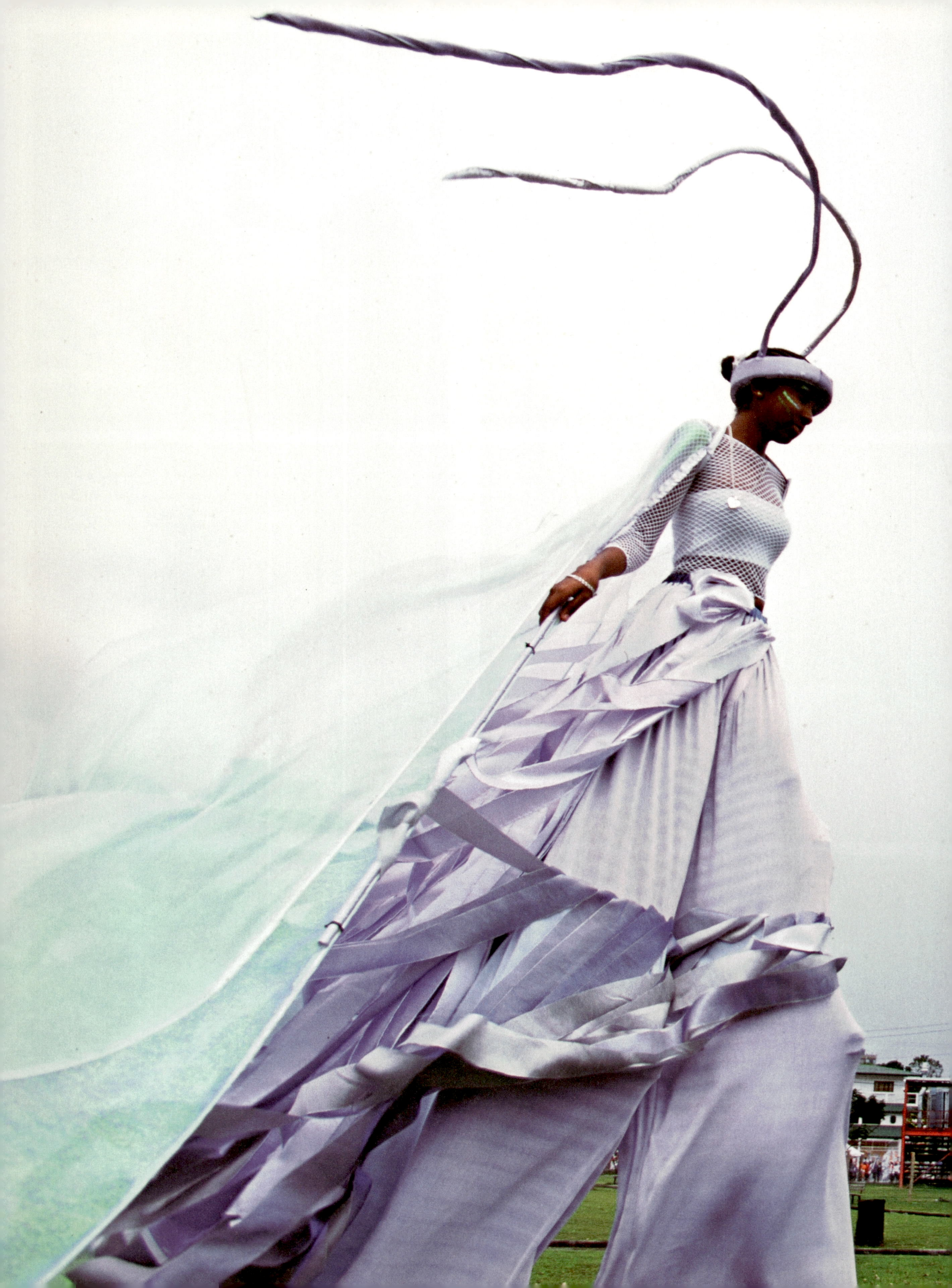

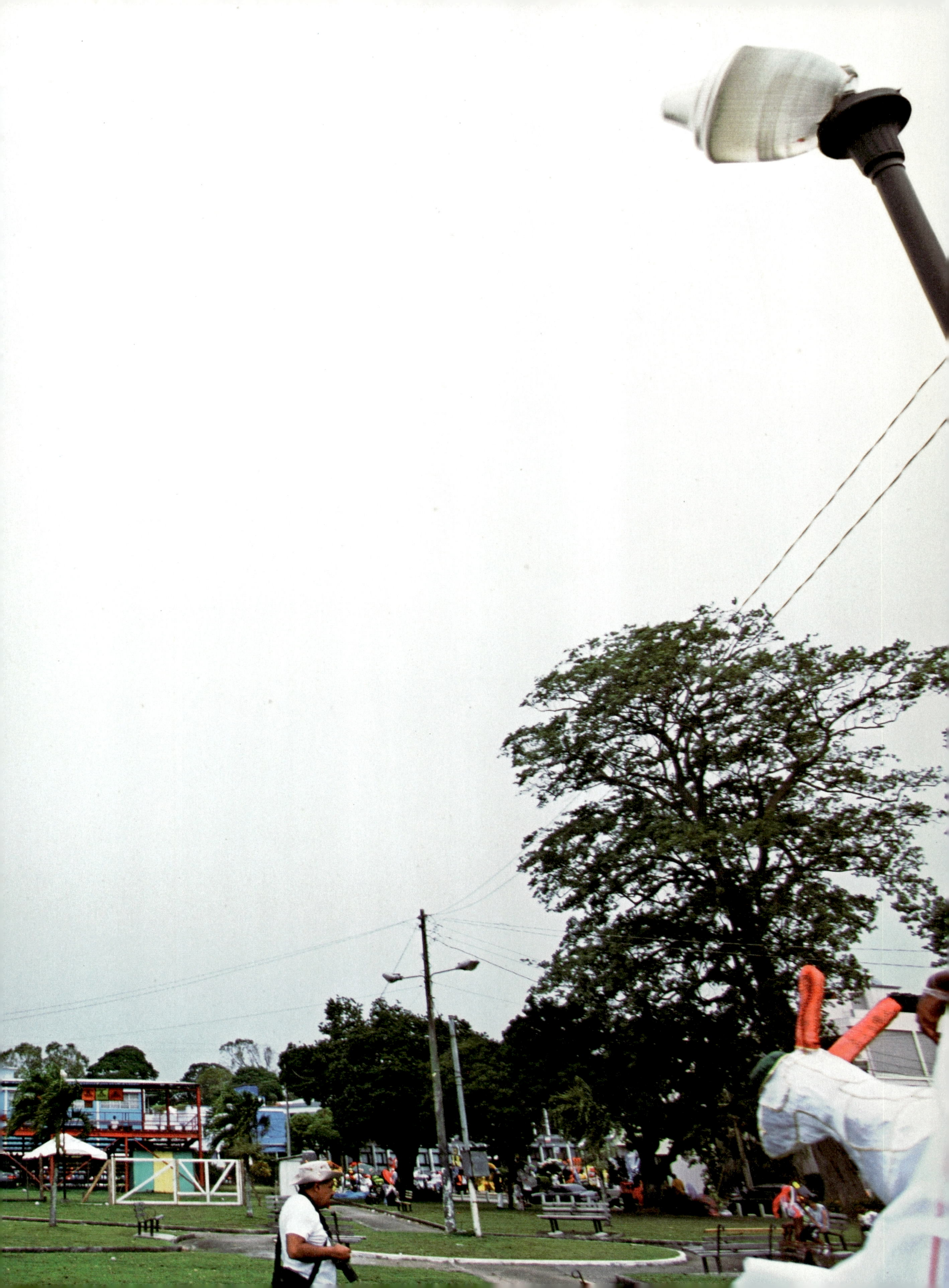

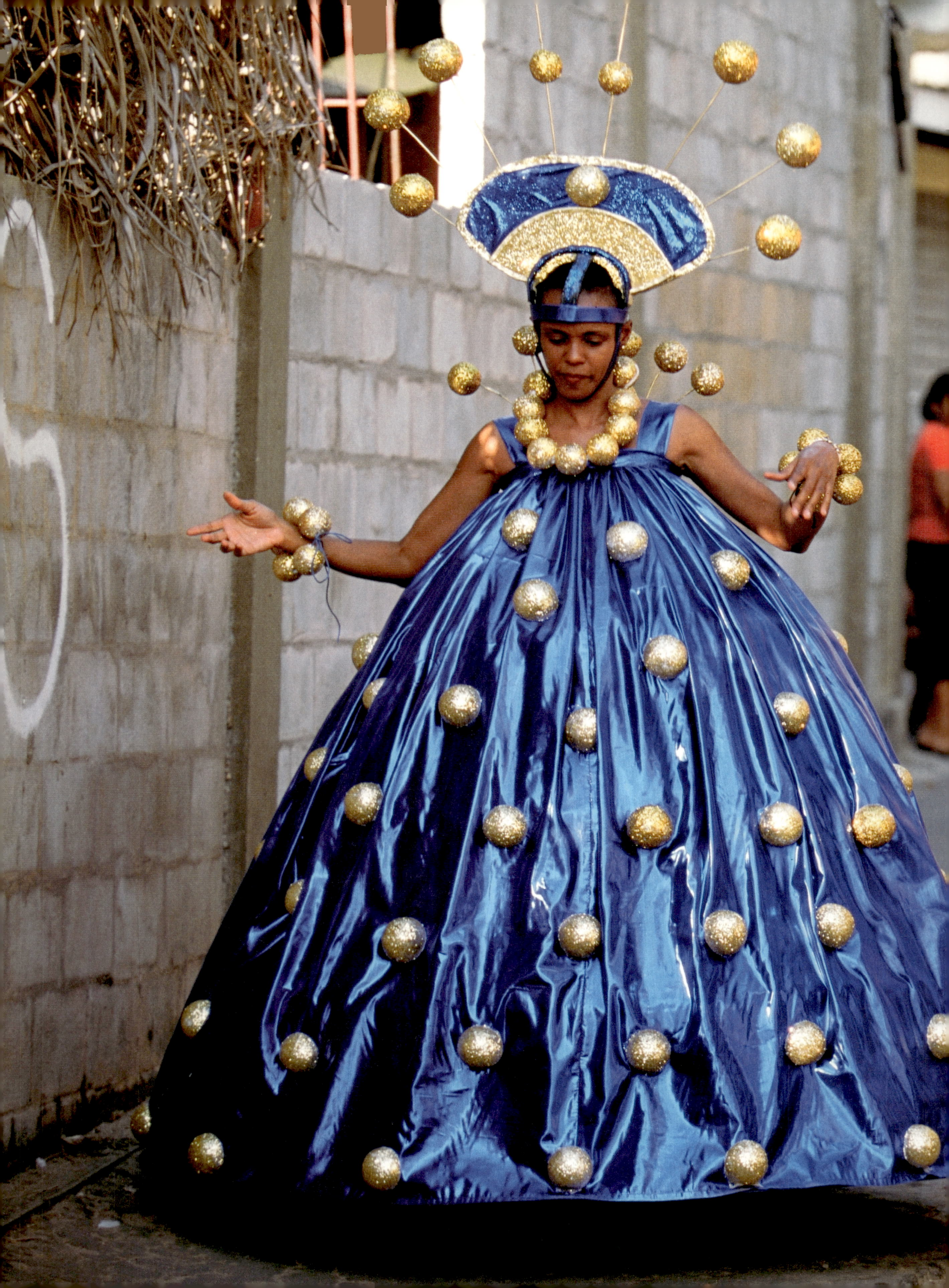

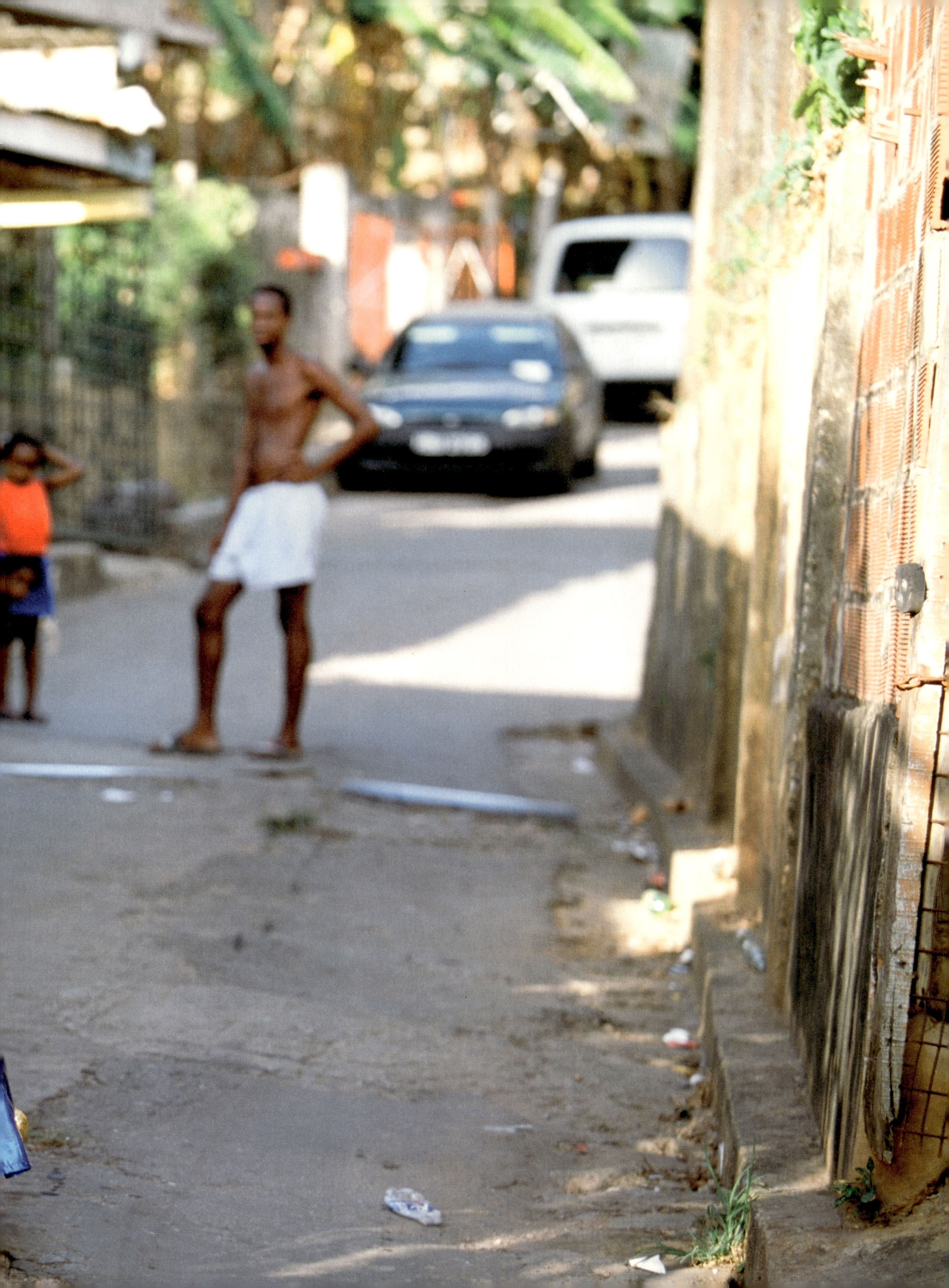

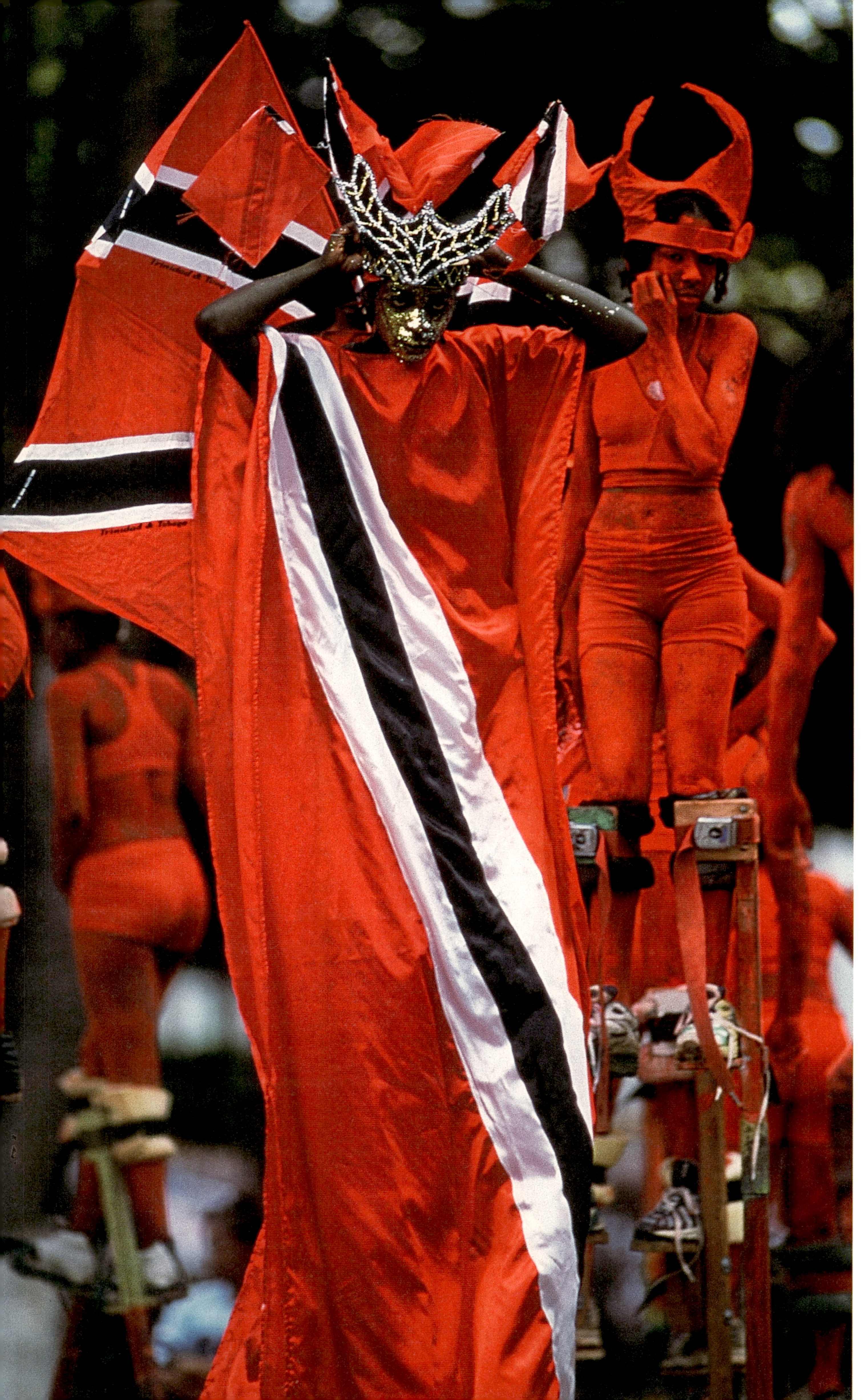

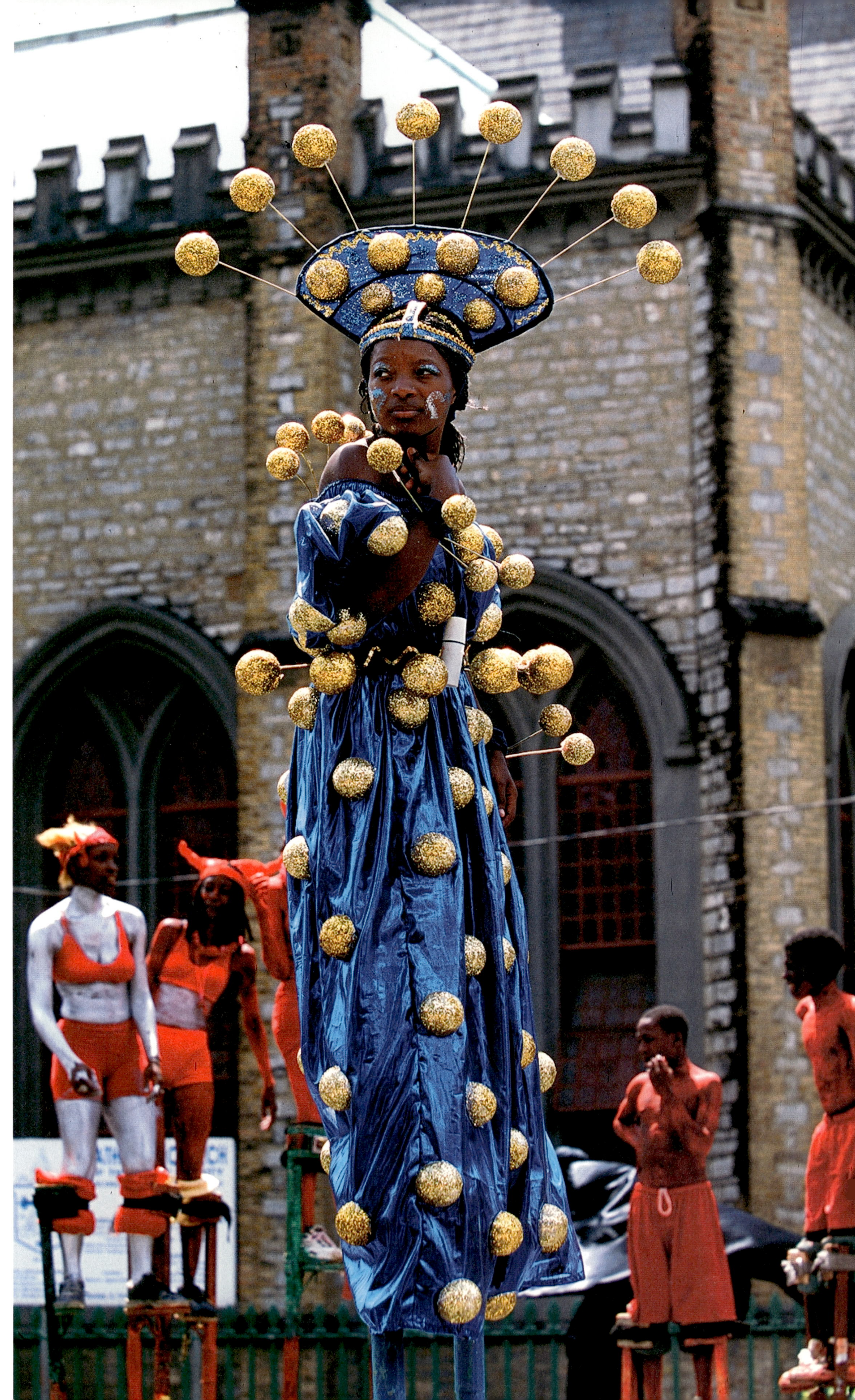

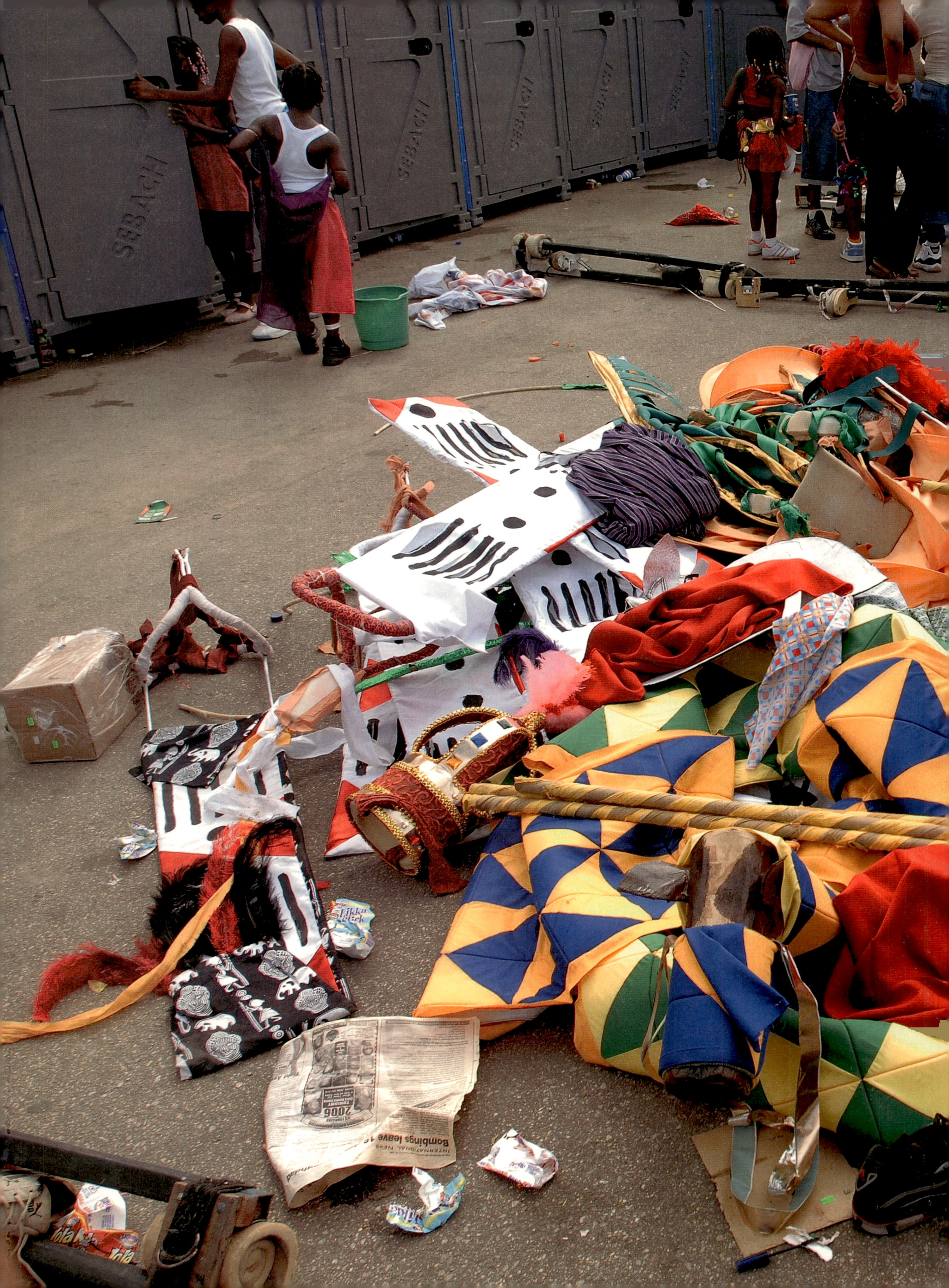

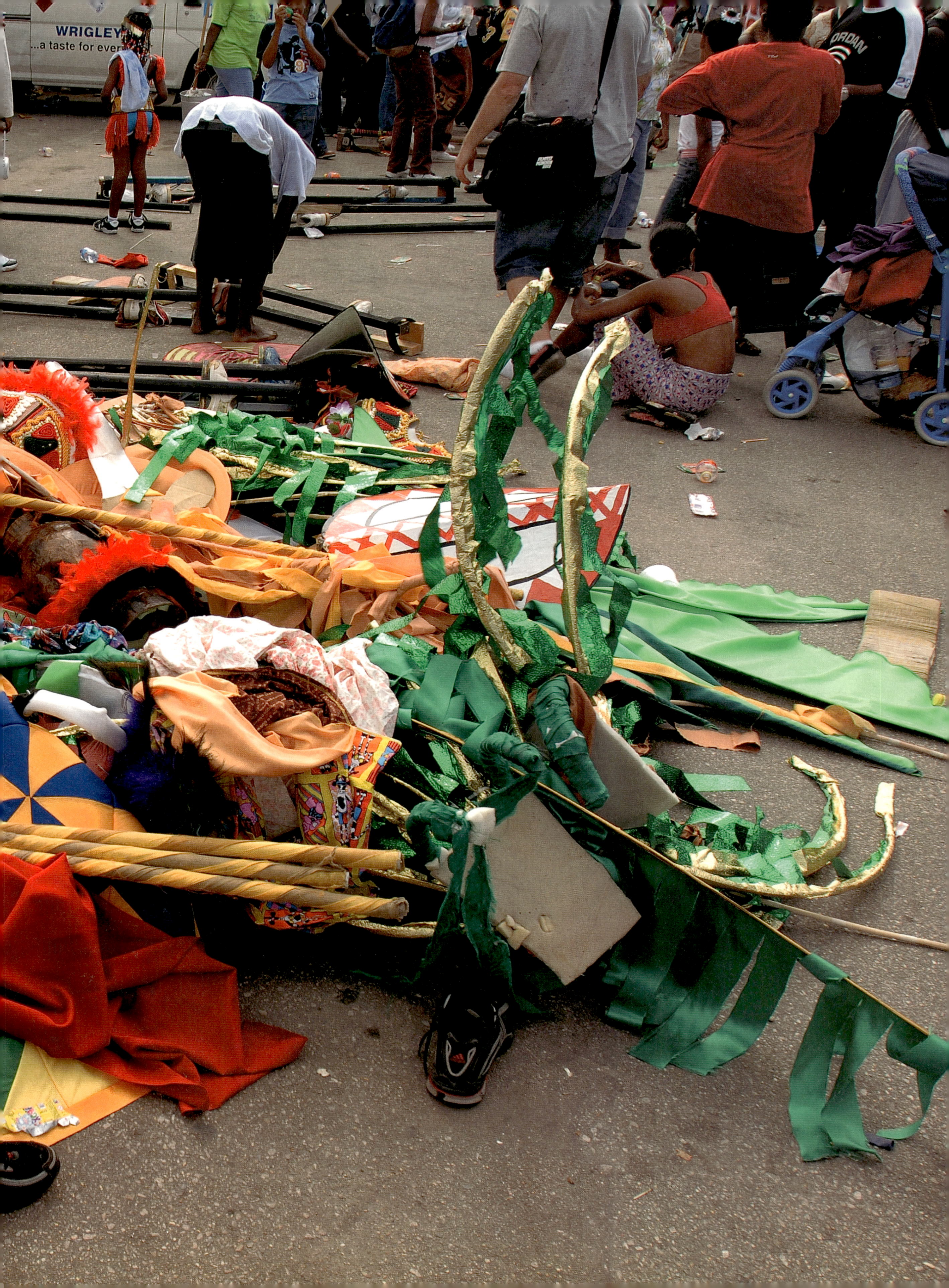

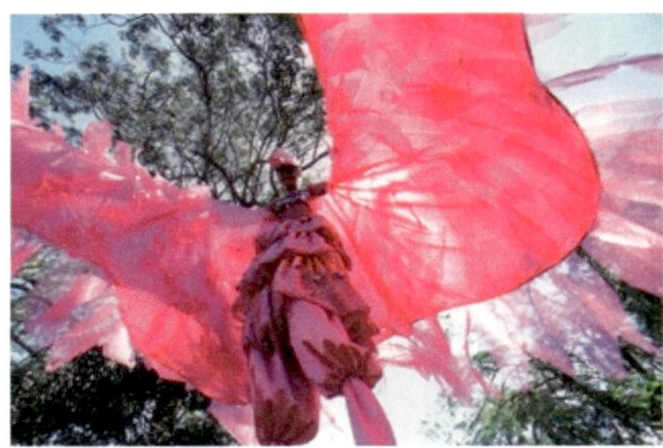

Ria vestida de ibis escarlata, 2007
Impresión lenticular de veinticuatro capas
sobre aluminio
68.5 x 100.8 cm
Edición de 3
Colaboración con Stefan Falke
Colección privada, Brasil

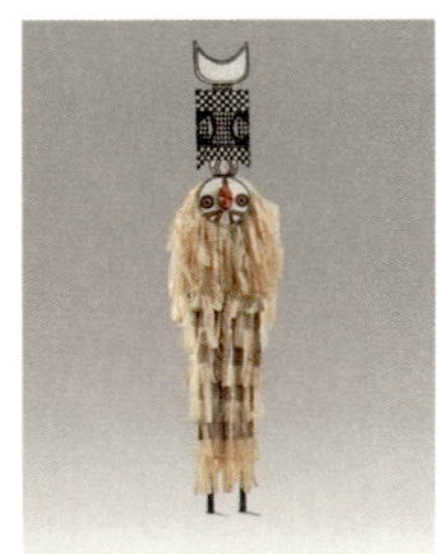

Protector de la aldea 2, 2005-2007
Papel maché, cartón, varillas de aluminio
y de fibra de vidrio, barniz, tela y semillas jumbie
548.6 x 86.3 x 66 cm
Fotografía: Stefan Hagen
Colección de la artista

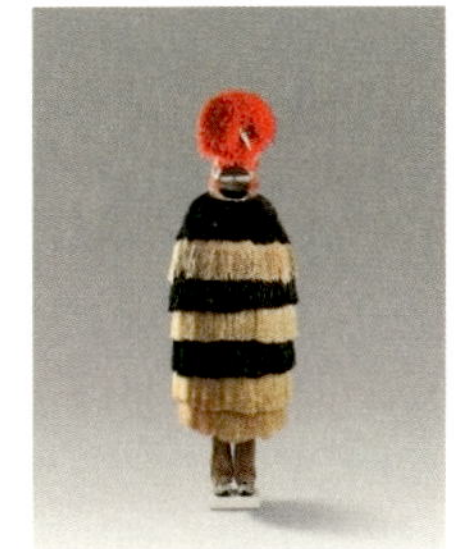

Bobo Oule, 2006-2007
Pasto sintético sobre malla, varillas
de aluminio y de fibra de vidrio, pantalones,
zapatos, plumas y ornamentación
304.8 x 81.2 x 81.2 cm
Fotografía: Stefan Hagen
Colección de la artista

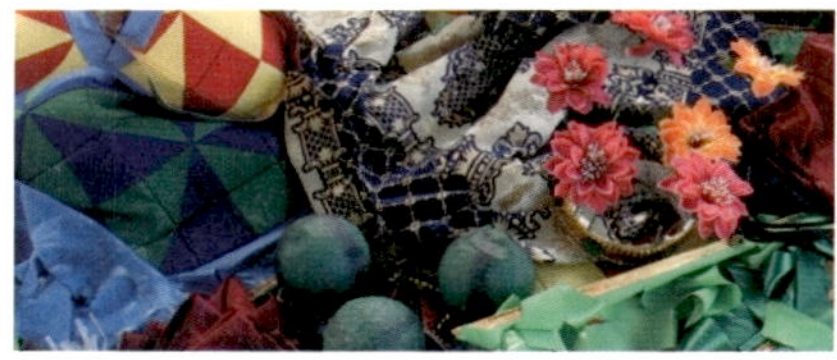

Estudio de Laura Anderson Barbata
en Cocorite, 2006
Puerto España, Trinidad y Tobago
Fotografía: Stefan Falke

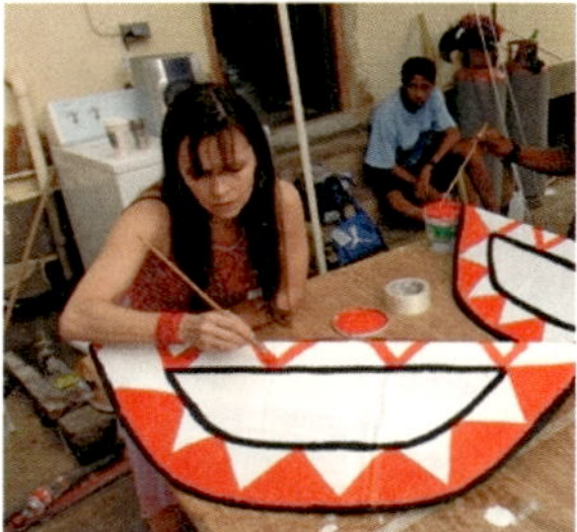

Preparativos para el carnaval, 2006
Laura Anderson Barbata en el taller
de Ronald Guy James
Puerto España, Trinidad y Tobago
Fotografía: Stefan Falke

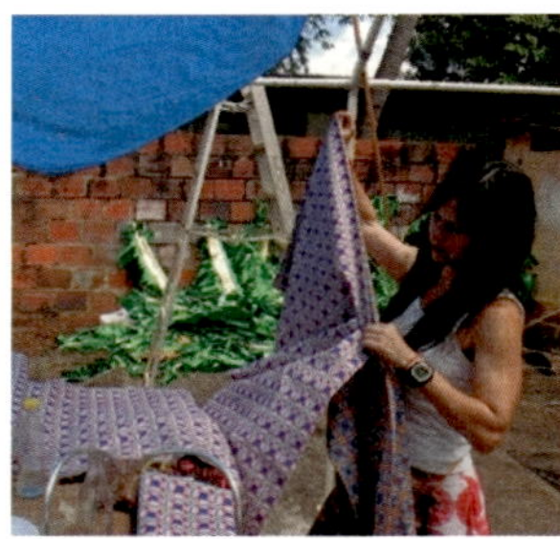

Preparativos para el carnaval, 2006
Laura Anderson Barbata en el taller
de Ronald Guy James
Puerto España, Trinidad y Tobago
Fotografía: Stefan Falke

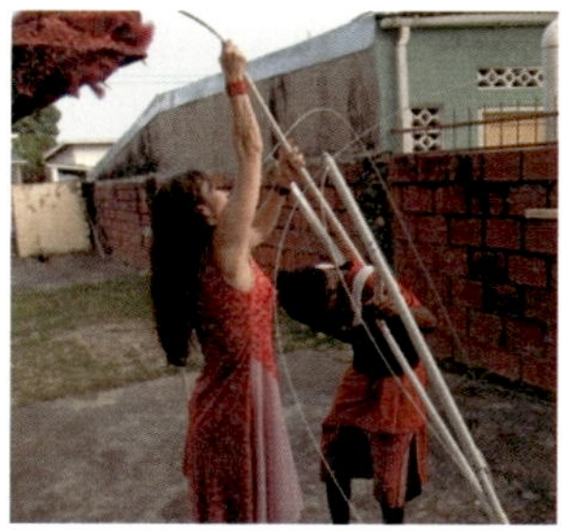

Preparativos para el carnaval, 2006
Laura Anderson Barbata en el taller
de Ronald Guy James
Puerto España, Trinidad y Tobago
Fotografía: Stefan Falke

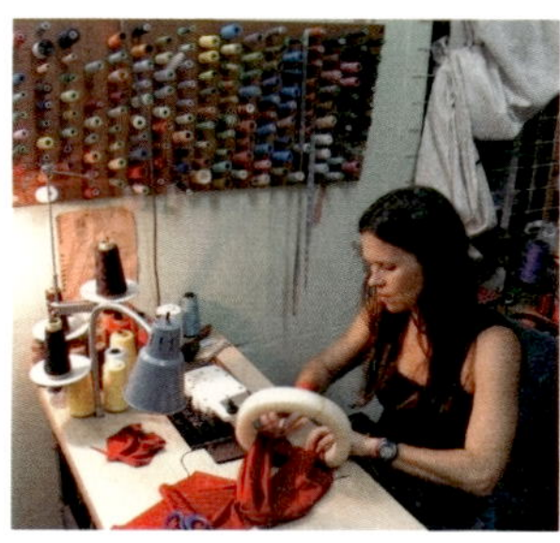

Preparativos para el carnaval, 2006
Laura Anderson Barbata en el taller
de Ronald Guy James
Puerto España, Trinidad y Tobago
Fotografía: Stefan Falke

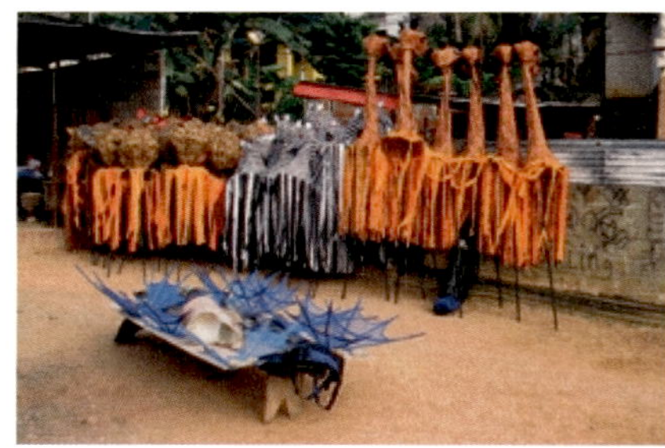

Patio del Moko Jumbie Dragon, Cocorite, 2005
Elementos para el desfile de *Osebo's Drum: A West
African Tale* [El tambor de Osebo: un cuento del
África occidenal]
Puerto España, Trinidad y Tobago
Fotografía: Stefan Falke

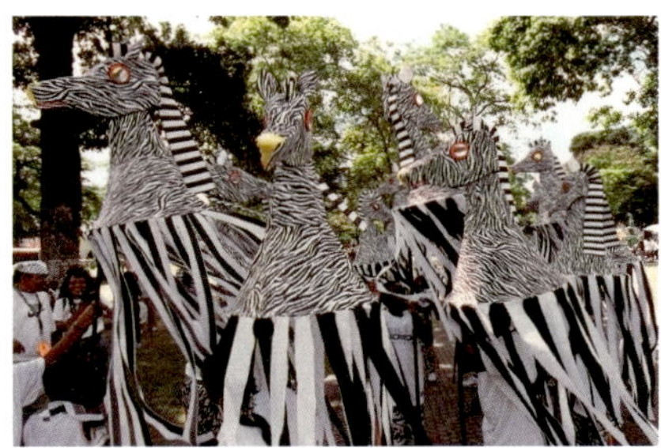

Osebo's Drum: A West African Tale [El tambor de
Osebo: un cuento del África occidental], 2005
Desfile del carnaval
Puerto España, Trinidad y Tobago
Fotografía: Stefan Falke

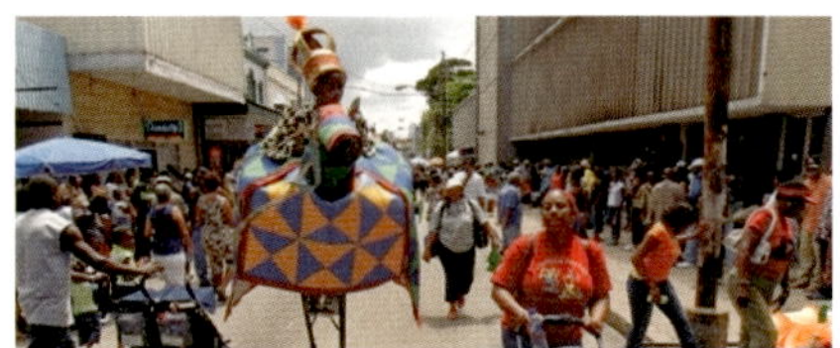

Zarma de *Dancing to Africa* [Baile al África], 2006
Desfile del carnaval
Colaboración con los Keylemanjahro Moko Jumbies
Puerto España, Trinidad y Tobago
Fotografía: Stefan Falke

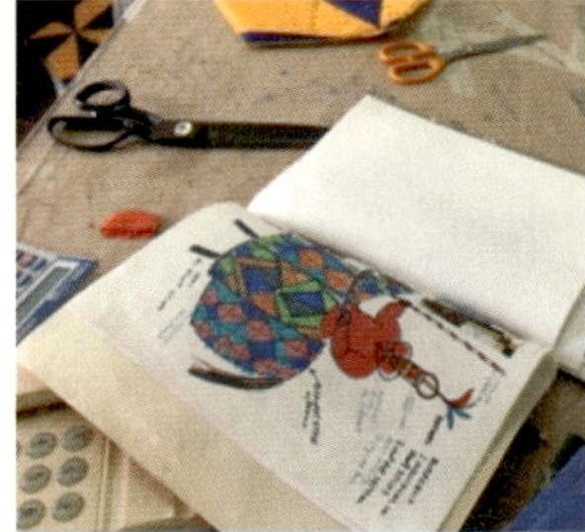

Cuaderno de apuntes de Laura Anderson Barbata
Dancing to Africa [Baile al África], 2006
Fotografía: Stefan Falke

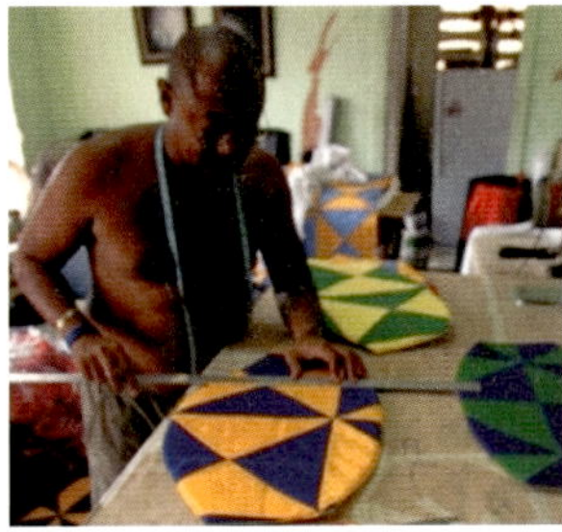

Ronald Guy James en su taller, 2006
Puerto España, Trinidad y Tobago
Fotografía: Stefan Falke

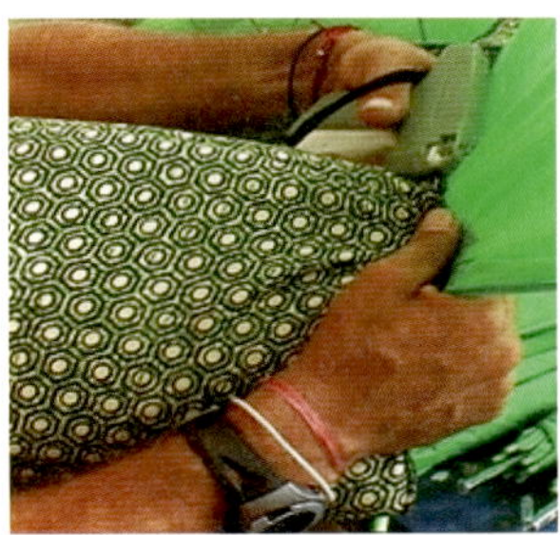

Preparativos para el carnaval, 2005
Luis Romero en el taller
de Ronald Guy James
Puerto España, Trinidad y Tobago
Video Still

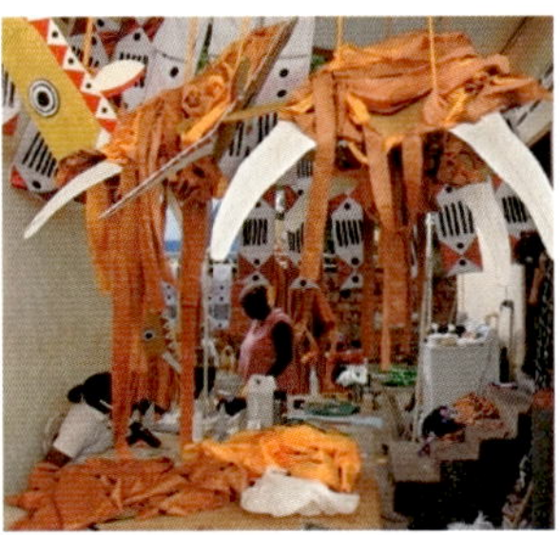

Preparativos para el carnaval, 2006
Laura Anderson Barbata en el taller
de Ronald Guy James
Puerto España, Trinidad y Tobago
Fotografía: Stefan Falke

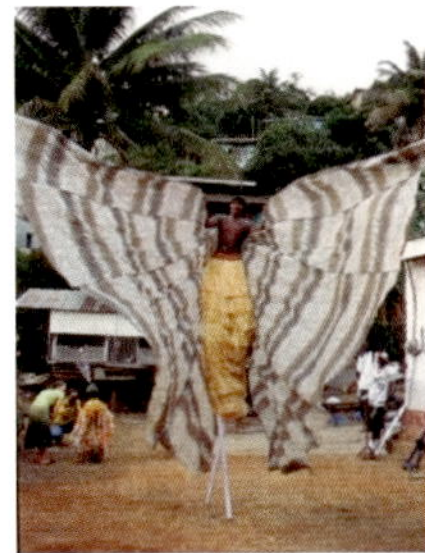

Murciélago africano de *Osebo's Drum: A West
African Tale* [El tambor de Osebo: un cuento
del África occidental], 2005
Ensayo en el patio del Moko Jumbie
Dragon, Cocorite
Colaboración con los Keylemanjahro Moko Jumbies
Puerto España, Trinidad y Tobago
Fotografía: Stefan Falke

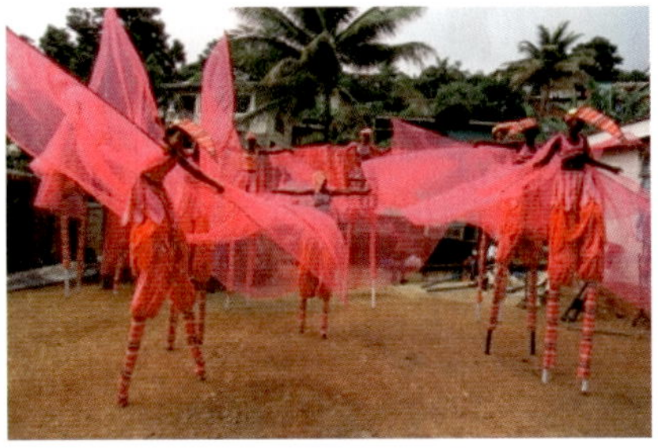

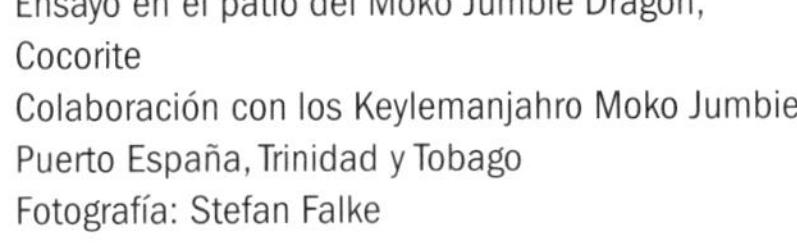

Ibis escarlata en un pasaje de *Osebo's Drum: A West
African Tale* [El tambor de Osebo: un cuento
del África occidental], 2005
Ensayo en el patio del Moko Jumbie Dragon,
Cocorite
Colaboración con los Keylemanjahro Moko Jumbies
Puerto España, Trinidad y Tobago
Fotografía: Stefan Falke

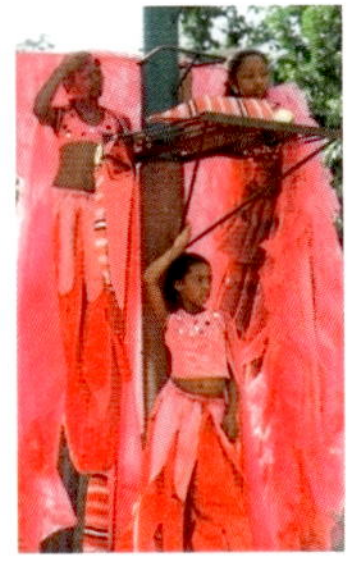

Ibis escarlata en un pasaje de *Osebo's Drum: A West
African Tale* [El tambor de Osebo: un cuento
del África occidental], 2005
Ensayo en el patio del Moko Jumbie
Dragon, Cocorite
Colaboración con los Keylemanjahro Moko Jumbies
Puerto España, Trinidad y Tobago
Fotografía: Stefan Falke

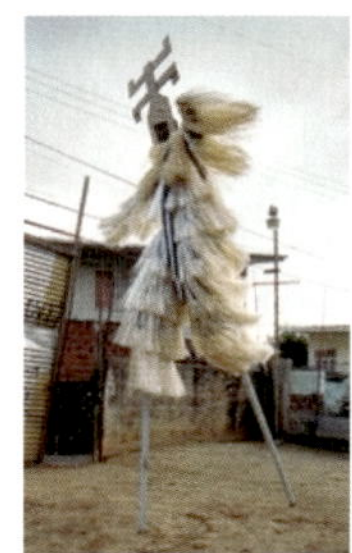

Dogon de *Osebo's Drum: A West African Tale*
[El tambor de Osebo: un cuento del África
occidental], 2005
Patio del Moko Jumbie Dragon, Cocorite
Colaboración con los Keylemanjahro Moko Jumbies
Puerto España, Trinidad y Tobago
Fotografía: Stefan Falke

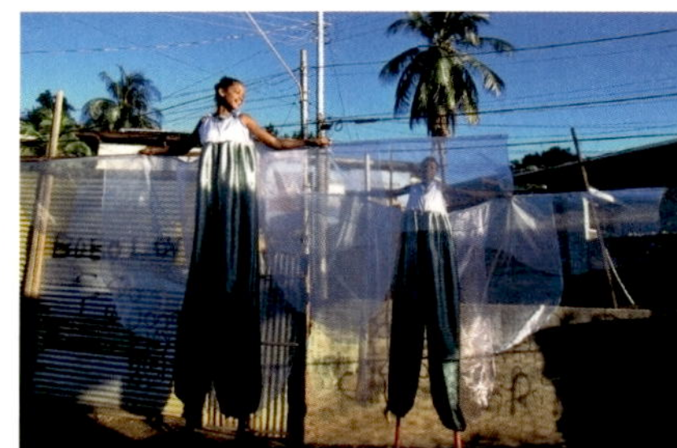

Niñas-libélula de *Birth and Rebirth*
[Nacer y renacer], 2004
Patio del Moko Jumbie Dragon, Cocorite
Colaboración with Keylemanjahro Moko Jumbies
Puerto España, Trinidad y Tobago
Fotografía: Stefan Falke

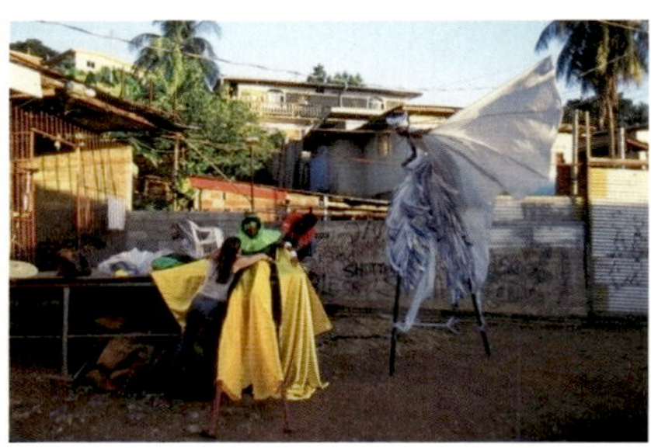

Insecto verde de *Birth and Rebirth*
[Nacer y renacer], 2004
Laura Anderson Barbata y Coery Herbert en el patio
del Moko Jumbie Dragon, Cocorite
Colaboración con los Keylemanjahro Moko Jumbies
Puerto España, Trinidad y Tobago
Fotografía: Stefan Falke

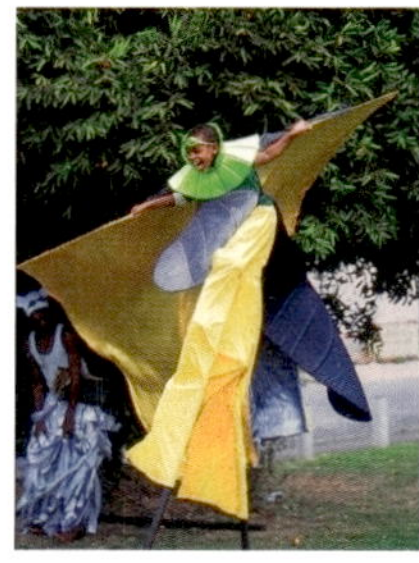

Insecto verde de *Birth and Rebirth* [Nacer
y renacer], 2004
Desfile del carnaval
Colaboración con los Keylemanjahro Moko Jumbies
Puerto España, Trinidad y Tobago
Fotografía: Stefan Falke

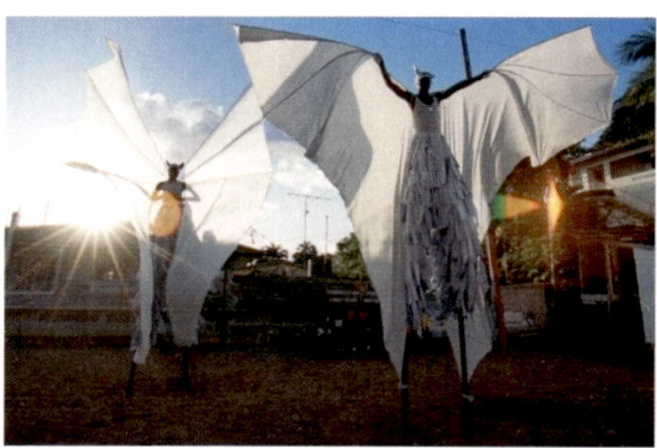

Murciélagos blancos de *Birth and Rebirth* [Nacer
y renacer], 2004
Patio del Moko Jumbie Dragon, Cocorite
Colaboración con los Keylemanjahro Moko Jumbies
Puerto España, Trinidad y Tobago
Fotografía: Stefan Falke

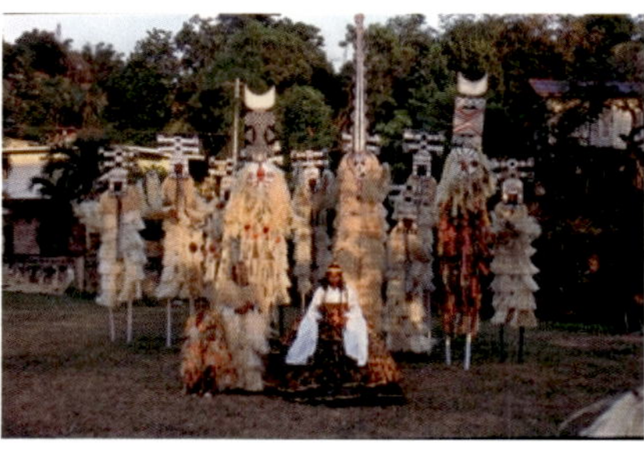

La reina Nyame, Dios Cielo y Dogon en un pasaje
de *Osebo's Drum: A West African Tale* [El tambor de
Osebo: un cuento del África occidental], 2005
Ensayo para el desfile del carnaval, Cocorite
Colaboración con los Keylemanjahro Moko Jumbies
Puerto España, Trinidad y Tobago
Fotografía: Stefan Falke

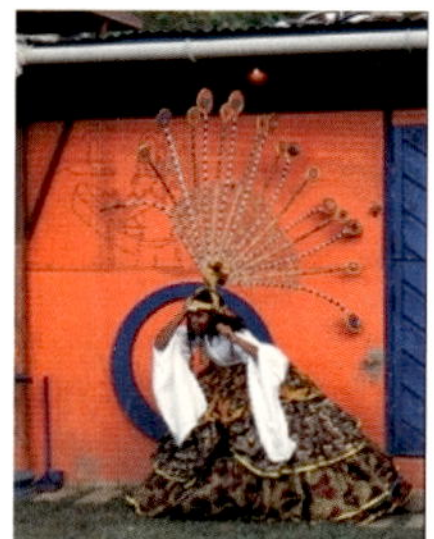

La reina Nyame de *Osebo's Drum: A West
African Tale* [El tambor de Osebo: un cuento
del África occidental], 2005
Ensayo para el desfile del carnaval, Cocorite
Puerto España, Trinidad y Tobago
Fotografía: Stefan Falke

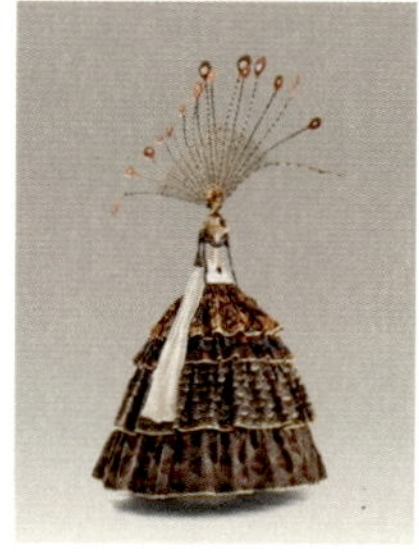

La reina Nyame, 2005-2007
Tela de algodón, madera, caña, varillas
de fibra de vidrio, malla, ribete decorativo,
espejos, cartón, papel maché y pintura
325 x 160 x 205.7 cm
Fotografía: Stefan Hagen
Colección de la artista

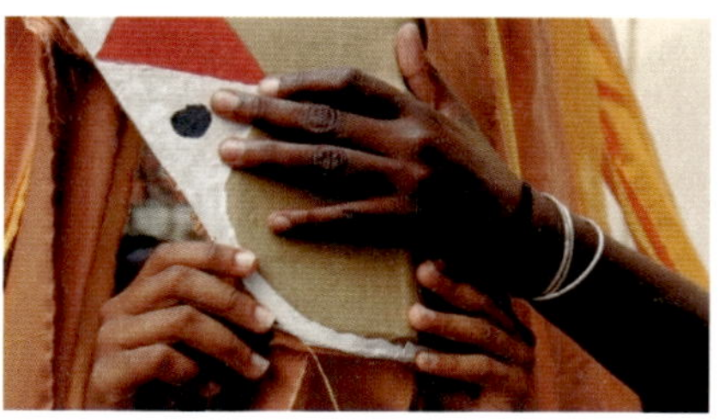

Preparativos para el carnaval, 2006
Taller de Ronald Guy James
Puerto España, Trinidad y Tobago
Fotografía: Stefan Falke

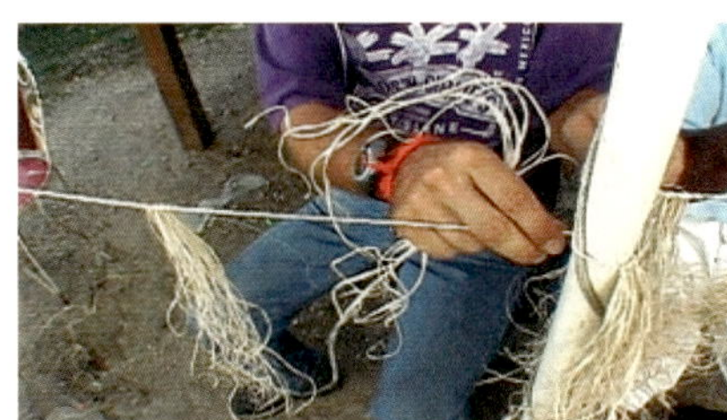

Preparativos para el carnaval, 2005
Hemit Kaiser en el taller
de Ronald Guy James
Puerto España, Trinidad y Tobago
Fotograma de video

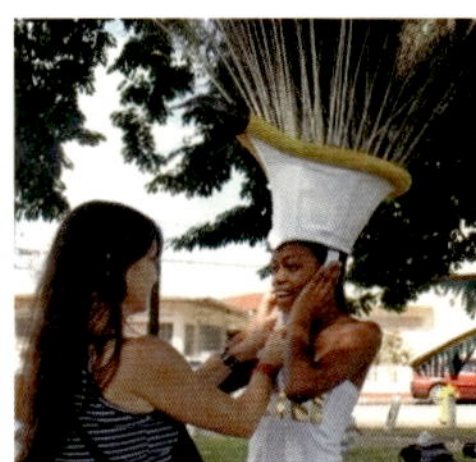

Laura Anderson Barbata con la reina
Oya de *Dancing to Africa* [Baile al África], 2006
Desfile del carnaval
Puerto España, Trinidad y Tobago
Fotografía: Stefan Falke

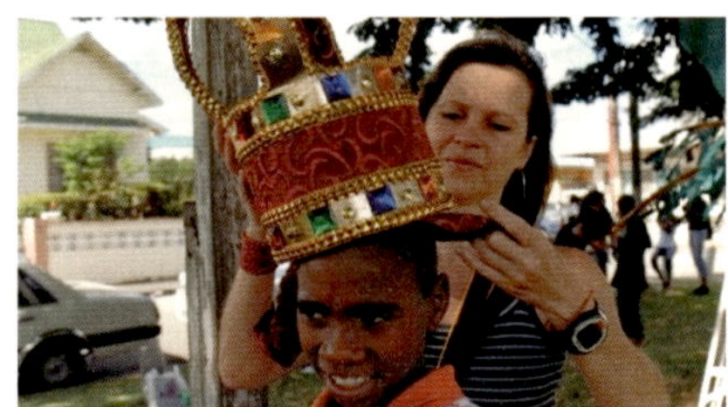

Laura Anderson Barbata con Zarma
de *Dancing to Africa* [Baile al África], 2006
Desfile del carnaval
Puerto España, Trinidad y Tobago
Fotografía: Stefan Falke

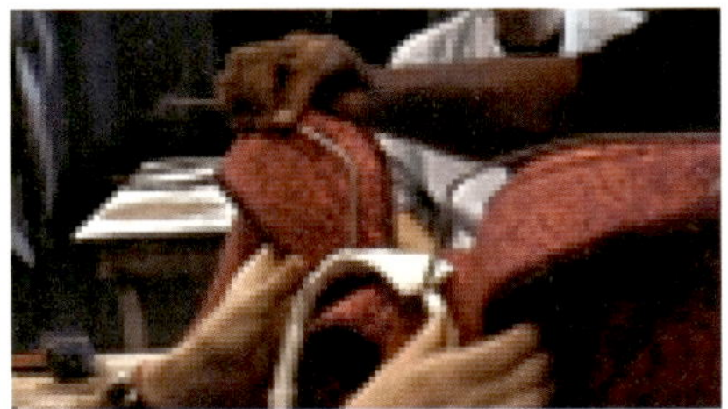

Preparativos para el carnaval, 2005
Laura Anderson Barbata en el taller
Callaloo de Peter Minshall
Puerto España, Trinidad y Tobago
Fotograma del video MJ05

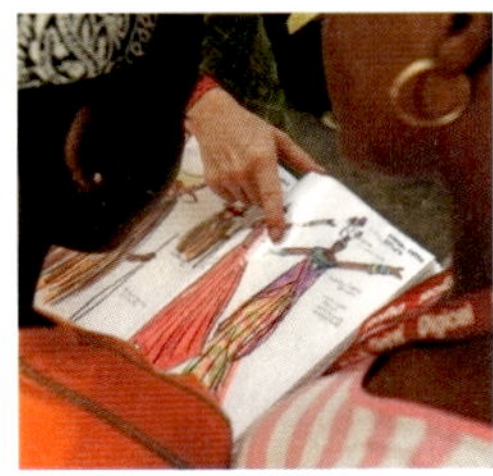

Preparativos para el carnaval, 2006
Laura Anderson Barbata en el taller
de Ronald Guy James
Puerto España, Trinidad y Tobago
Fotografía: Stefan Falke

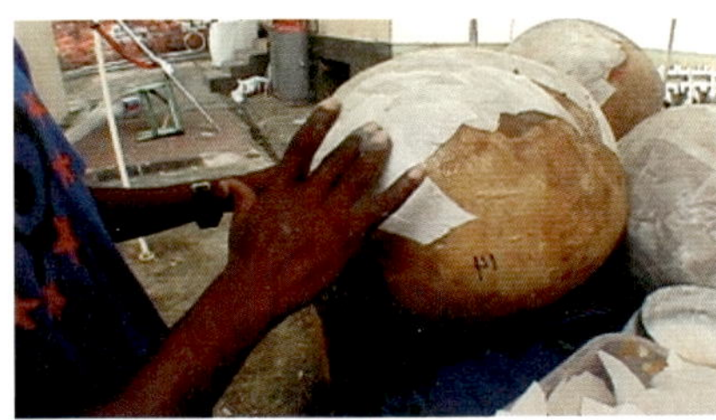

Preparativos para el carnaval, 2005
Taller de Ronald Guy James
Puerto España, Trinidad y Tobago
Fotograma del video MJ05

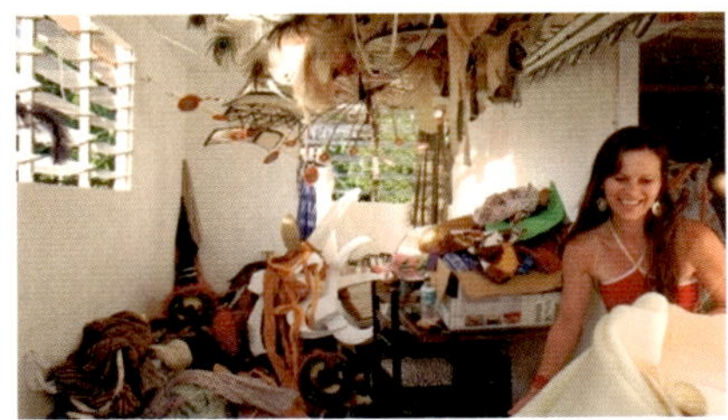

Laura Anderson Barbata en su estudio
de Cocorite, 2006
Puerto España, Trinidad y Tobago
Fotografía: Stefan Falke

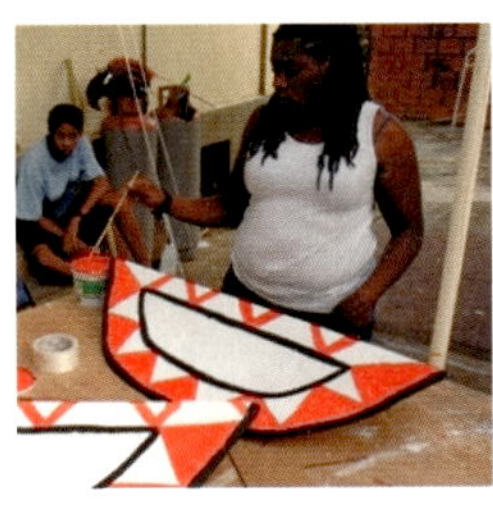

Preparativos para el carnaval, 2006
Taller de Ronald Guy James
Puerto España, Trinidad y Tobago
Fotografía: Stefan Falke

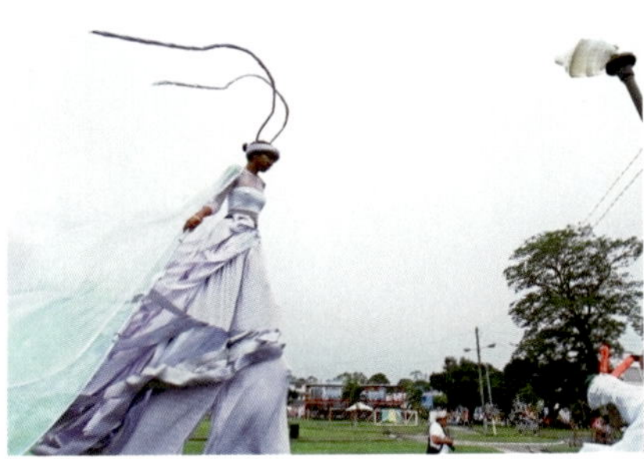

Batimamselle de *Birth and Rebirth*
[Nacer y renacer], 2004
Desfile del carnaval
Colaboración con Keylemanjahro Moko Jumbies
Puerto España, Trinidad y Tobago
Fotografía: Stefan Falke

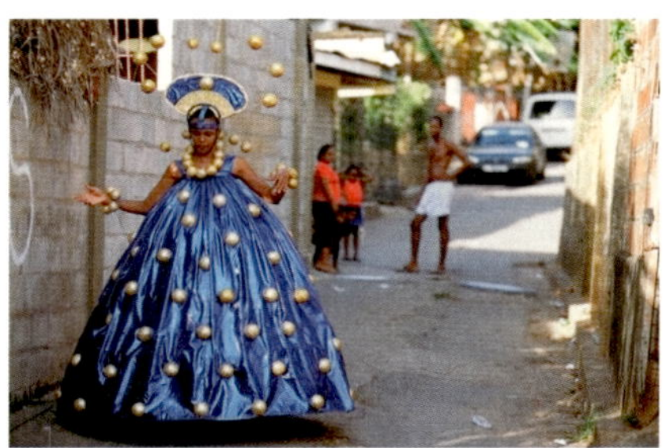

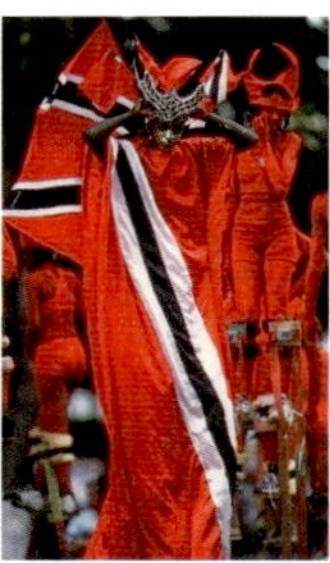

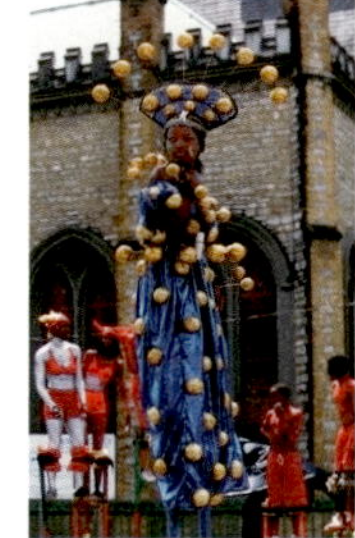

La reina Cheese Ball, 2007
Impesión lenticular de veinticuatro
capas sobre aluminio
68.5 x 100.5 cm
Edición de 3
Colaboración con Stefan Falke
Colección privada, Brasil

Bandera de *The Spirit of Carnival* [El Espíritu
del Carnaval], 2003
Desfile del carnaval
Colaboración con los Keylemanjahro Moko Jumbies
Puerto España, Trinidad y Tobago
Fotografía: Stefan Falke

Cheese Ball de *The Spirit of
Carnival* [El Espíritu del Carnaval], 2003
Desfile del carnaval
Colaboración con los Keylemanjahro Moko Jumbies
Puerto España, Trinidad y Tobago
Fotografía: Stefan Falke

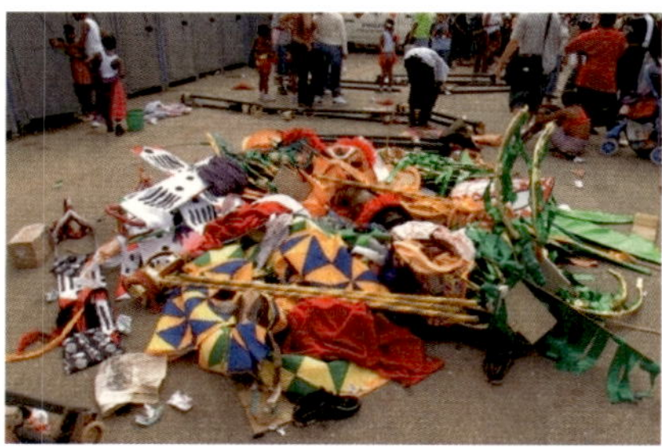

Después de pasar por el escenario durante
el carnaval, 2006
Puerto España, Trinidad y Tobago
Fotografía: Stefan Falke

OAXACA

ZANCUDOS

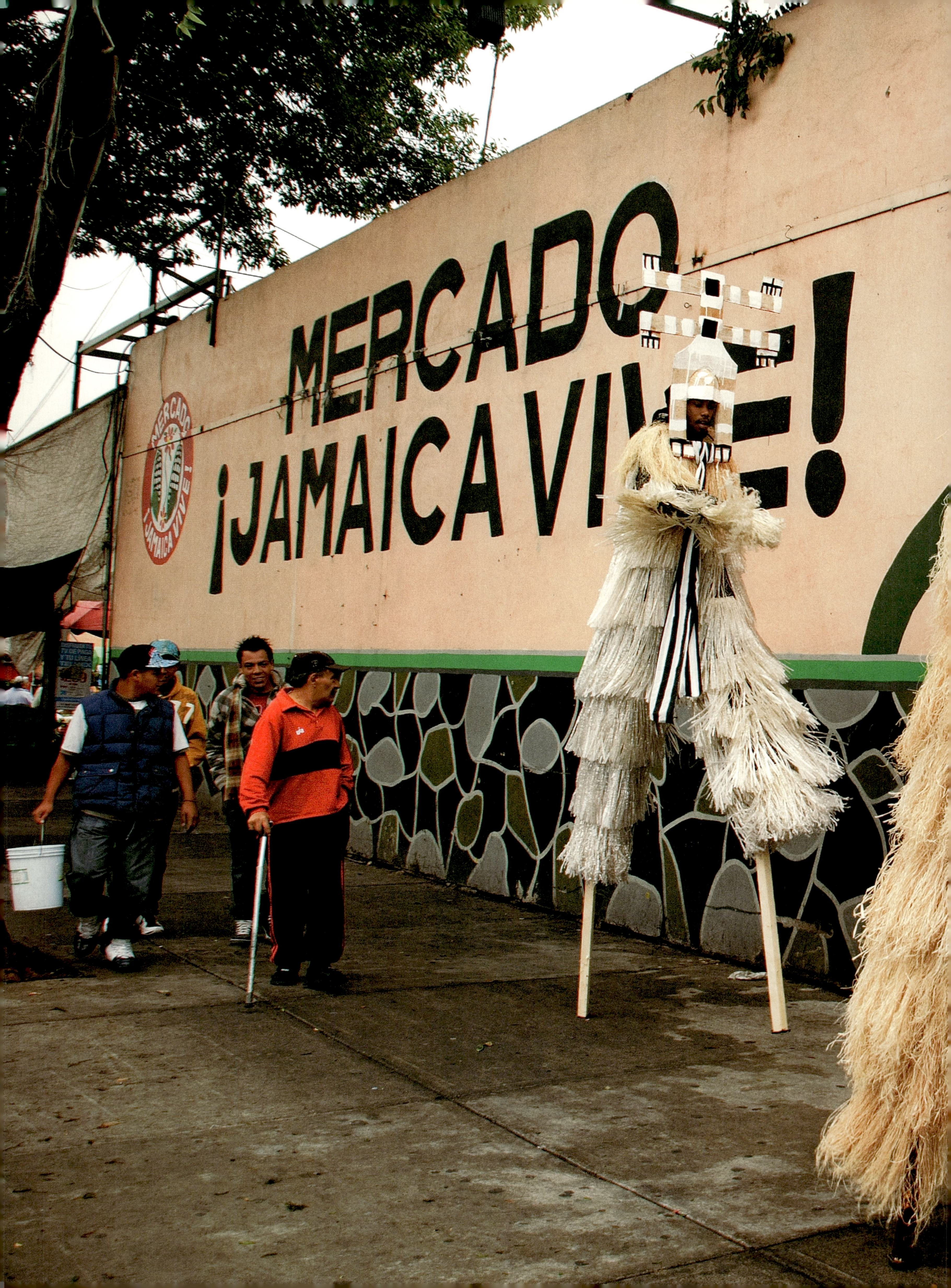
MERCADO
¡JAMAICA VIVE!
MERCADO
¡JAMAICA VIVE!

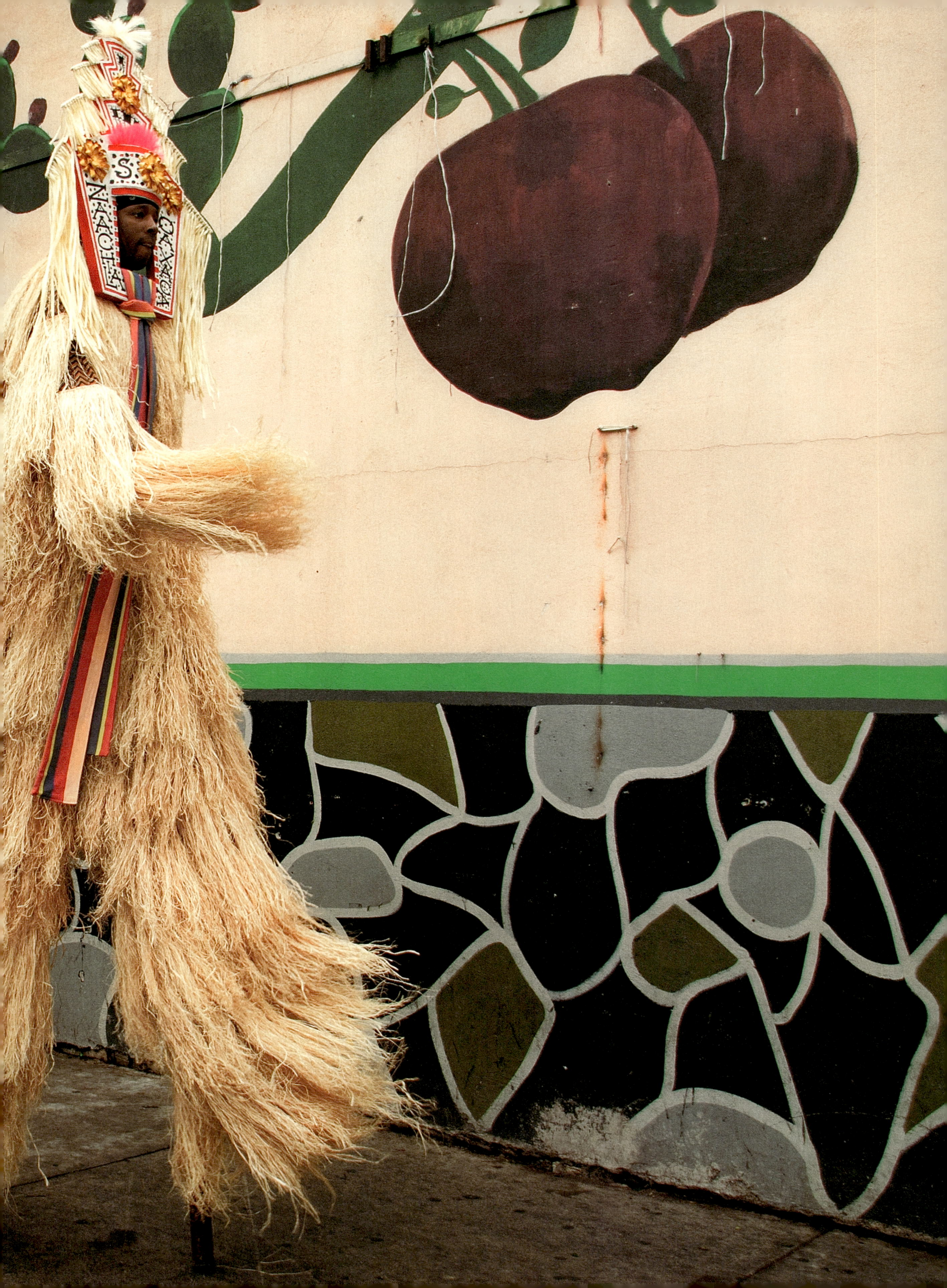
S
OAXACA
ZAACHILA

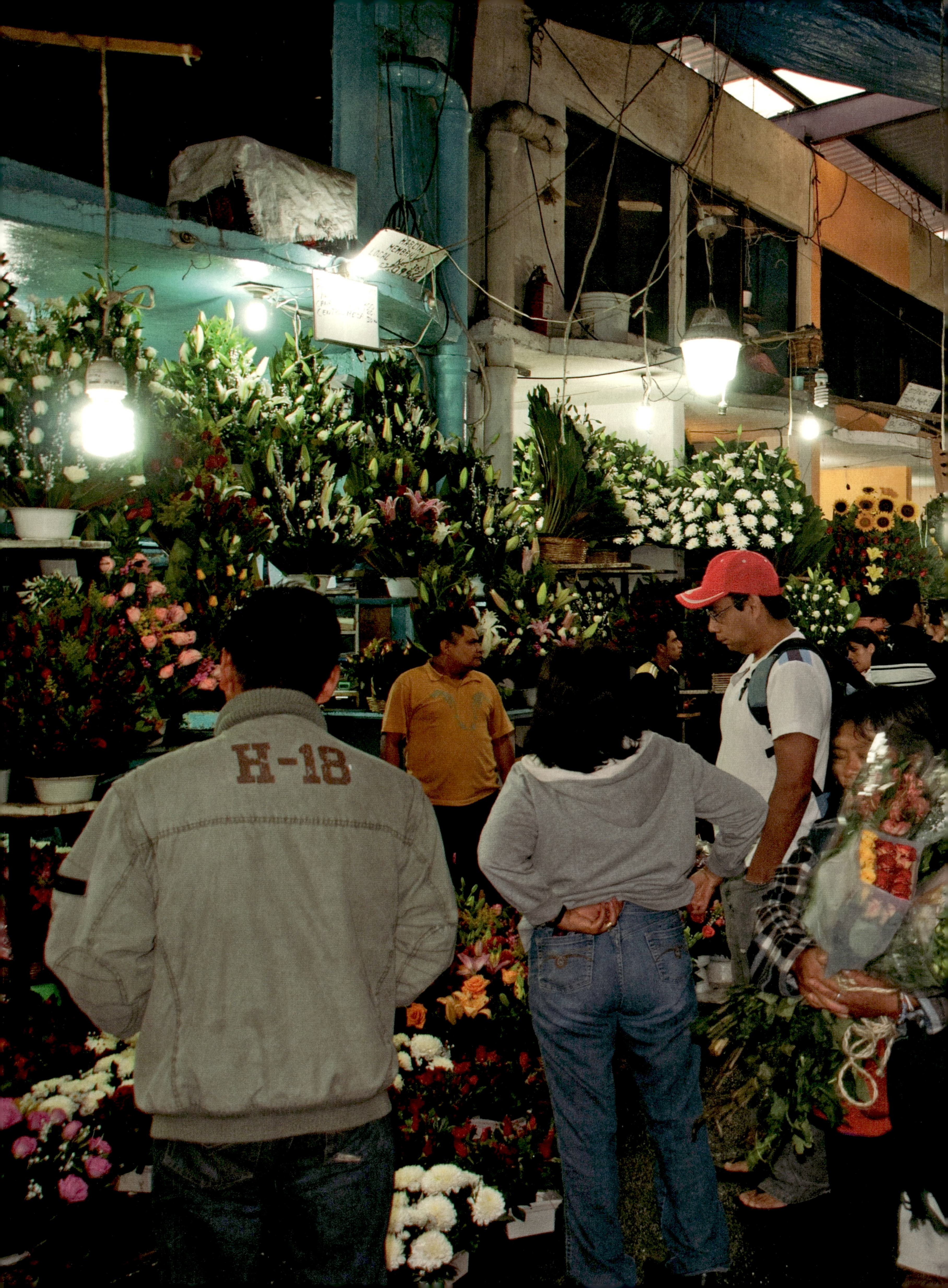

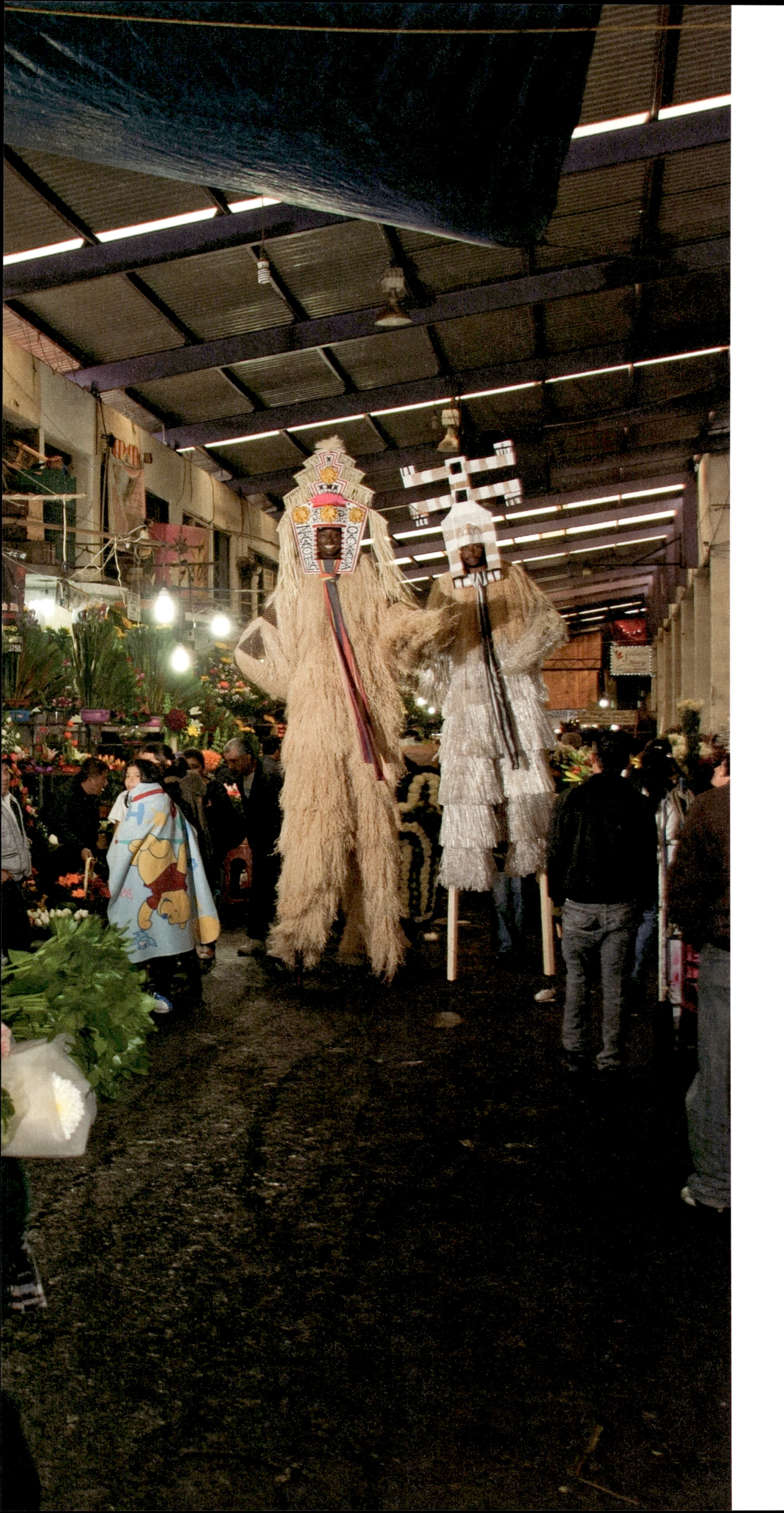

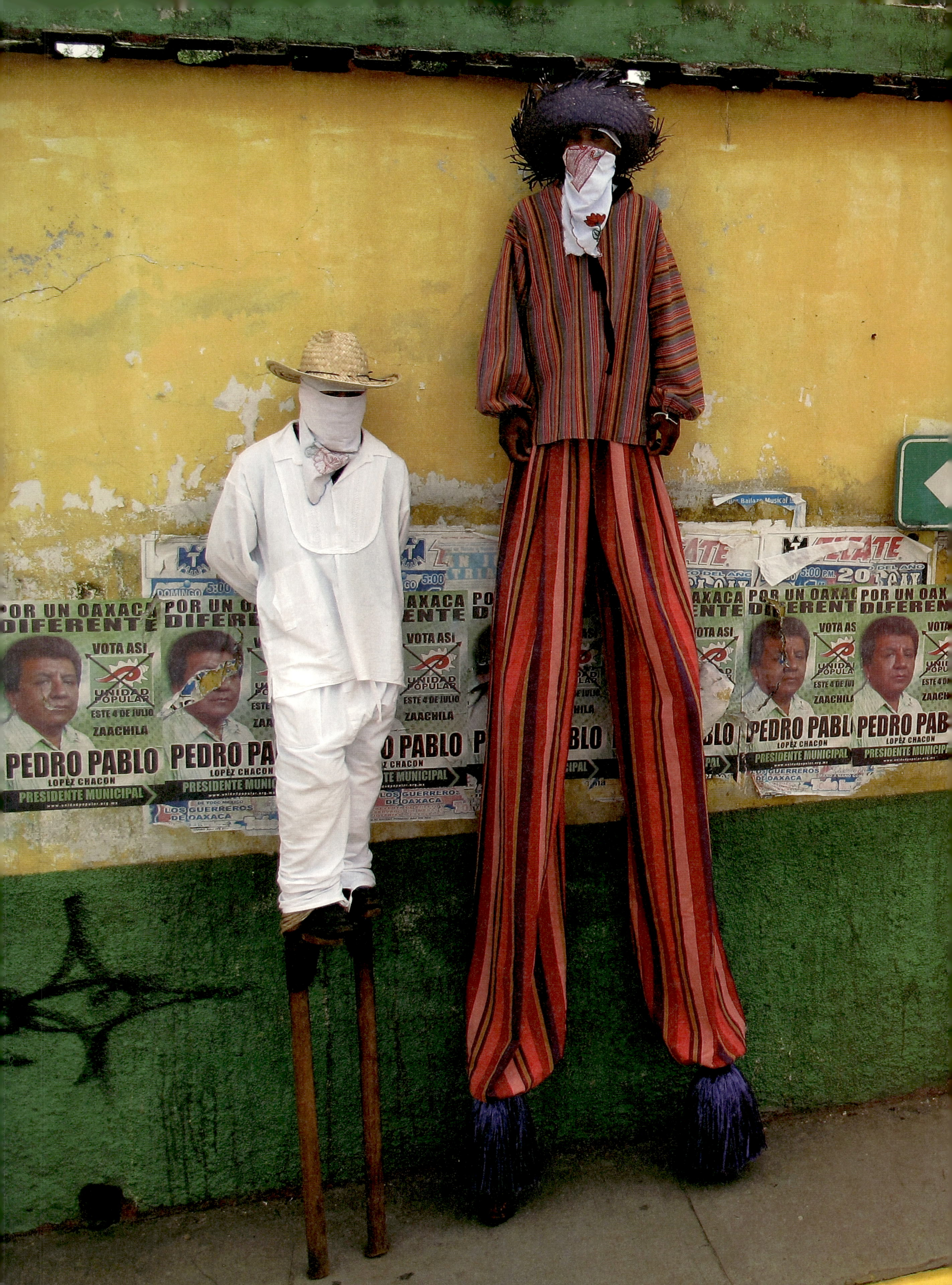

POR UN OAXACA DIFERENTE
VOTA ASI
UNIDAD POPULAR
ESTE 4 DE JULIO
ZAACHILA
PEDRO PABLO
LOPEZ CHACON
PRESIDENTE MUNICIPAL
LOS GUERREROS DE OAXACA
TECATE

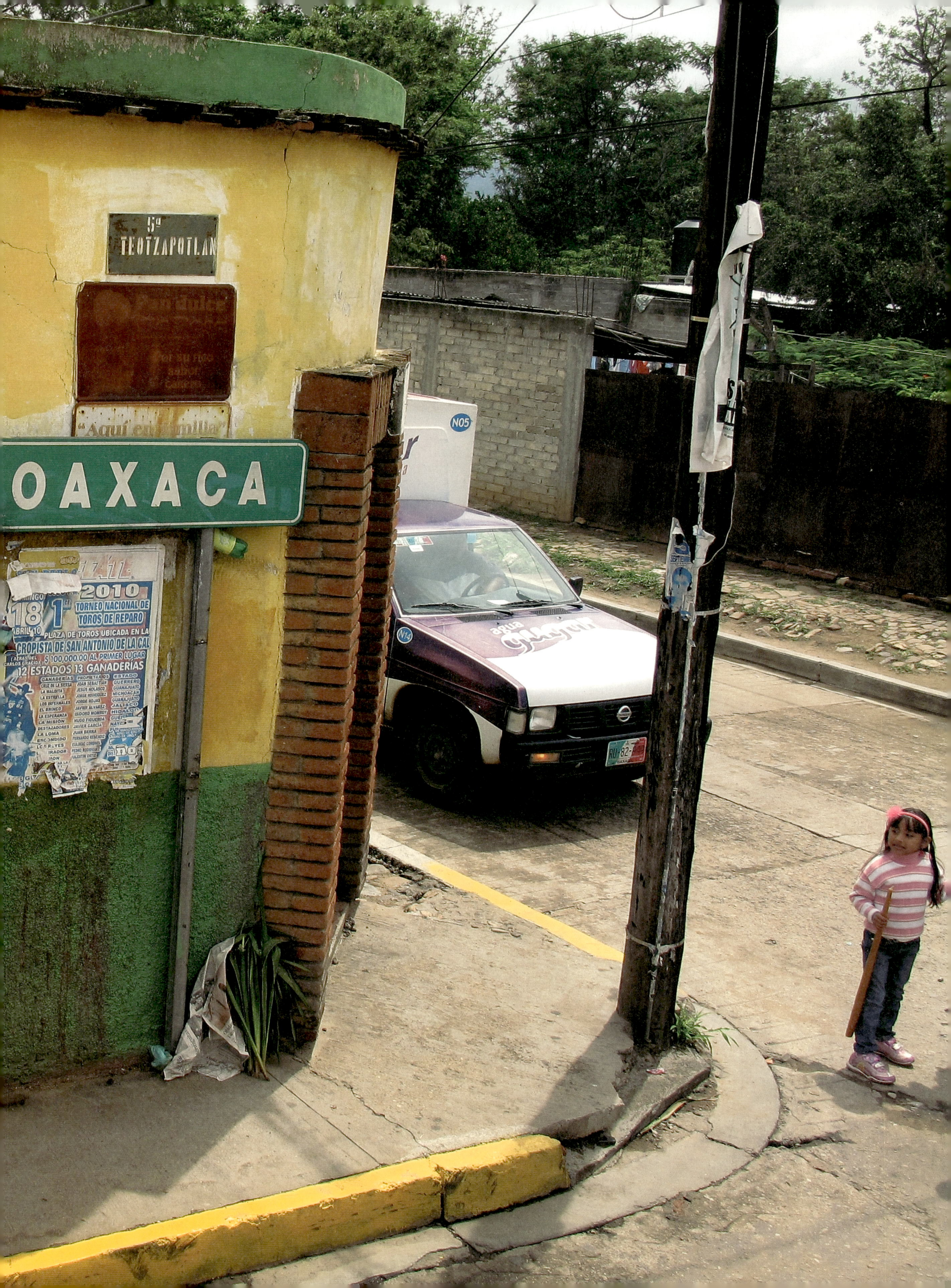

5ª
TEOTZAPOTLAN
OAXACA
2010
TORNEO NACIONAL DE
TOROS DE REPARO
N05
RW 82
agua

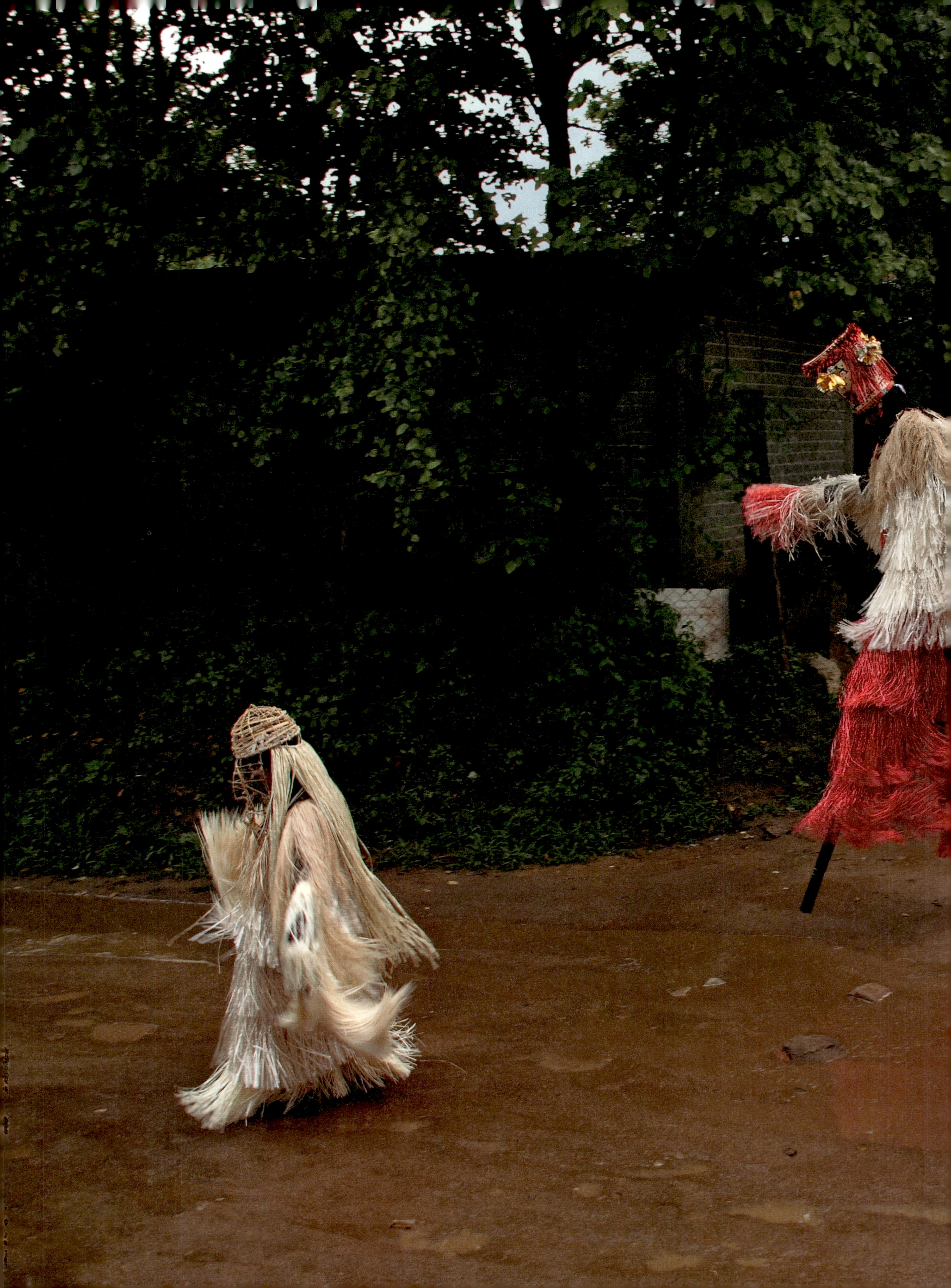

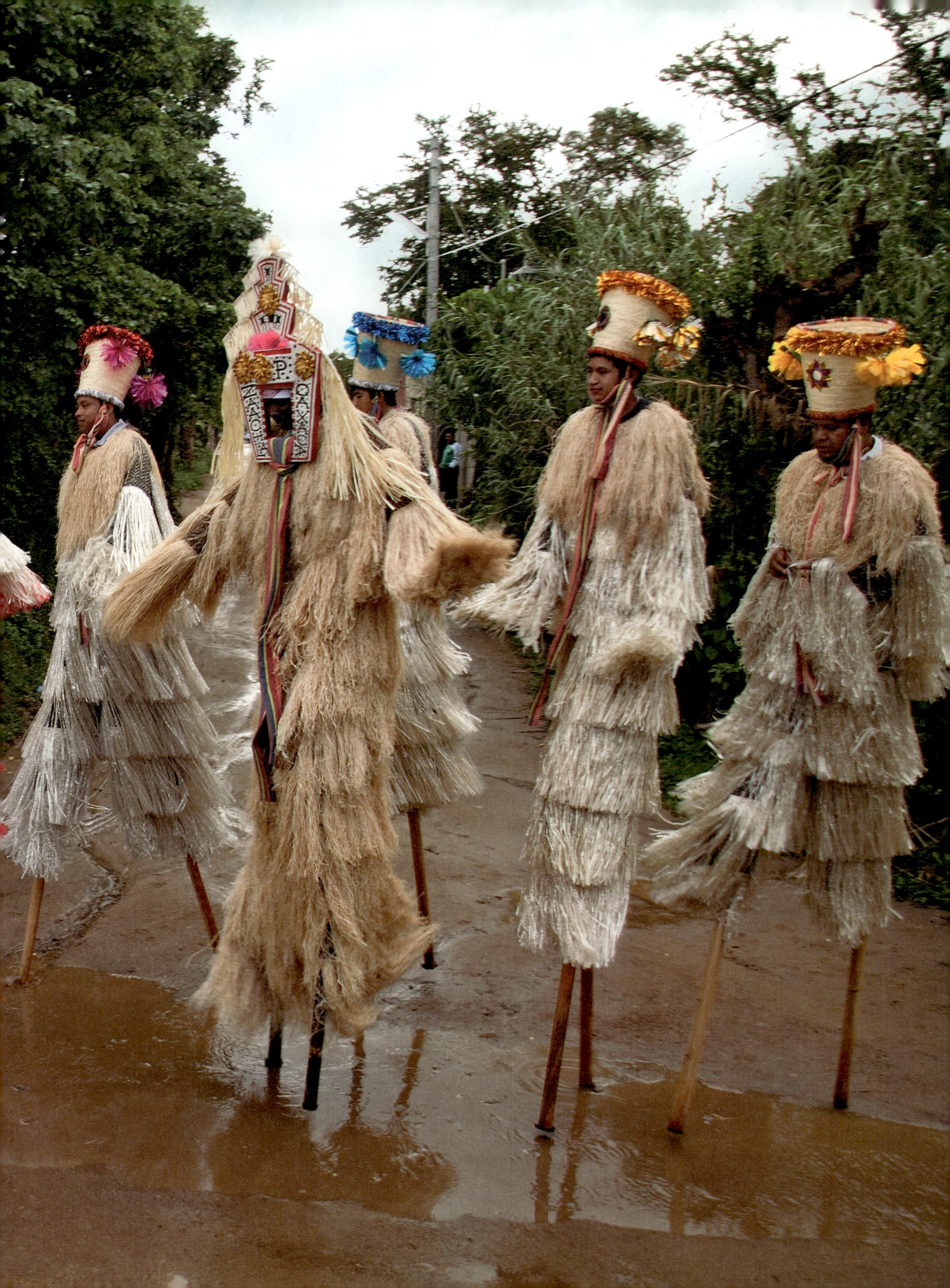

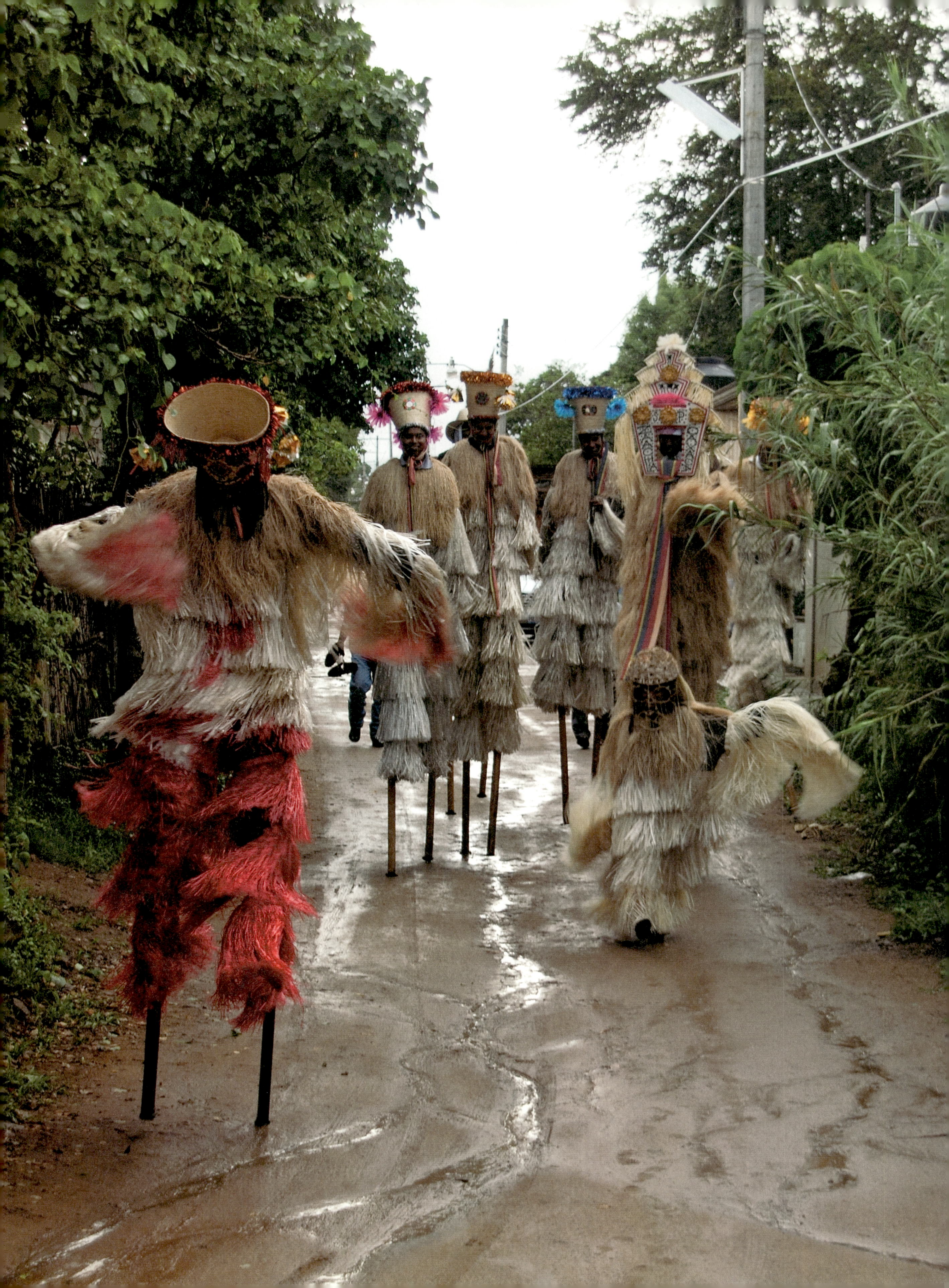

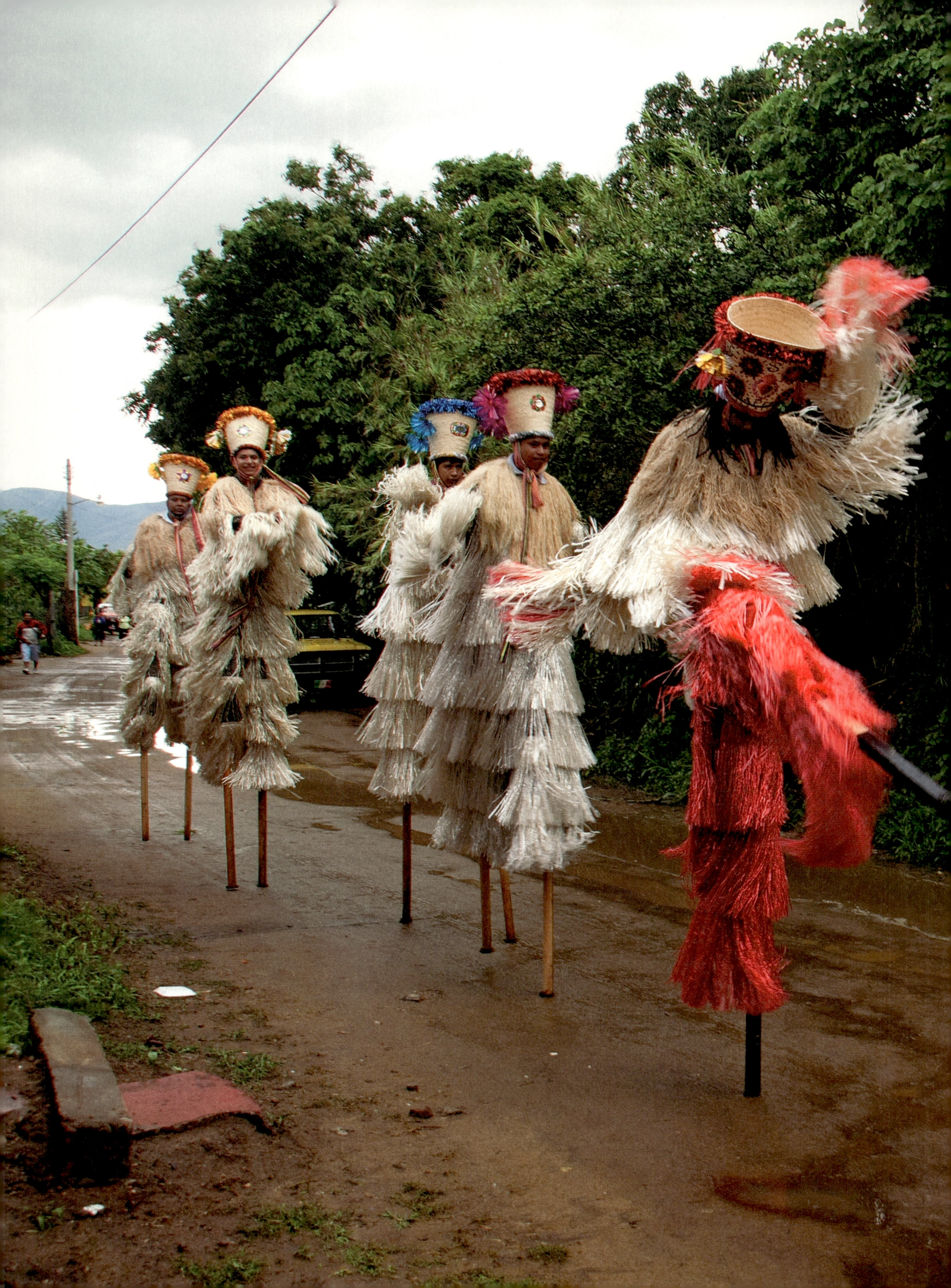

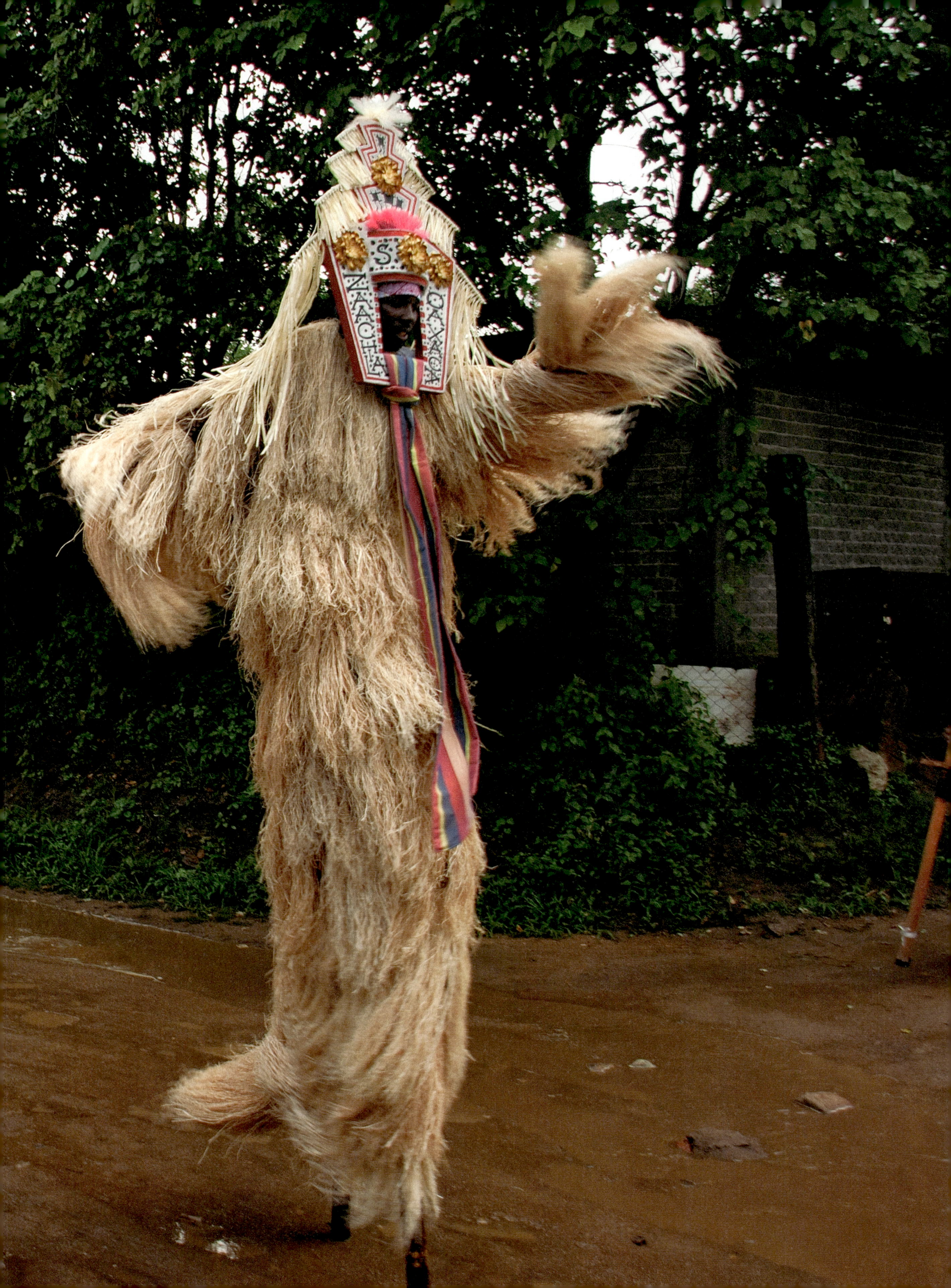
S.
ZACHILA
OAXACA

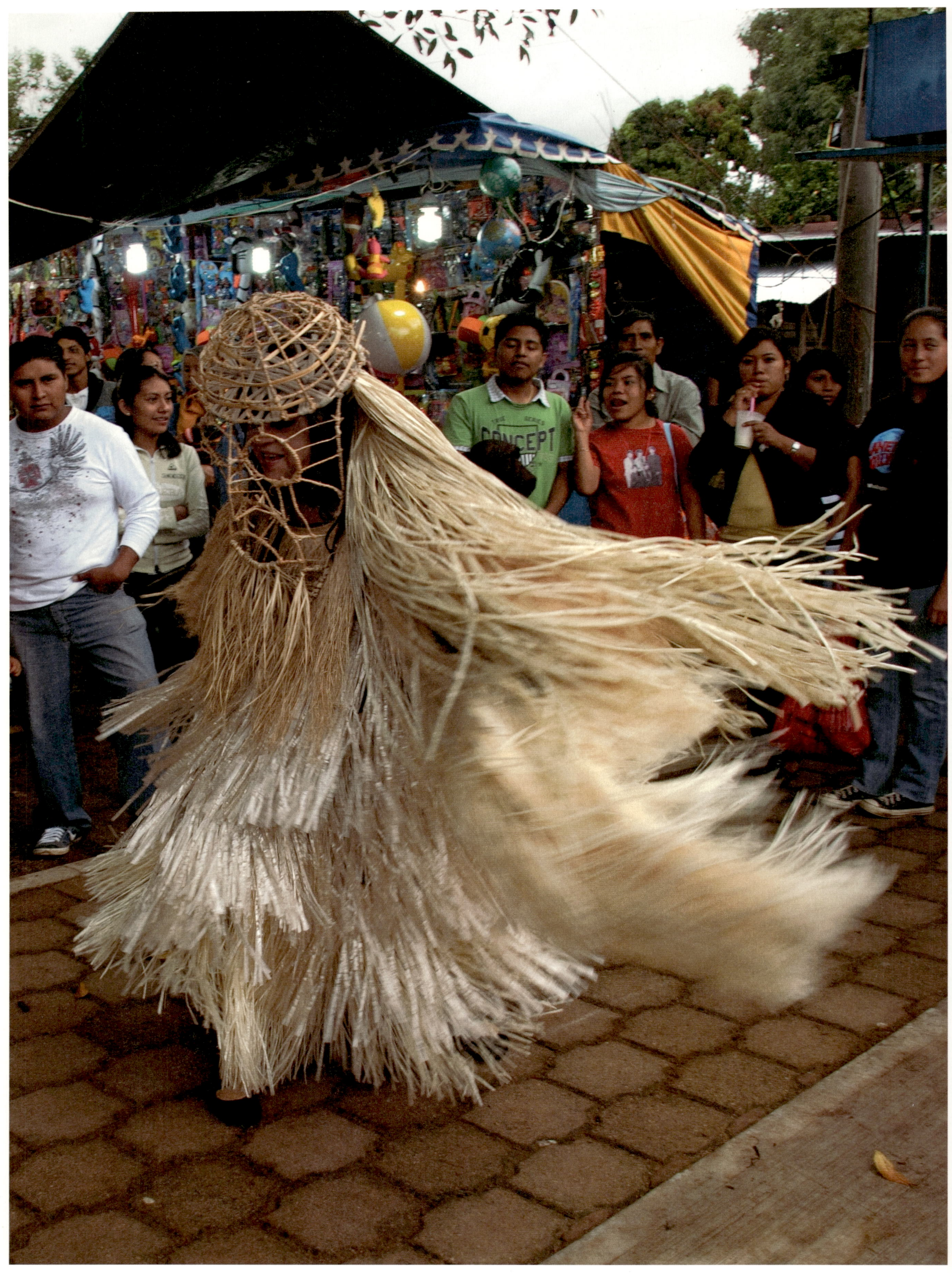

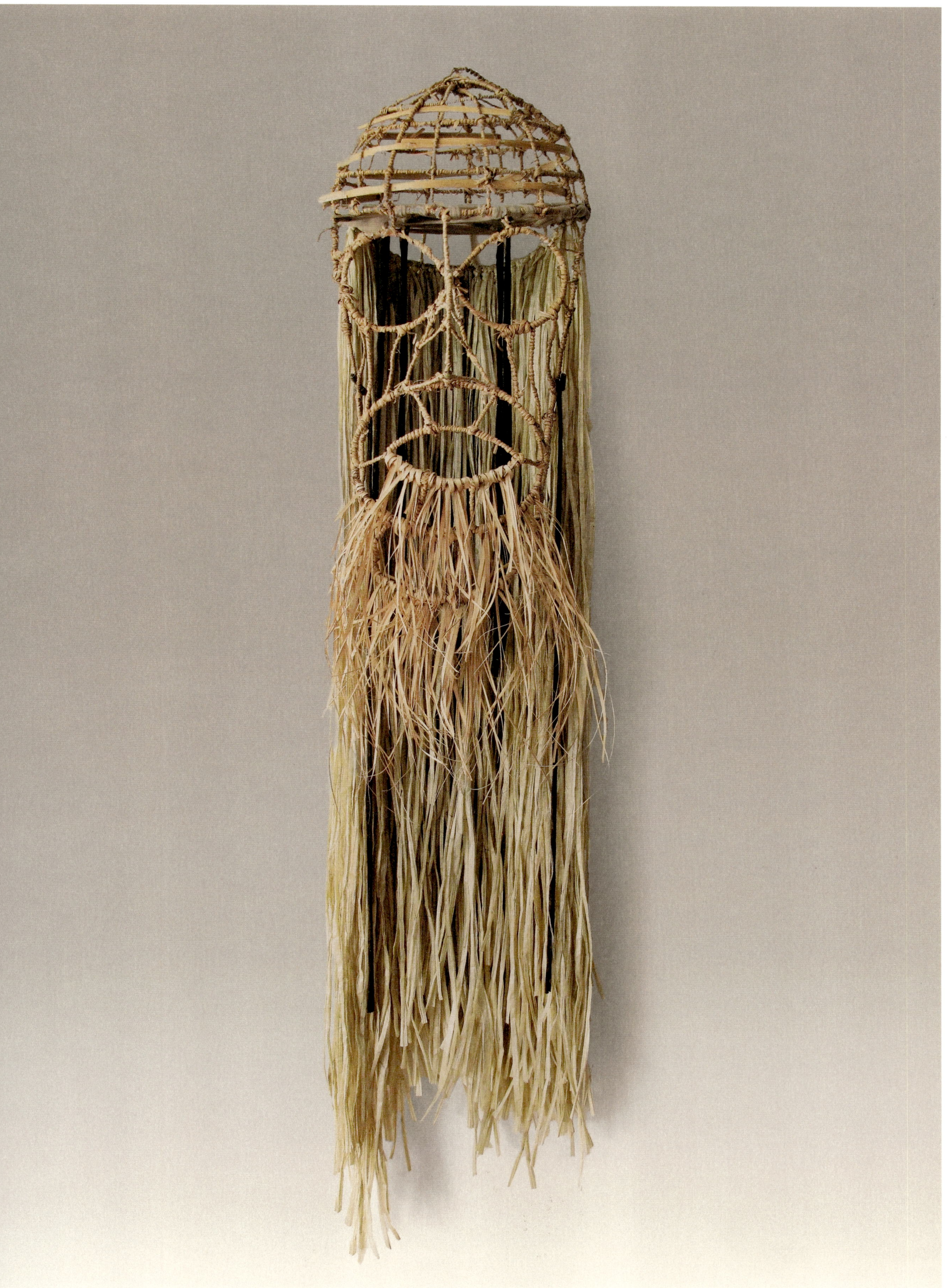

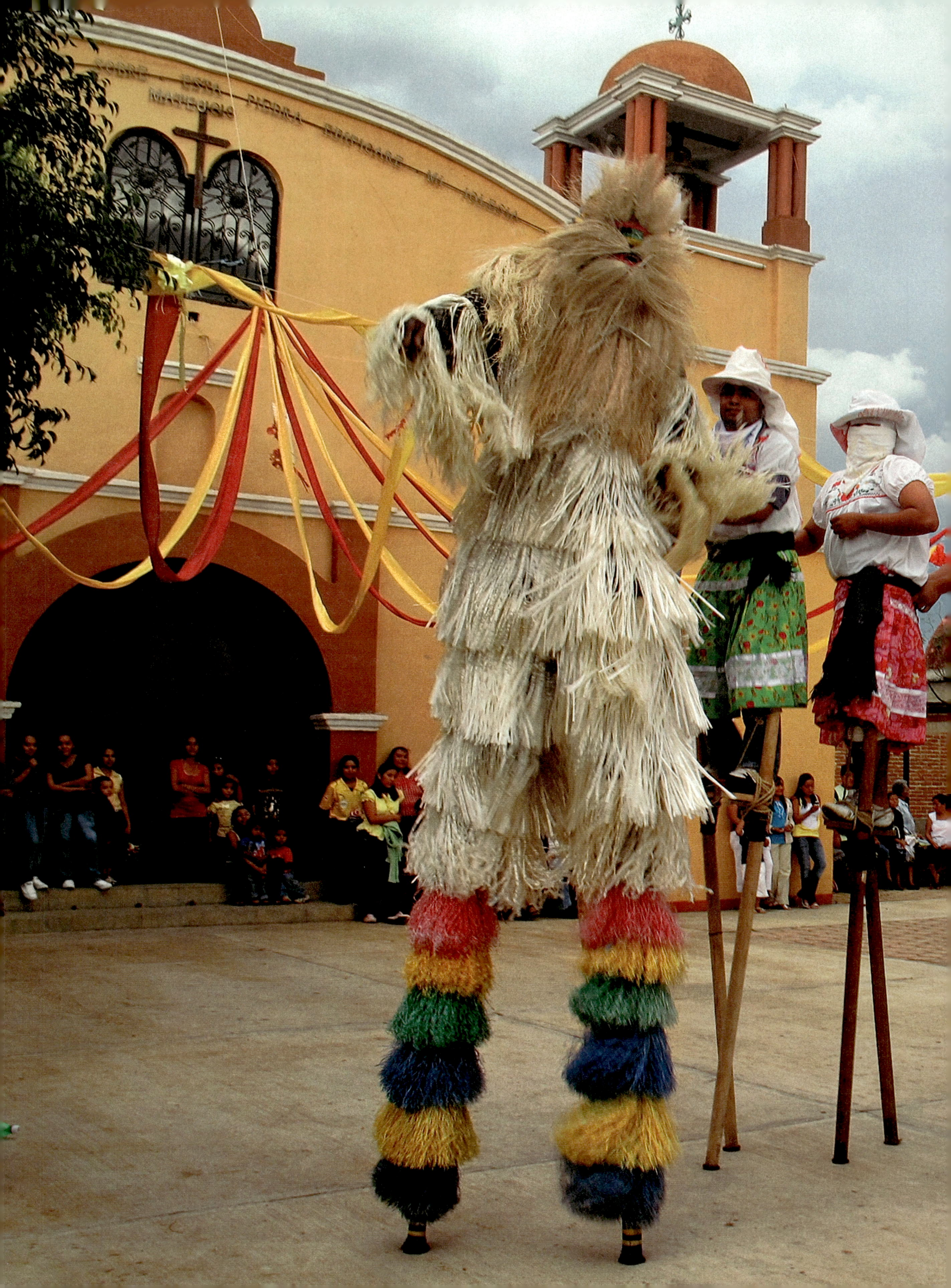

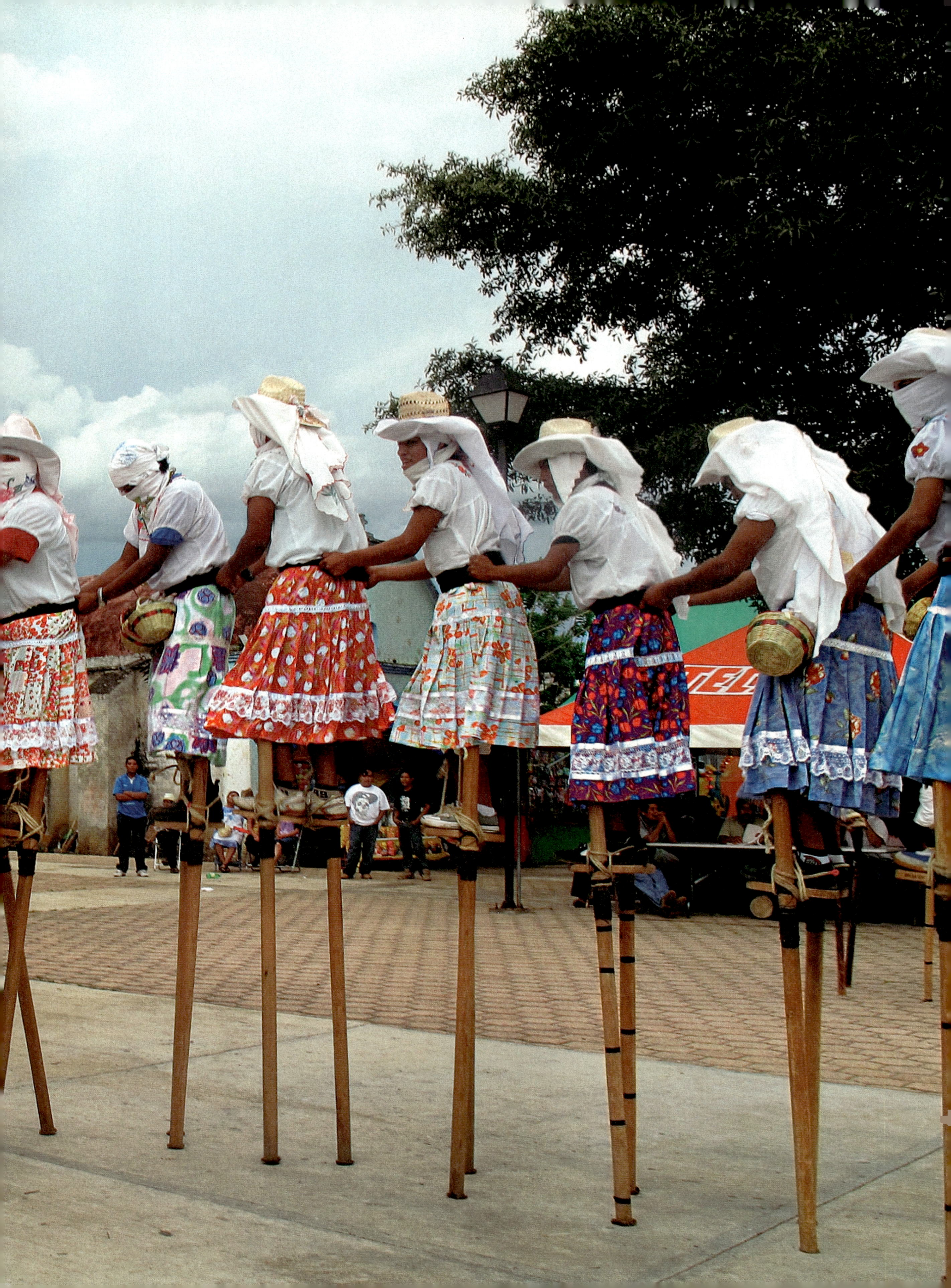

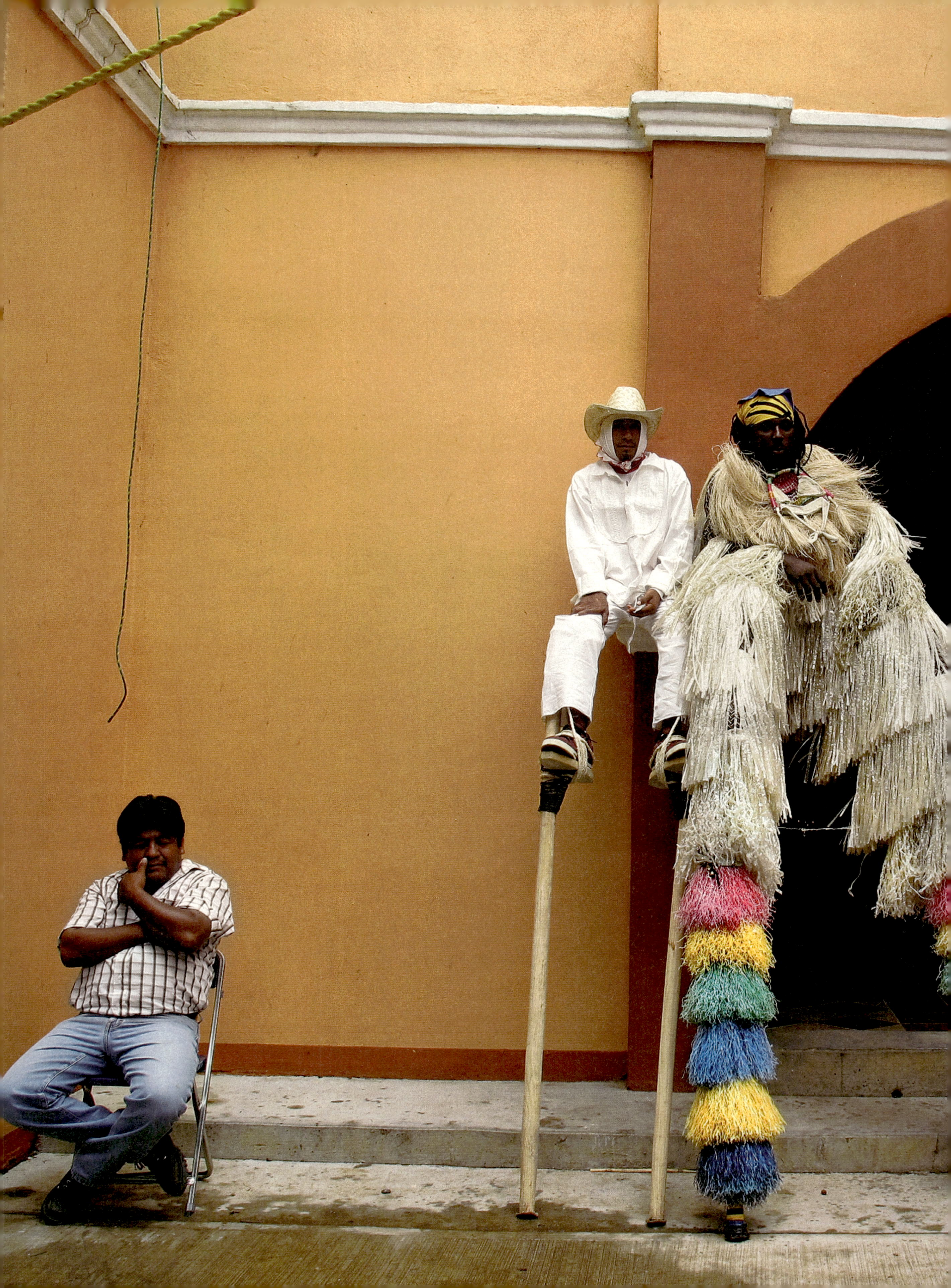

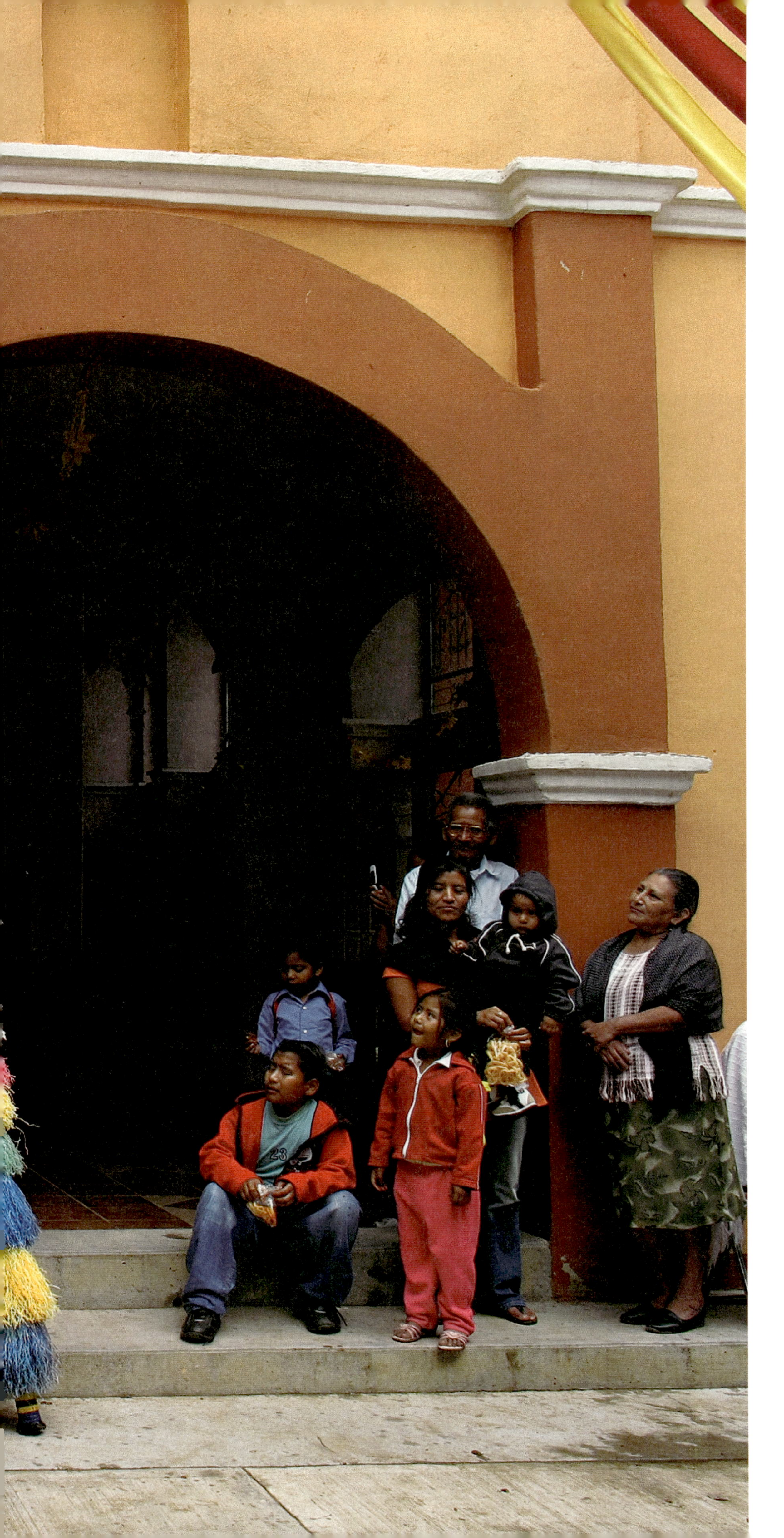

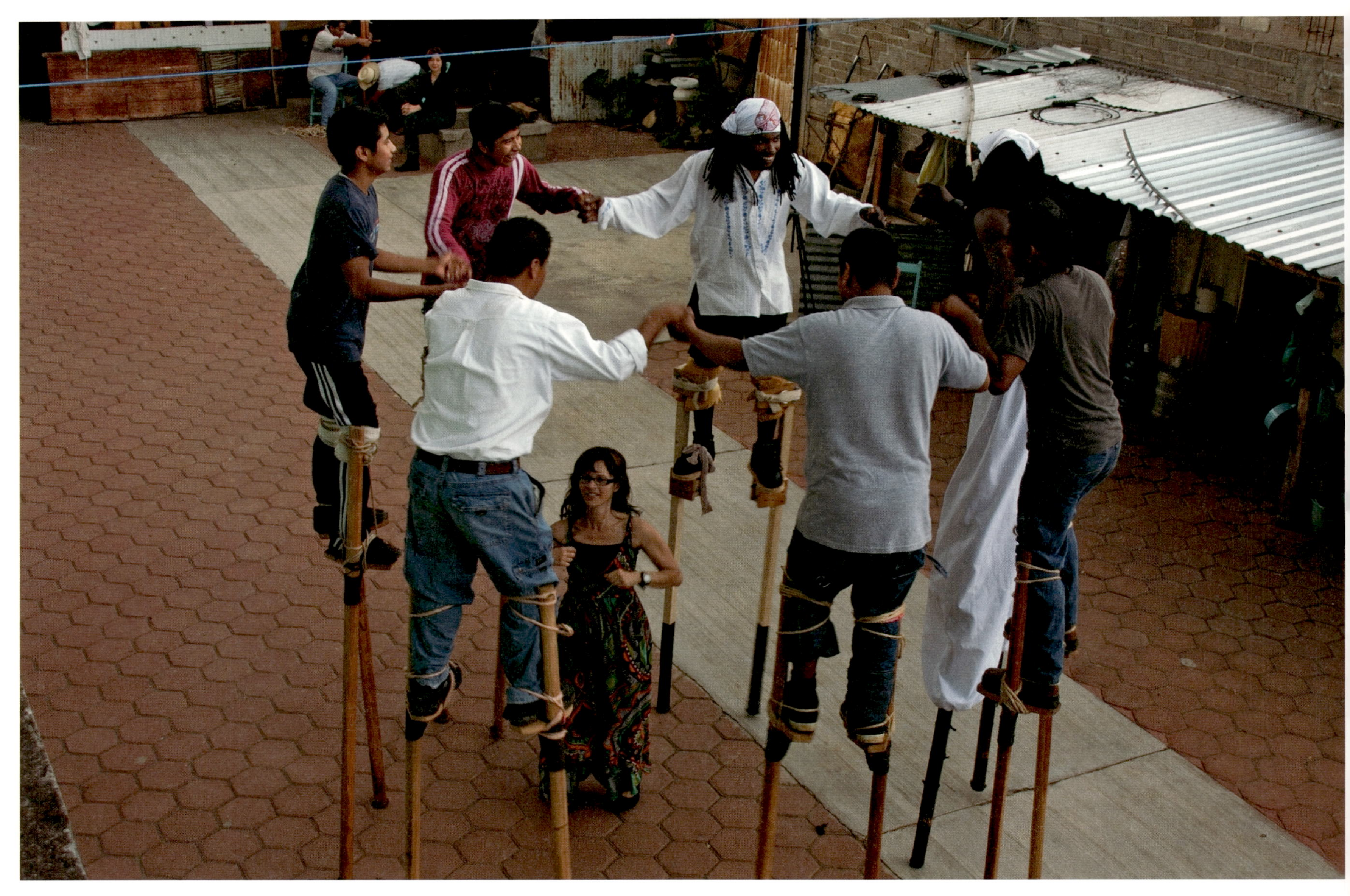

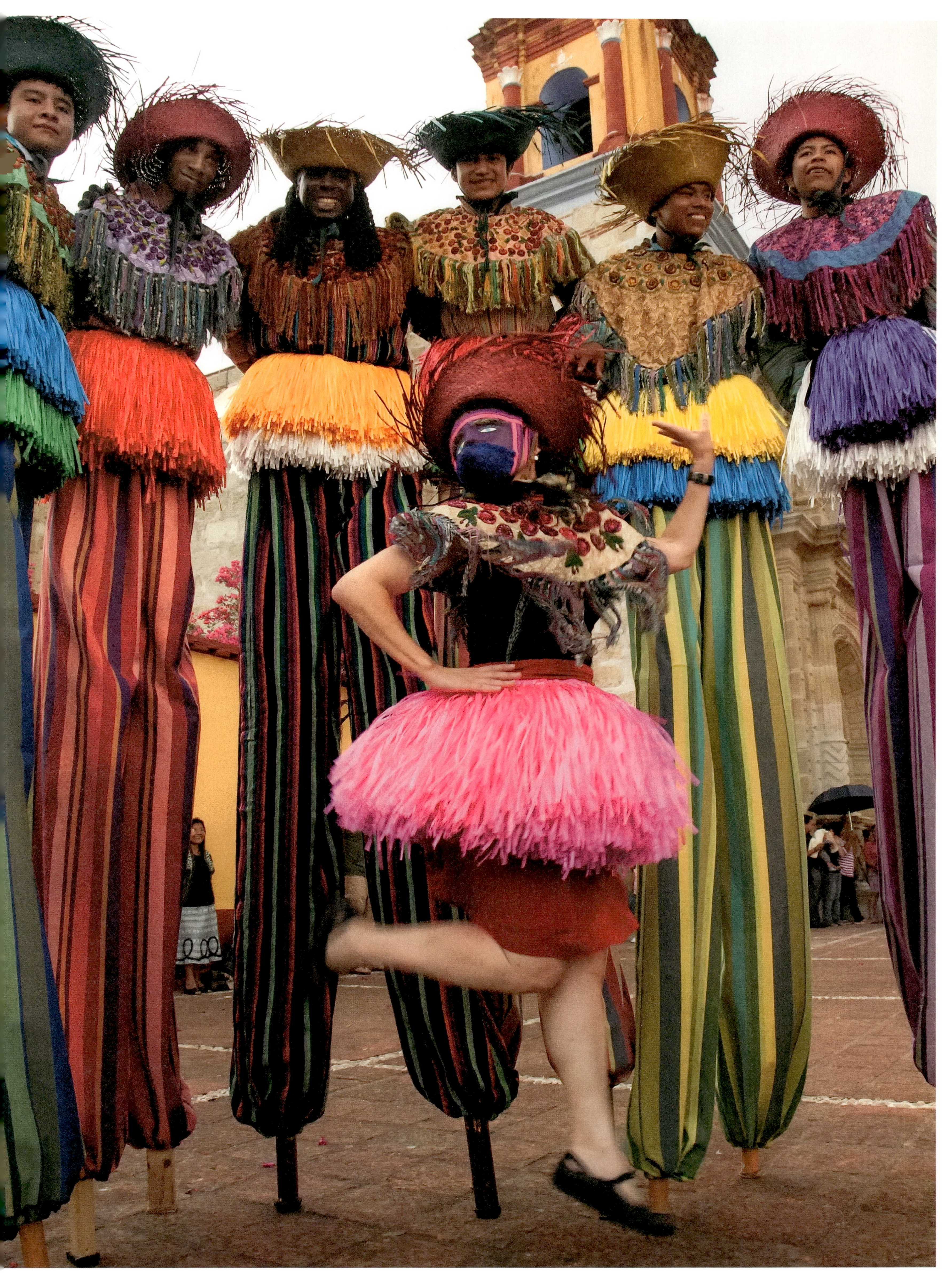

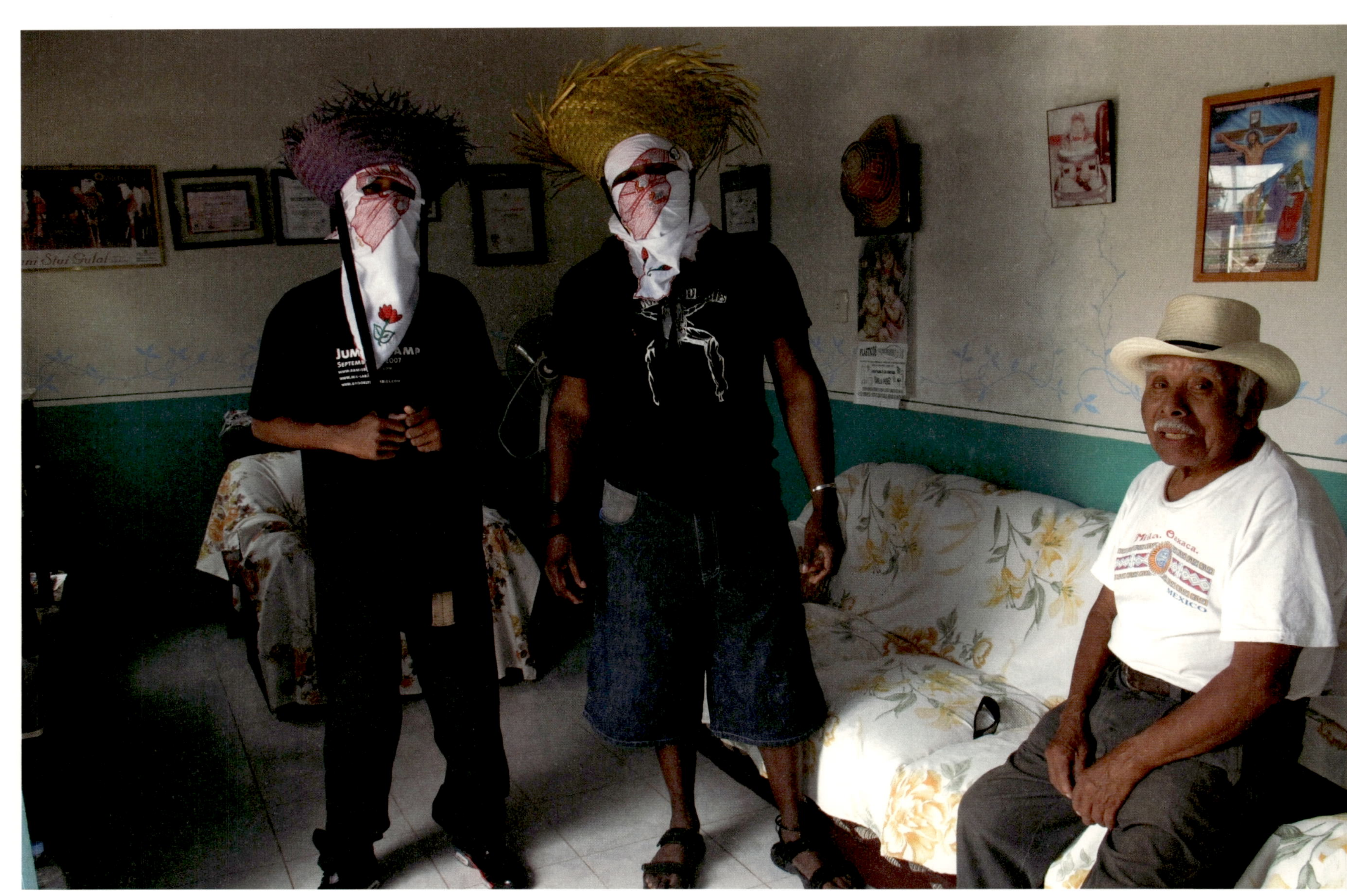

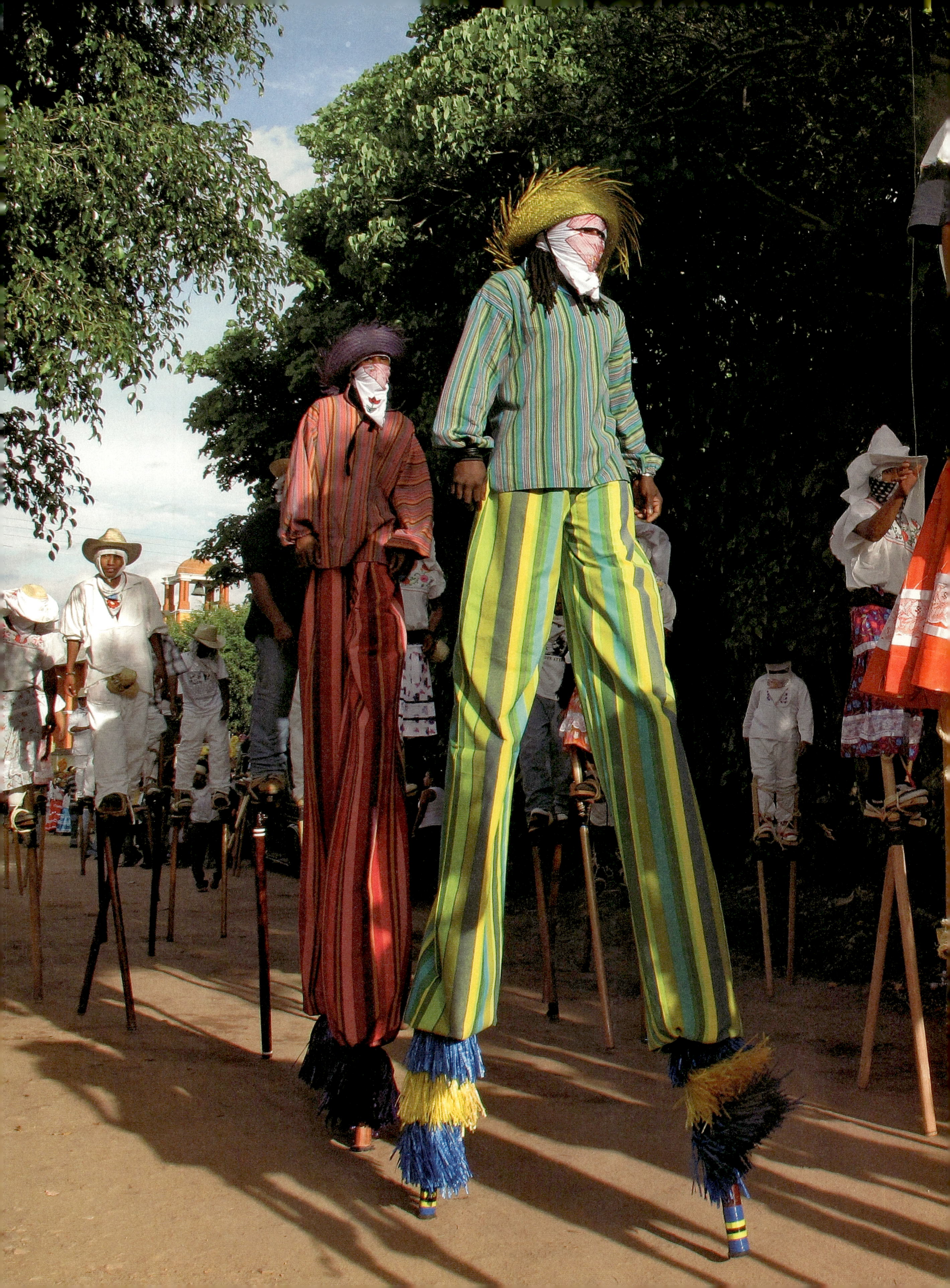

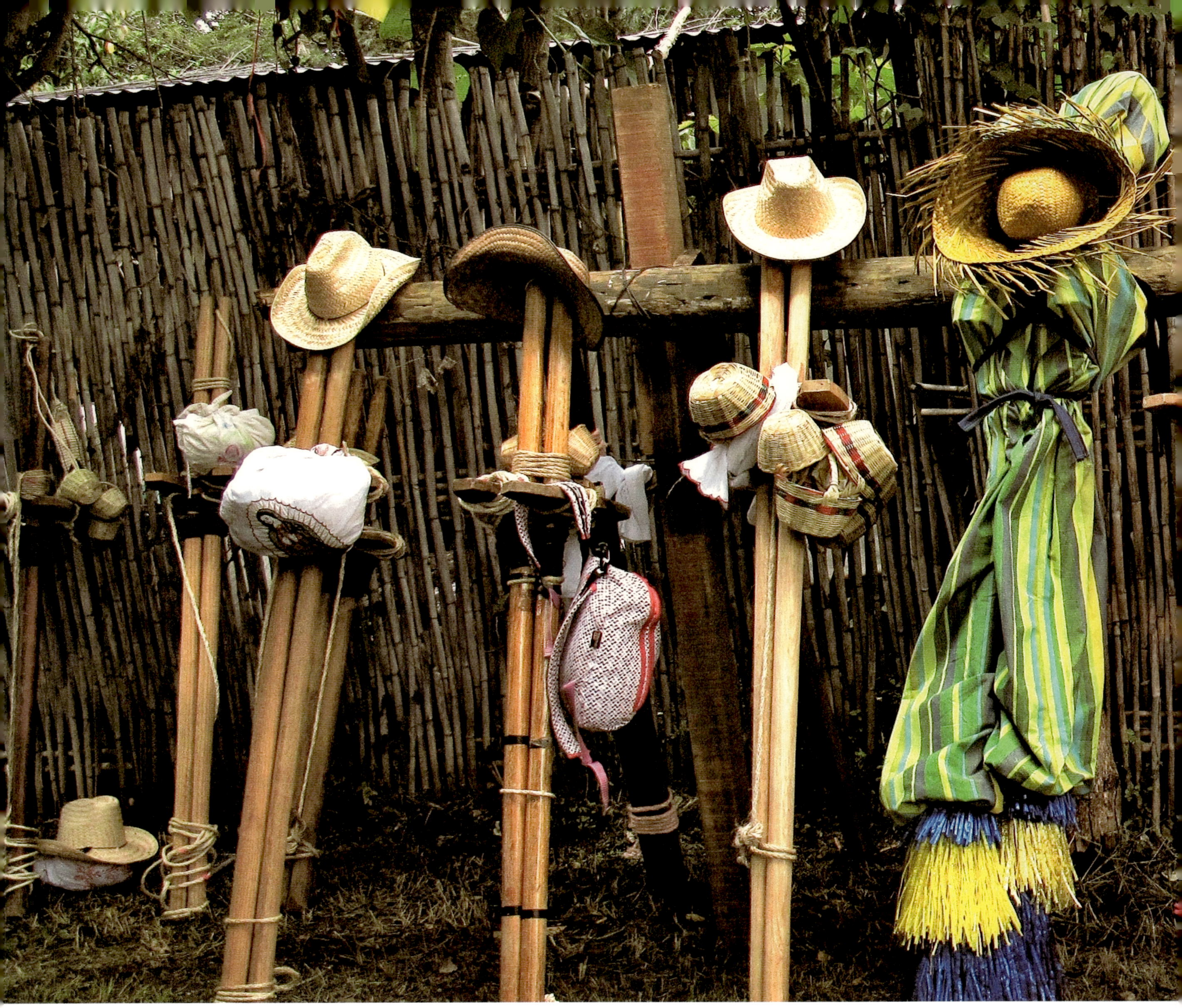

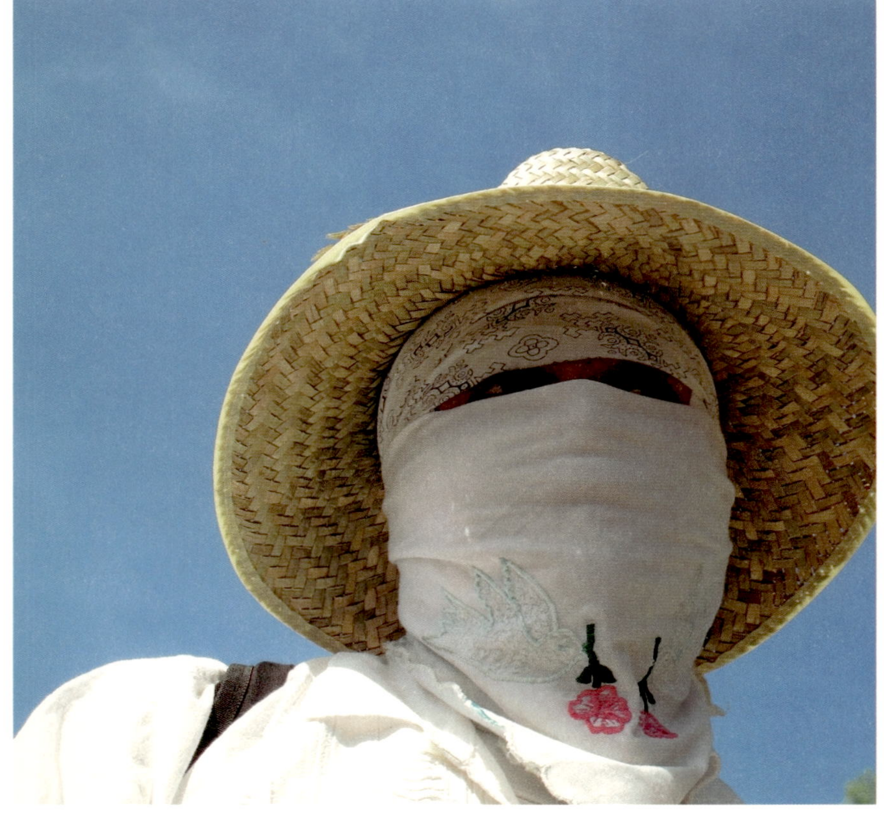
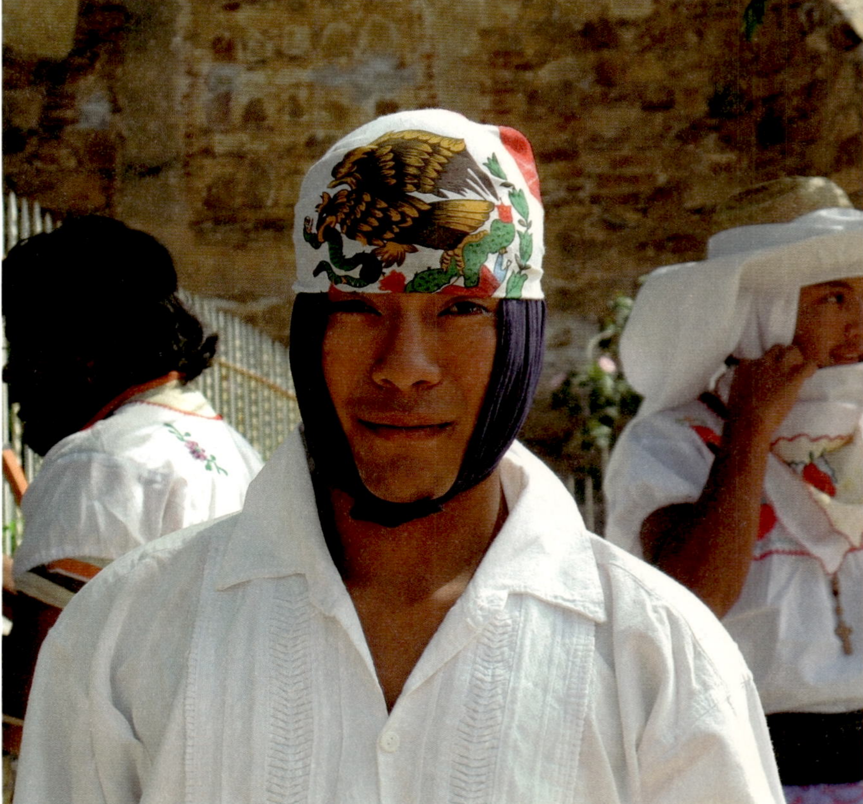

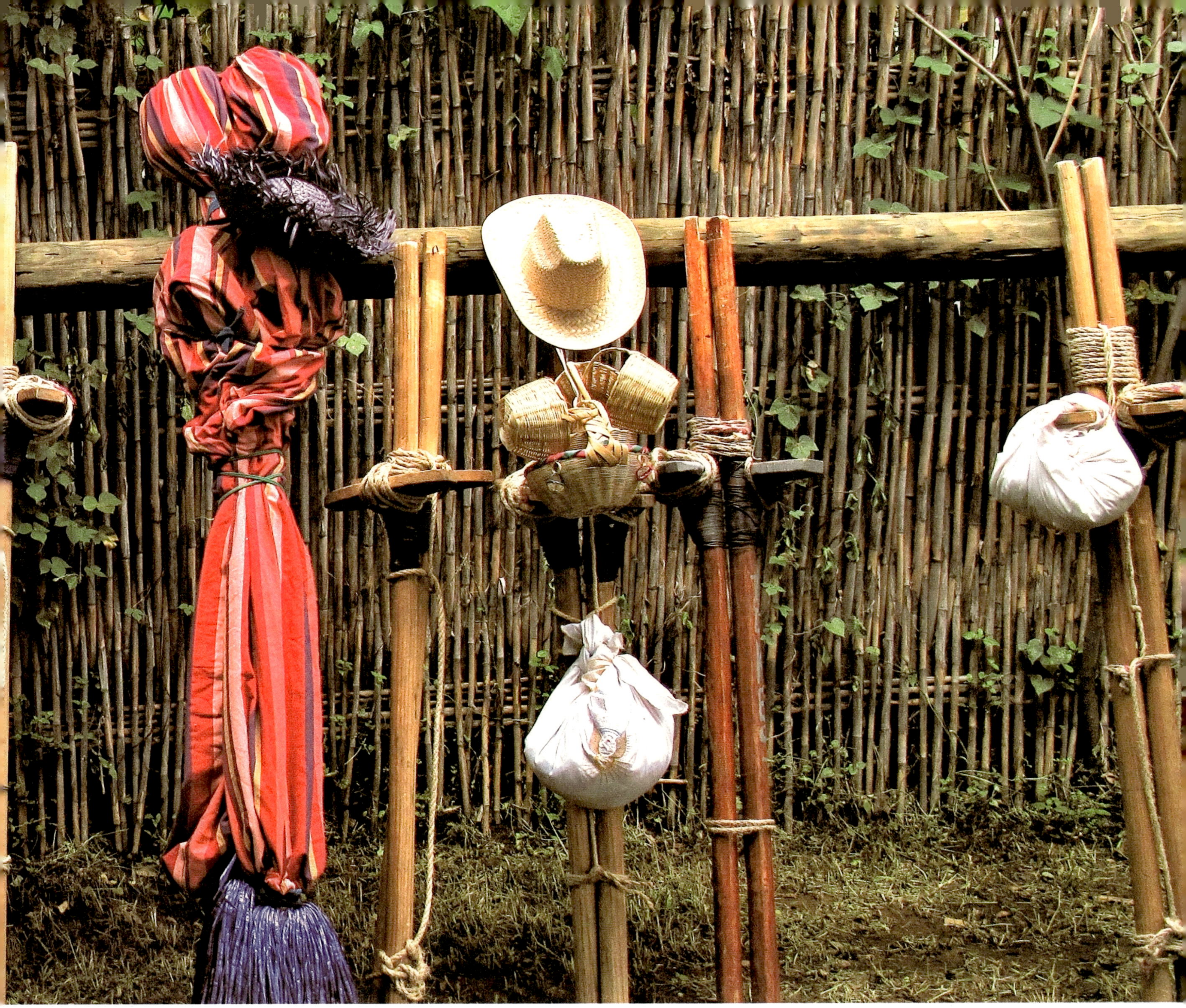

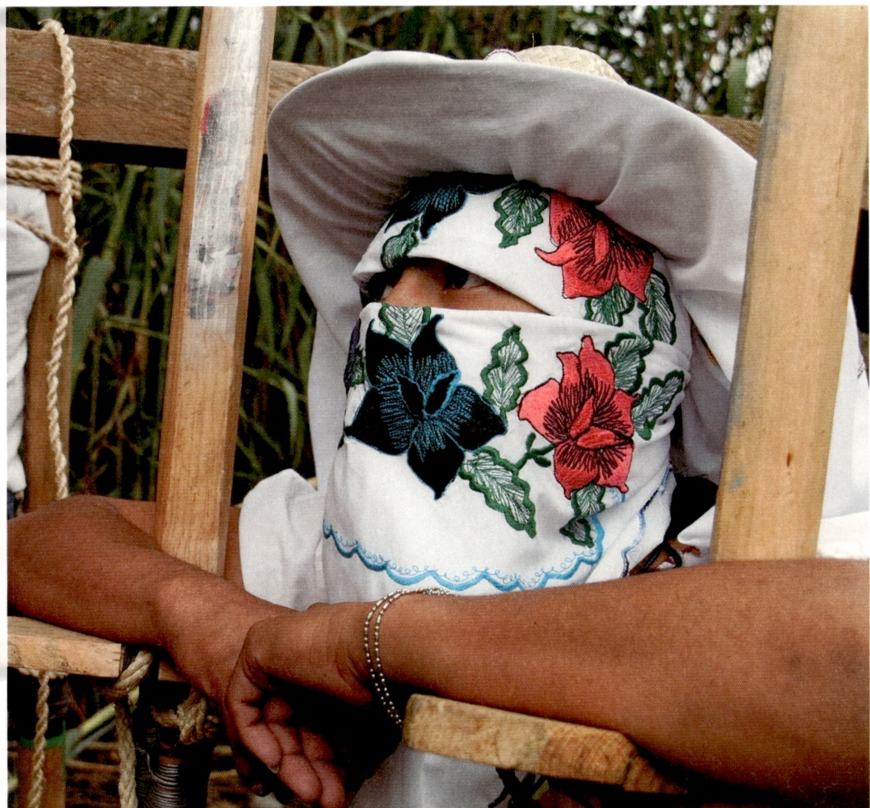
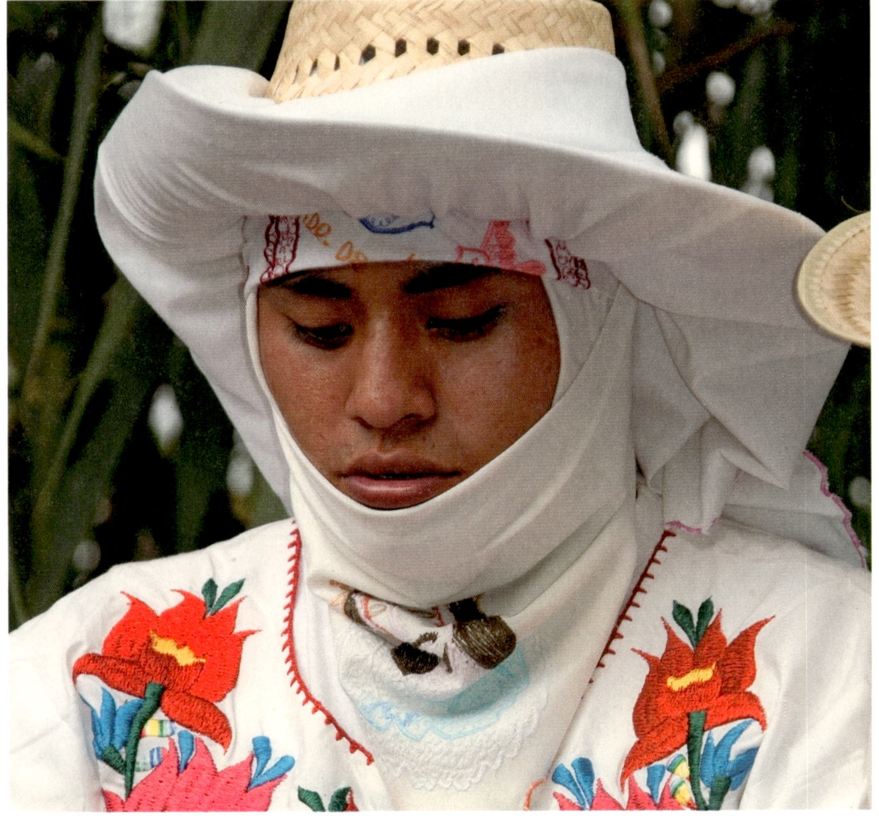

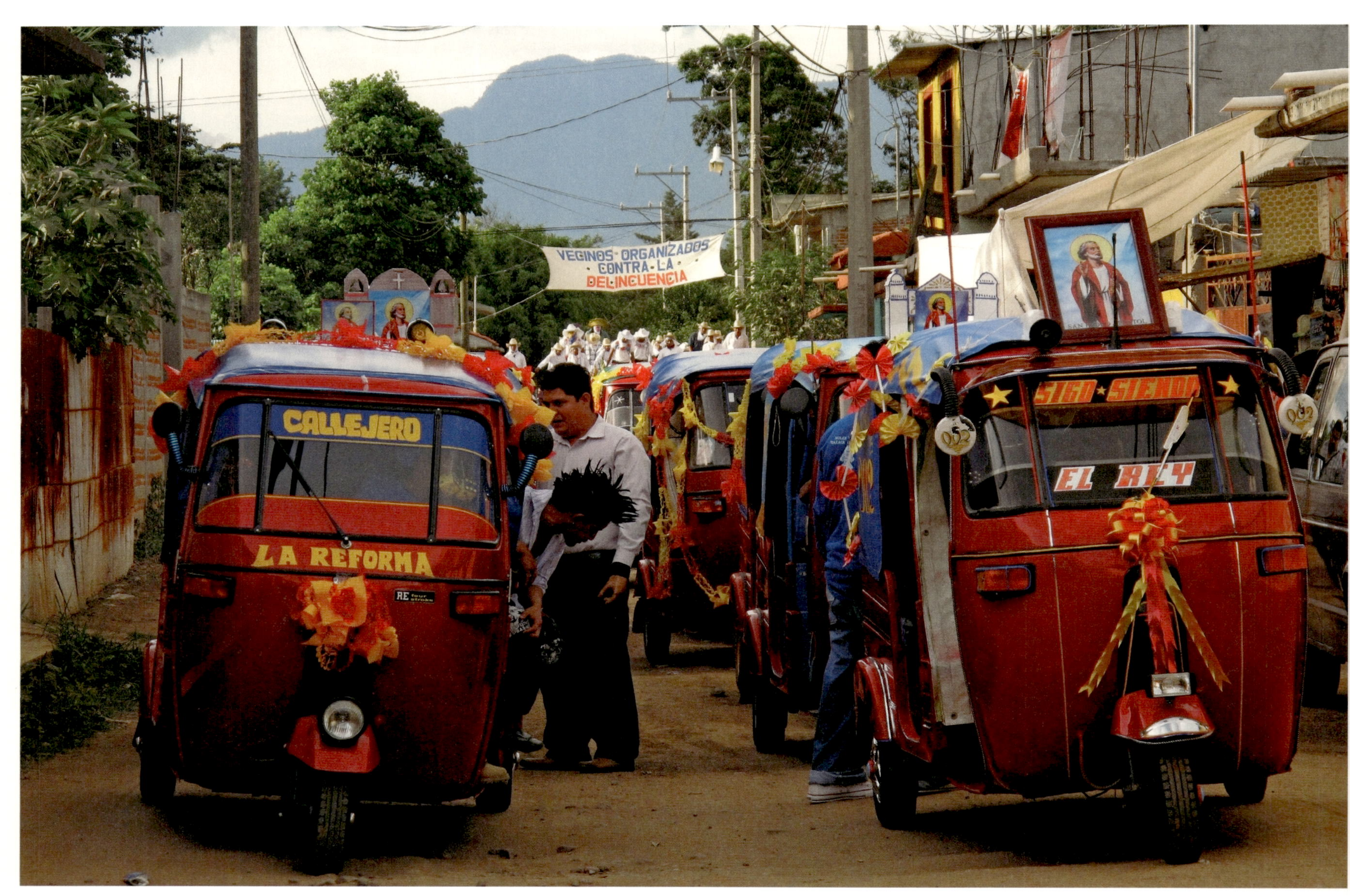

VEGINOS·ORGANIZADOS·
CONTRA·LA·
DELINCUENCIA
CALLEJERO
LA REFORMA
SIGO·SIENDO
EL REY

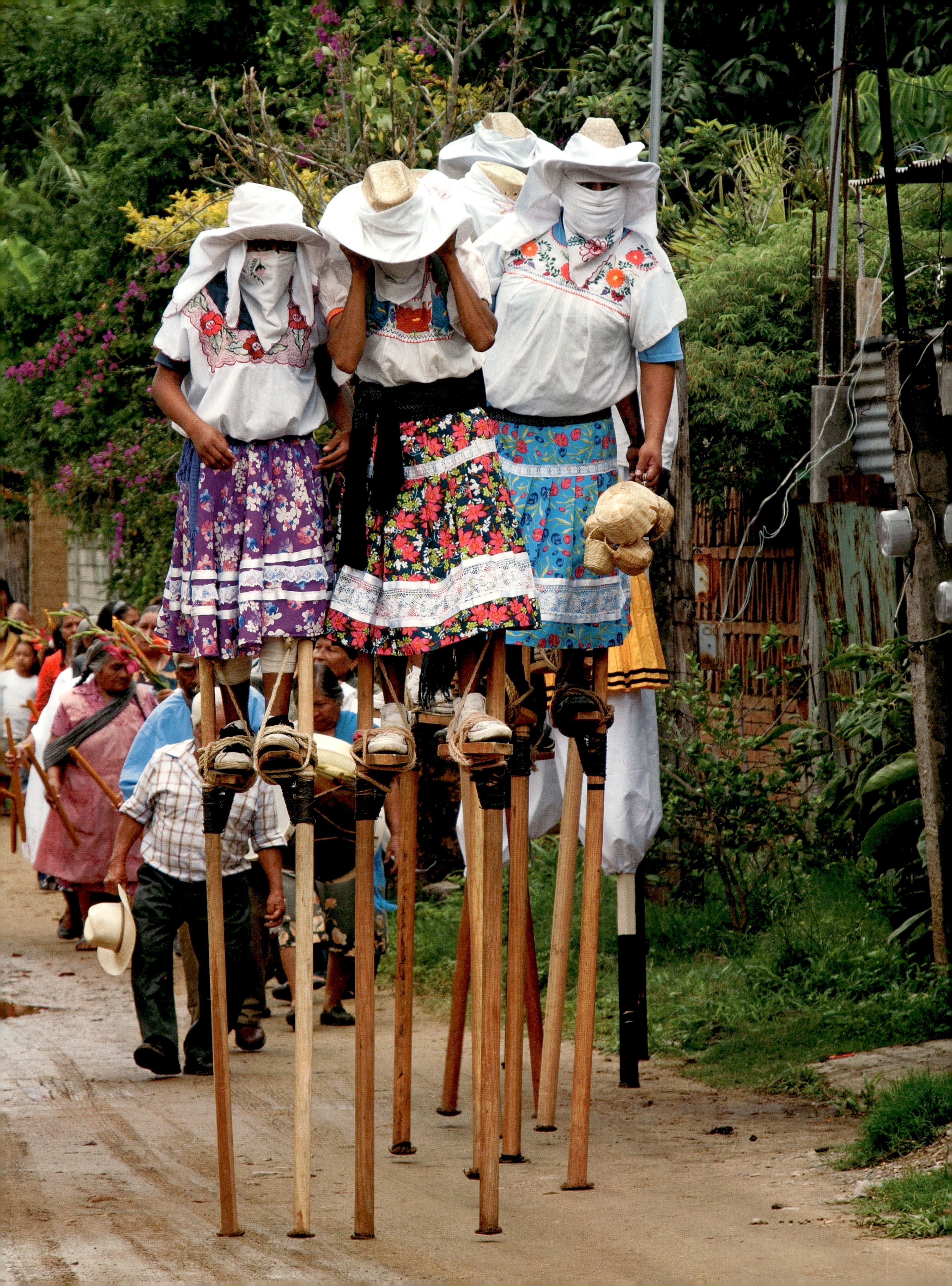

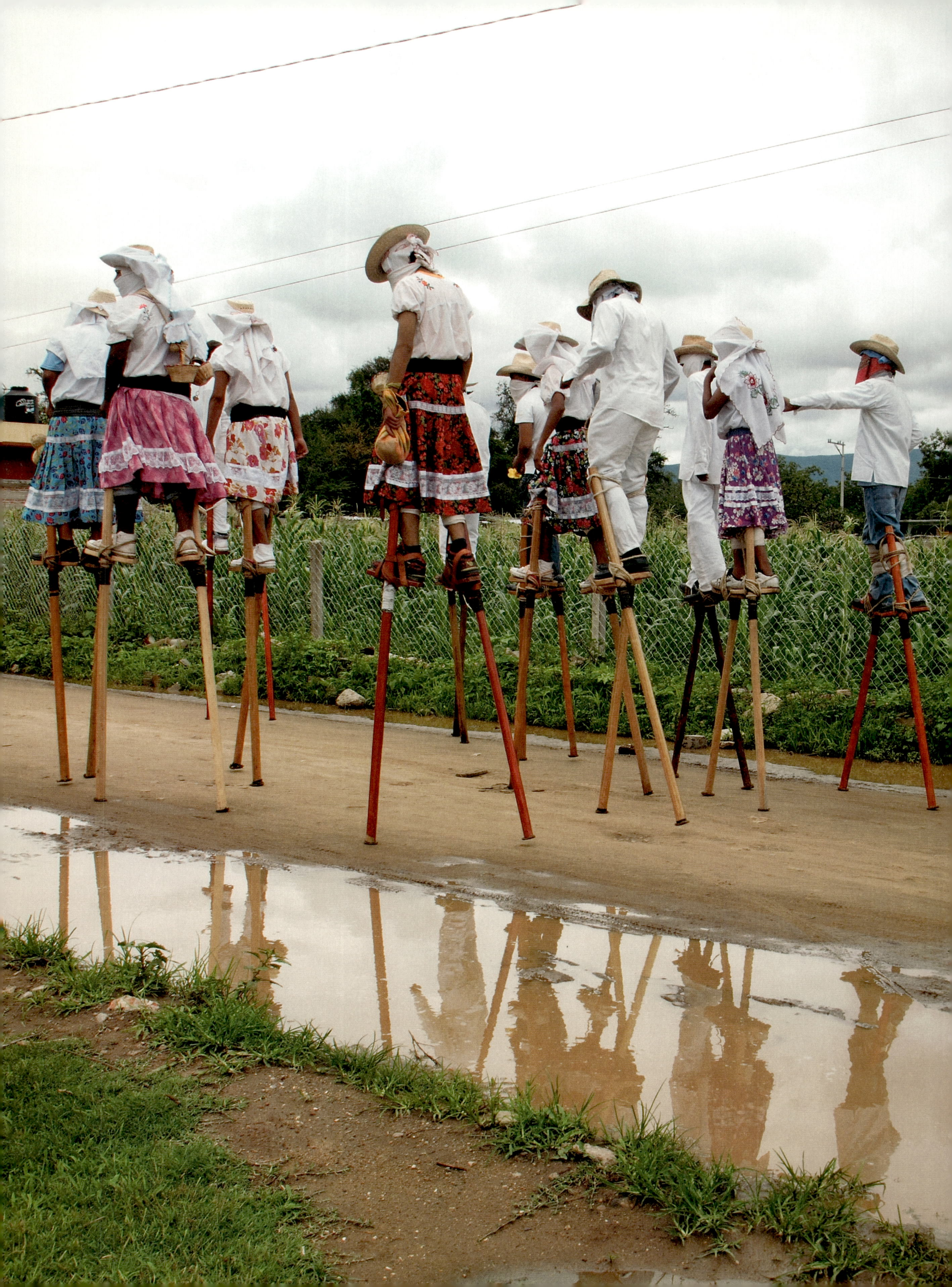

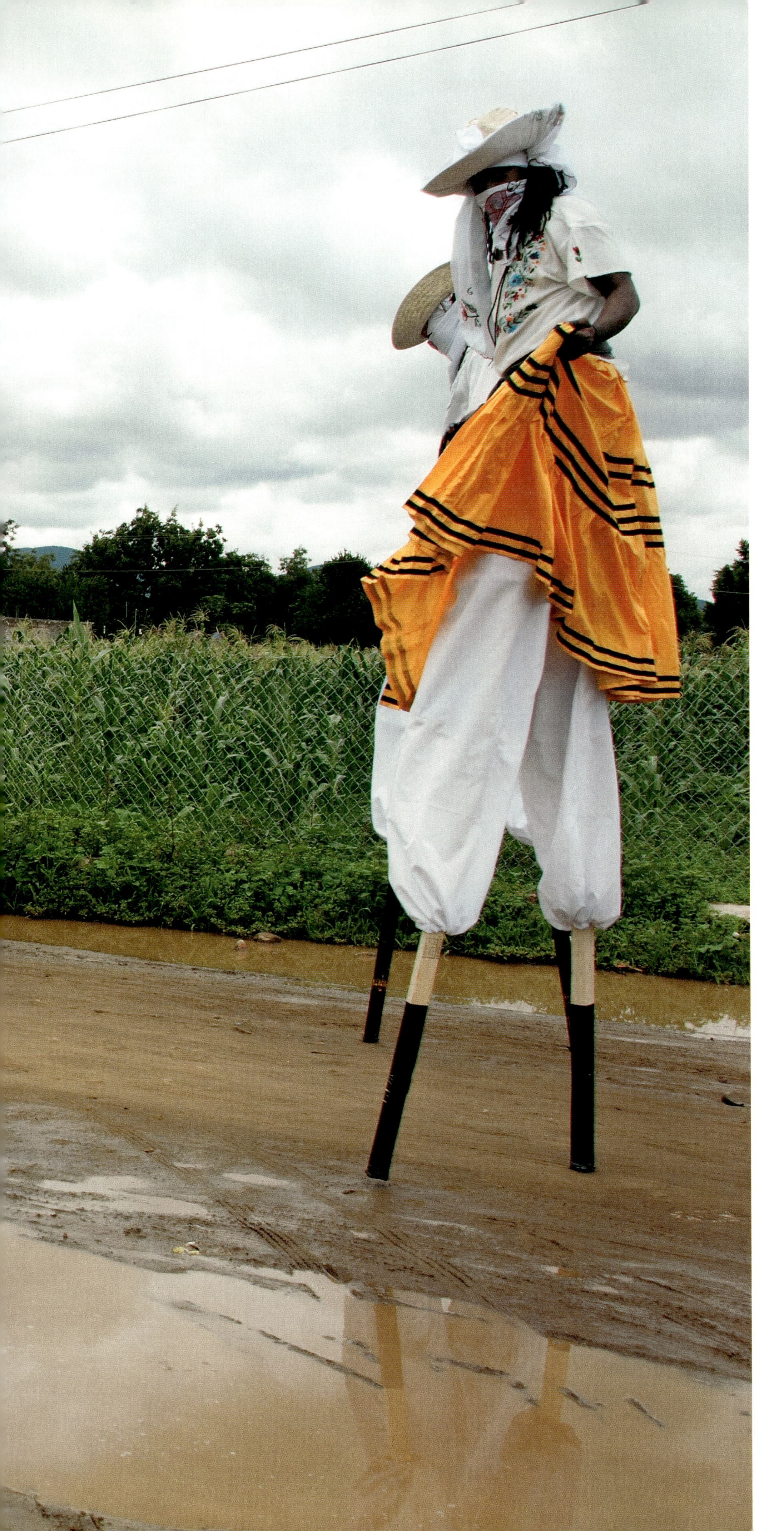

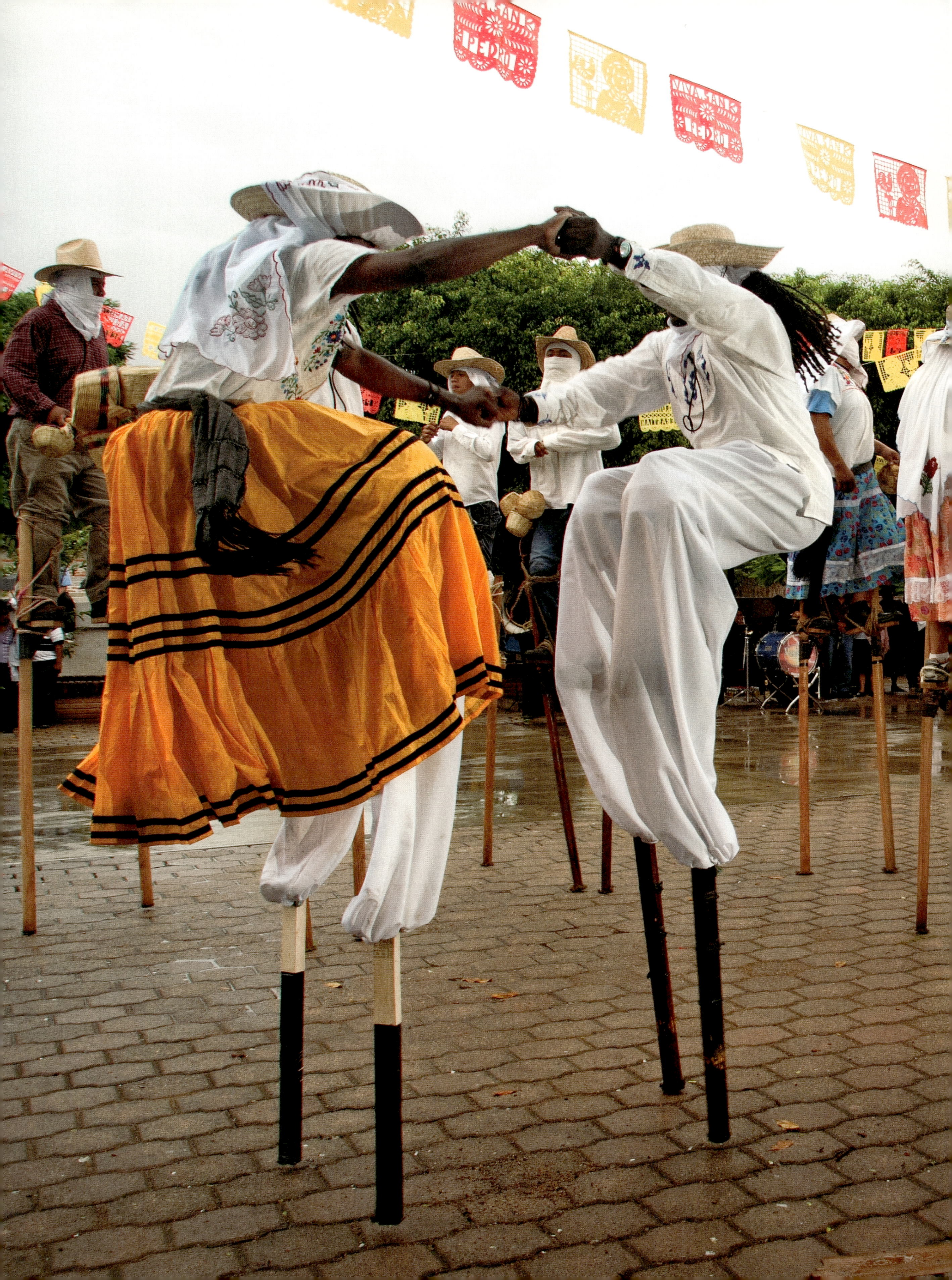

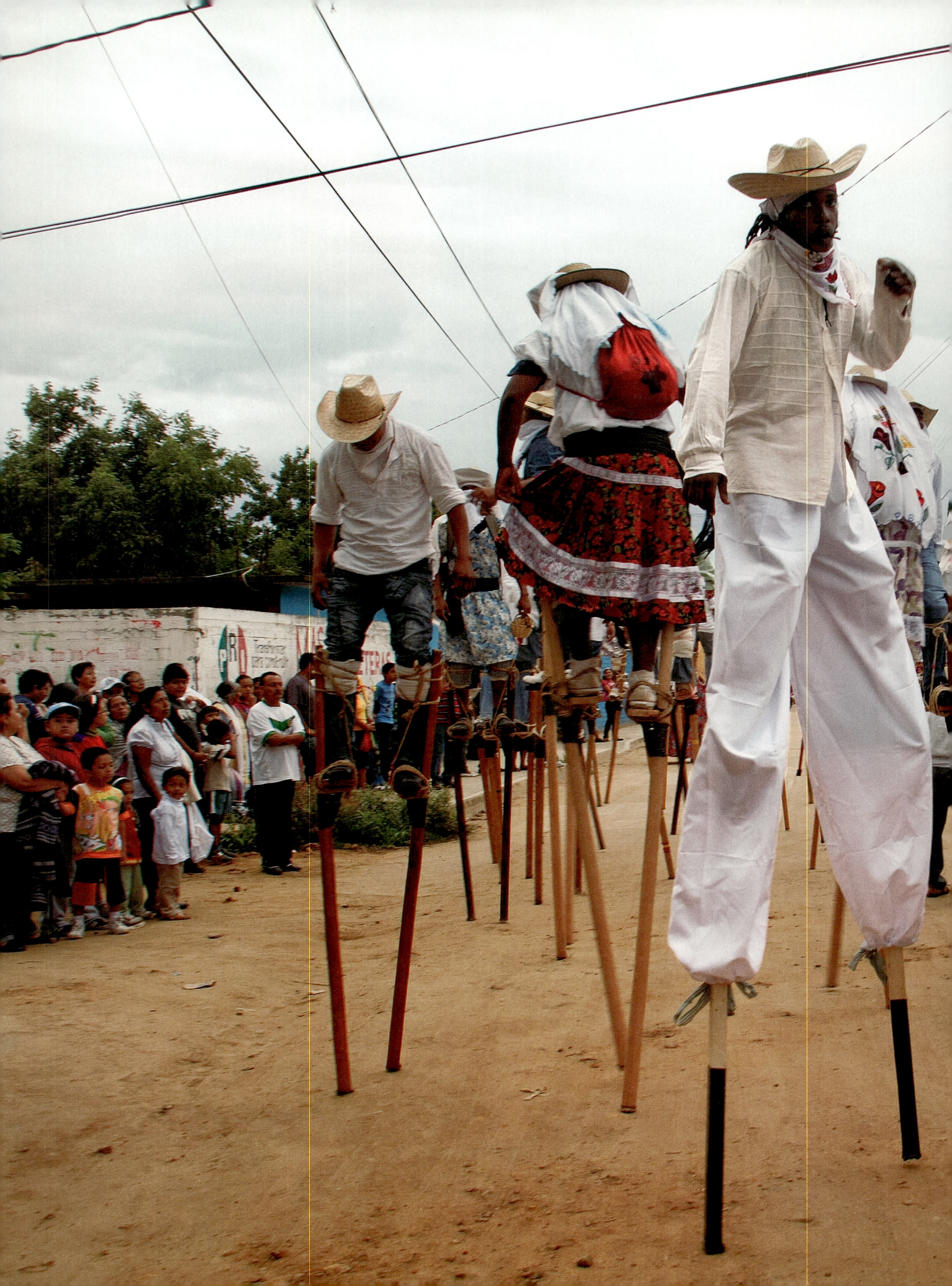

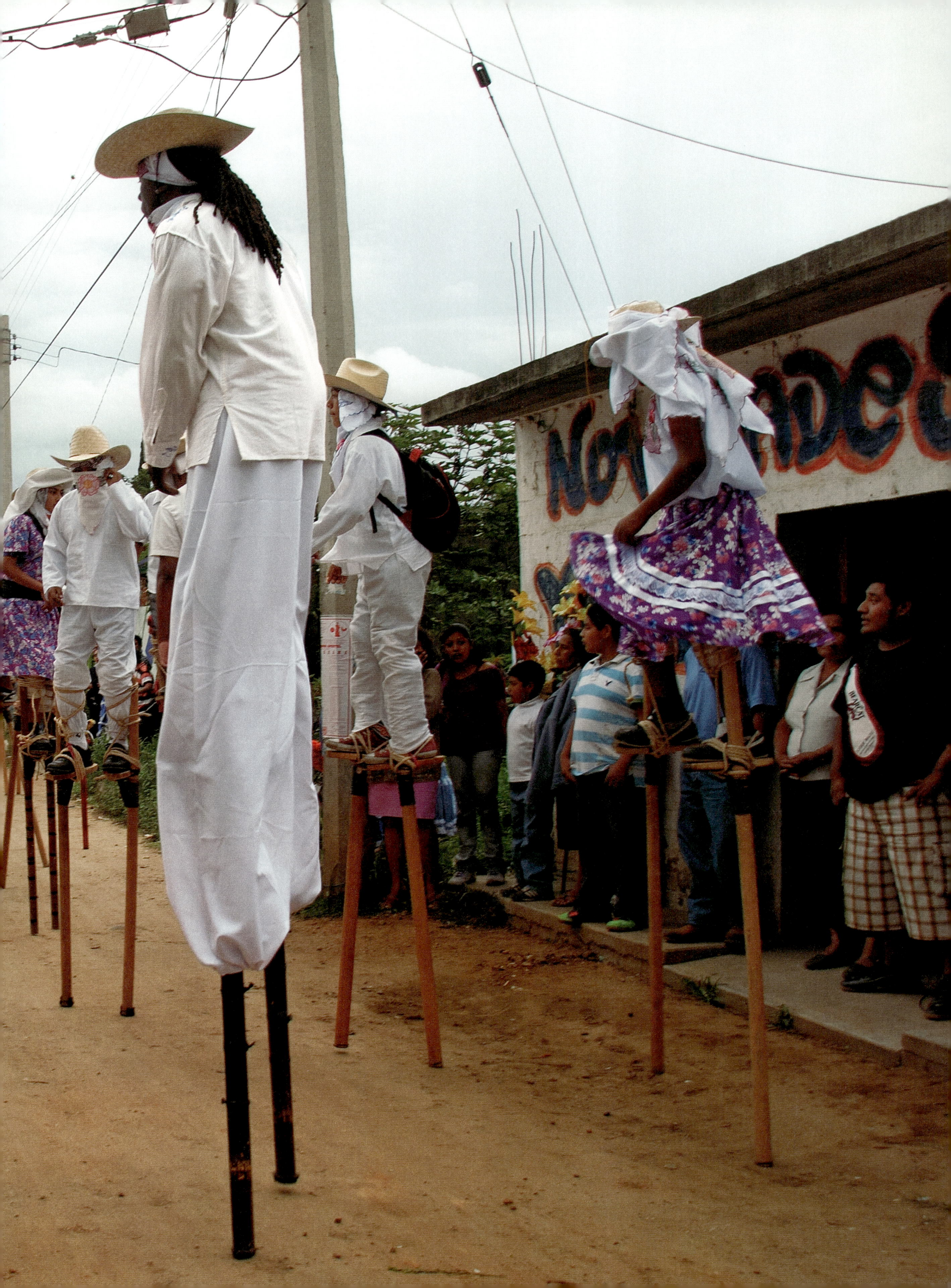

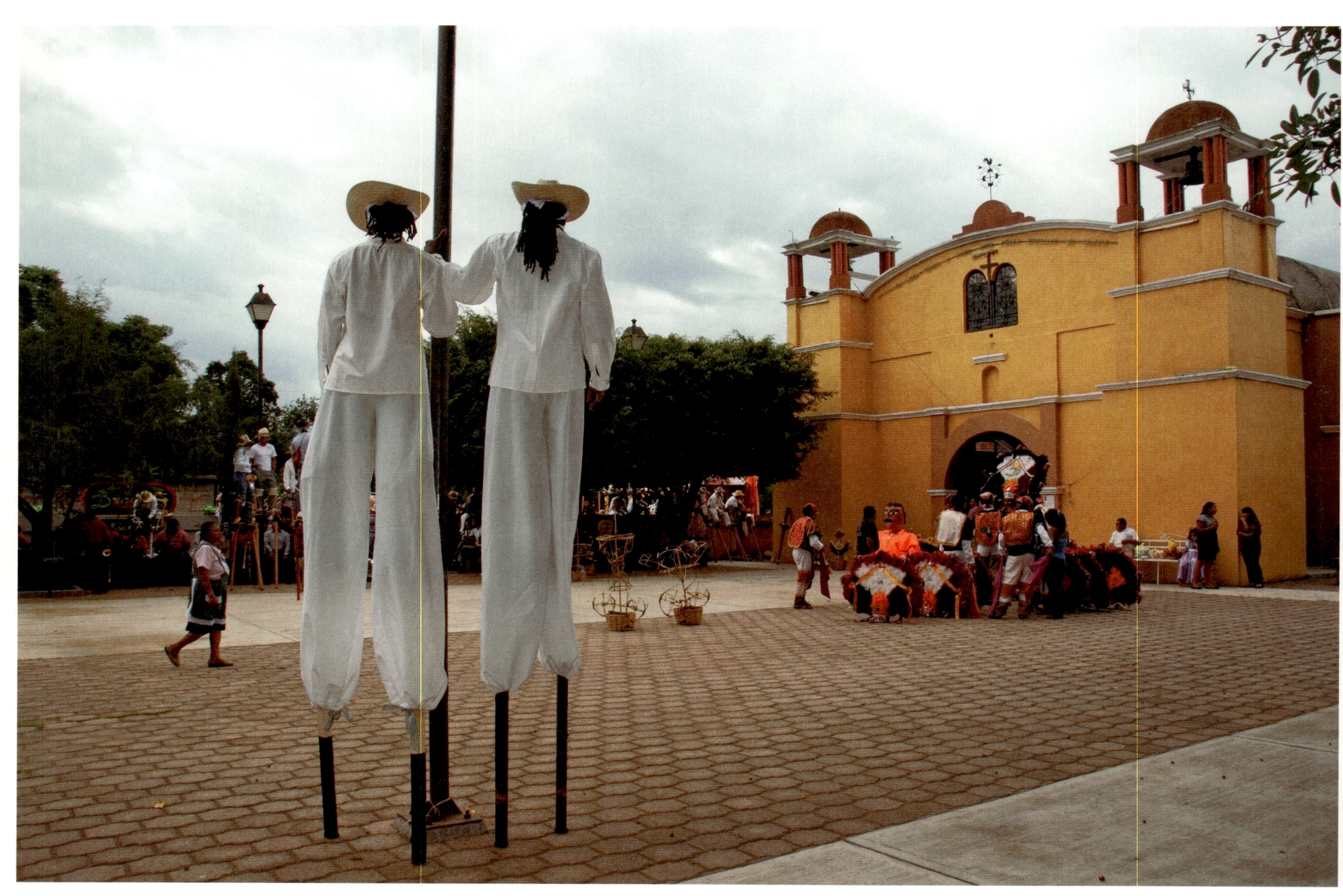

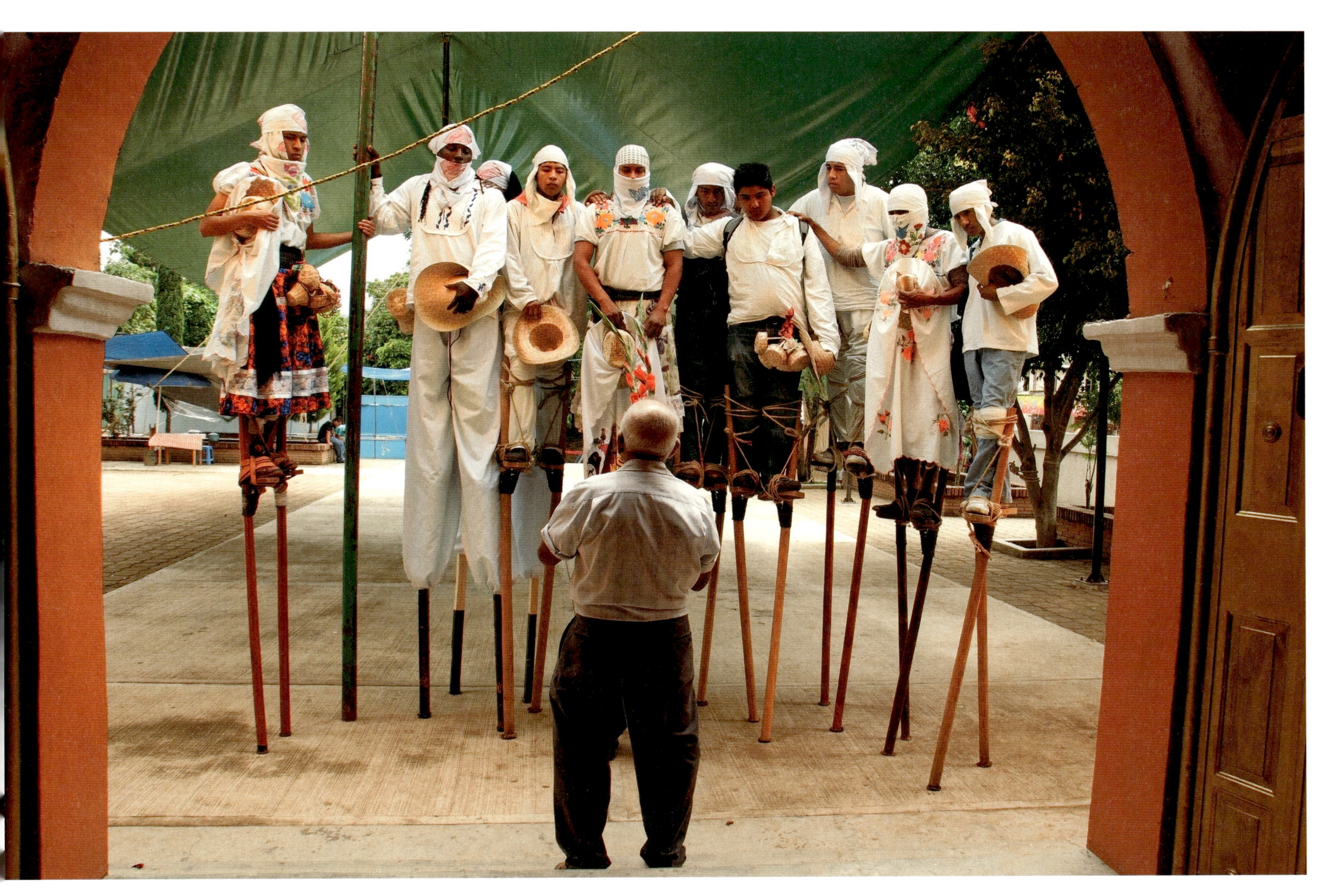

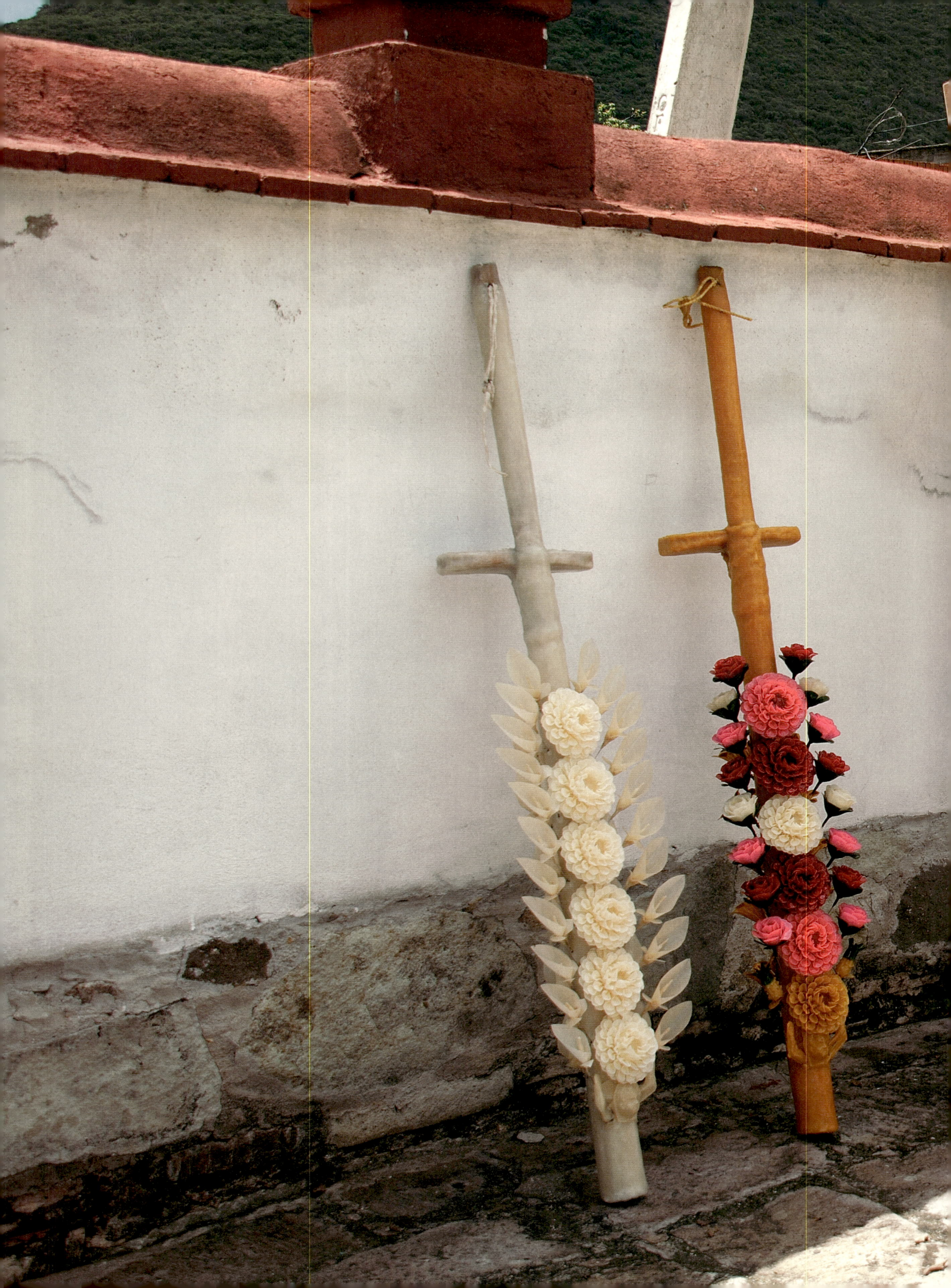

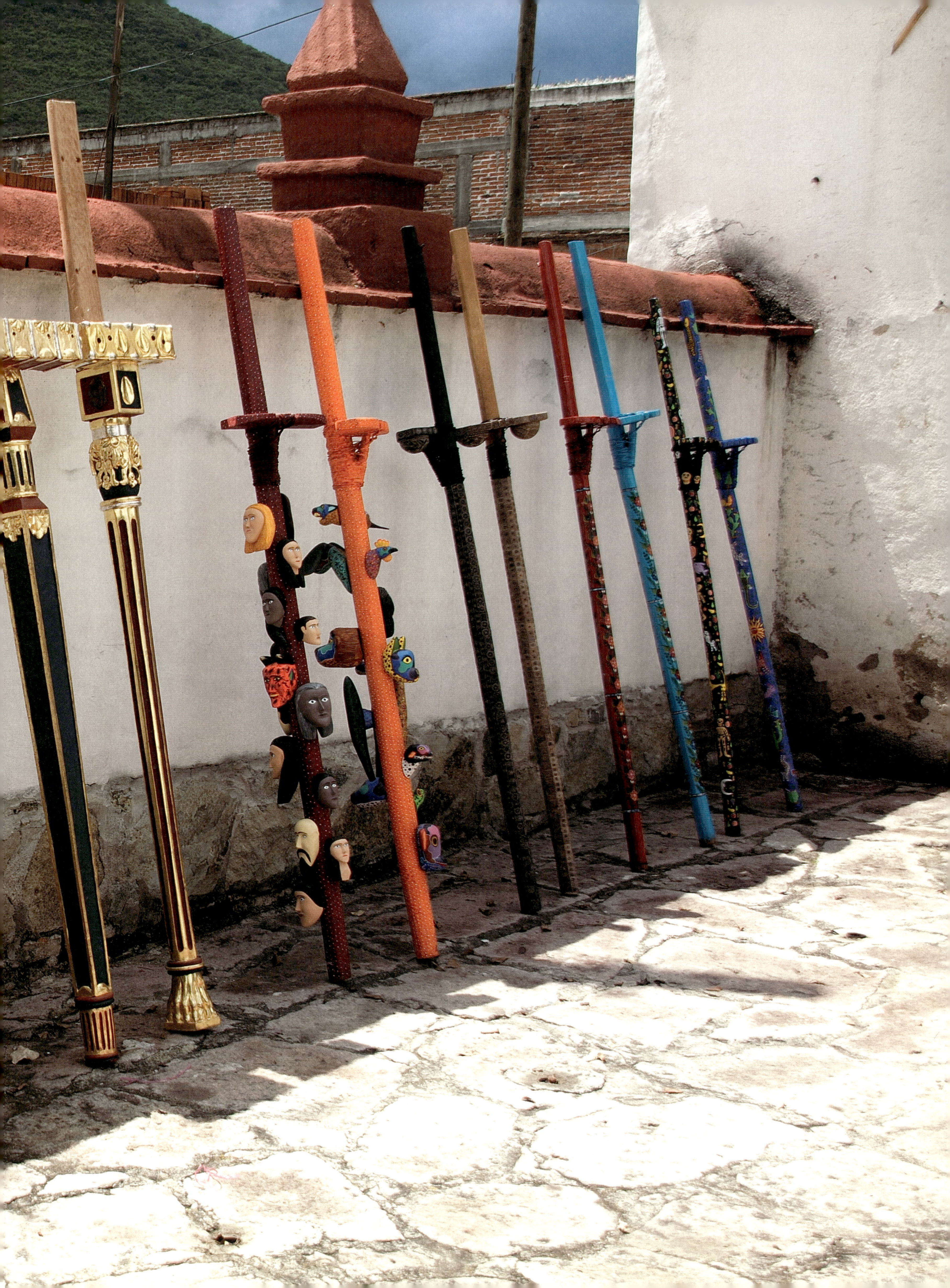

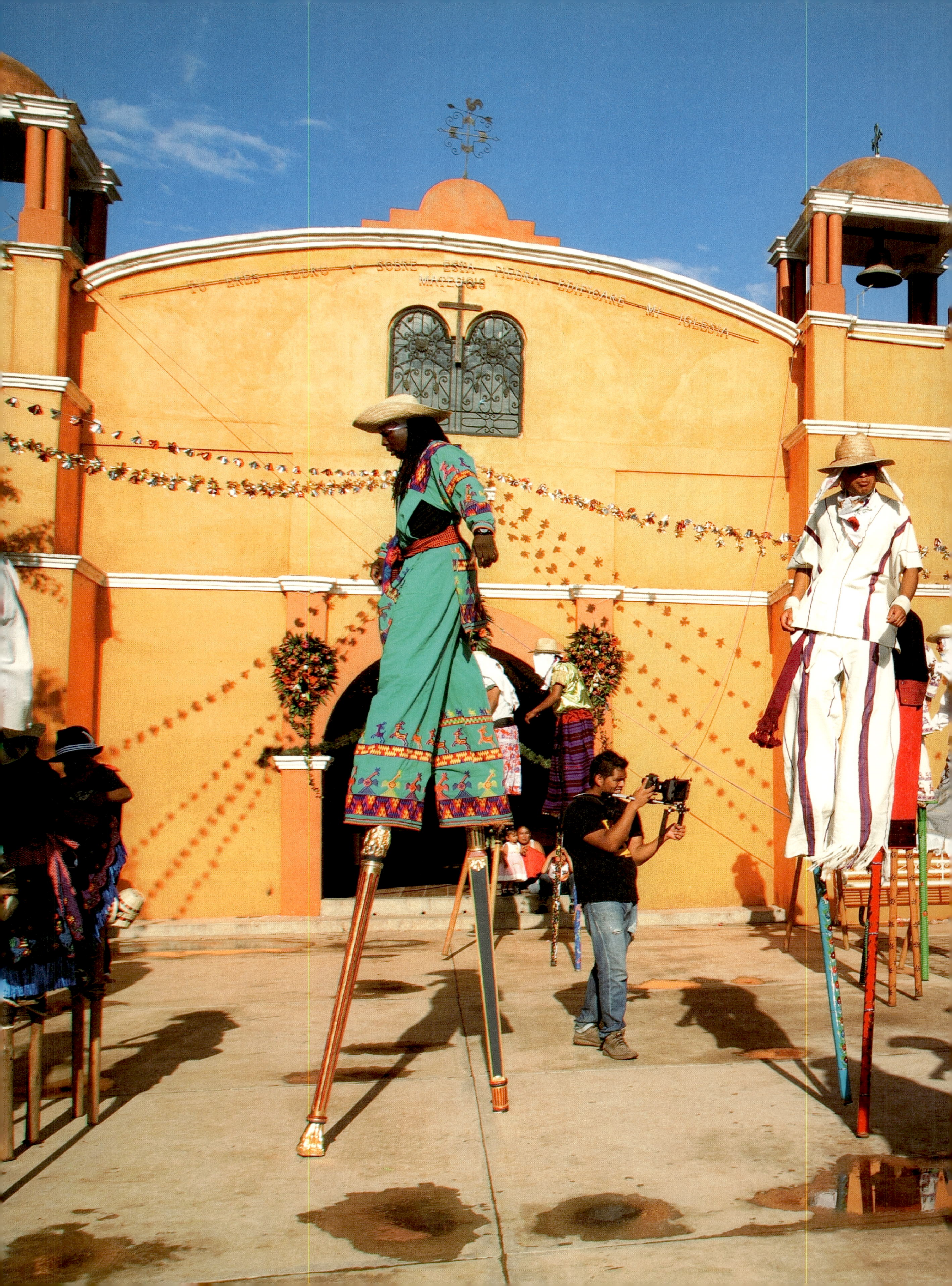

TU ERES PEDRO Y SOBRE ESTA PIEDRA EDIFICARE MI IGLESIA

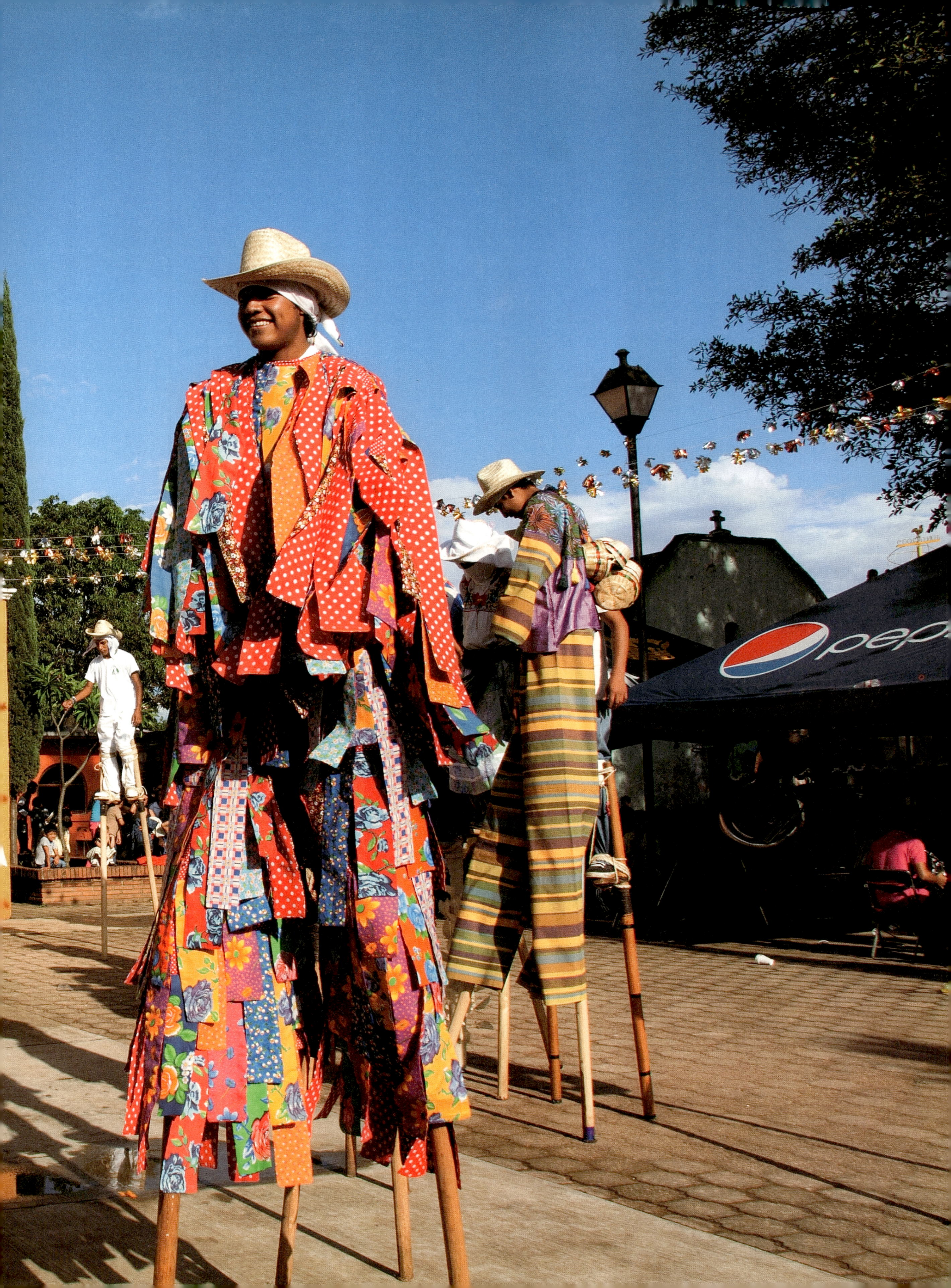
pep

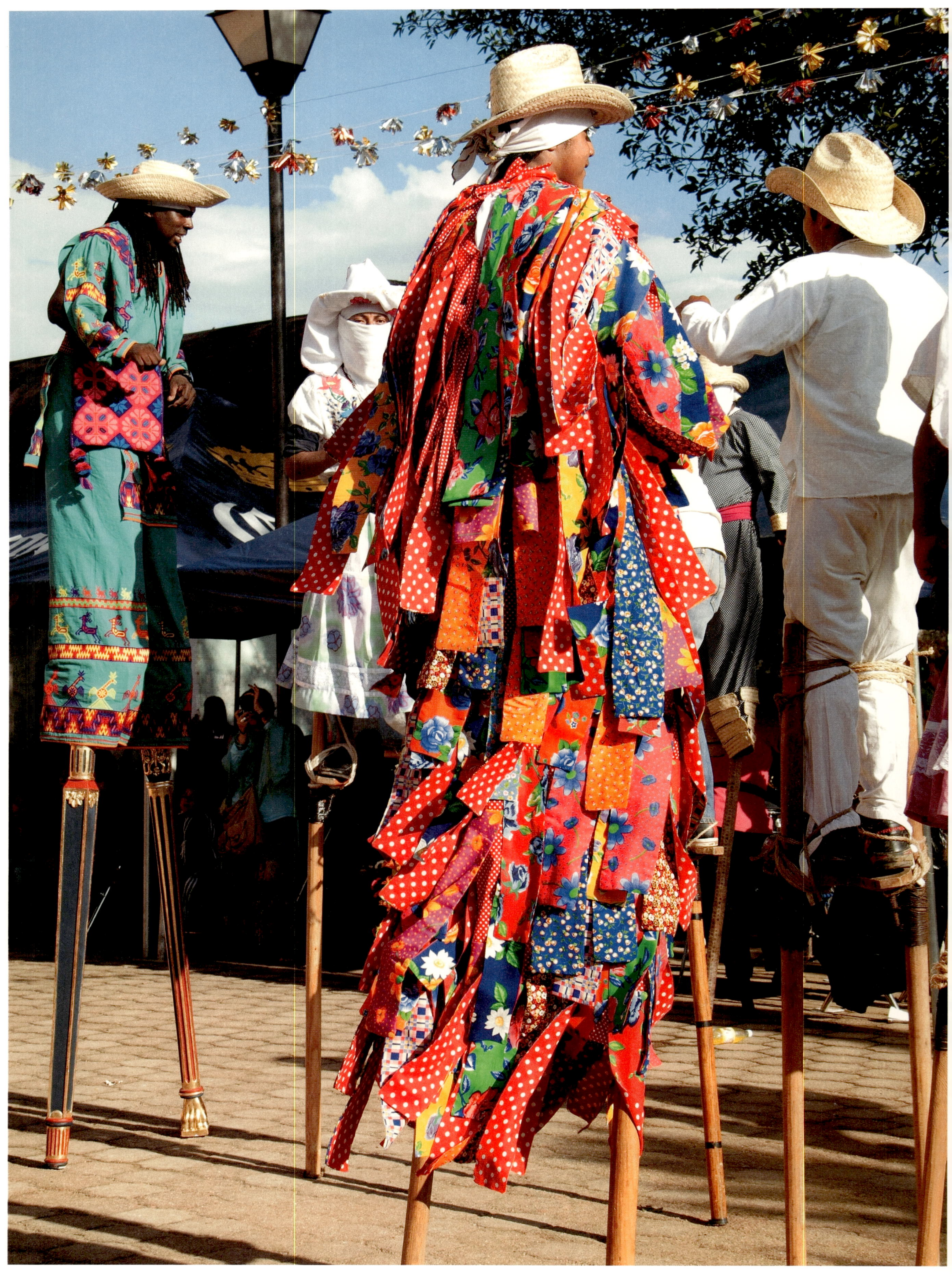

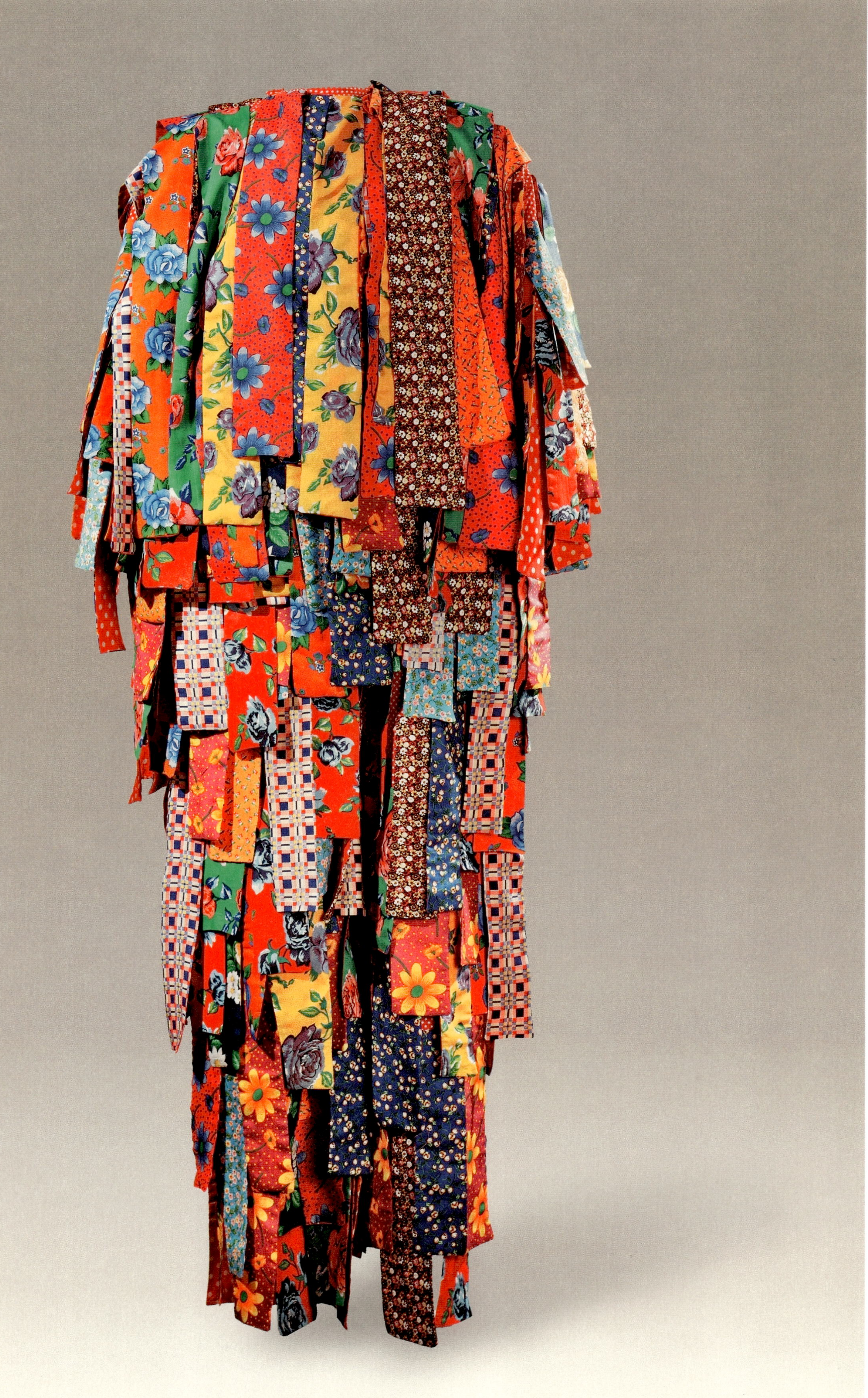

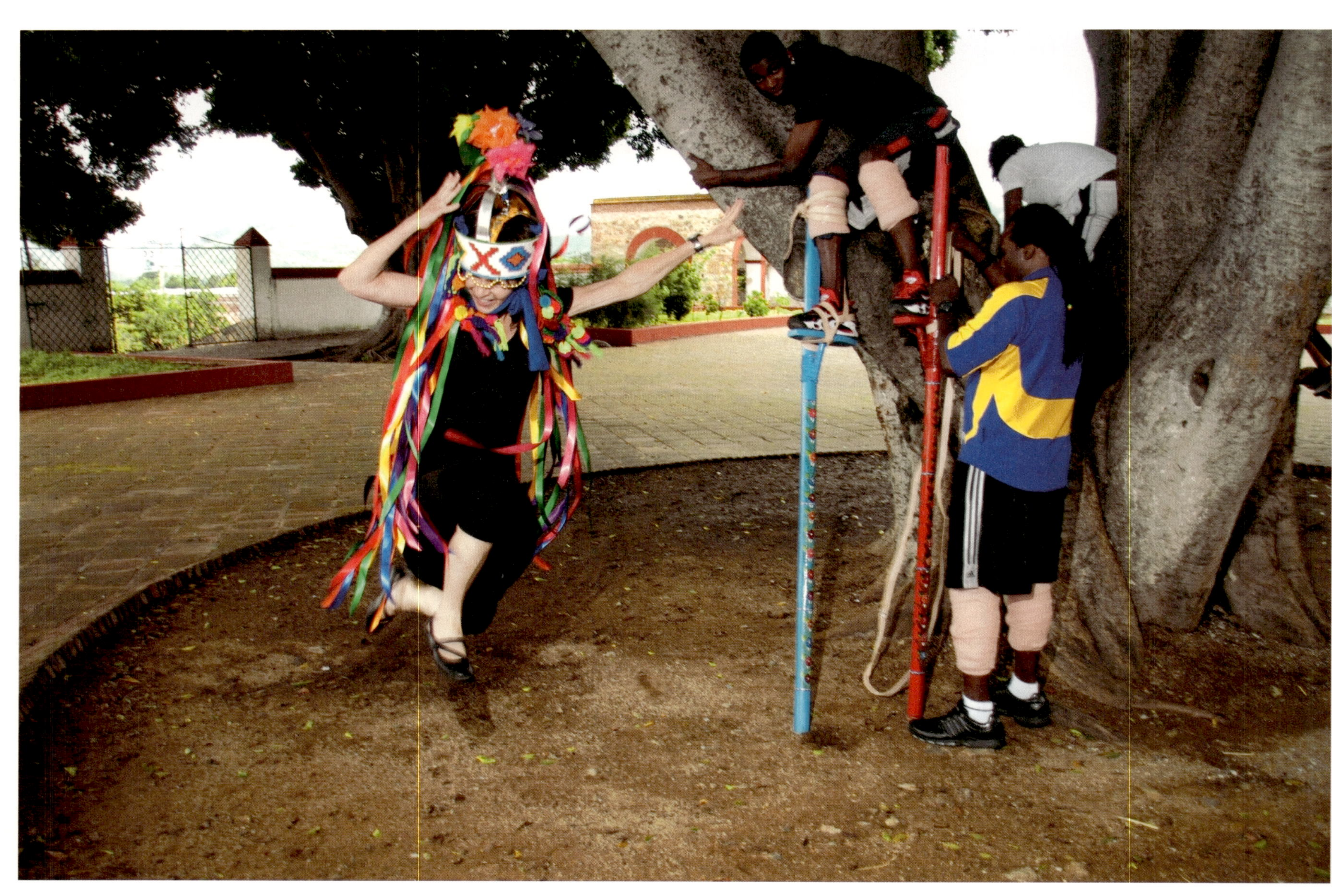

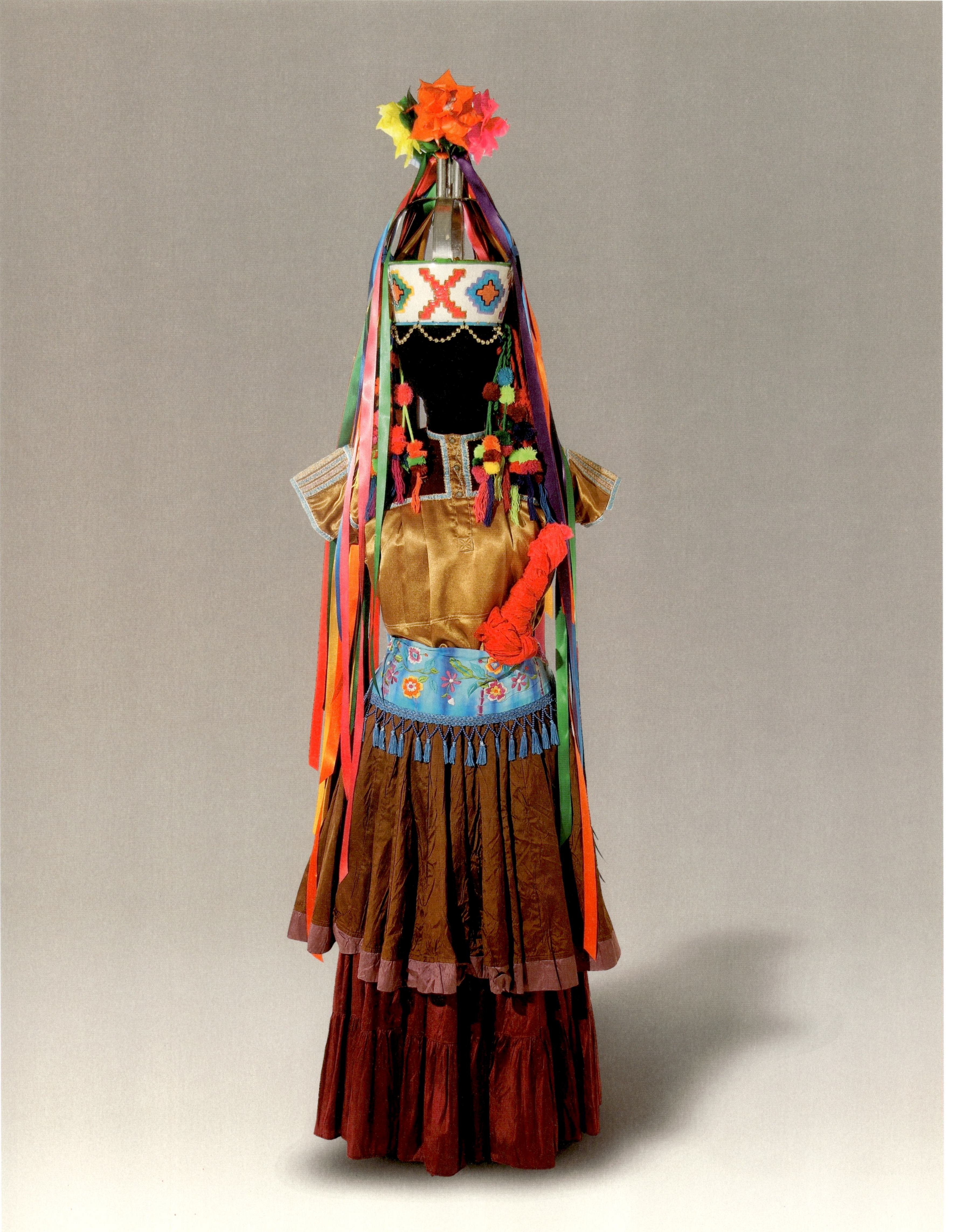

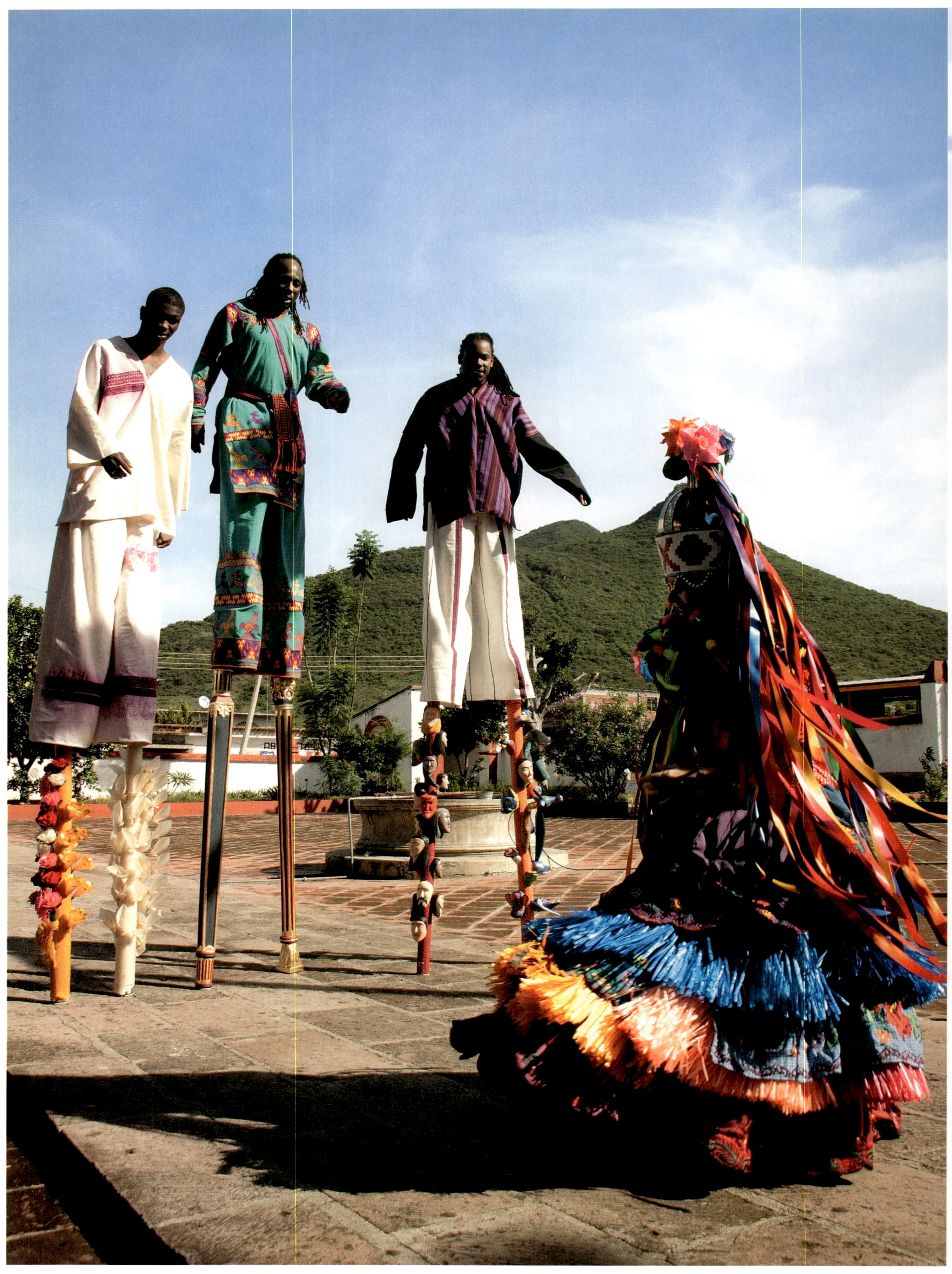

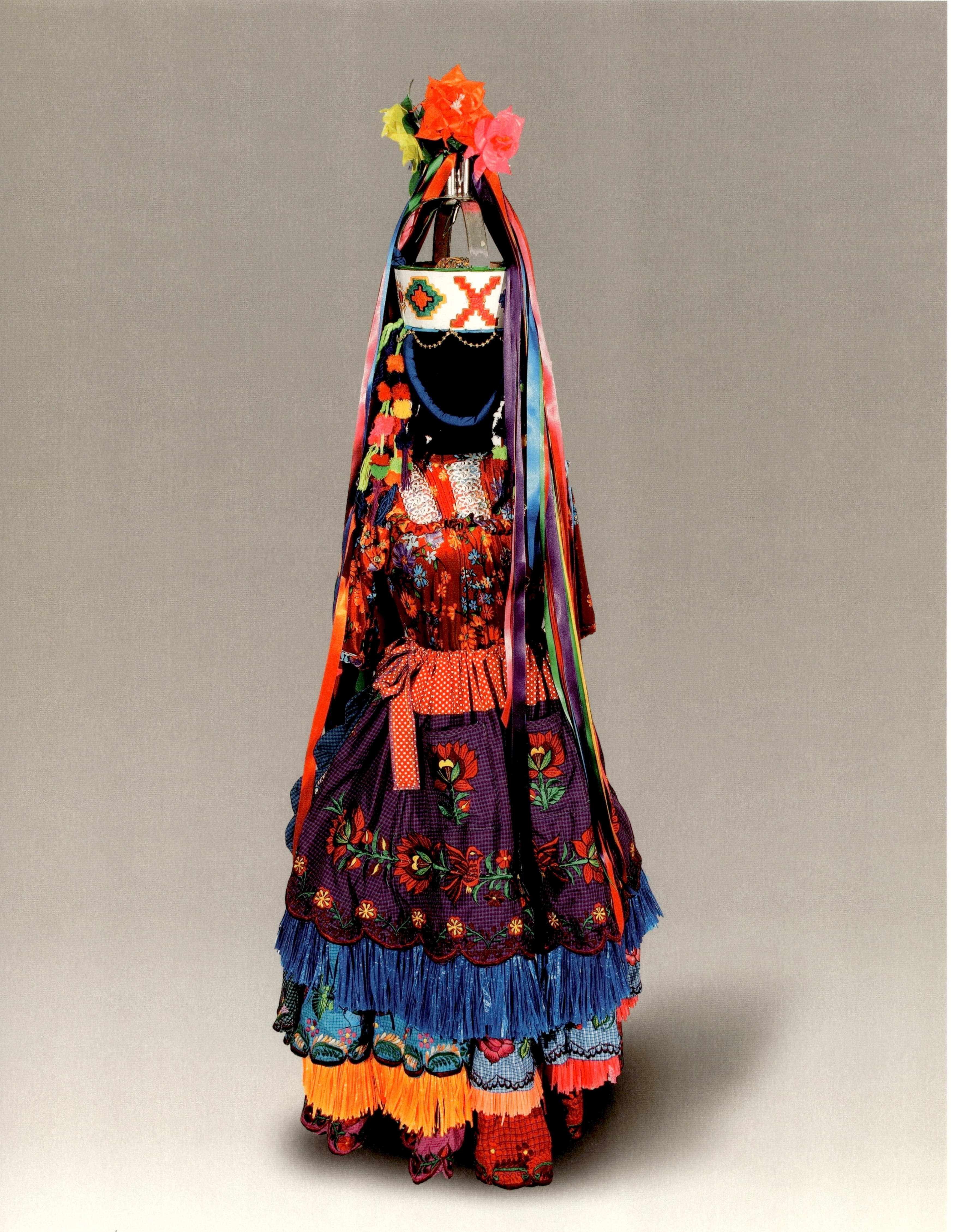

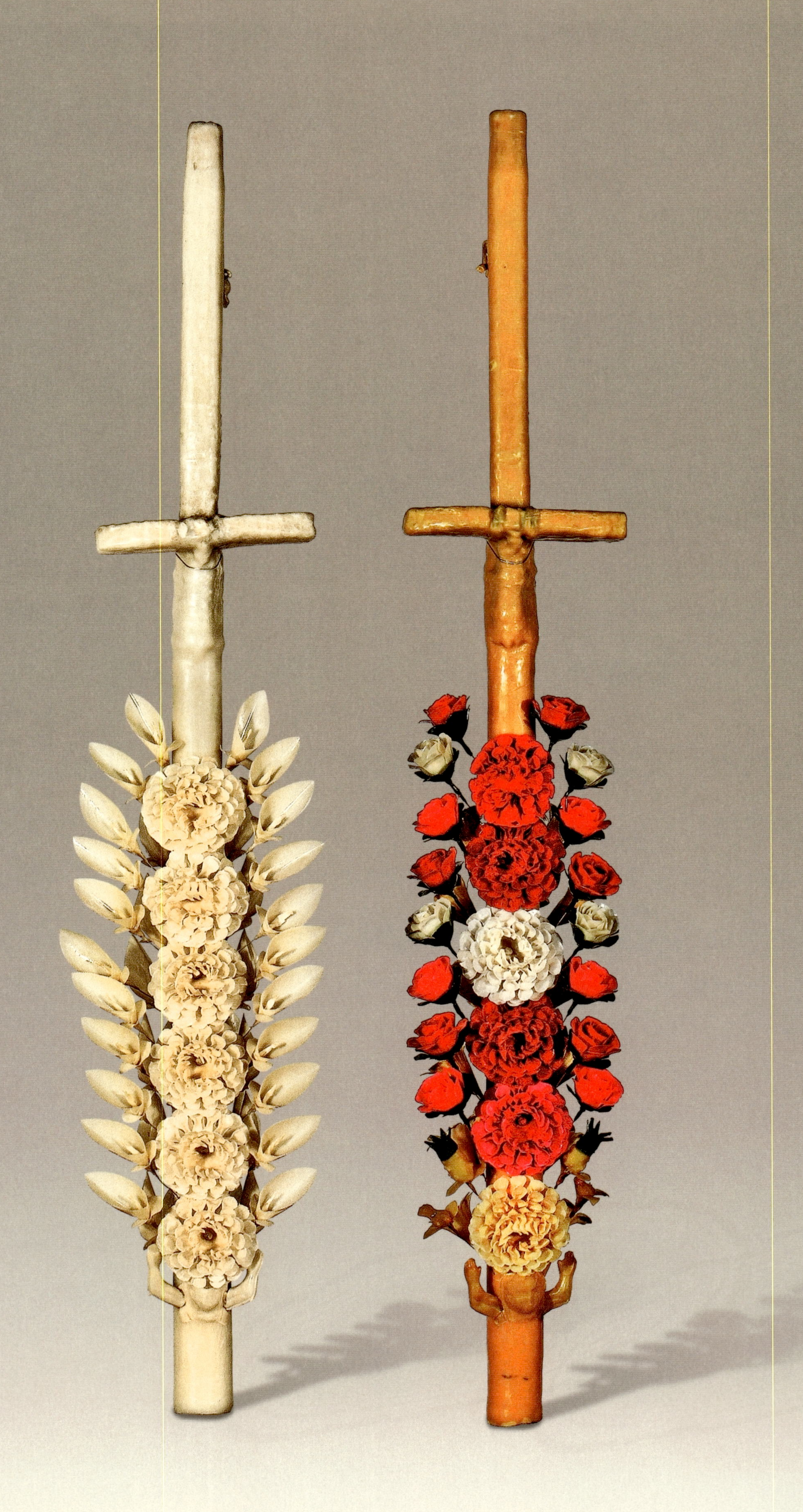

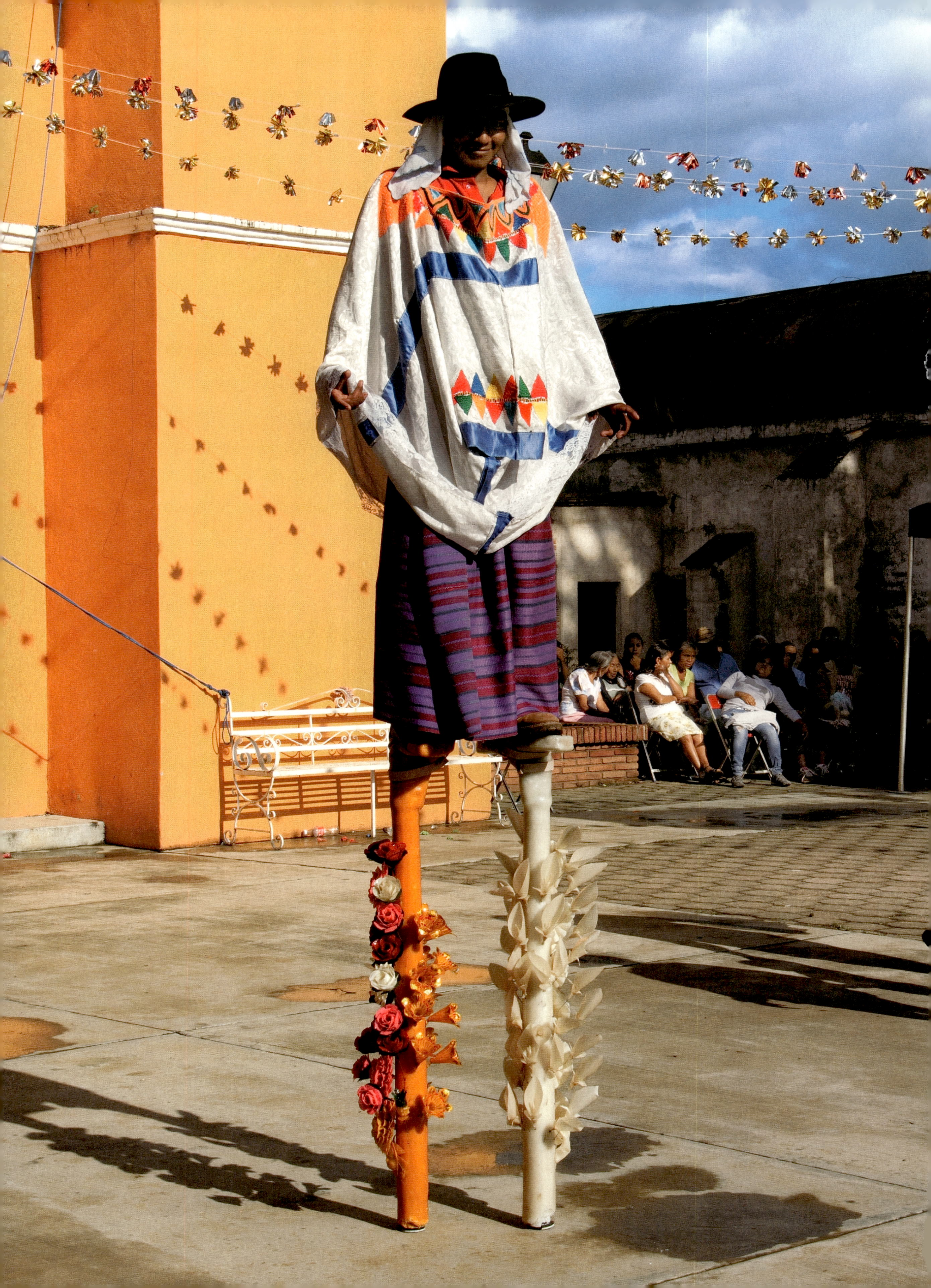

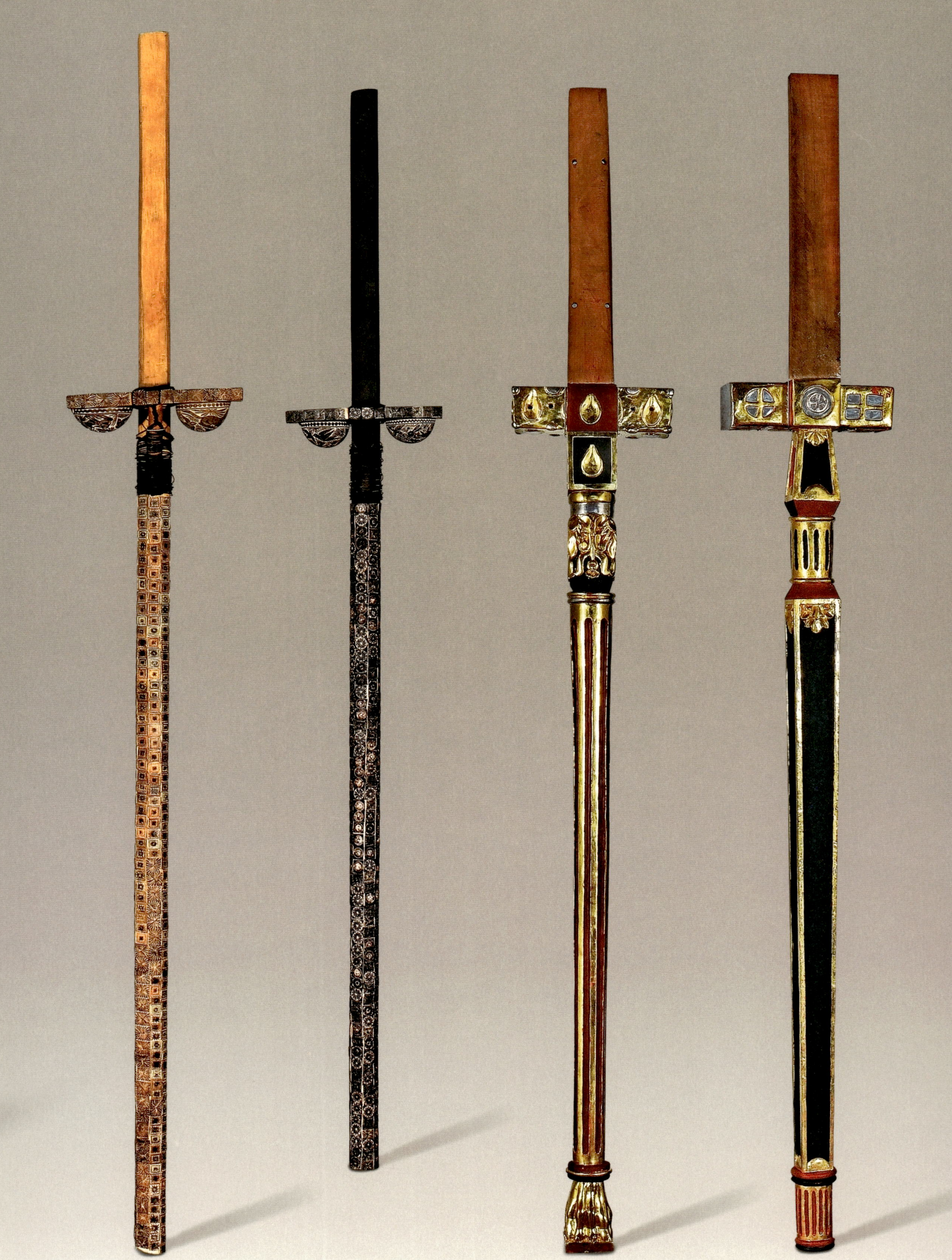

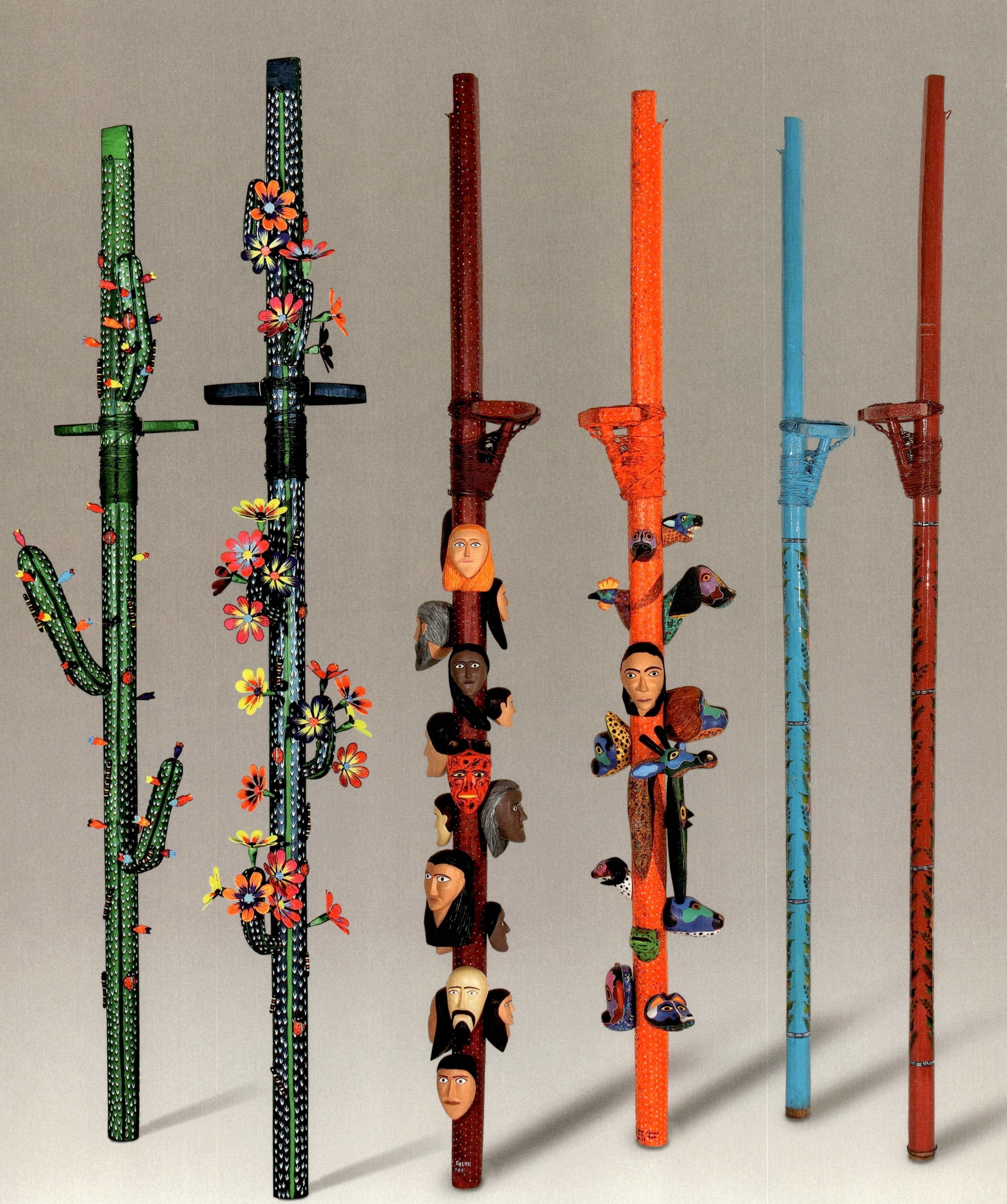

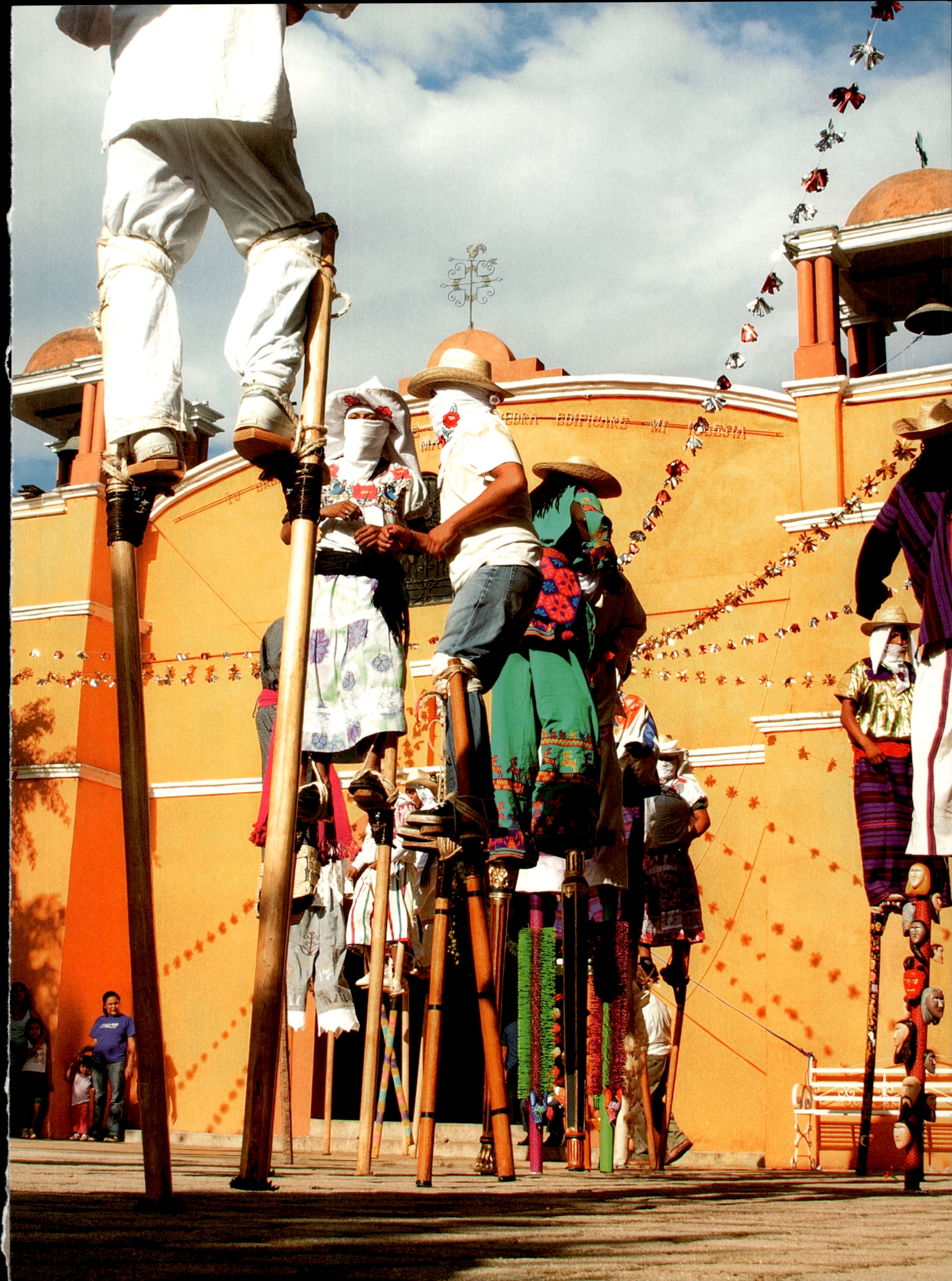

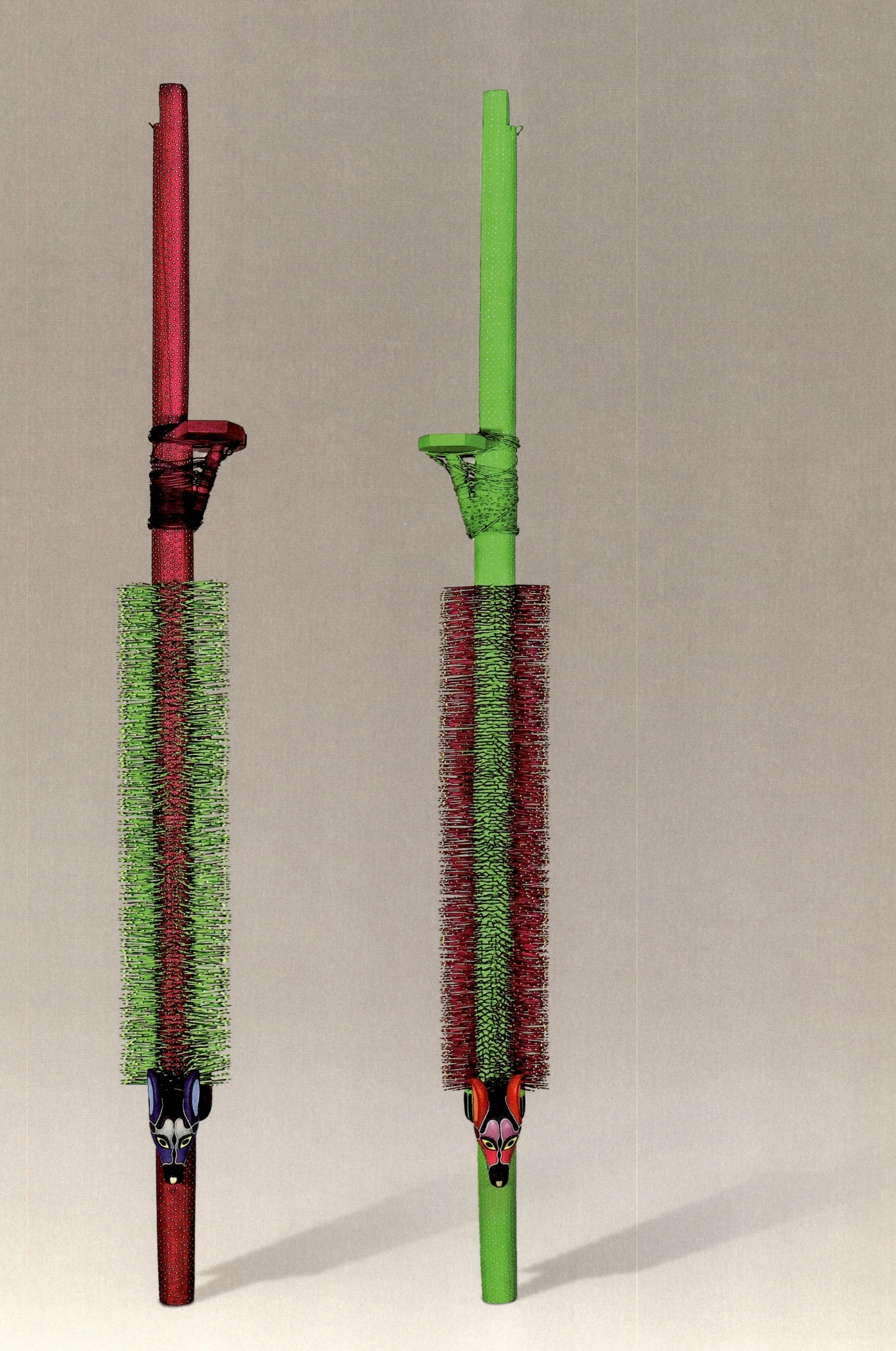

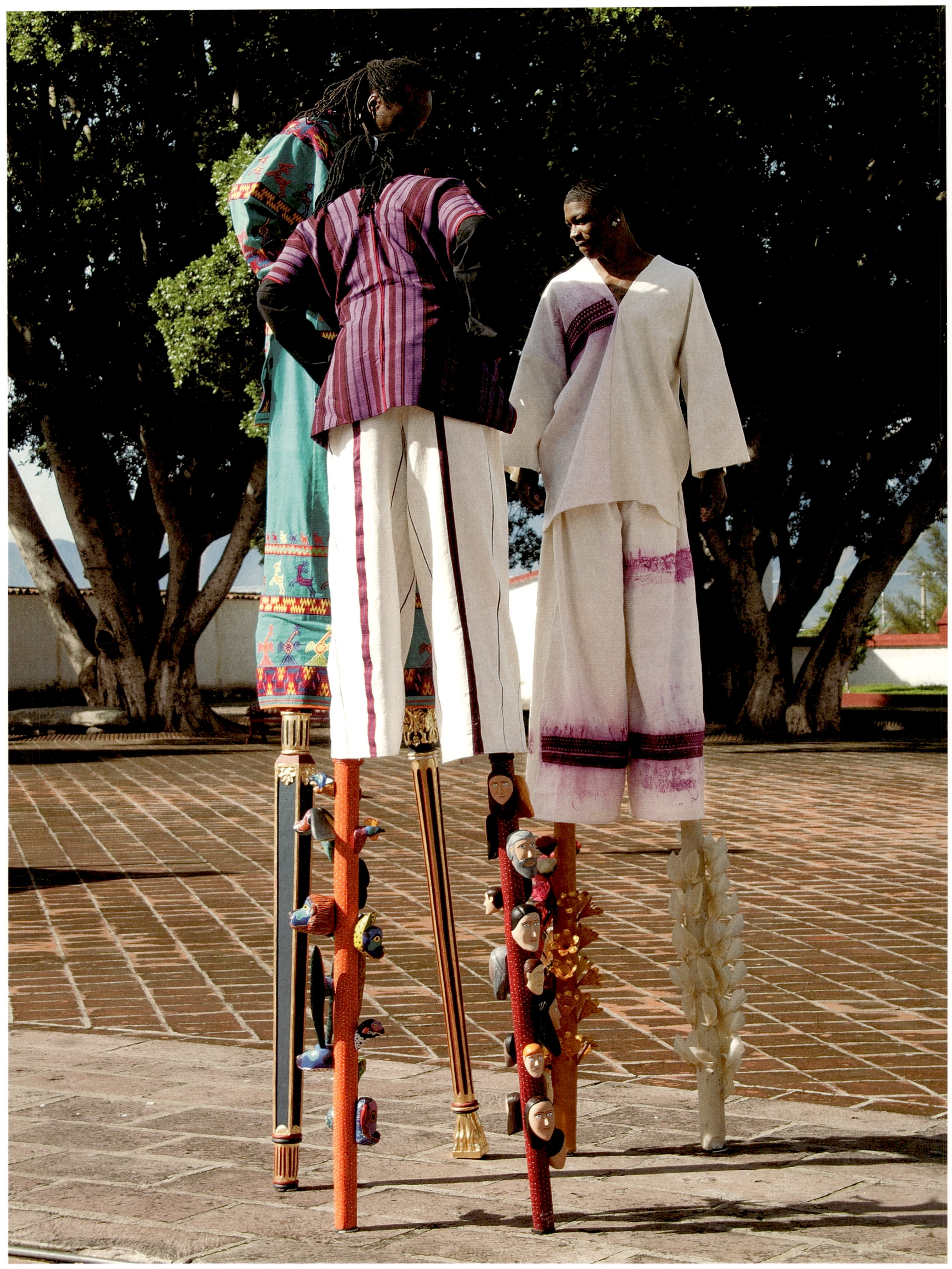

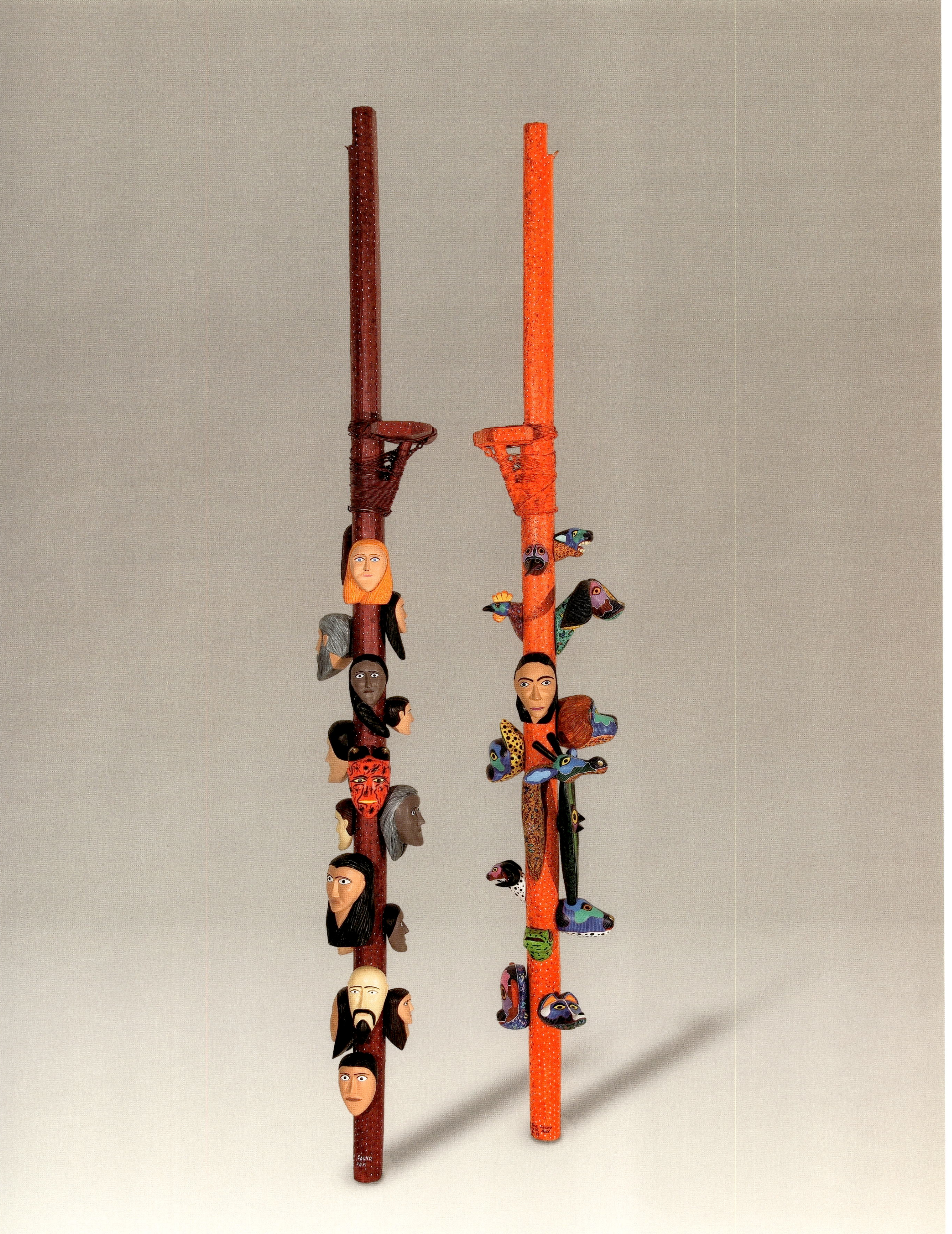

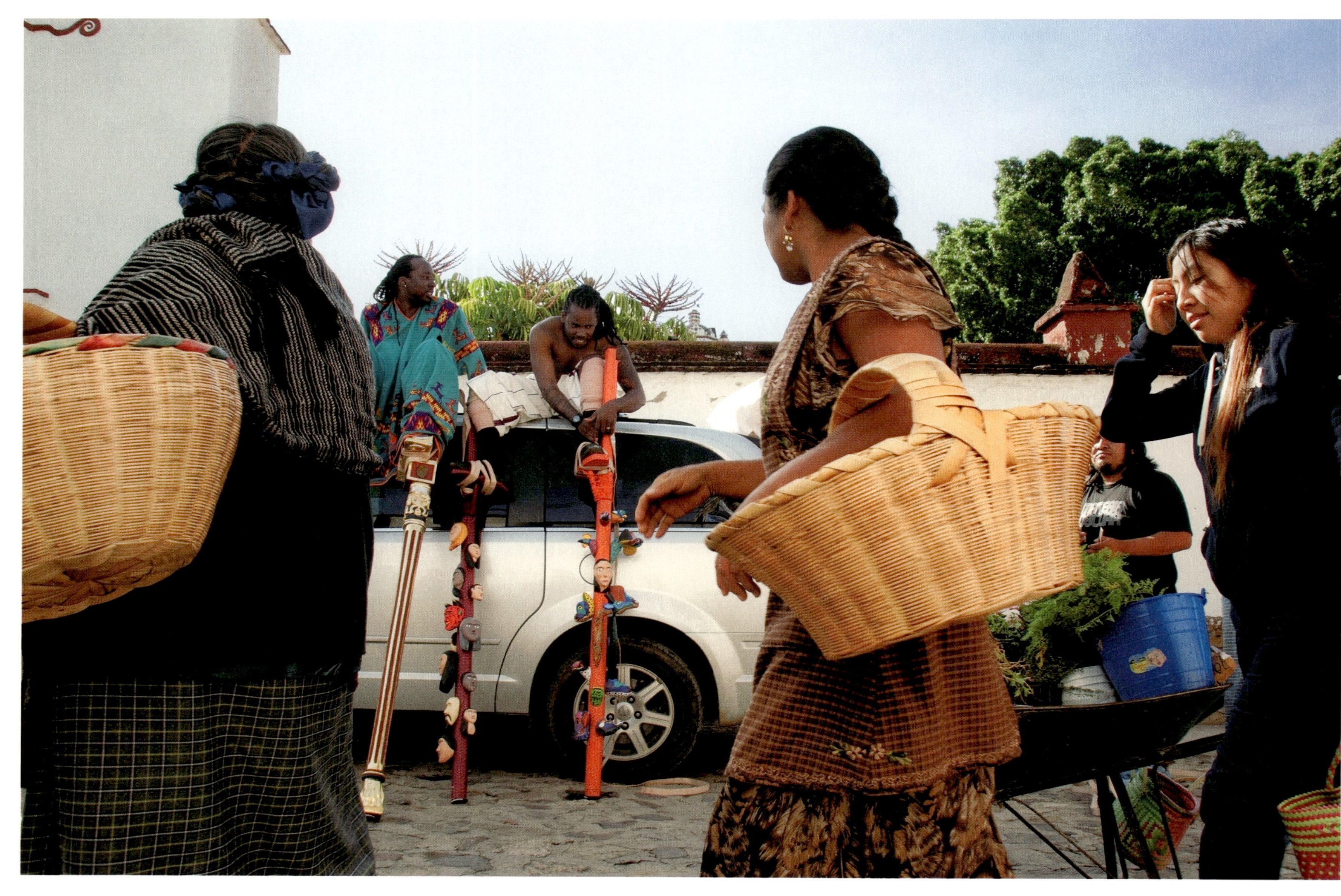

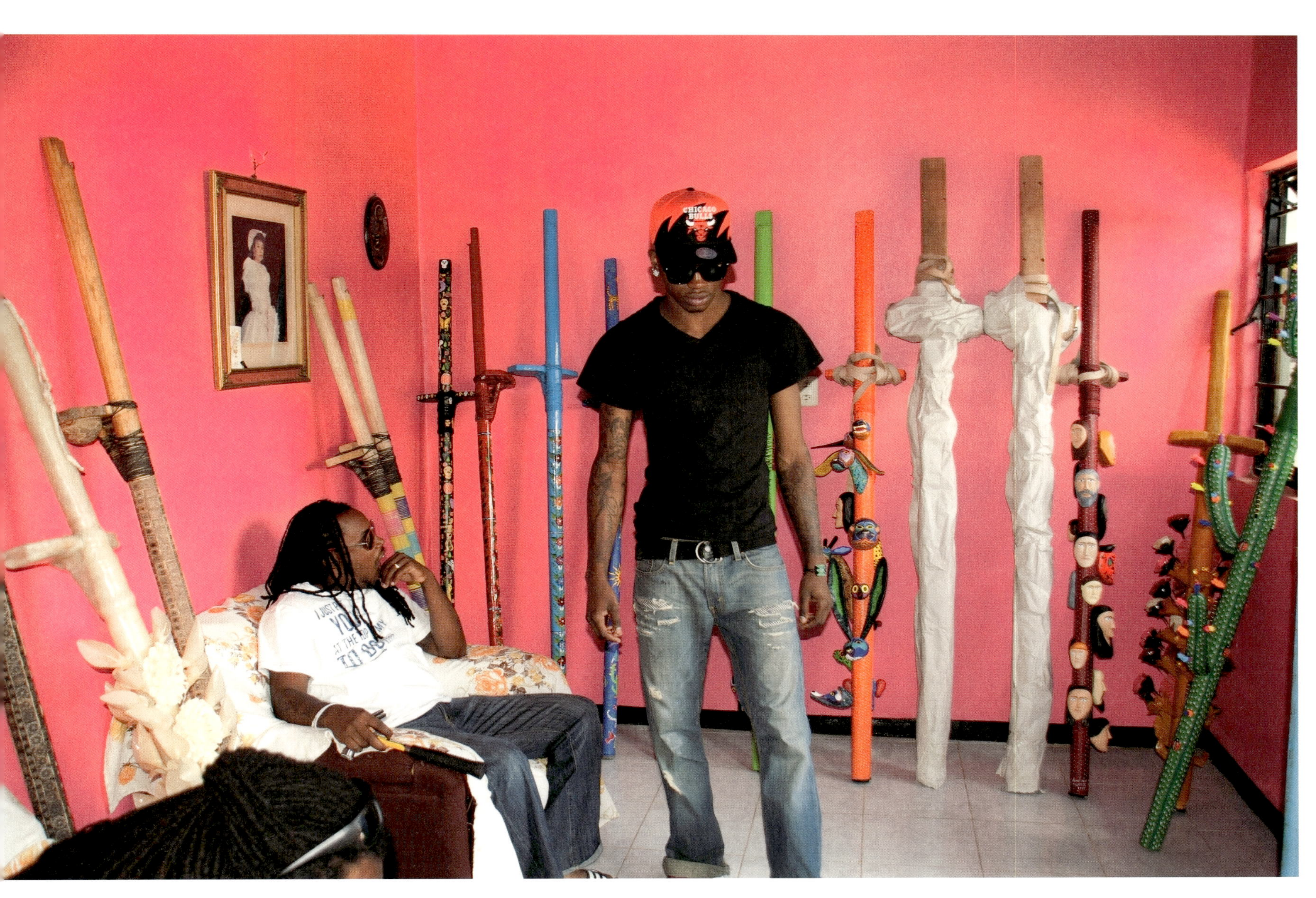

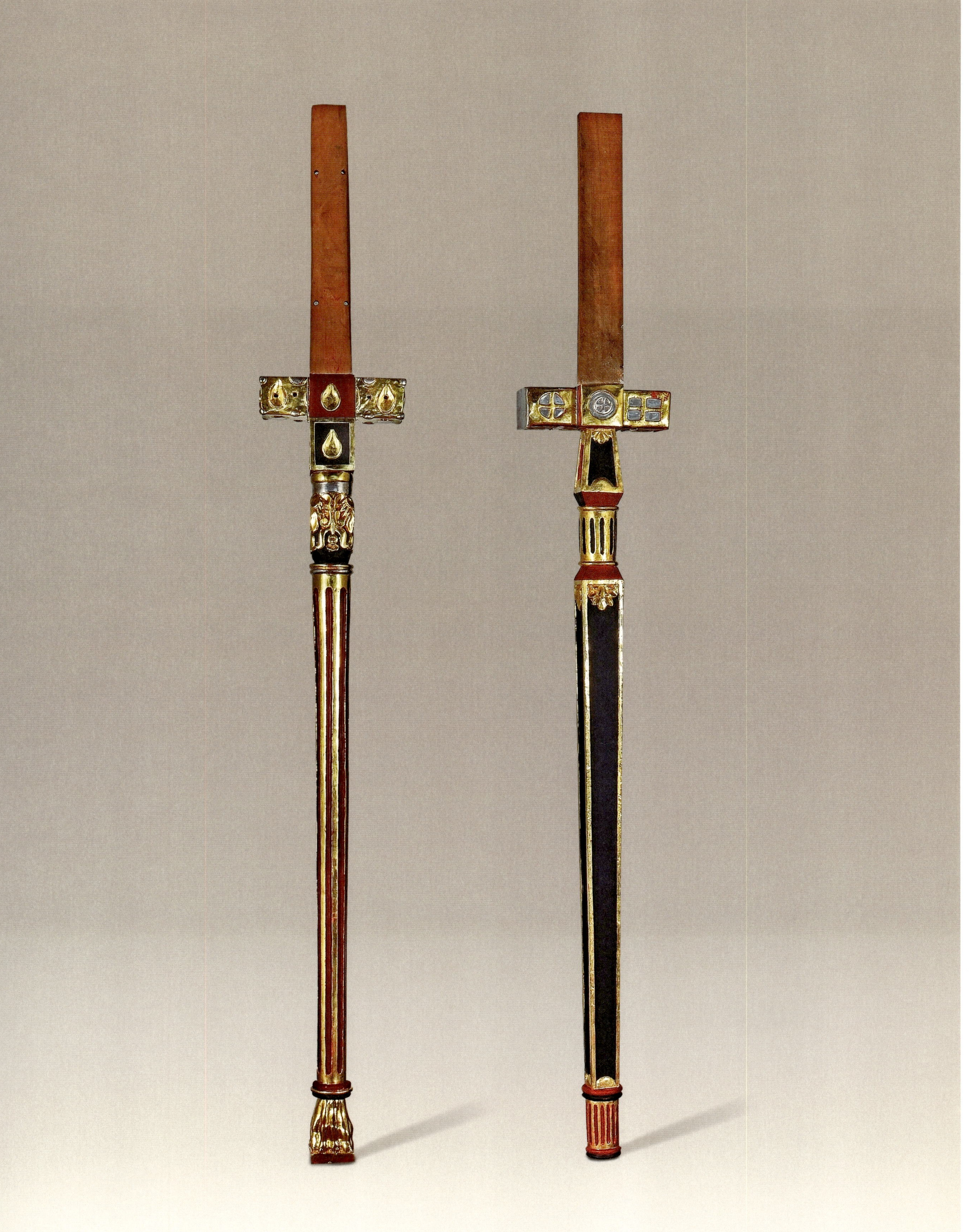

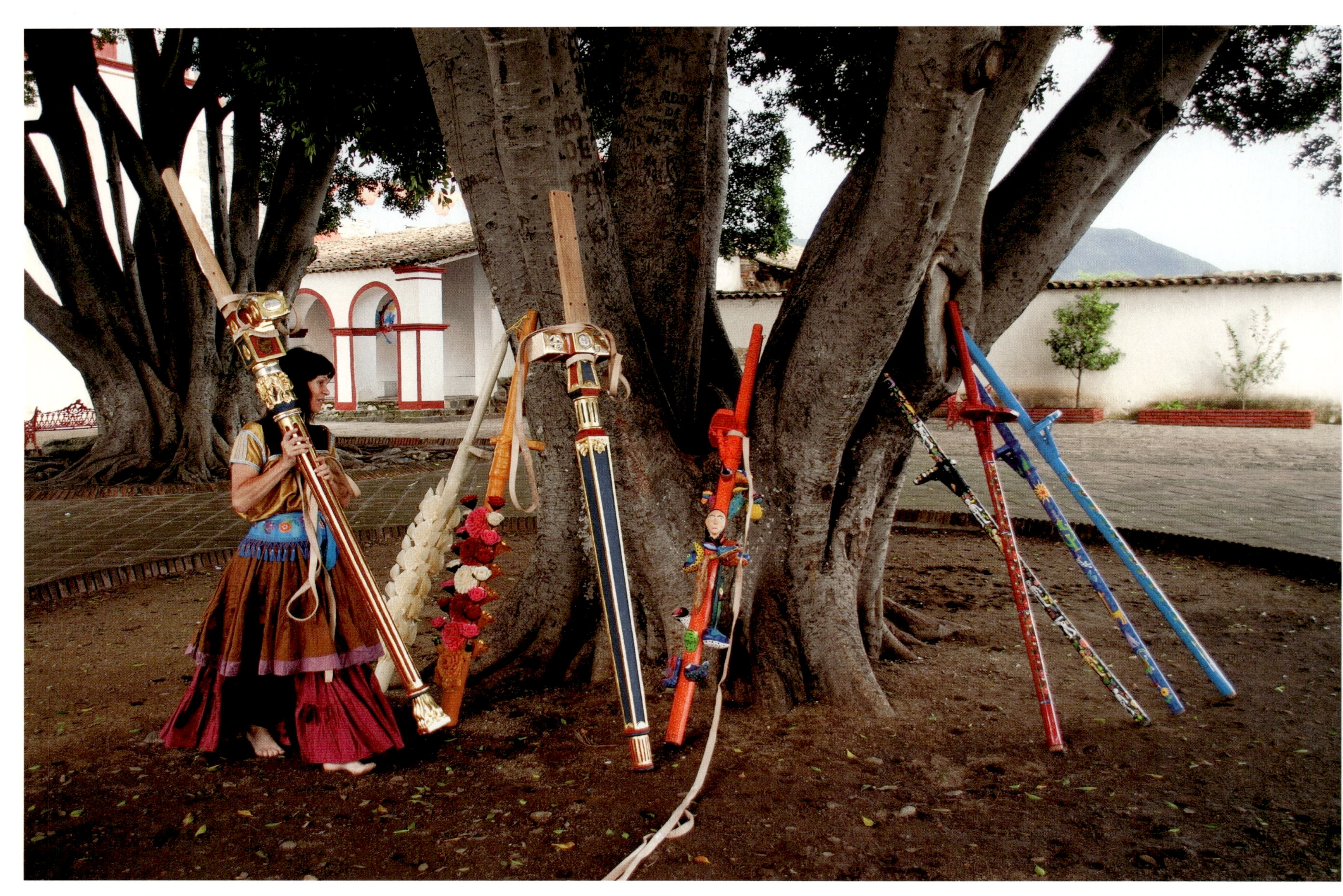

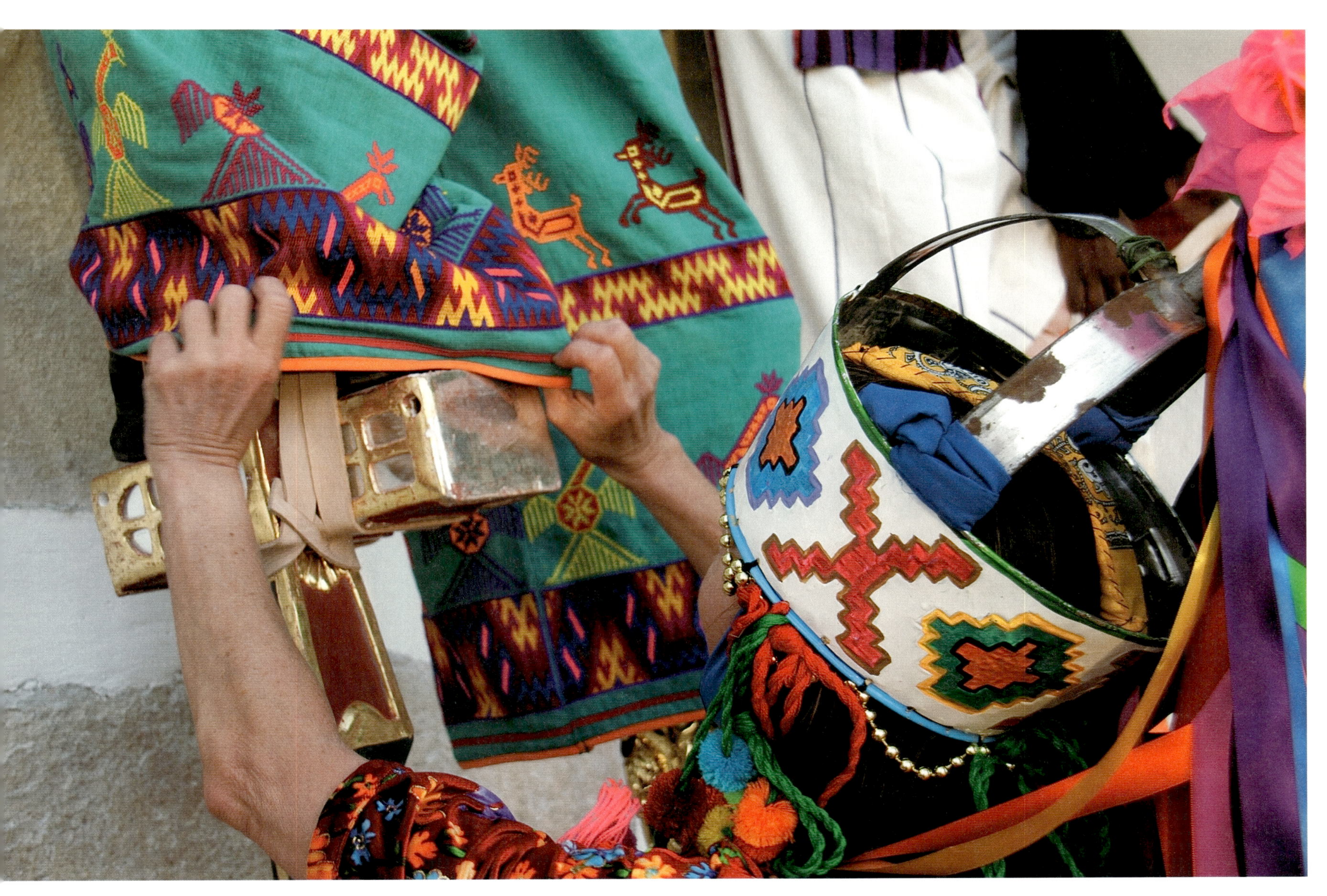

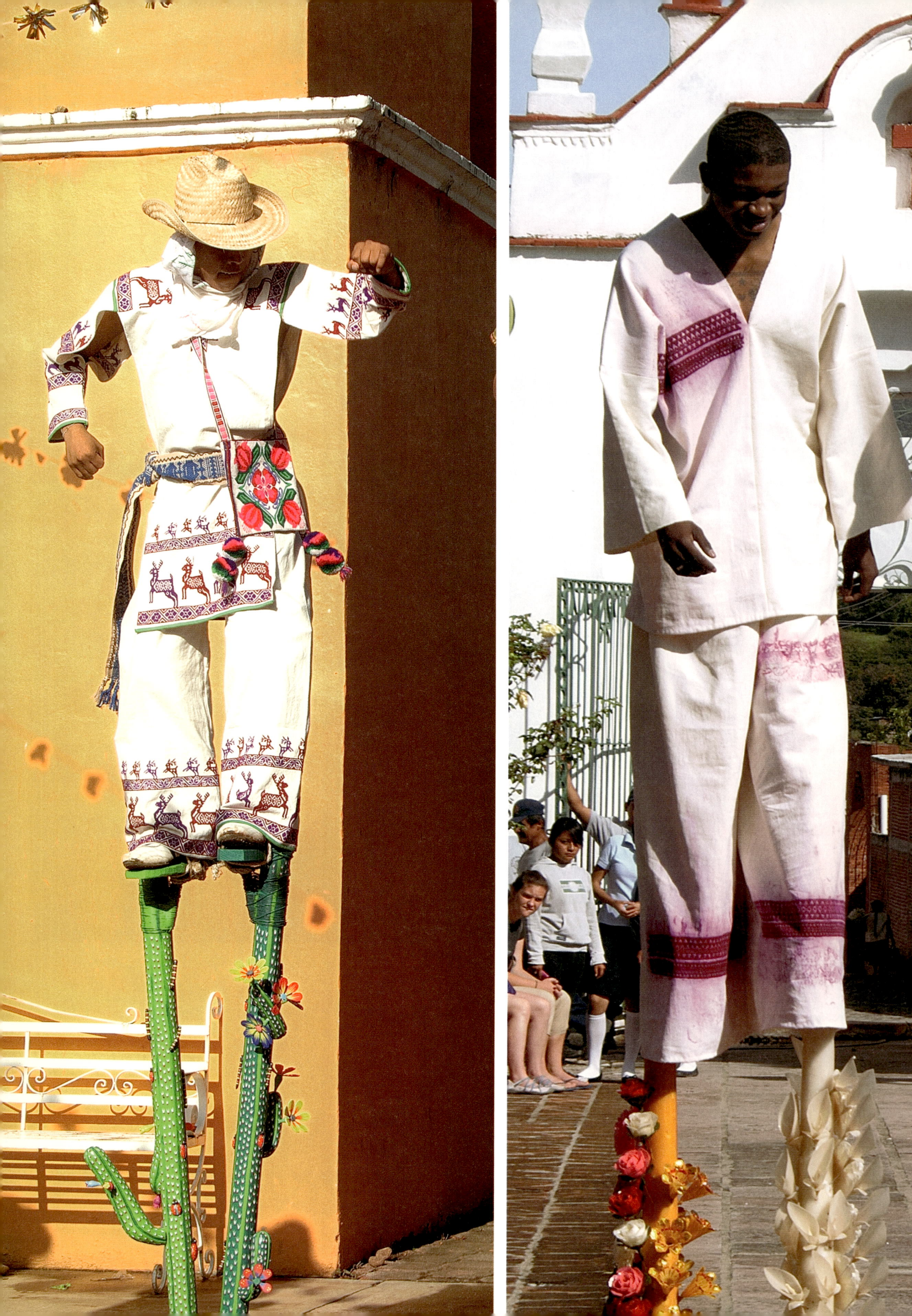

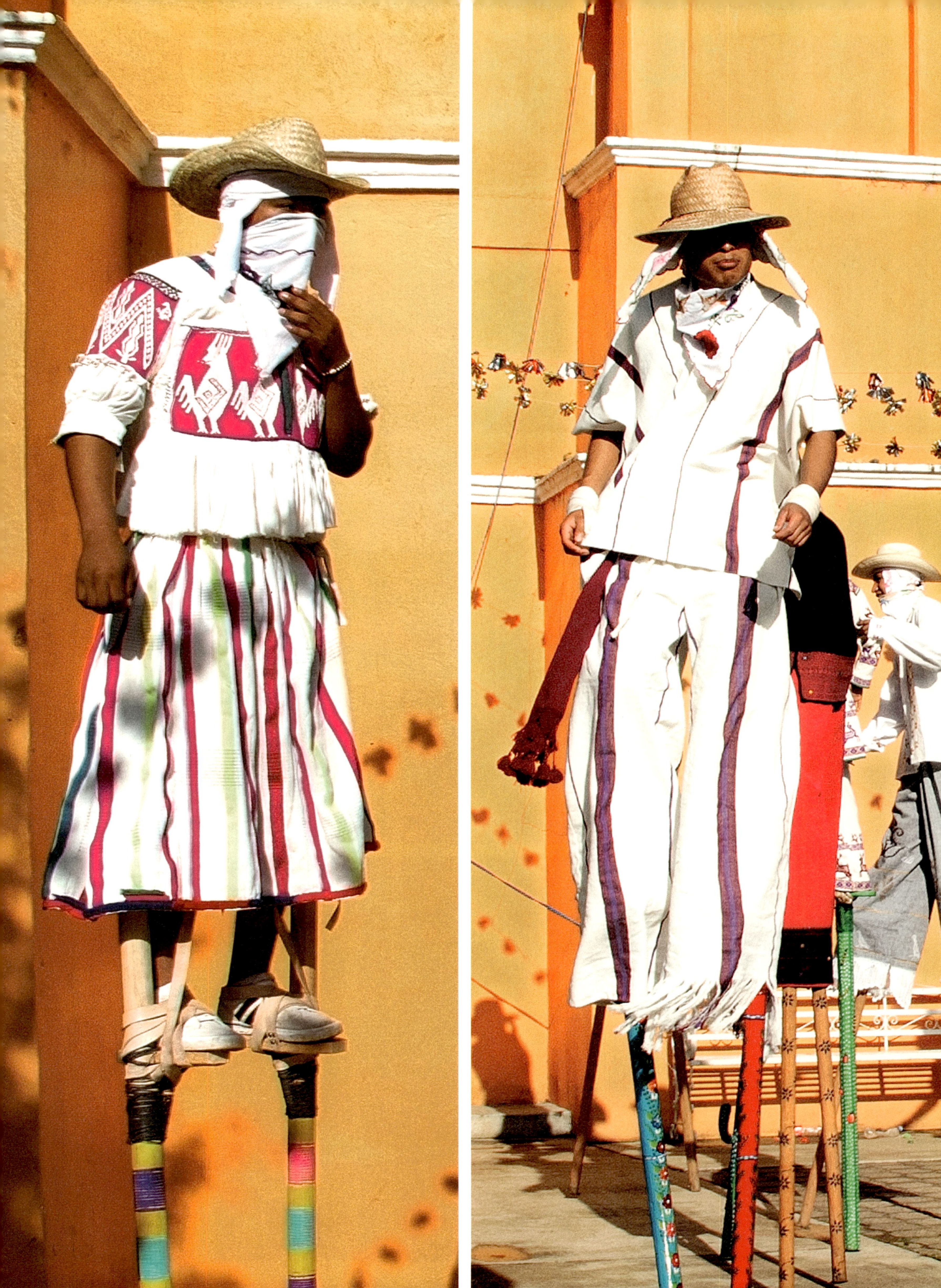

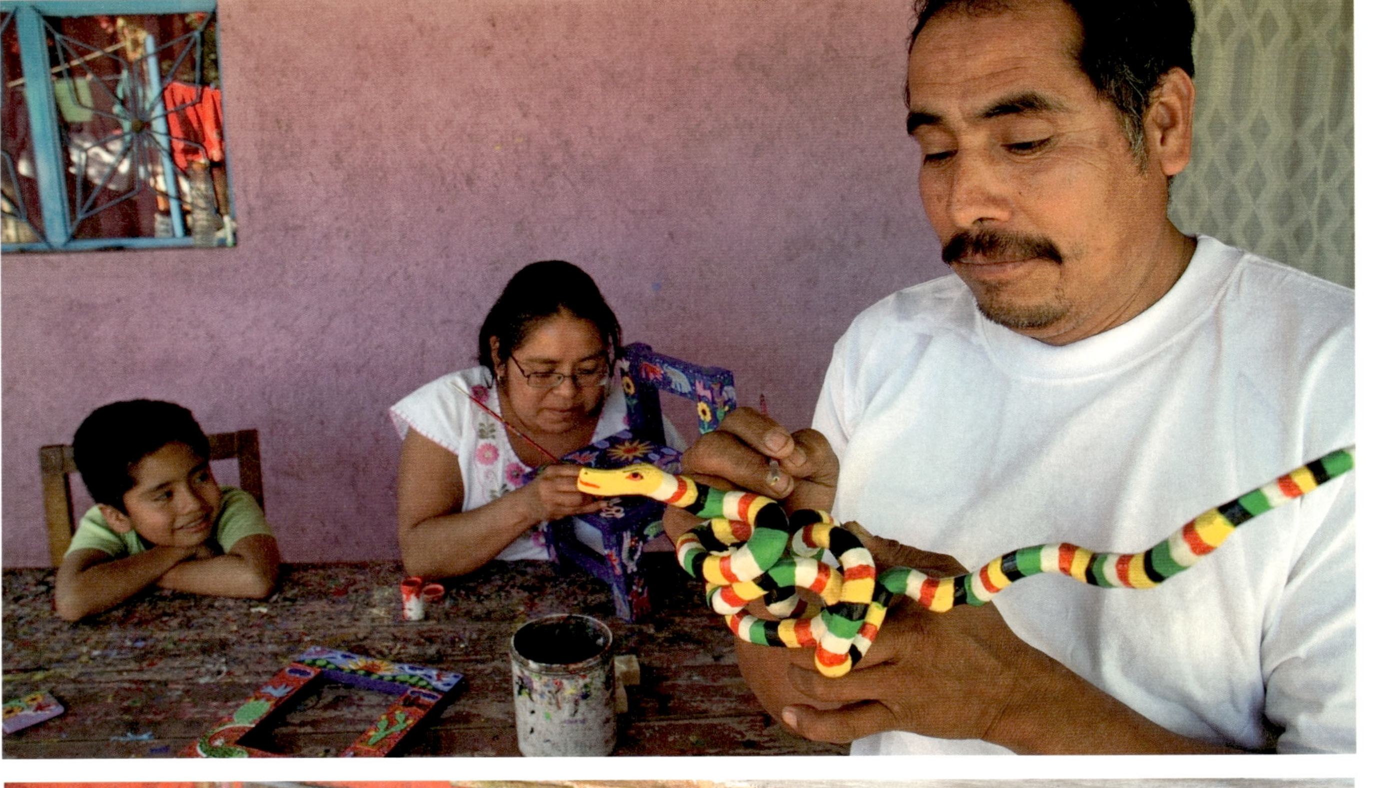
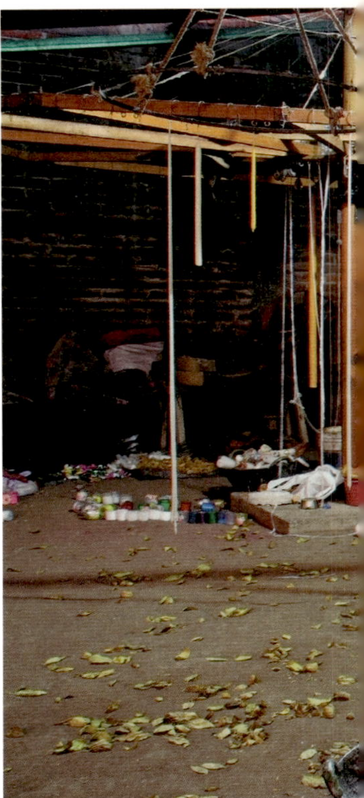
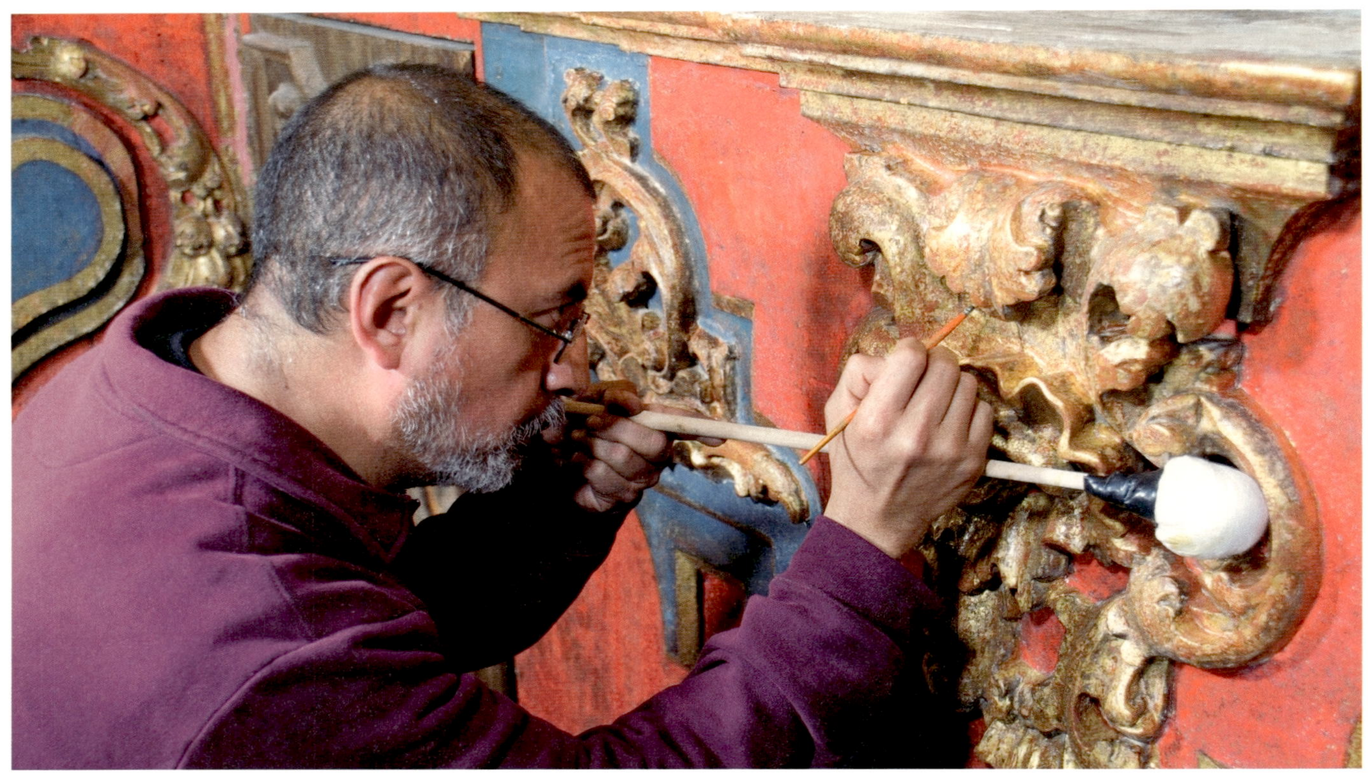
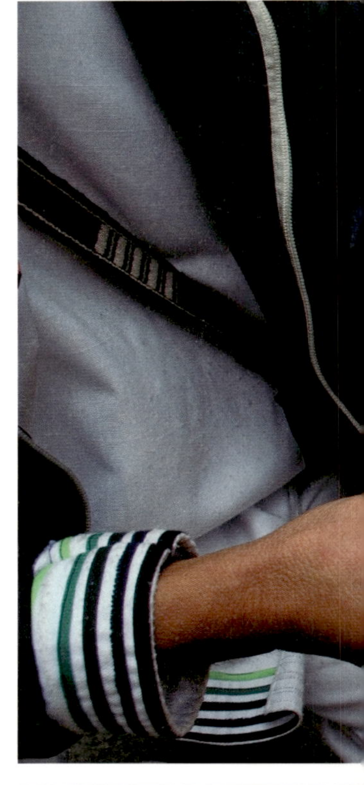
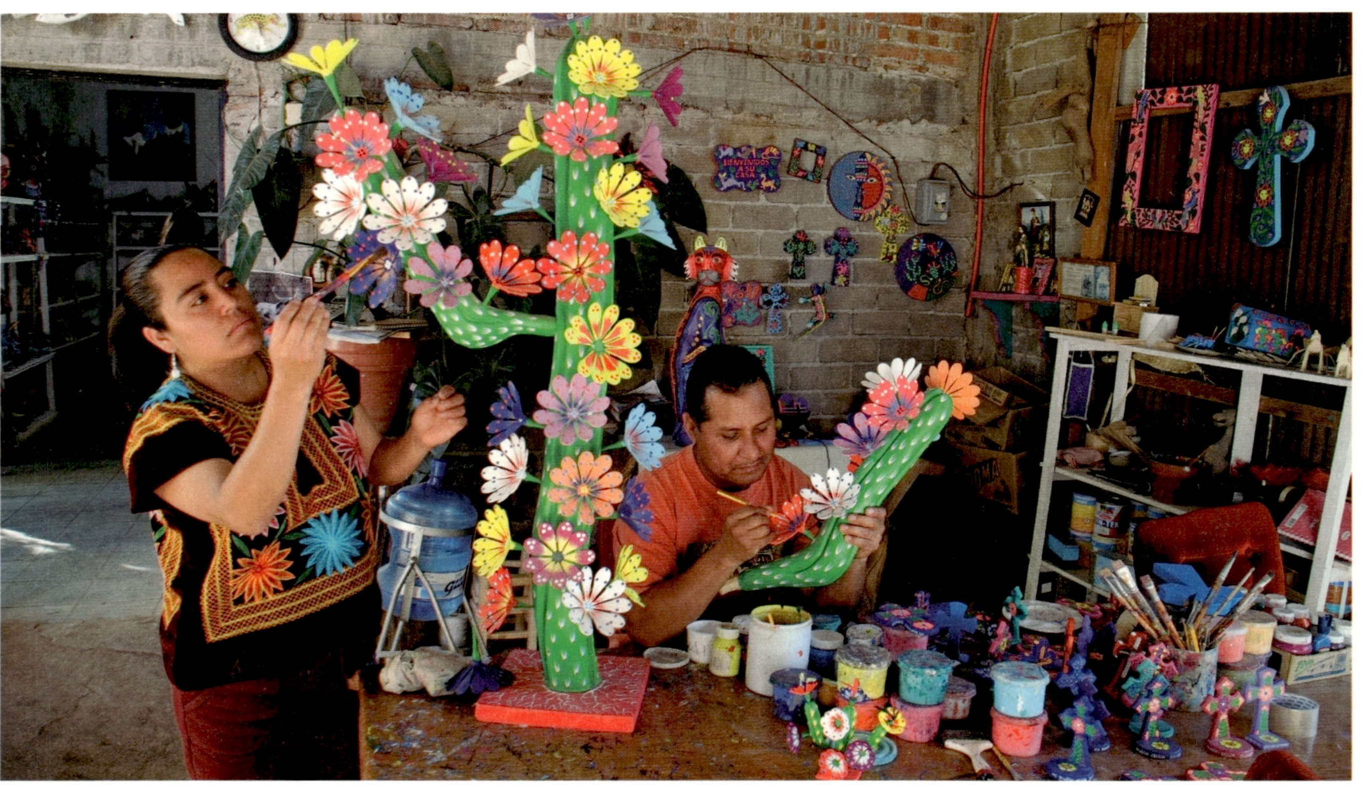
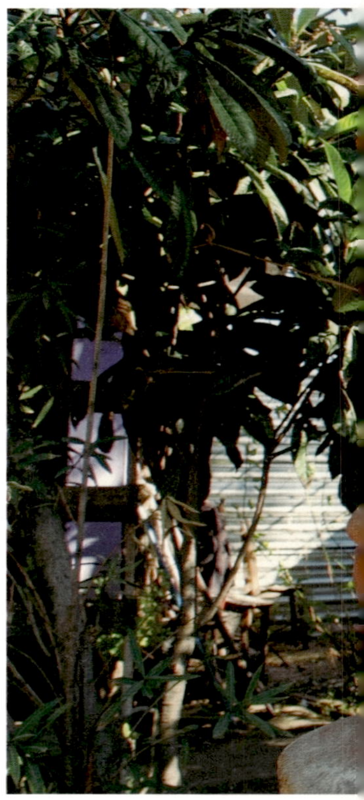

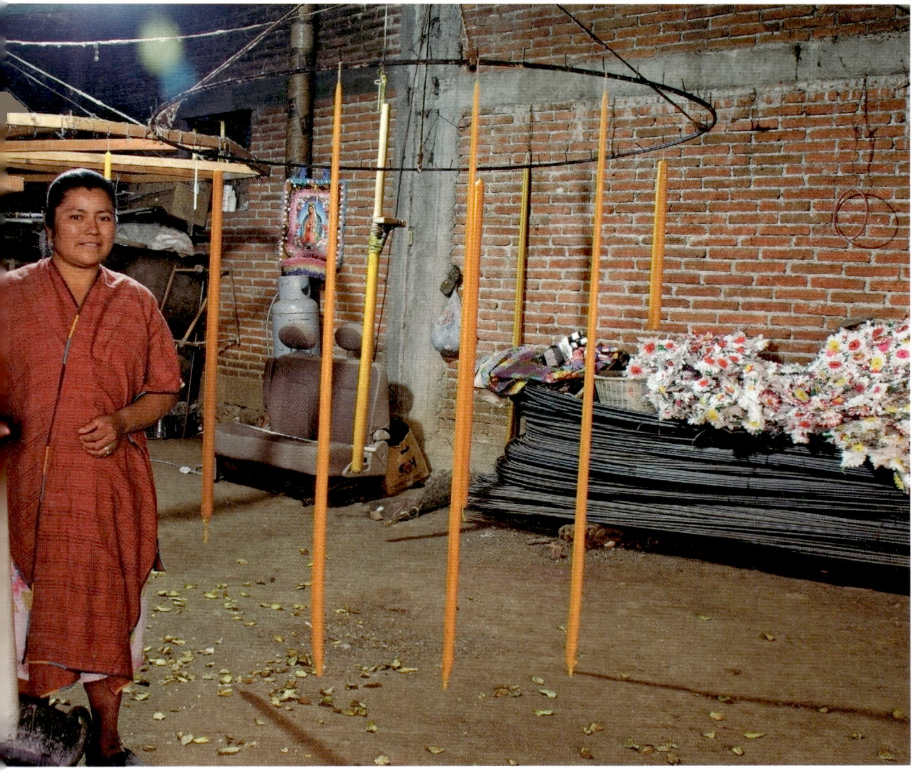
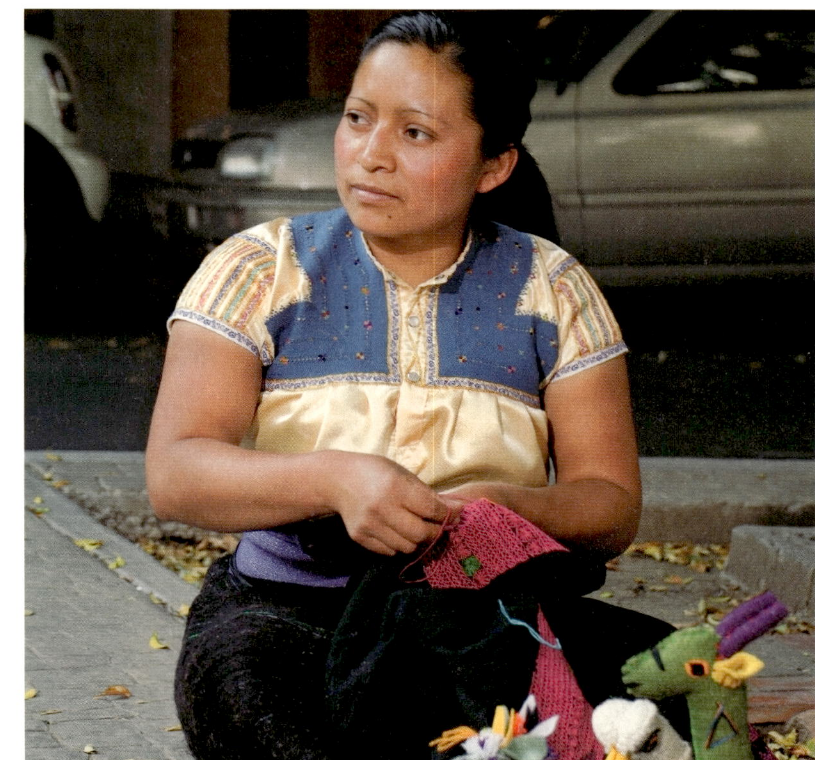
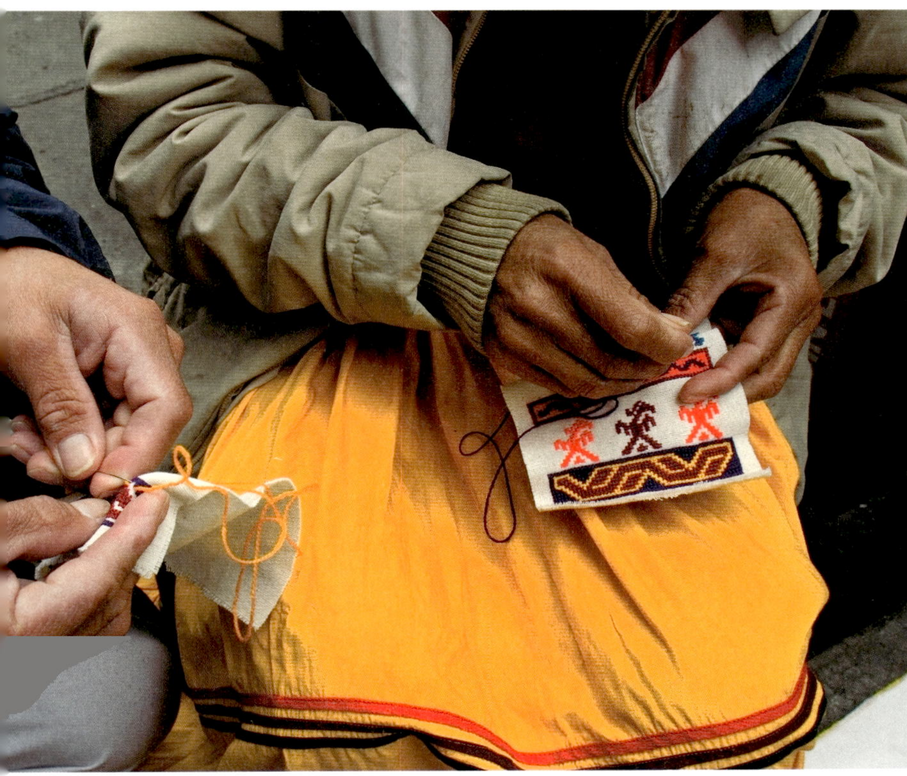
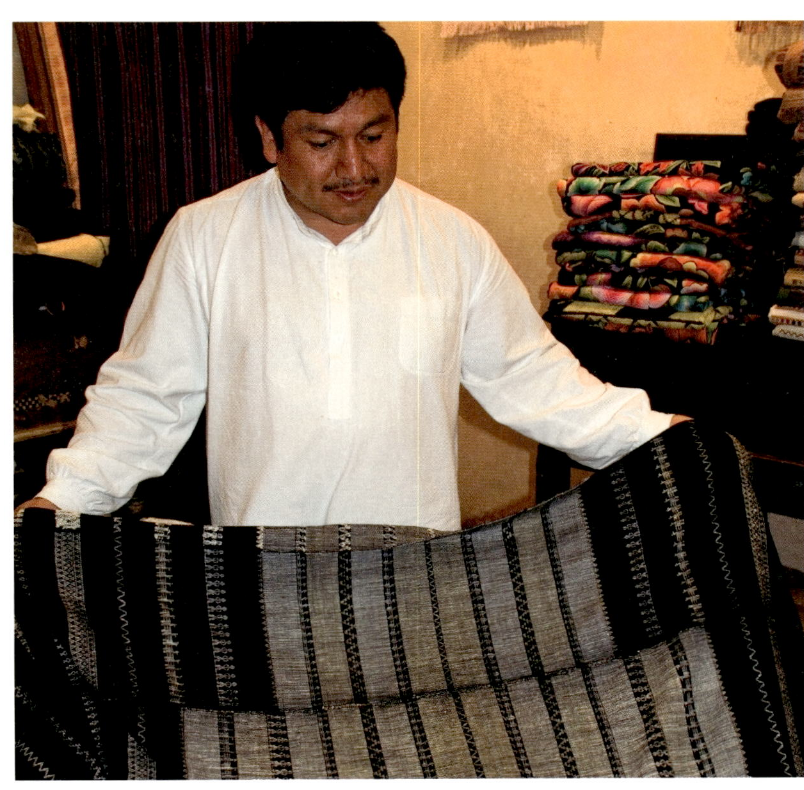
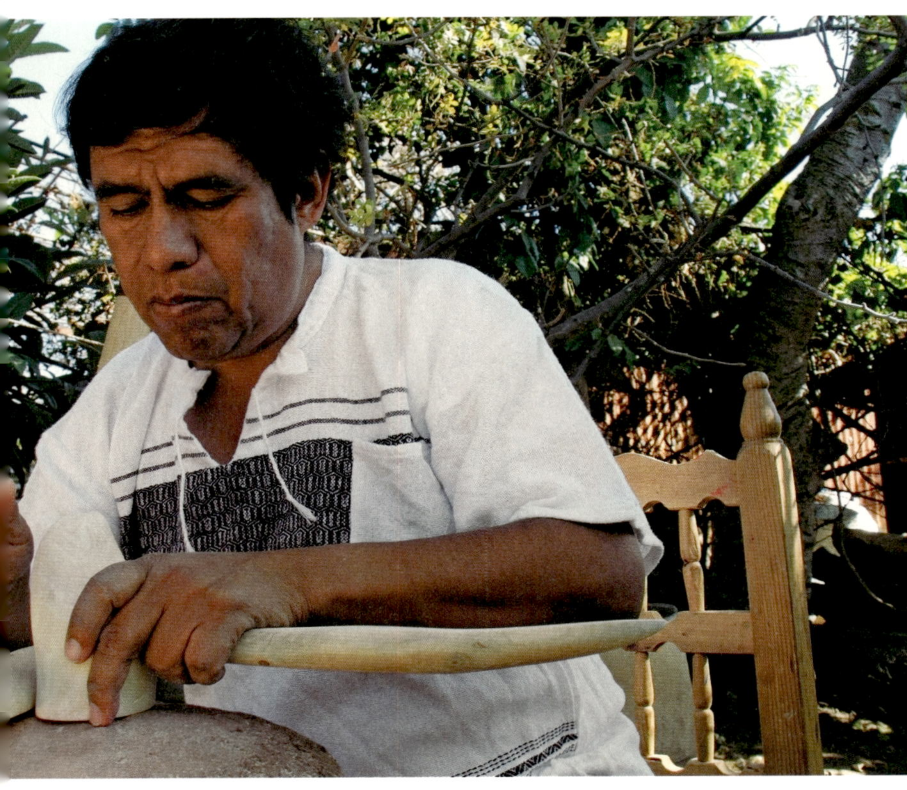
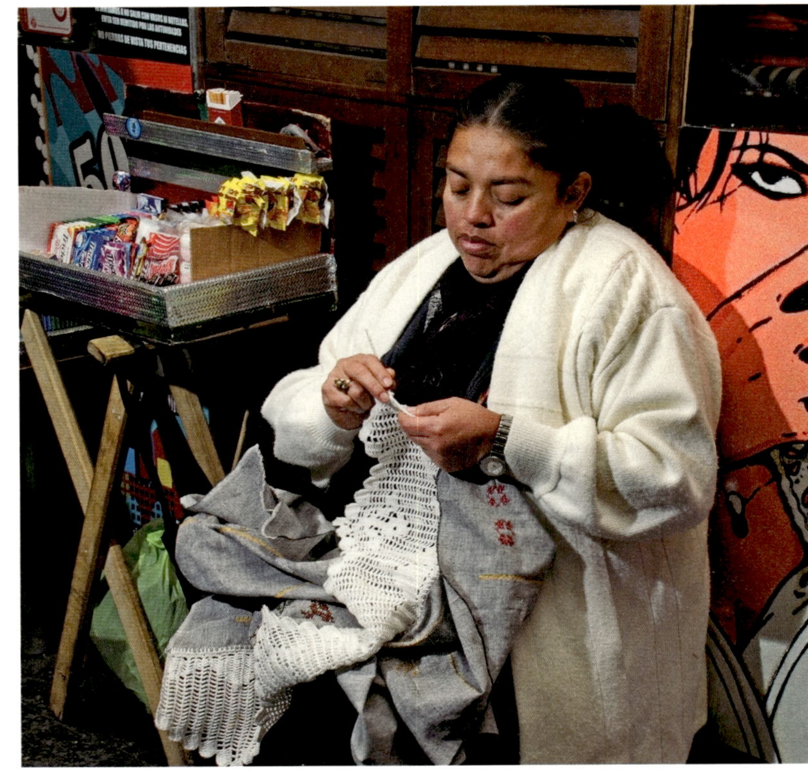

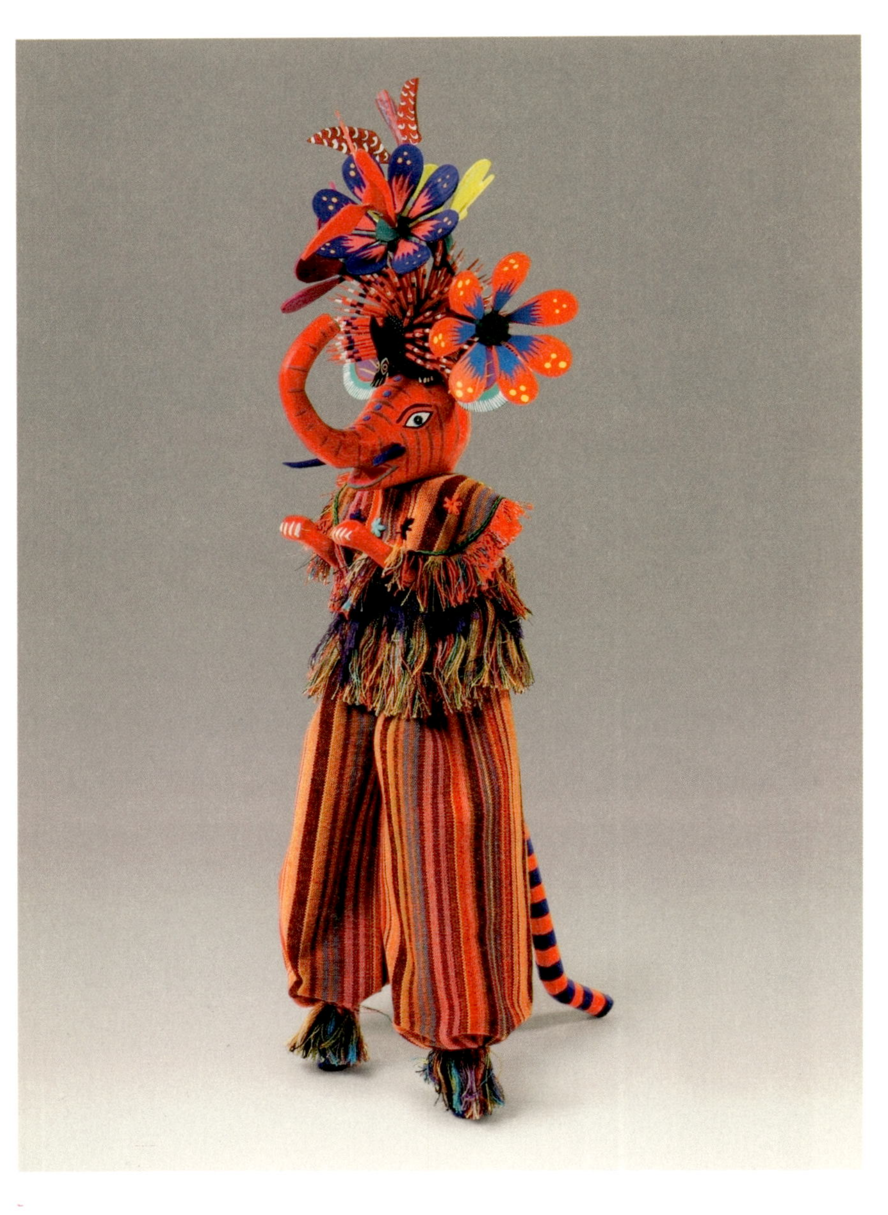

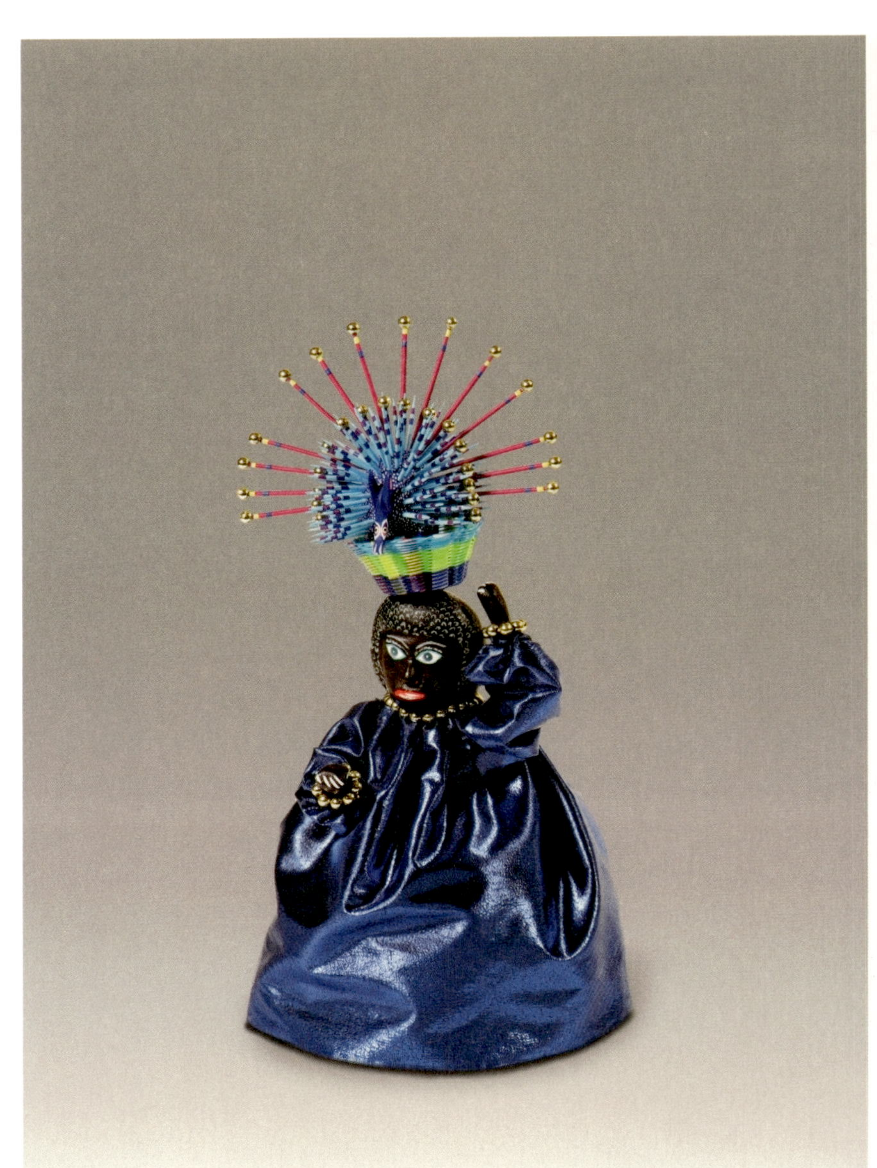

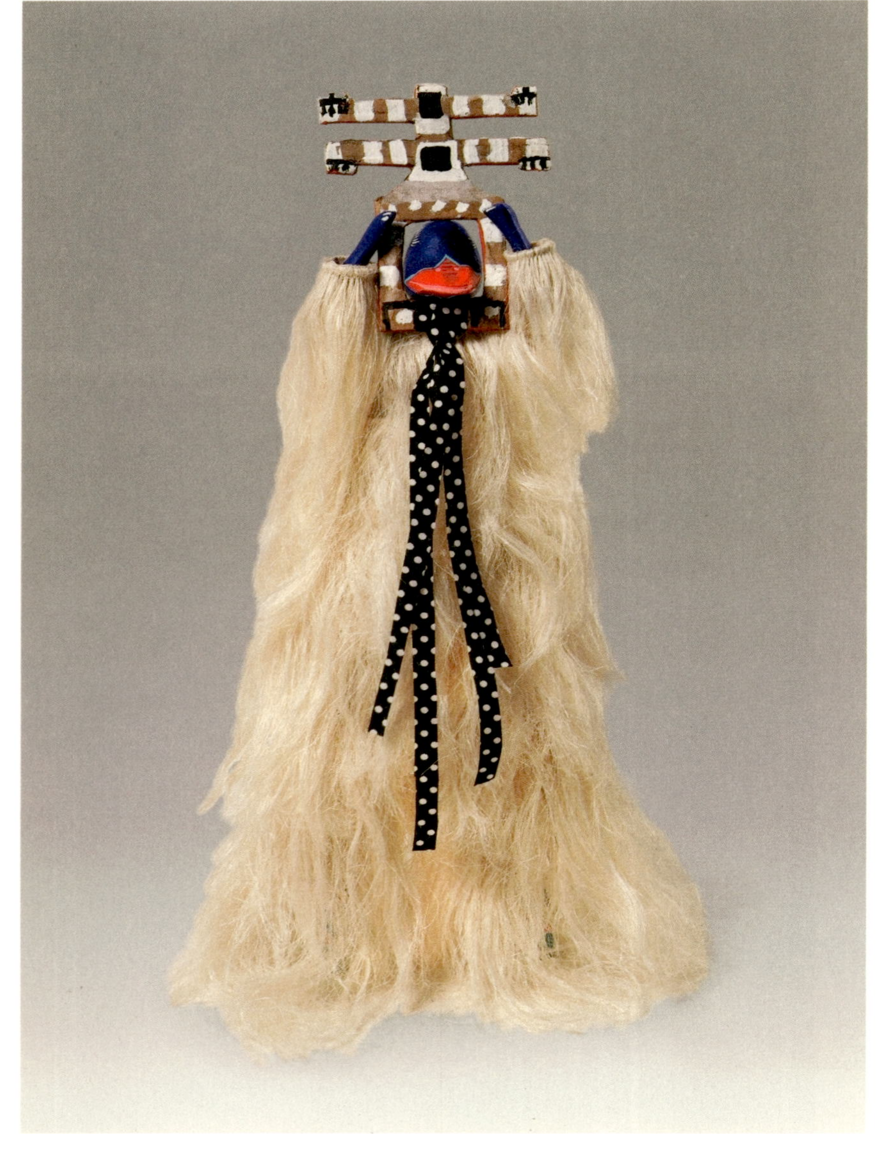

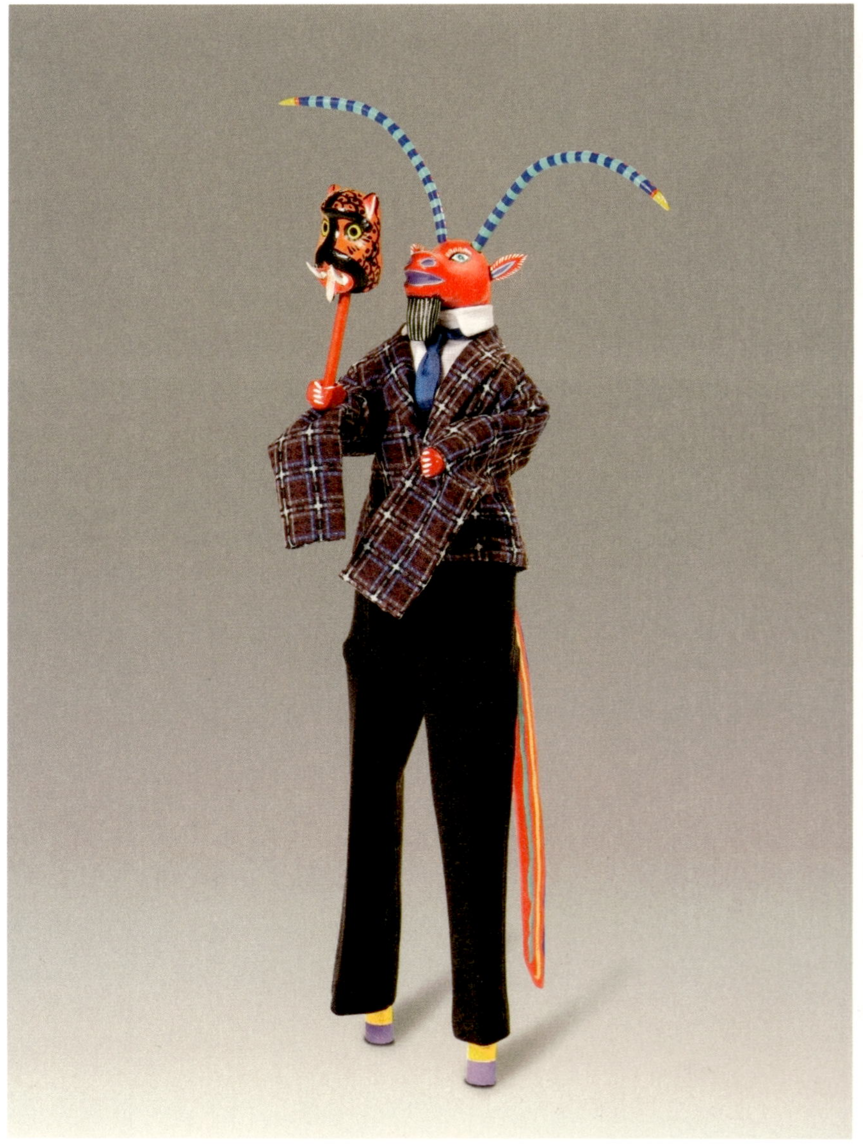

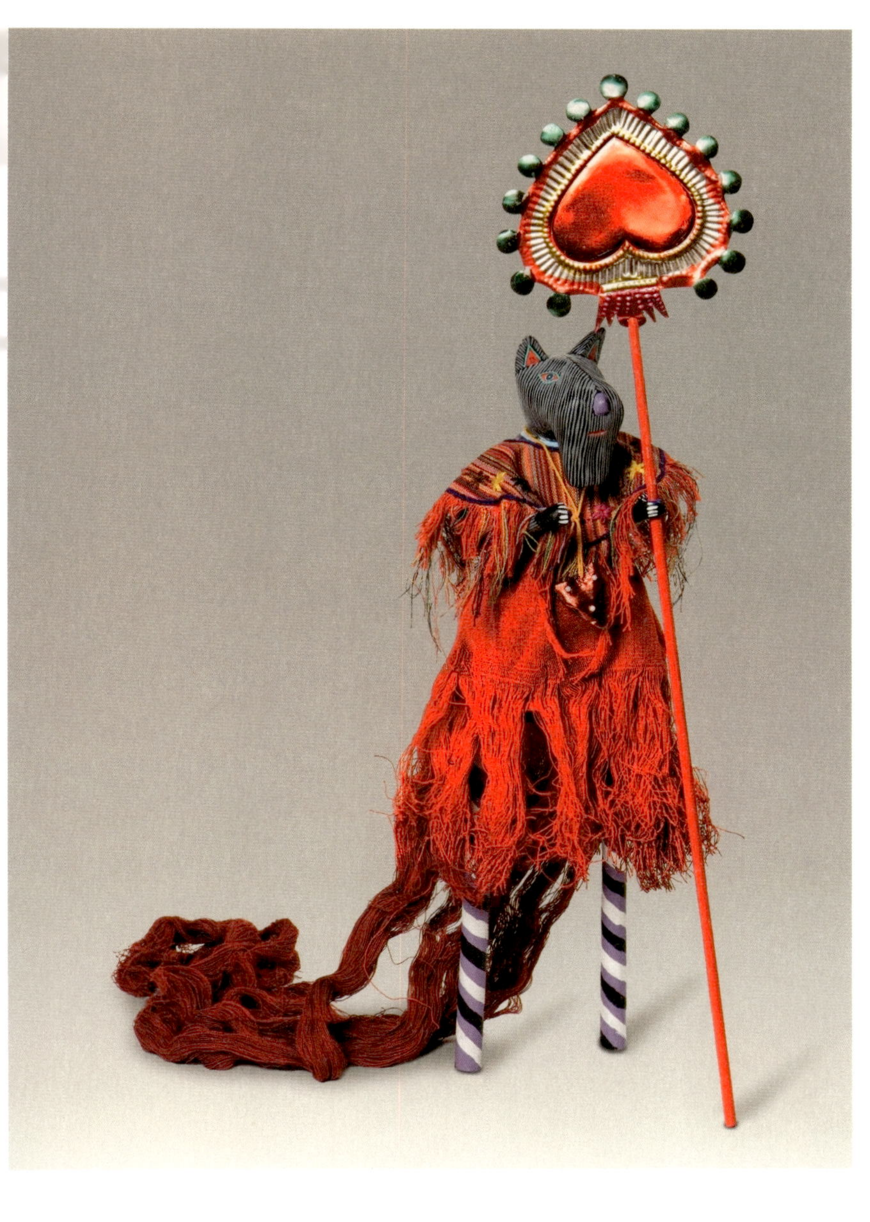
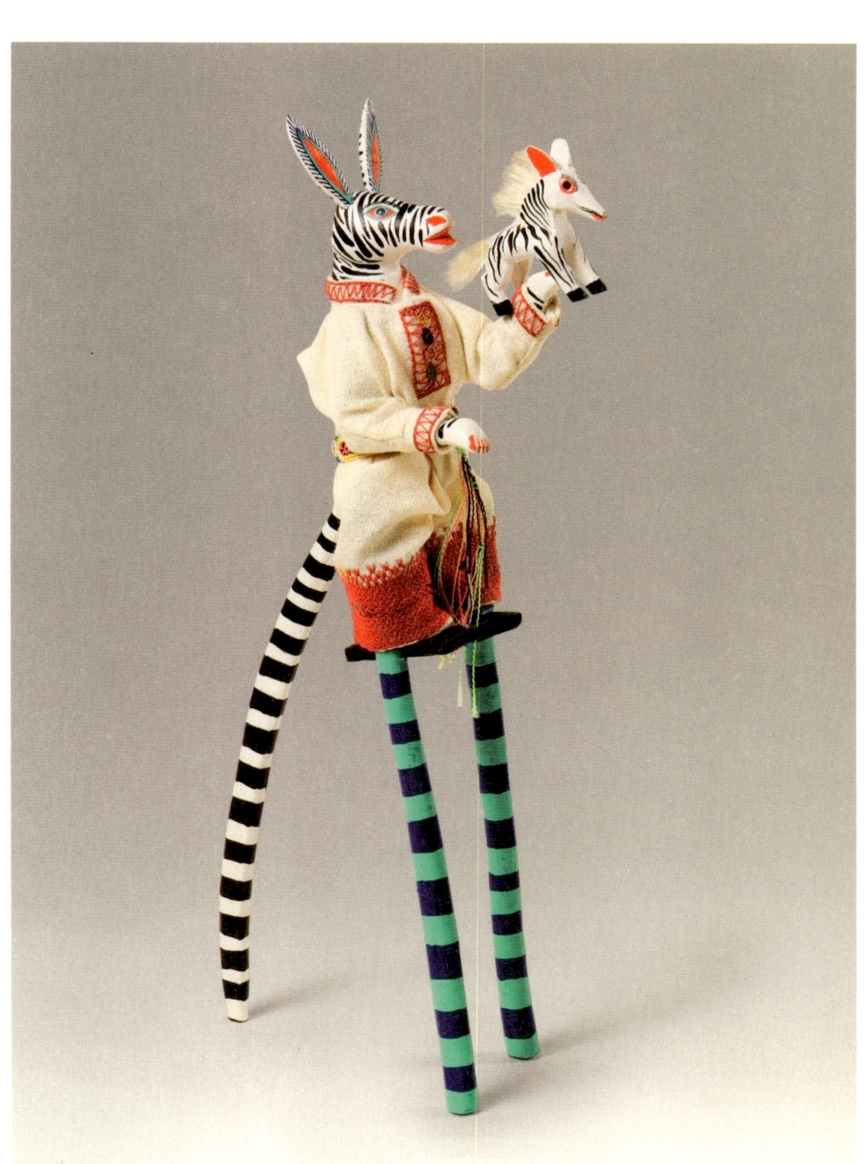
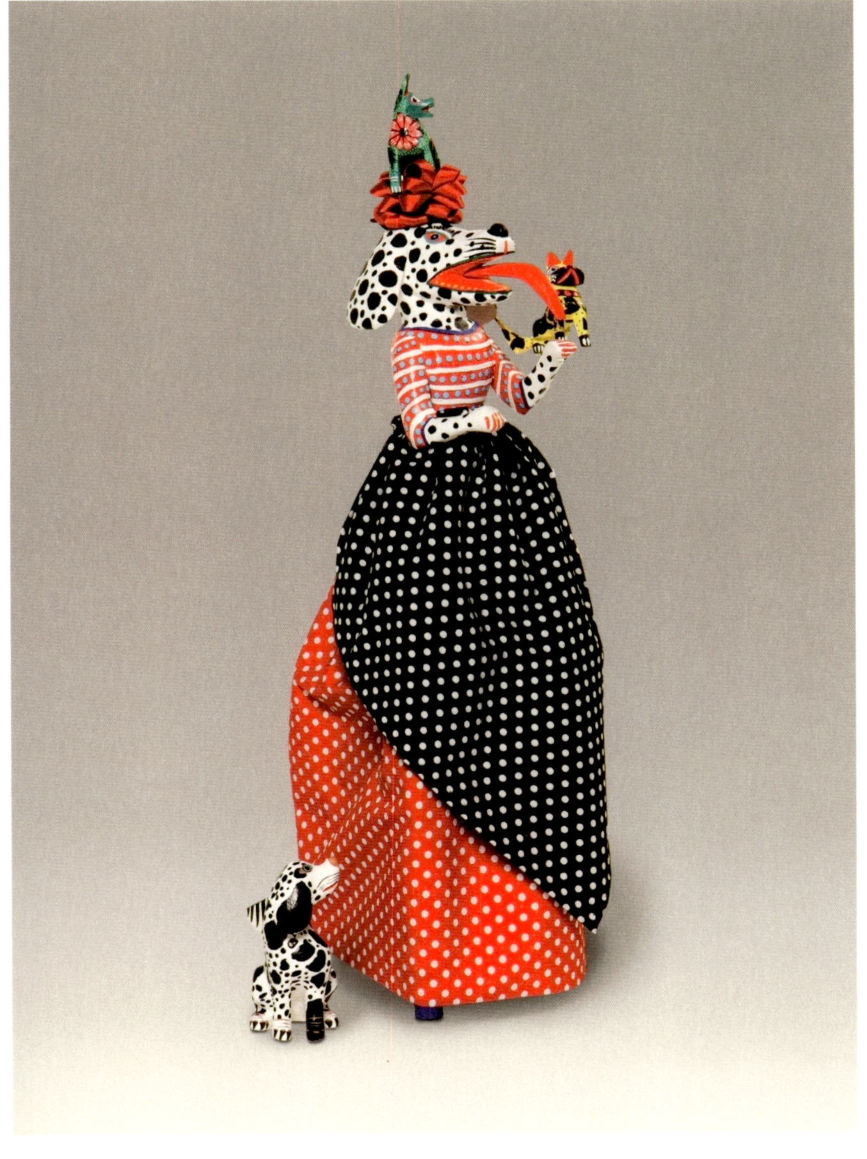
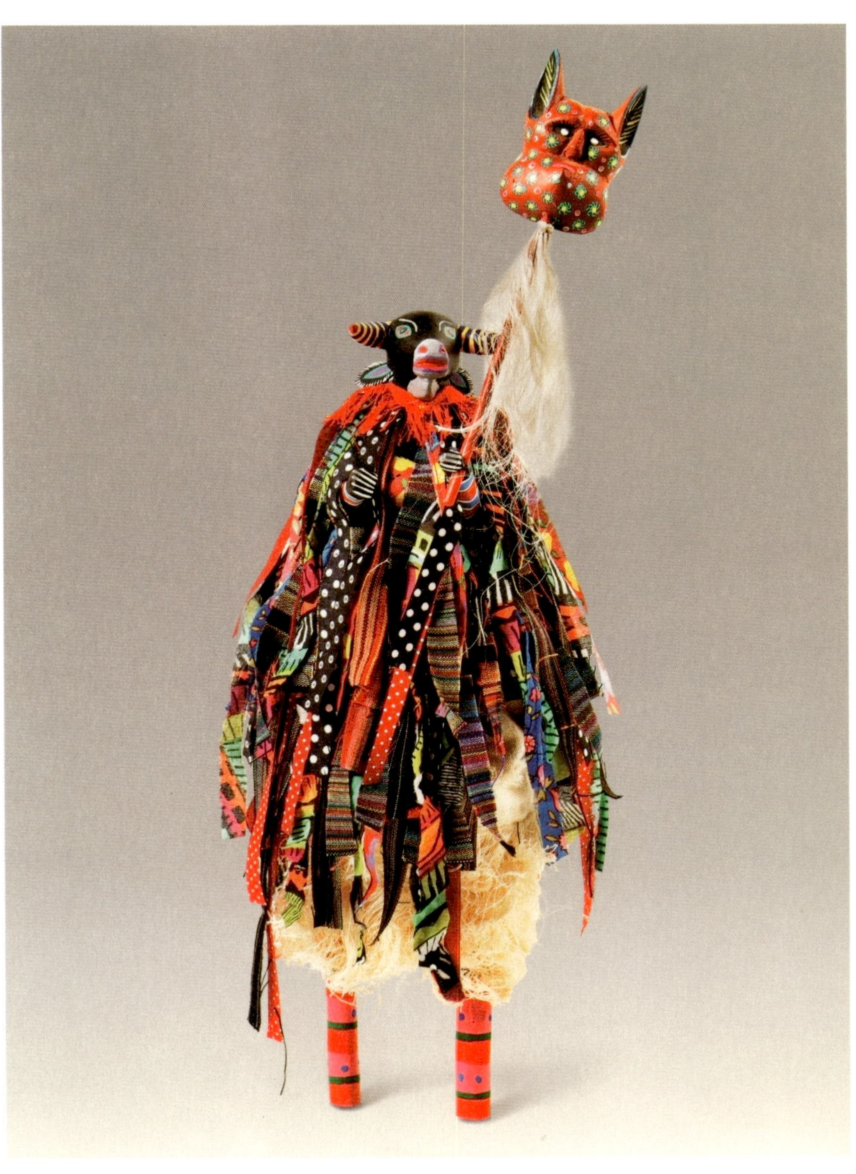

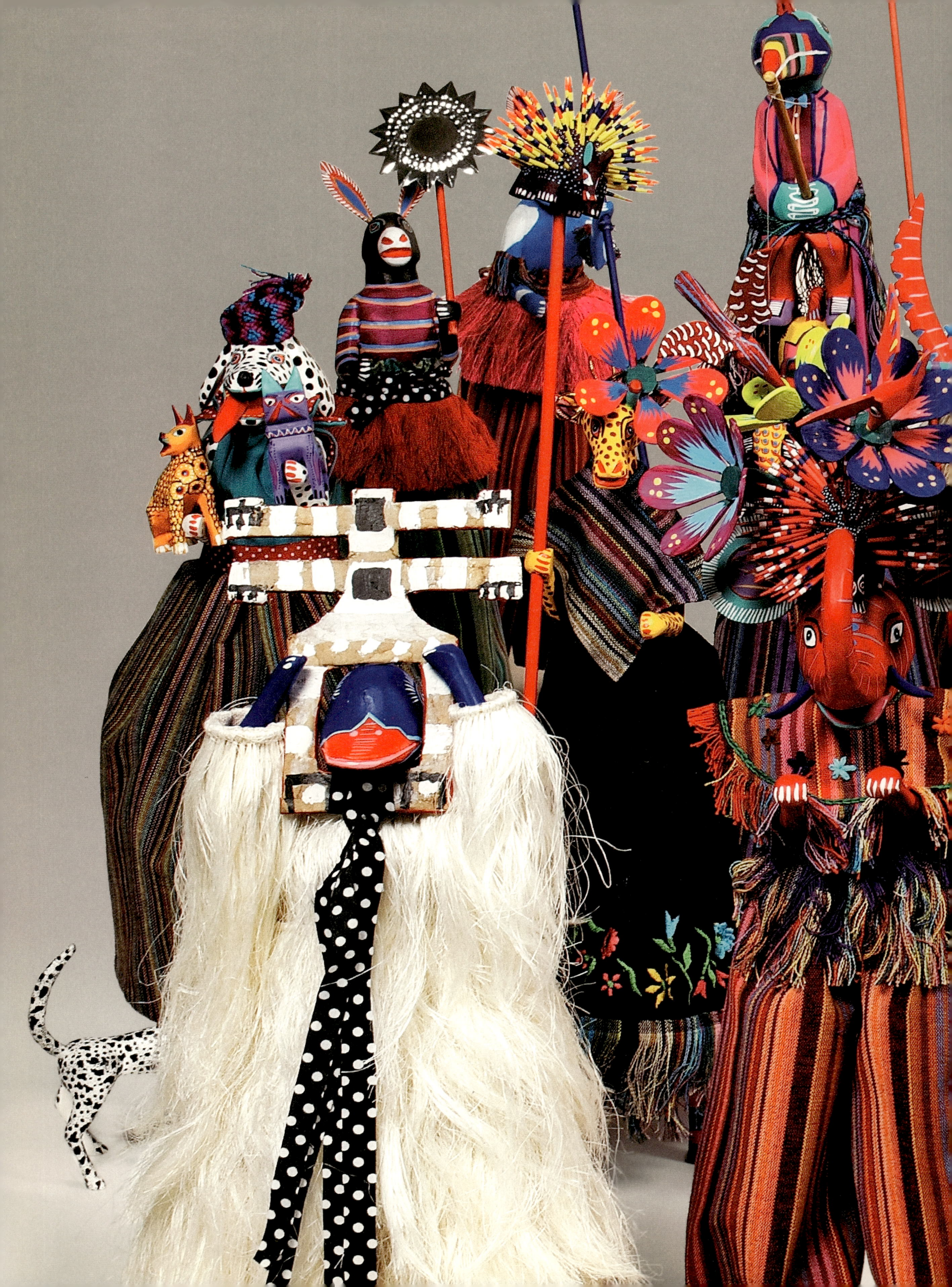

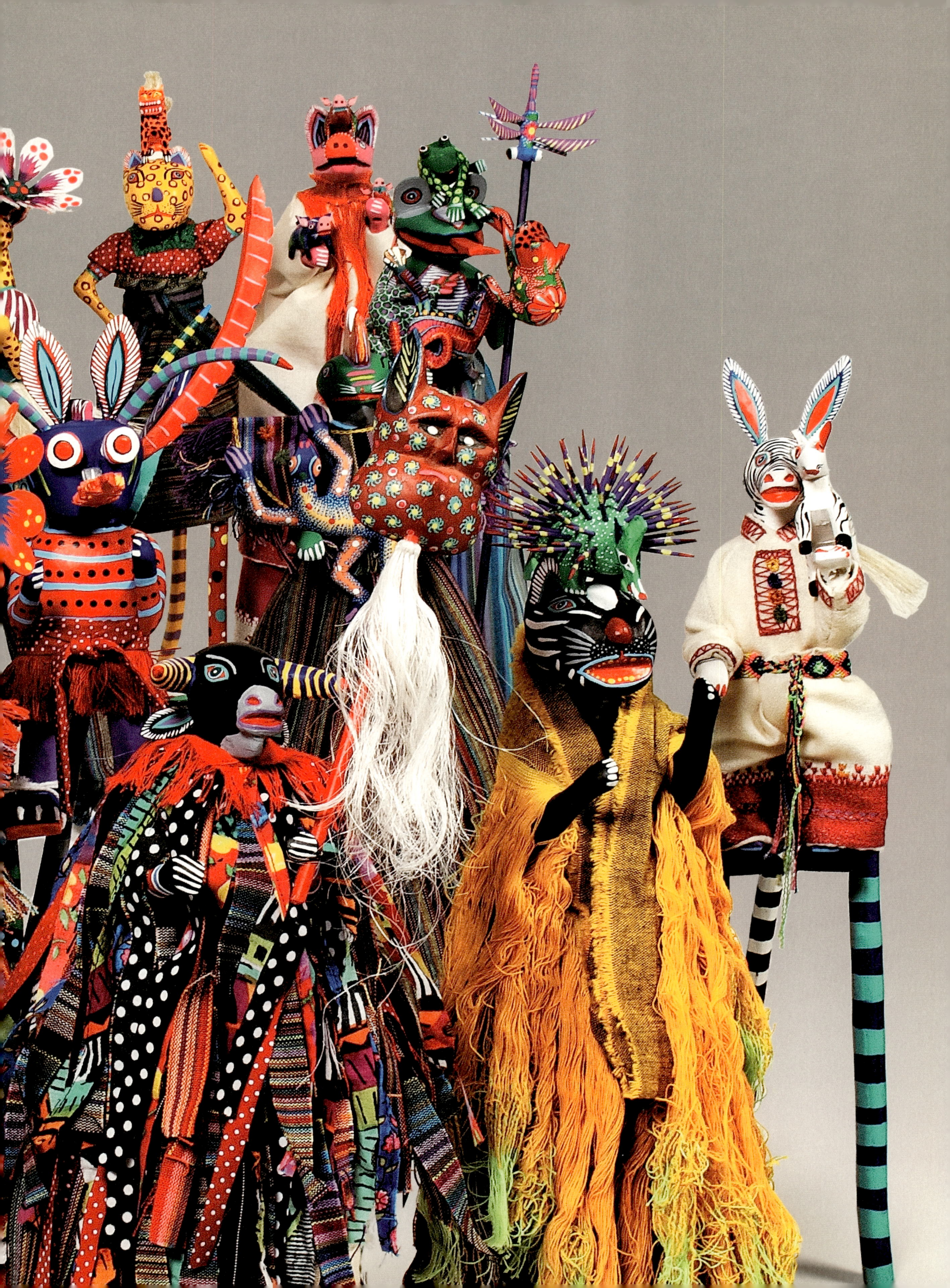

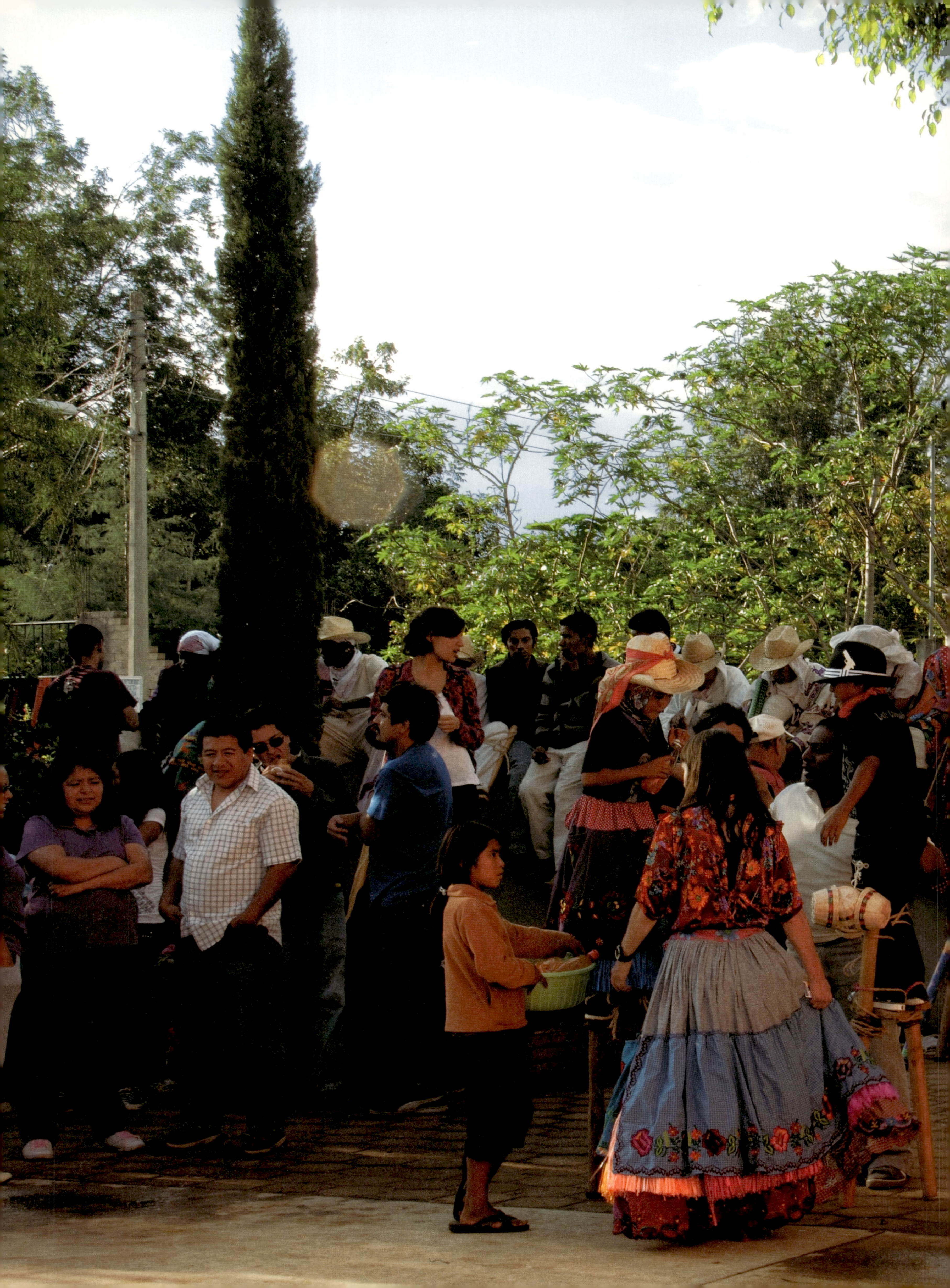

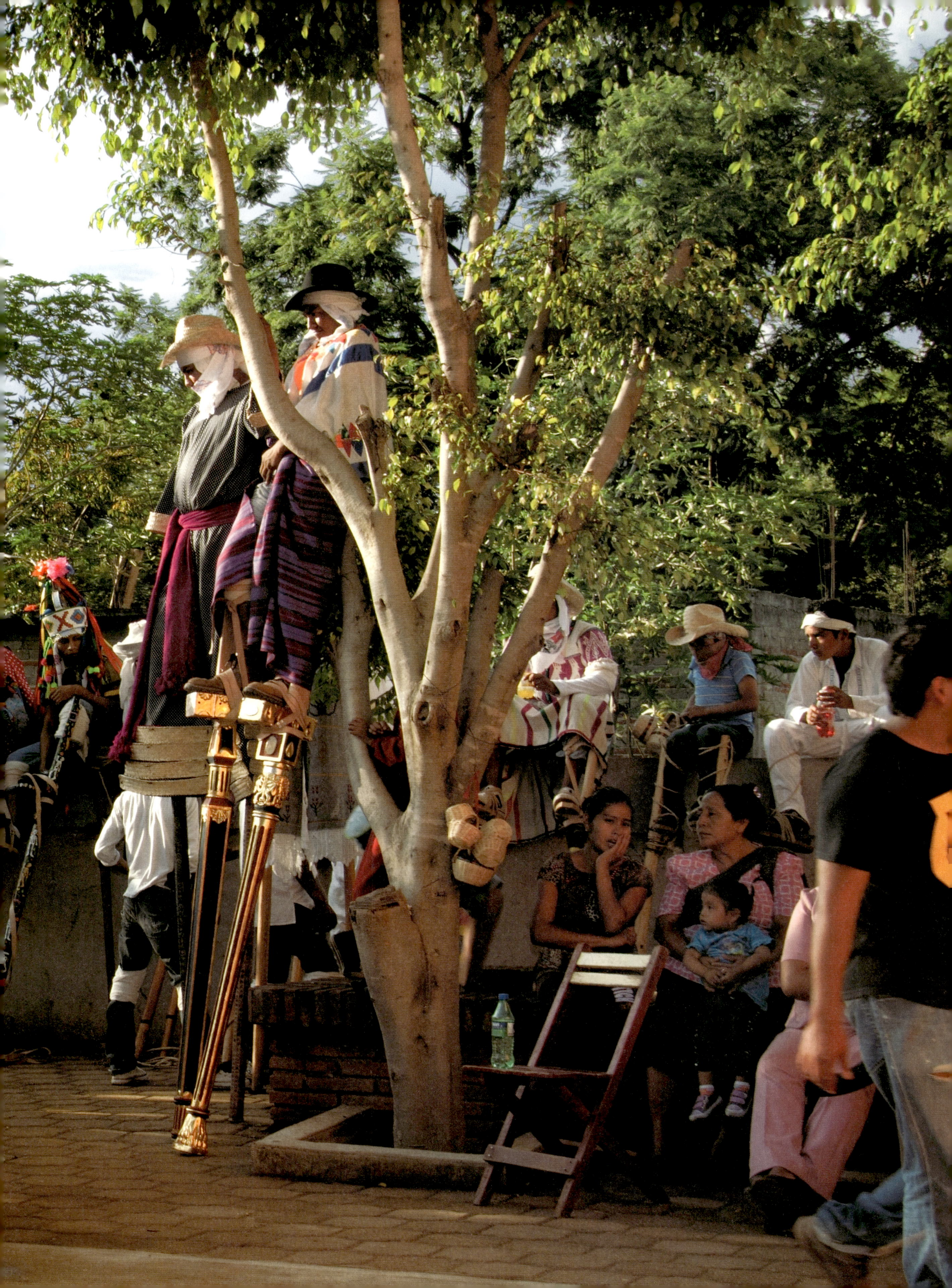

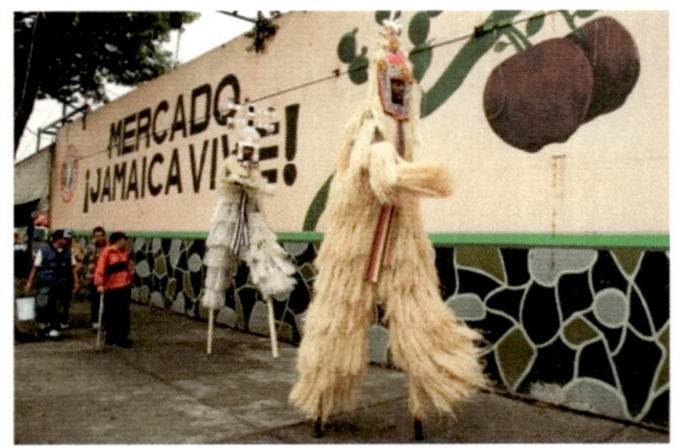

Intervención espontánea, 2011
Colaboración con los Brooklyn Jumbies
Mercado de Jamaica, ciudad de México
Fotografía: Marco Pacheco

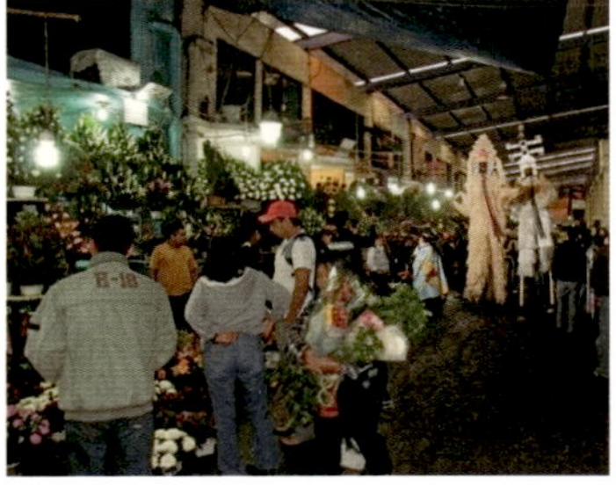

Intervención espontánea, 2011
Colaboración con los Brooklyn Jumbies
Mercado de Jamaica, ciudad de México
Fotografía: Marco Pacheco

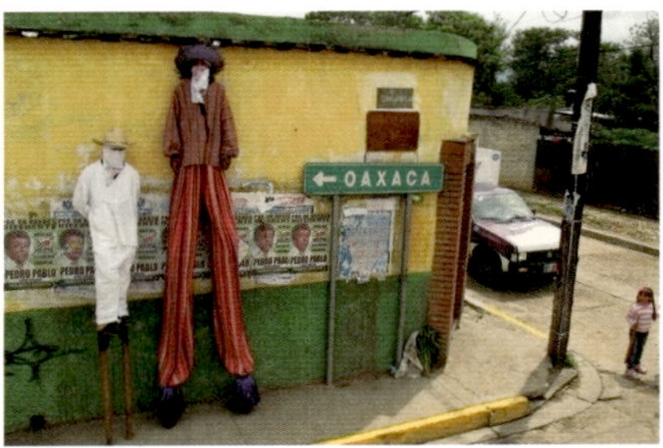

Procesiones de San Pedro, 2009
Colaboración con los Zancudos de Zaachila
y los Brooklyn Jumbies
Zaachila, Oaxaca
Fotografía: Najja Codrington

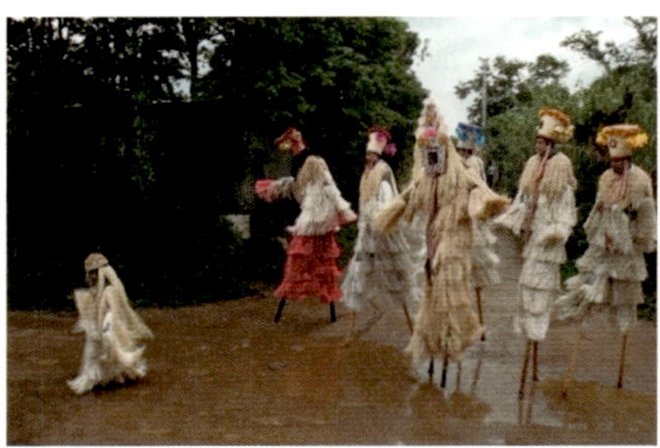

Performance en las fiestas de San Pedro, 2011
Colaboración con los Zancudos de Zaachila
y los Brooklyn Jumbies
Zaachila, Oaxaca
Fotografía: Marco Pacheco

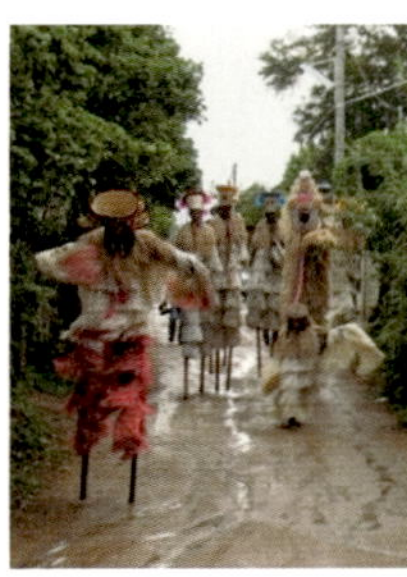

Performance en las fiestas de San Pedro, 2011
Colaboración con los Zancudos de Zaachila
y los Brooklyn Jumbies
Zaachila, Oaxaca
Fotografía: Marco Pacheco

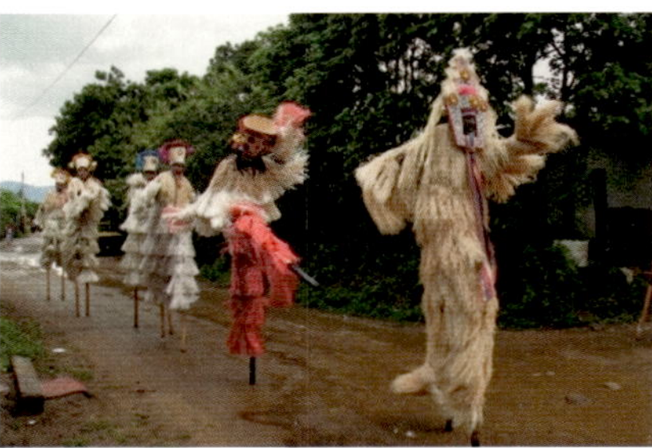

Performance en las fiestas de San Pedro, 2011
Colaboración con los Zancudos de Zaachila
y los Brooklyn Jumbies
Zaachila, Oaxaca
Fotografía: Marco Pacheco

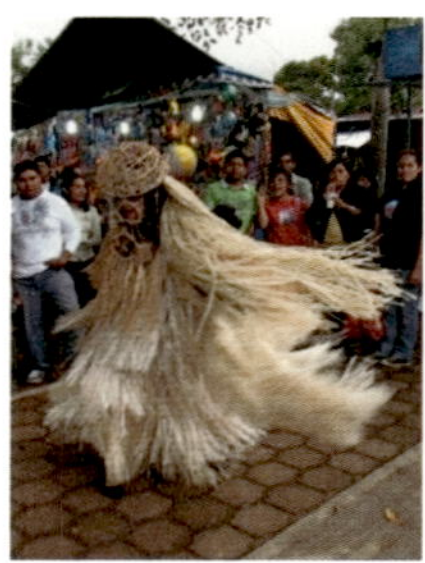

Performance en las fiestas de San Pedro, 2011
Zaachila, Oaxaca
Fotografía: Marco Pacheco

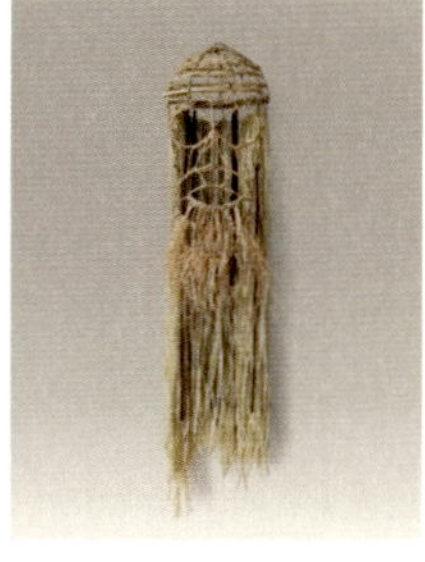

Máscara de chamán, 2009-2010
Rafia, palma y alambre cubierto
de junco y rafia sintética
114.3 x 28 x 28 cm
Fotografía: Laura Anderson Barbata

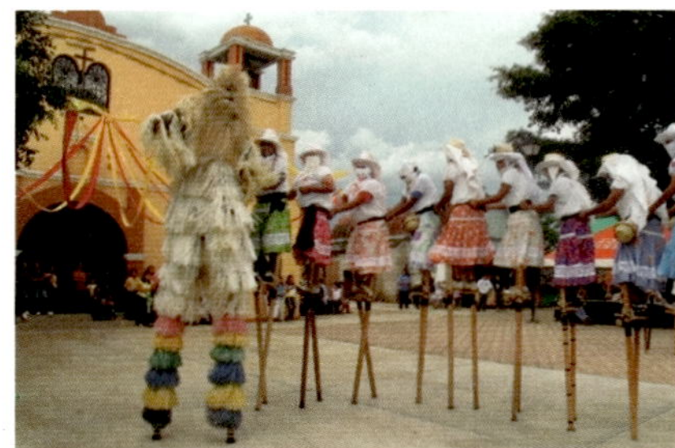

Fiestas de San Pedro, 2008
Colaboración con los Zancudos de Zaachila
y los Brooklyn Jumbies
Zaachila, Oaxaca
Fotografía: Laura Anderson Barbata

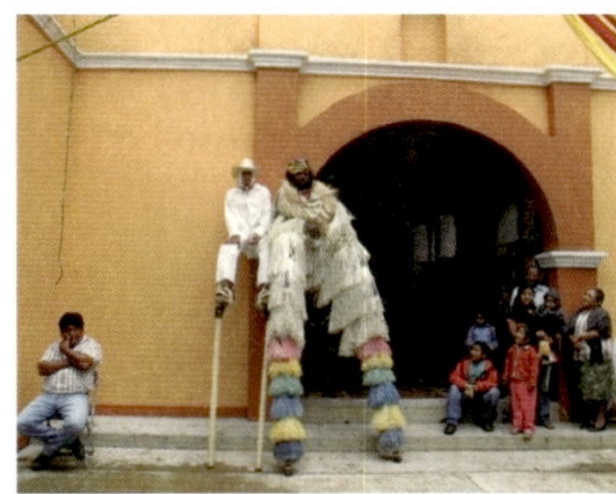

Zancudo y Jumbie fuera de la iglesia
de San Pedro previo a la fiesta, 2008
Zaachila, Oaxaca
Fotografía: Laura Anderson Barbata

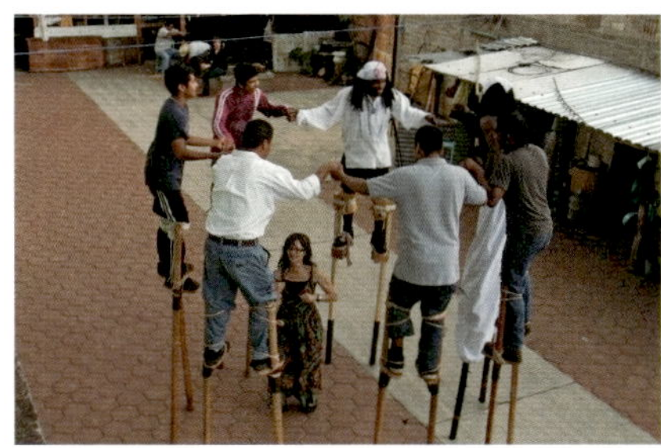

Ensayo previo a la fiesta de San Pedro, 2011
Colaboración con los Zancudos de Zaachila
y los Brooklyn Jumbies
Patio de don José Mendoza, Zaachila, Oaxaca
Fotografía: Marco Pacheco

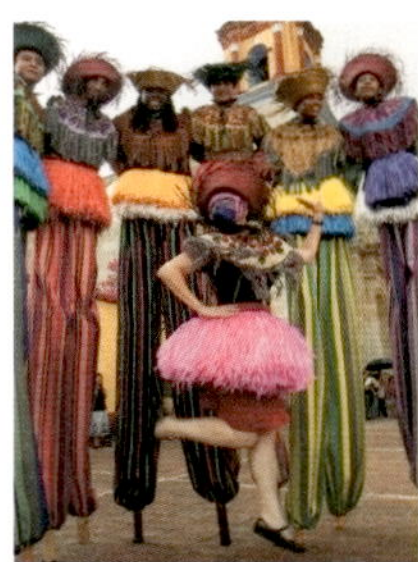

Festival Ma (yo), Celebrando las Culturas
Afrodescendientes de Oaxaca, 2011
Colaboración con los Zancudos de Zaachila
y los Brooklyn Jumbies
Barrio de Jalatlaco, ciudad de Oaxaca, Oaxaca
Fotografía: Pablo Aguinaco

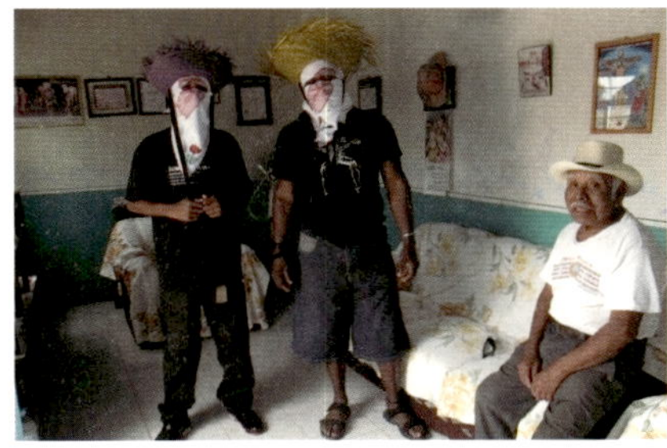

Los Brooklyn Jumbies y don José Mendoza,
capitán de los Zancudos de Zaachila, 2009
Zaachila, Oaxaca
Fotografía: Alix Milne

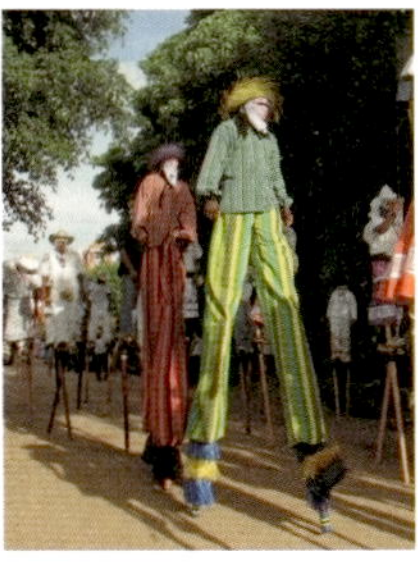

Procesiones de San Pedro, 2009
Colaboración con los Zancudos de Zaachila
y los Brooklyn Jumbies
Zaachila, Oaxaca
Fotografía: Laura Anderson Barbata

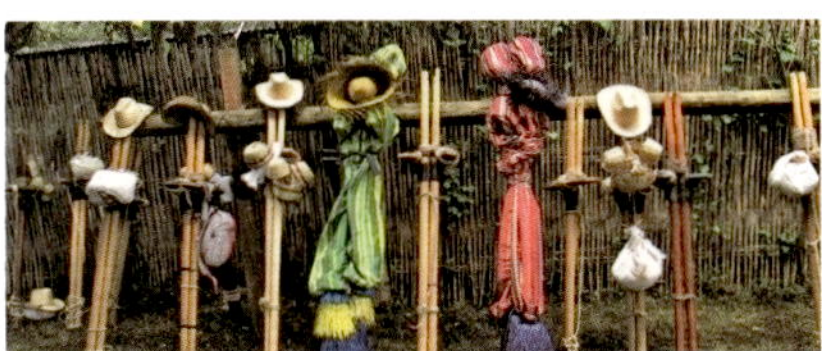

Zancos de Zancudos y Jumbies, 2009
Zaachila, Oaxaca
Fotografía: Laura Anderson Barbata

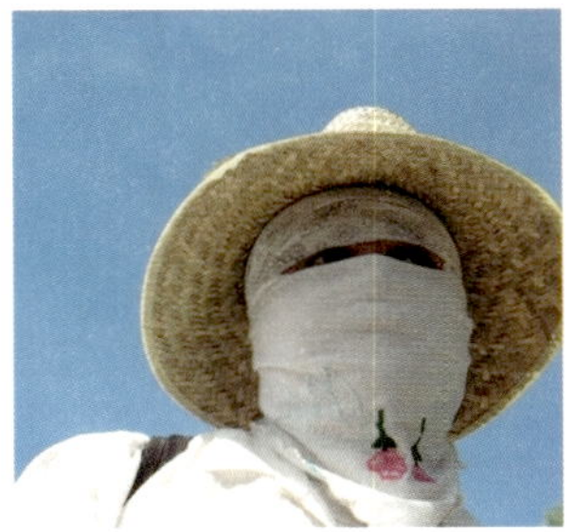

Zancudo de Zaachila, 2008
Zaachila, Oaxaca
Fotografía: Laura Anderson Barbata

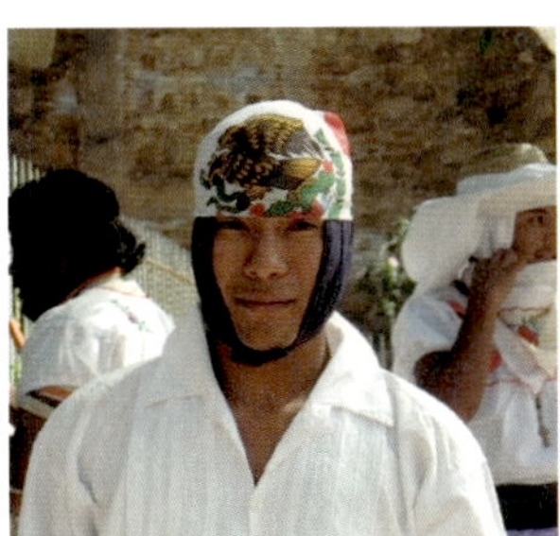

Zancudo de Zaachila, 2008
Zaachila, Oaxaca
Fotografía: Laura Anderson Barbata

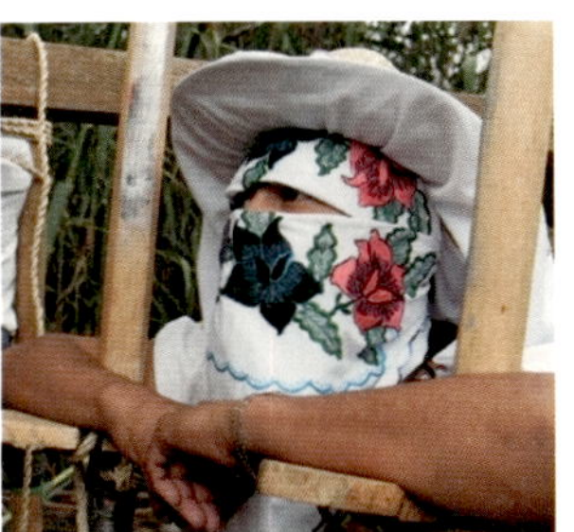

Zancudo de Zaachila, 2008
Zaachila, Oaxaca
Fotografía: Laura Anderson Barbata

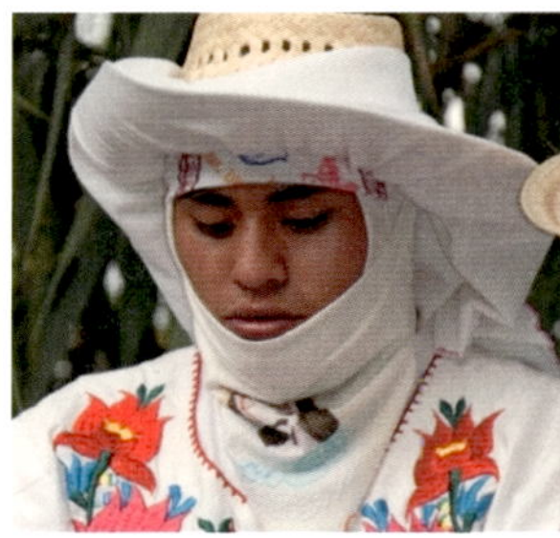

Zancudo de Zaachila, 2008
Zaachila, Oaxaca
Fotografía: Laura Anderson Barbata

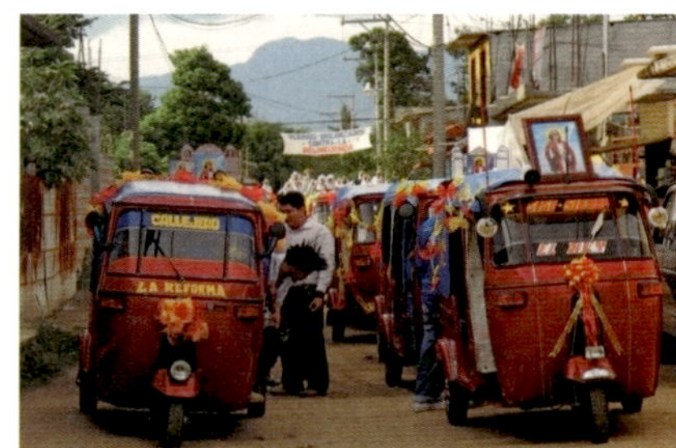

Procesiones de San Pedro, 2010
Zaachila, Oaxaca
Fotografía: Laura Anderson Barbata

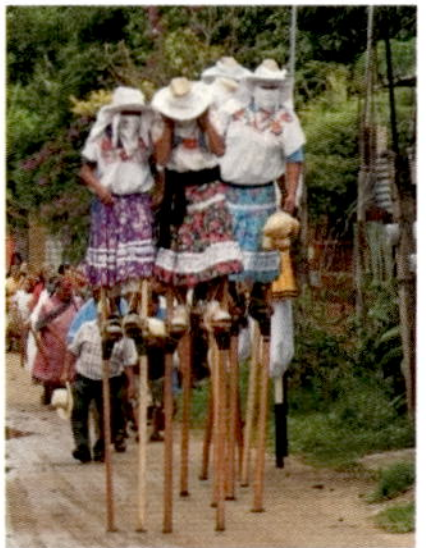

Procesiones de San Pedro, 2011
Zancudos de Zaachila
Zaachila, Oaxaca
Fotografía: Marco Pacheco

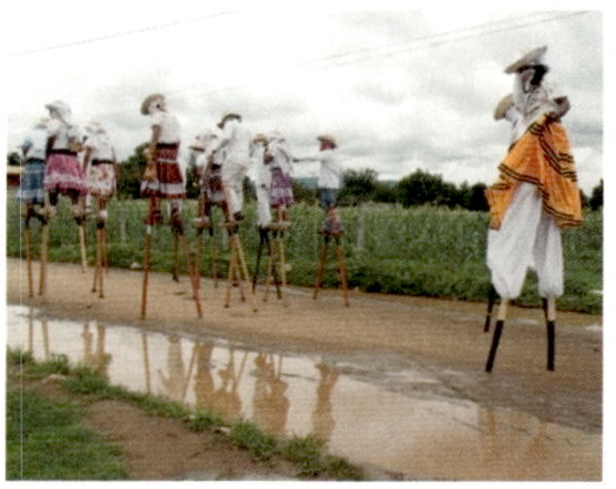

Procesiones de San Pedro, 2011
Colaboración con los Zancudos de Zaachila
y los Brooklyn Jumbies
Zaachila, Oaxaca
Fotografía: Marco Pacheco

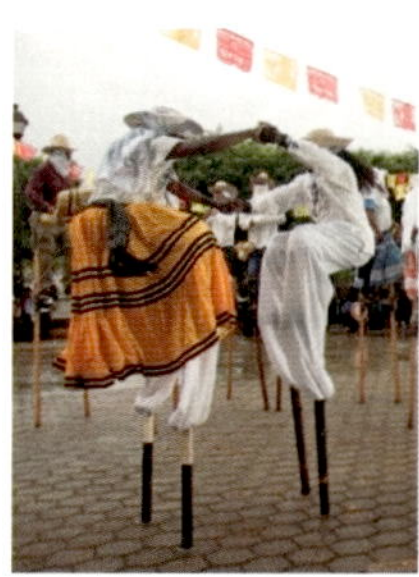

Procesiones de San Pedro, 2011
Colaboración con los Zancudos de Zaachila
y los Brooklyn Jumbies
Zaachila, Oaxaca
Fotografía: Marco Pacheco

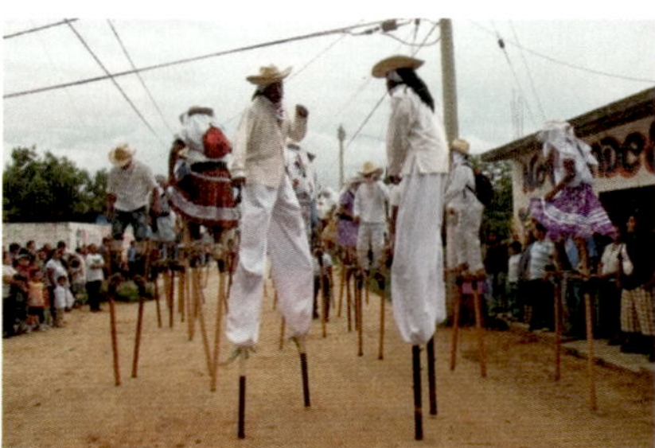

Procesiones de San Pedro, 2011
Colaboración con los Zancudos de Zaachila
y los Brooklyn Jumbies
Zaachila, Oaxaca
Fotografía: Marco Pacheco

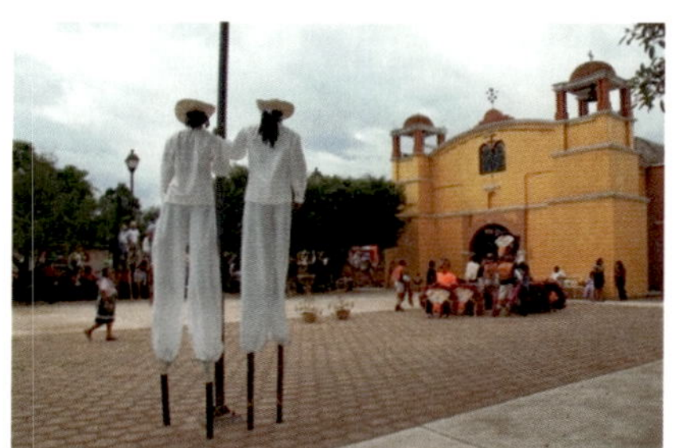

Brooklyn Jumbies fuera de la inglesia,
en los preparativos previos a la fiesta
de San Pedro, 2011
Zaachila, Oaxaca
Fotografía: Marco Pacheco

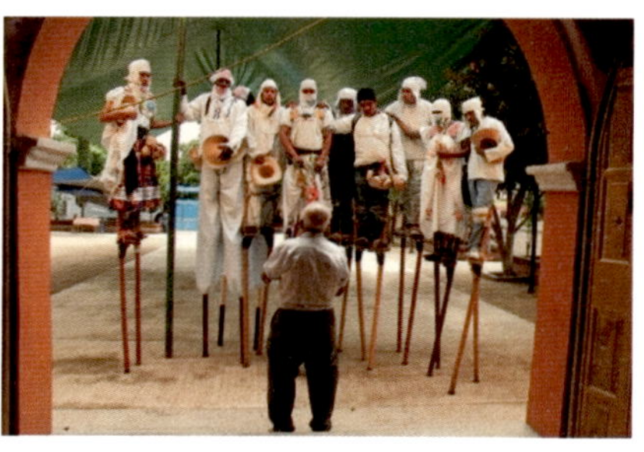

Don José Mendoza, los Zancudos
de Zaachila y los Brooklyn Jumbies
en la iglesia de San Pedro, 2011
Zaachila, Oaxaca
Fotografía: Marco Pacheco

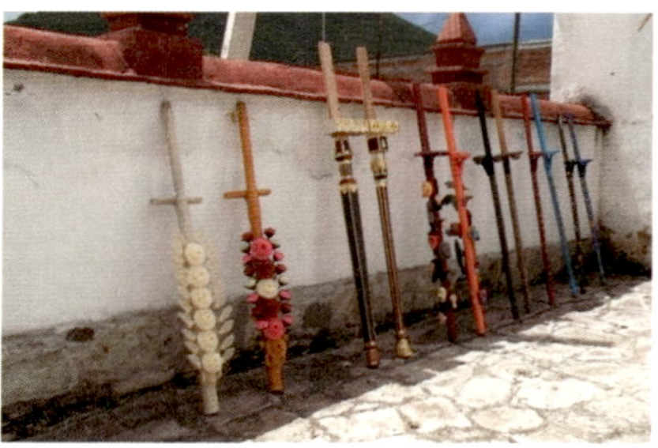

Zancos elaborados en colaboración con artesanos
de Oaxaca, 2012
Teotitlán del Valle, Oaxaca
Fotografía: Marco Pacheco

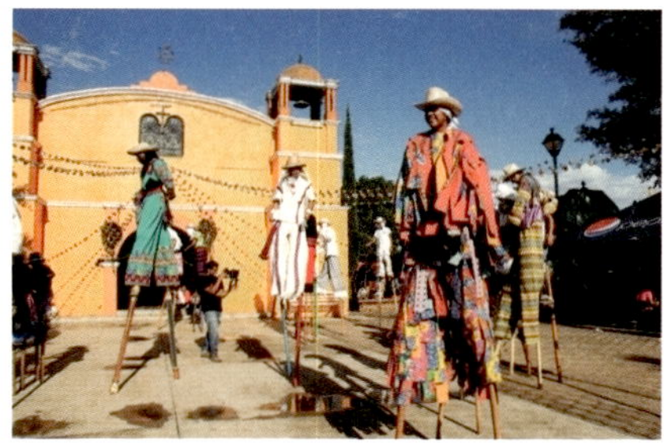

Fiestas de San Pedro, 2012
Colaboración con los Zancudos de Zaachila
y los Brooklyn Jumbies
Zaachila, Oaxaca
Fotografía: Marco Pacheco

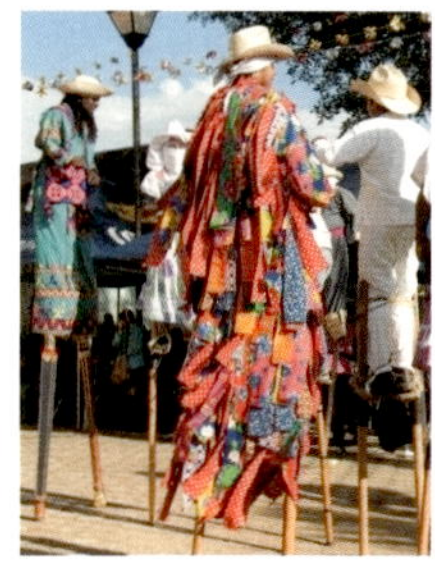

Fiestas de San Pedro, 2012
Colaboración con los Zancudos de Zaachila
y los Brooklyn Jumbies
Zaachila, Oaxaca
Fotografía: Marco Pacheco

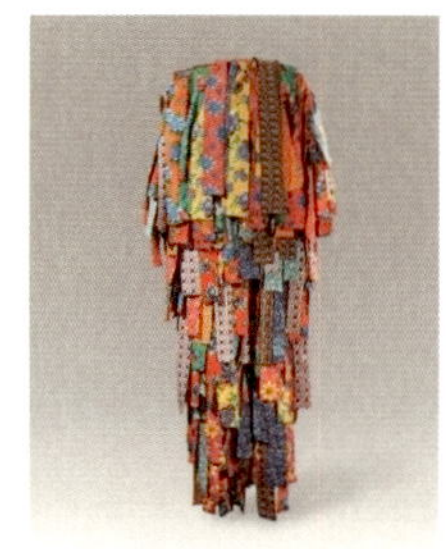

Traje jumbie oaxaqueño, 2012
Diversos textiles
203.2 x 71 x 25.4 cm
Fotografía: Stefan Hagen

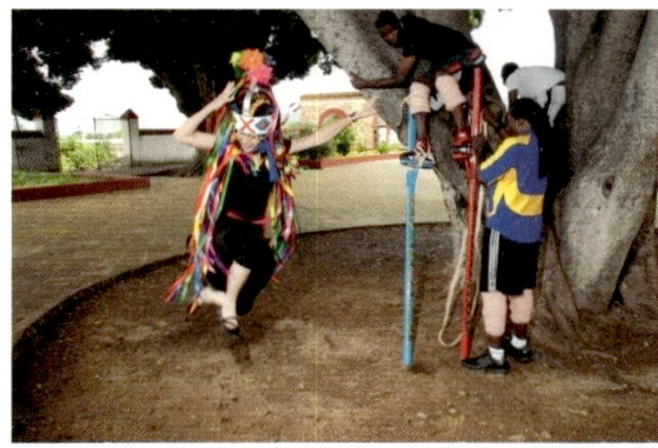

Ensayo previo a la fiesta de San Pedro
con los Brooklyn Jumbies, 2012
Teotitlán del Valle, Oaxaca
Fotografía: Marco Pacheco

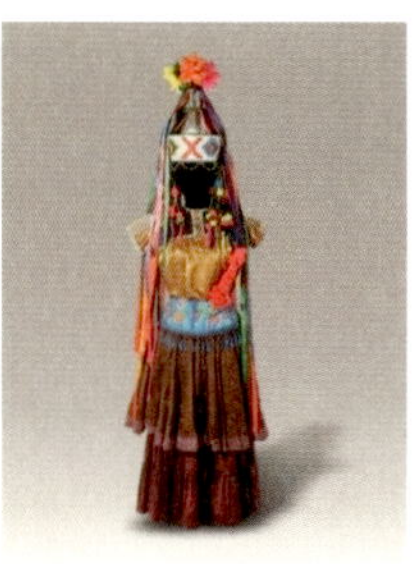

Bailarina, 2012
Colaboración con la artesana Ernestina
Gómez Gómez
Bordado tradicional chamula, seda, listones,
cuentas, tocado del danzante de la pluma
decorado con listones y flores de papel encerado
190.5 x 43 x 25.4 cm
Fotografía: Marco Pacheco

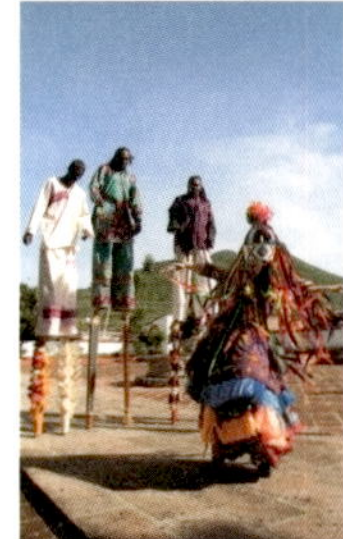

Ensayo para la fiesta de San Pedro
con los Brooklyn Jumbies, 2012
Teotitlán del Valle, Oaxaca
Fotografía: Marco Pacheco

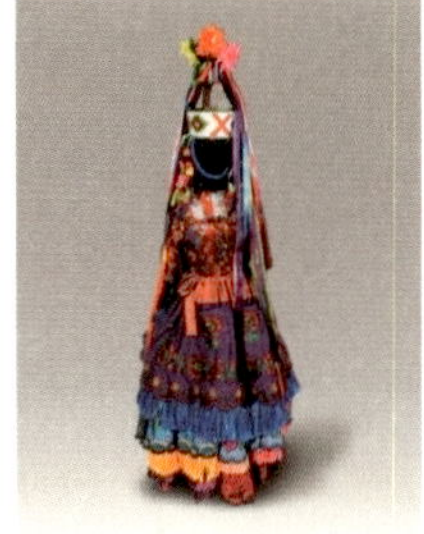

Bailarina oaxaqueña, 2012
Blusa tradicional de Oaxaca, delantales
bordados con algodón, rafia sintética,
tocado del danzante de la pluma decorado
con listones y flores de papel encerado
190.5 x 43 x 25.4 cm
Fotografía: Marco Pacheco

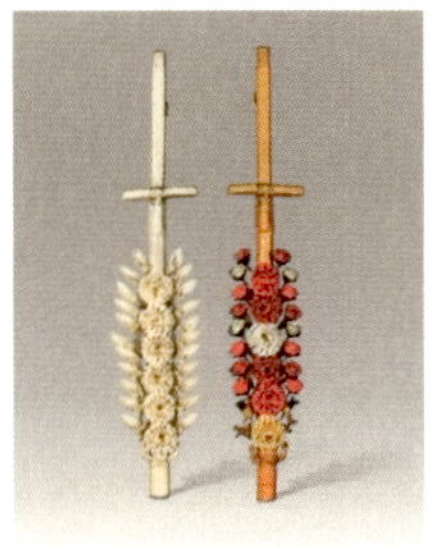

Velas de concha, 2012
Madera con flores de cera
199.3 x 17.7 x 25.4 cm cada uno
Colaboración con Petra Mendoza,
Viviana Alavés y Guillermina Ruiz, artesanas
Fotografía: Jorge López

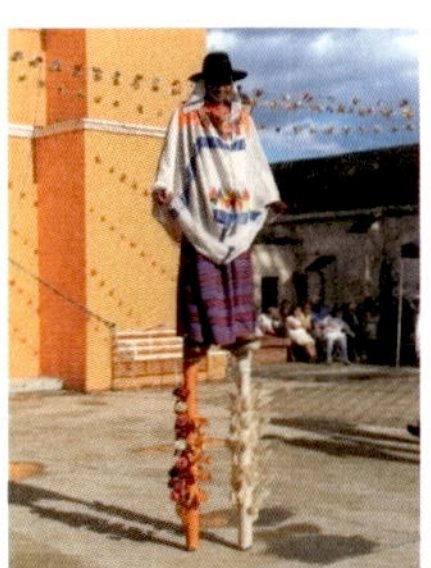

Zancudo en los preparativos previos a la fiesta
de San Pedro, 2012
Colaboración con las artesanas Petra Mendoza,
Viviana Alavés y Guillermina Ruiz (zancos), blusa
de Jamiltepec, enredo de Pinotepa de don Luis,
textiles cortesía de Remigio Mestas
Zaachila, Oaxaca
Fotografía: Marco Pacheco

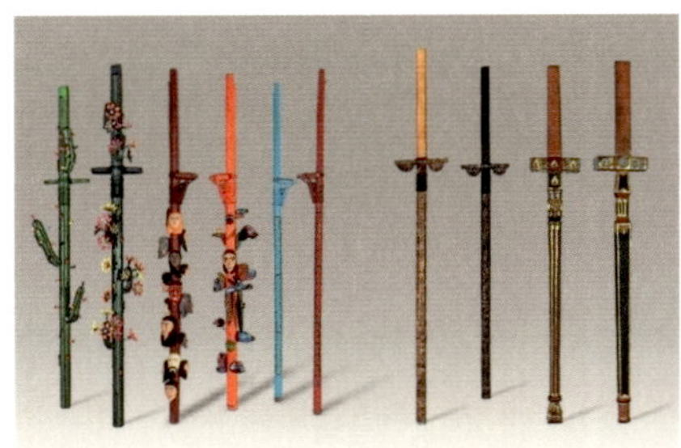

Zancos elaborados en colaboración con artesanos oaxaqueños, de izquierda a derecha:

Jicalpextles, 2012
Colaboración con los artesanos José Mendoza
(zancos) y Petronilo Vázquez (decoración)
Madera pintada a la manera del jicalpextle (jícara)
tradicional de Oaxaca
208.2 x 15.2 x 29.2 cm cada uno

Cactus, 2012
Colaboración con los artesanos José Mendoza
(zancos), Paula Sánchez y Florencio Fuentes
(decoración)
Madera tallada y pintada a la manera tradicional
de los alebrijes de San Martín Tilcajete
202 x 17.7 x 30.4 cm cada uno

Jícaras, 2012
Colaboración con los artesanos José Mendoza
(zancos) y Olegario Hernández (decoración)
Mosaico en madera de jícara tallada y entintada
con la técnica tradicional de la costa de Oaxaca
202 x 15.2 x 29.2 cm cada uno

Máscaras, 2012
Colaboración con los artesanos José Mendoza
(zancos), Jesús Sosa Calvo y Juana Ortega Fuentes
(decoración)
Madera tallada y pintada a la manera tradicional
de los alebrijes de San Martín Tilcajete
200 x 17.7 x 30.4 cm cada uno

Columnas, 2012
Colaboración con el artesano Óscar Vázquez
Madera de cedro tallada, con hoja de oro y plata,
policromada a la manera tradicional de los retablos
novohispanos
216 x 15.2 x 29.2 cm cada uno

Fotografías: Jorge López

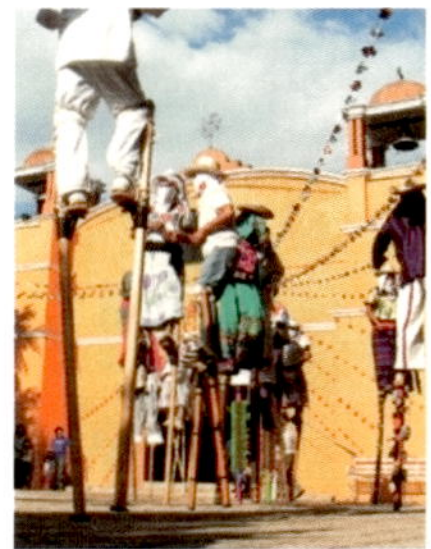

Fiestas de San Pedro, 2012
Colaboración con los Zancudos de Zaachila
y los Brooklyn Jumbies
Zaachila, Oaxaca
Fotografía: Marco Pacheco

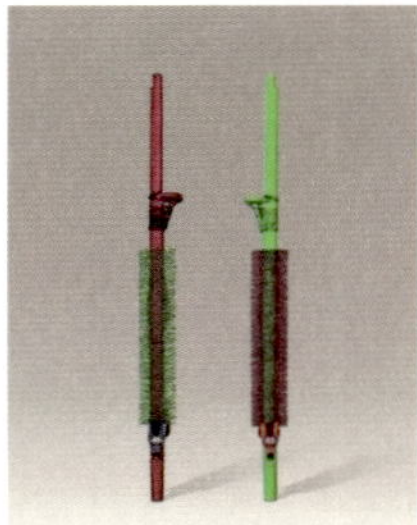

Puercoespín, 2012
Colaboración con los artesanos José Mendoza
(zancos), Jesús Sosa Calvo y Juana Ortega Fuentes
(decoración)
Madera tallada y pintada a la manera tradicional
de los alebrijes de San Martín Tilcajete
202 x 20.3 x 25.4 cm cada uno
Fotografía: Jorge López

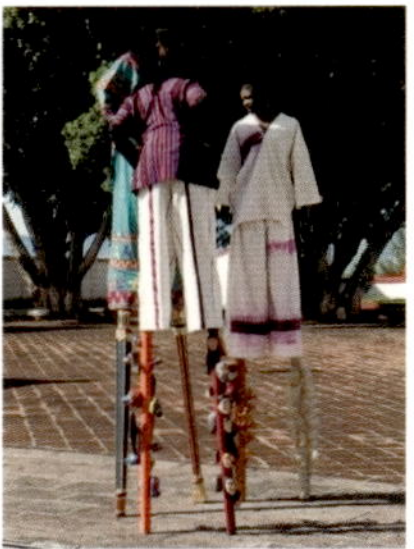

Ensayo para la fiesta de San Pedro
con los Brooklyn Jumbies, 2012
Teotitlán del Valle, Oaxaca
Fotografía: Marco Pacheco

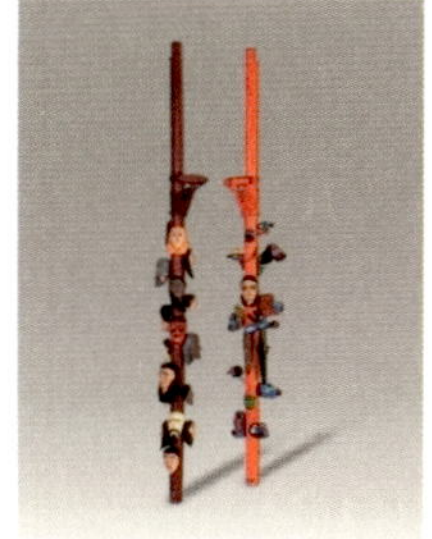

Máscaras, 2012
Colaboración con los artesanos José Mendoza
(zancos), Jesús Sosa Calvo y Juana Ortega Fuentes
(decoración)
Madera tallada y pintada a la manera tradicional
de los alebrijes de San Martín Tilcajete
200.6 x 17.7 x 30.4 cm cada uno
Fotografía: Jorge López

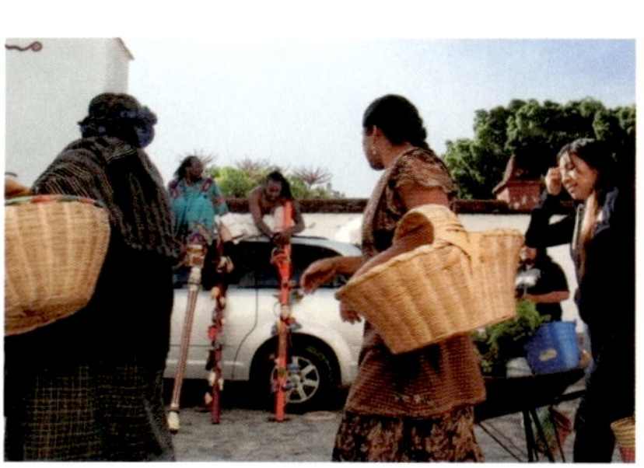

Preparativos para el ensayo de los Brooklyn
Jumbies en las fiesta de San Pedro, 2012
Teotitlán del Valle, Oaxaca
Fotografía: Marco Pacheco

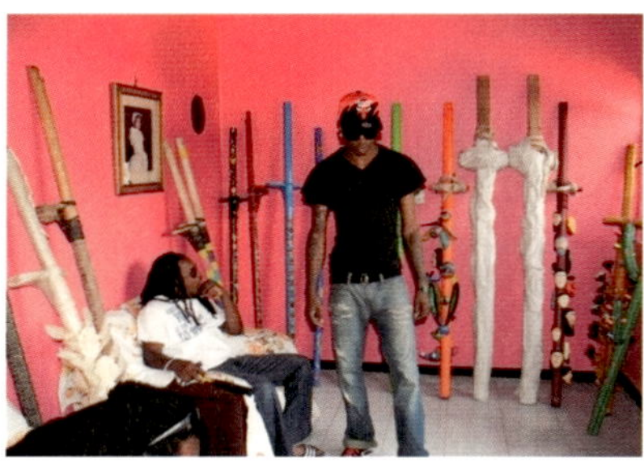

Los Brooklyn Jumbies en los preparativos
para la fiesta de San Pedro, 2012
Zaachila, Oaxaca
Fotografía: Marco Pacheco

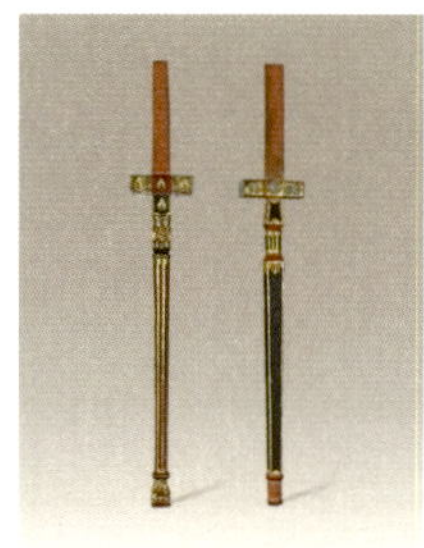

Columnas, 2012
Colaboración con el artesano Óscar Vázquez
Madera de cedro tallada, con hoja de oro y plata,
policromada a la manera tradicional de los retablos
novohispanos
216 x 15.2 x 29.2 cm cada uno
Fotografía: Jorge López

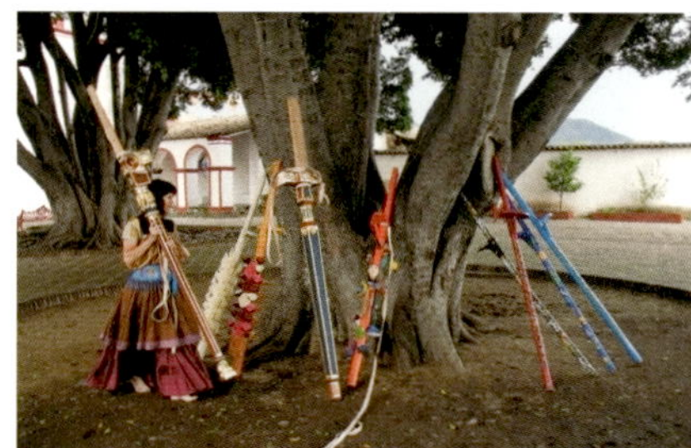

Preparativos para el ensayo de los Brooklyn
Jumbies, 2012
Teotitlán del Valle, Oaxaca
Fotografía: Marco Pacheco

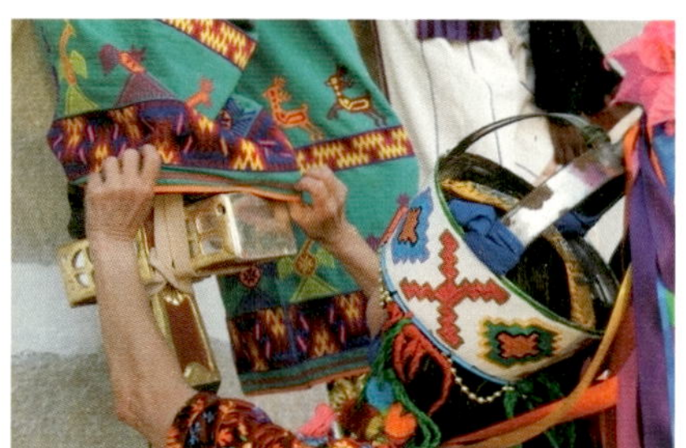

Preparativos para el ensayo, 2012
Teotitlán del Valle, Oaxaca
Fotografía: Marco Pacheco

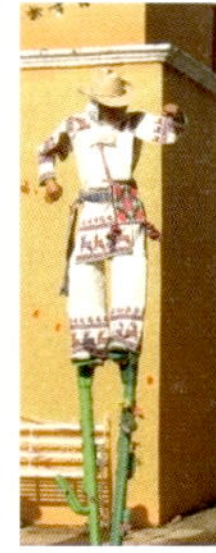

Zancudo en la fiesta de San Pedro, 2012
Traje de algodón bordado en telar manual
por Julia Villa y Mariano Navarrete, originarios de la
región wixárika de Jalisco, con los zancos *Cactus*
Zaachila, Oaxaca
Fotografía: Marco Pacheco

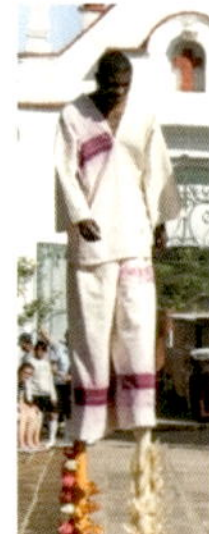

Brooklyn Jumbie en la fiesta de San Pedro, 2012
Brocado de algodón y seda, tejido a mano, teñido
con *fuchina* de Santiago Ixtayutla y zancos de velas
de concha
Zaachila, Oaxaca
Fotografía: Marco Pacheco

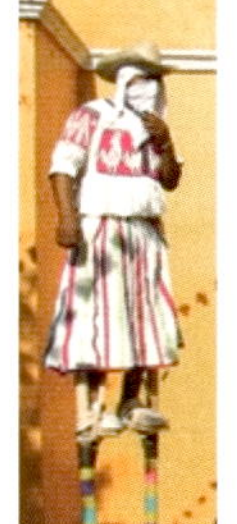

Zancudo en la fiesta San Pedro, 2012
Blusa de algodón bordada a mano y falda de
San Pablo Tijaltepec, cortesía de Remigio Mestas,
zancos pintados por Beto Ruiz
Zaachila, Oaxaca
Fotografía: Marco Pacheco

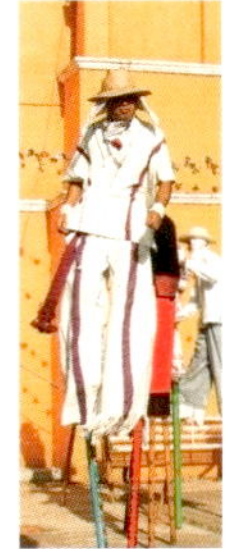

Zancudo en la fiesta de San Pedro, 2012
Traje de algodón tejido en telar manual de la costa
de Oaxaca, cortesía de Alhelí Hernández, con
zancos *Jicalpextle*
Zaachila, Oaxaca
Fotografía: Marco Pacheco

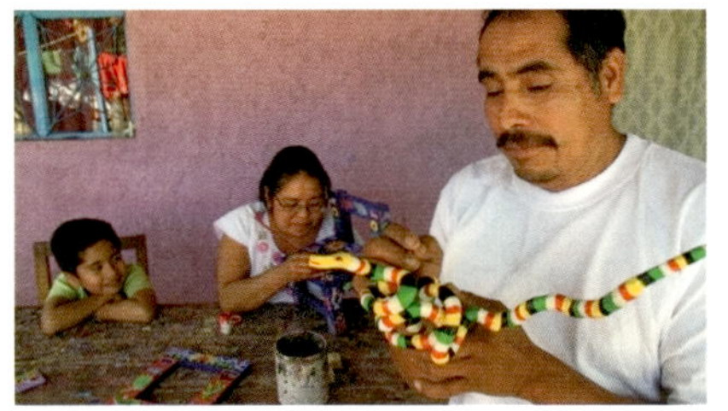

Vicente Paul y Juana Venegas,
maestros de los alebrijes, 2011
San Martín Tilcajete, Oaxaca
Fotografía: Marco Pacheco

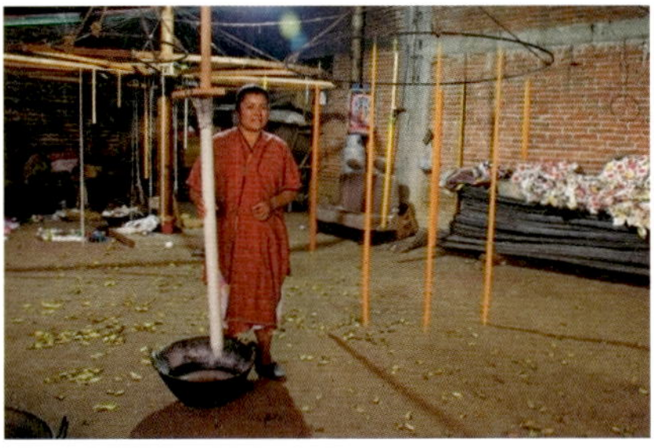

Petra Mendoza, maestra en la elaboración
de velas de concha, 2011
Teotitlán del Valle, Oaxaca
Fotografía: Marco Pacheco

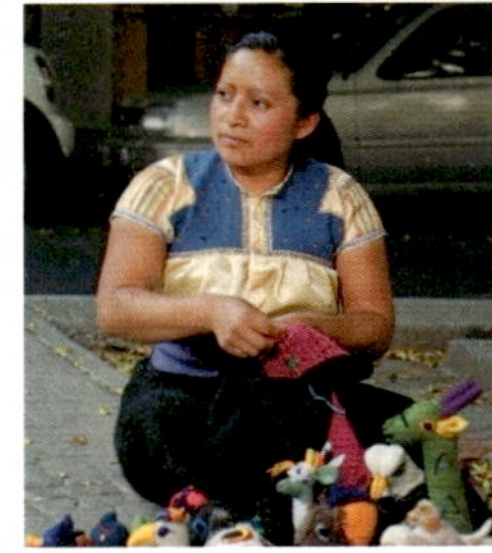

Ernestina Gómez Gómez, maestra bordadora
de San Juan Chamula, Chiapas, 2012
Ciudad de México
Fotografía: Marco Pacheco

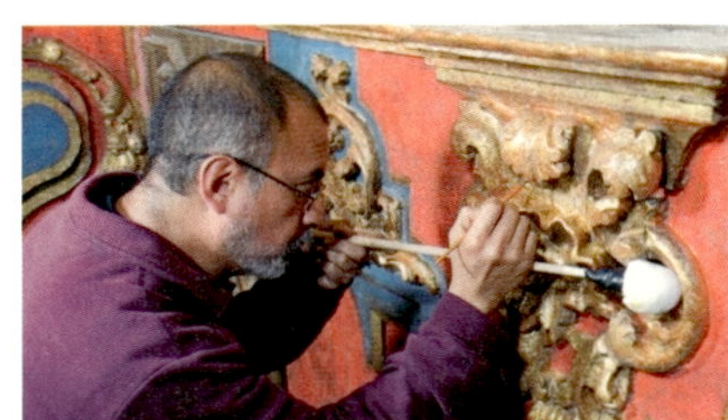

Óscar Vázquez, maestro restaurador
de retablos, 2011
Tlacolula de Matamoros, Oaxaca
Fotografía: Marco Pacheco

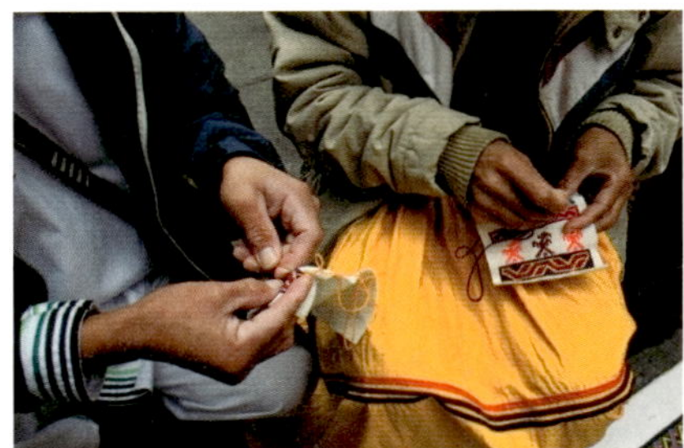

Julia Villa y Mariano Navarrete, maestros bordadores
de la comunidad wixárika de San Andrés Cuamiata,
Jalisco, 2011
Ciudad de México
Fotografía: Marco Pacheco

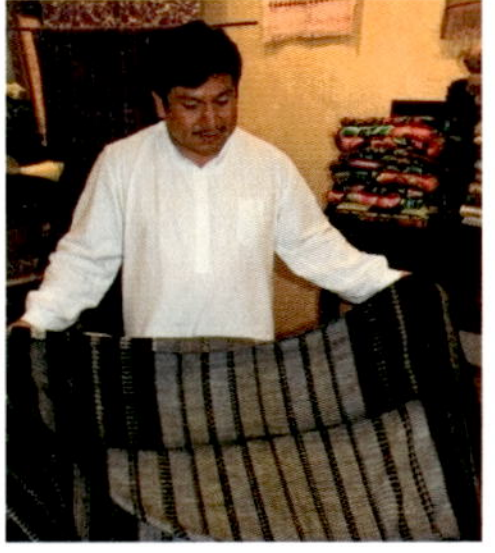

Remigio Mestas, maestro textilero, 2012
Ciudad de Oaxaca, Oaxaca
Fotografía: Marco Pacheco

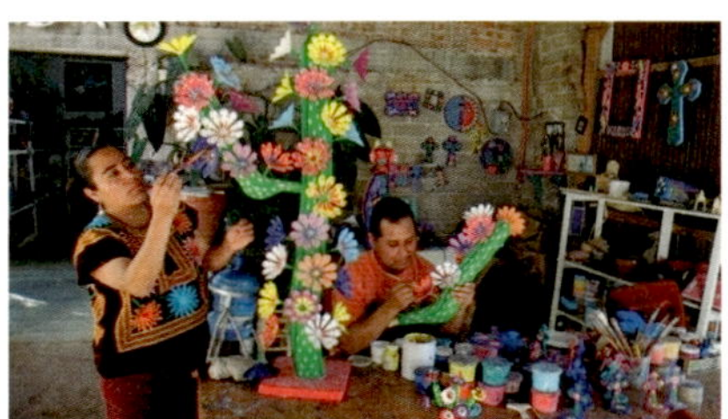

Paula Sánchez y Florencio Fuentes, maestros
de los alebrijes, 2011
San Martín Tilcajete, Oaxaca
Fotografía: Marco Pacheco

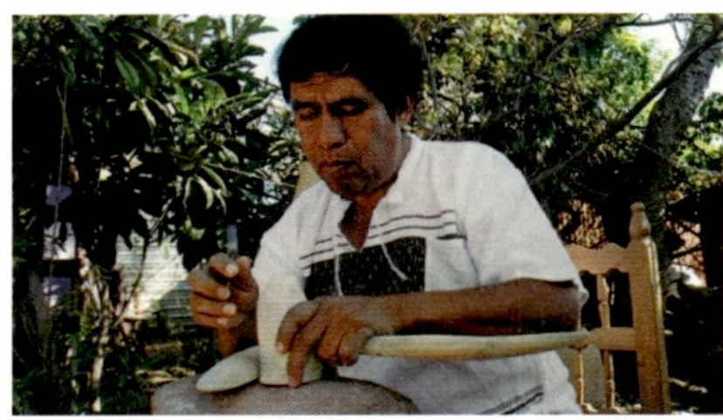

Jesús Sosa Calvo, maestro de los alebrijes, 2011
San Martín Tilcajete, Oaxaca
Fotografía: Marco Pacheco

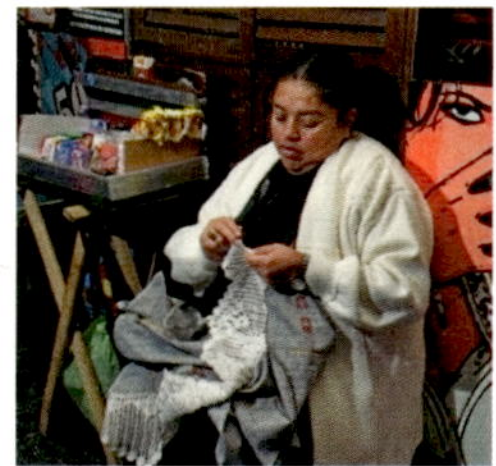

Teresa López Bello, maestra del bordado, 2012
Ciudad de México
Fotografía: Marco Pacheco

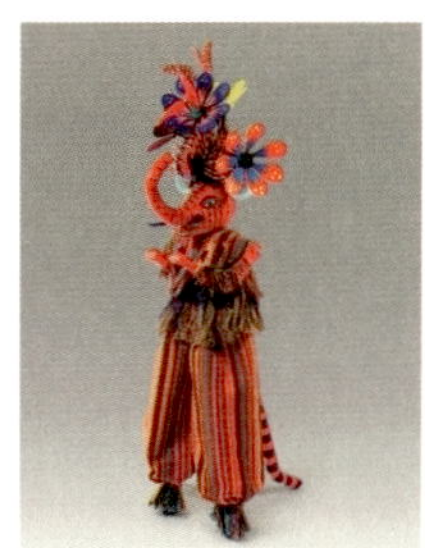

Alebrije elefantita, 2011-2012
Colaboración de Laura Anderson Barbata
con los artesanos Martín Melchor (alebrije),
Paula Sánchez y Florencio Fuentes (flores y pájaros
zumbadores), Ernestina Gómez Gómez (bordados)
55.8 x 15.2 x 15.2 cm
Fotografía: Marco Pacheco

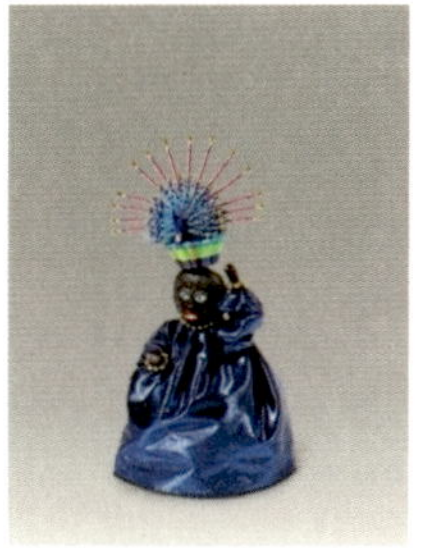

Alebrije reina Cheese Ball, 2011-2012
Colaboración de Laura Anderson Barbata
con los artesanos Martín Melchor (alebrije),
Paula Sánchez y Florencio Fuentes
(puercoespín)
28 x 20.3 x 20.3 cm
Fotografía: Marco Pacheco

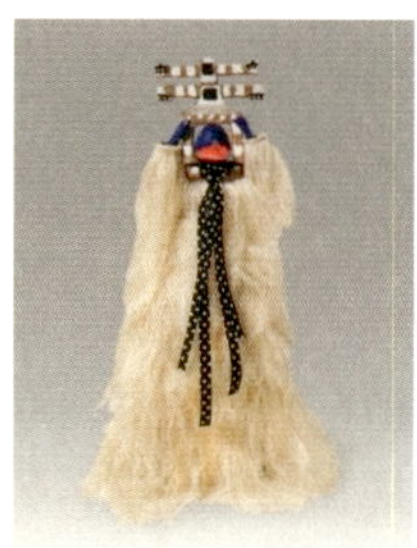

Alebrije Dogon, 2011-2012
Colaboración de Laura Anderson Barbata
con el artesano Martín Melchor (alebrije)
45.7 x 12.7 x 17.7 cm
Fotografía: Marco Pacheco

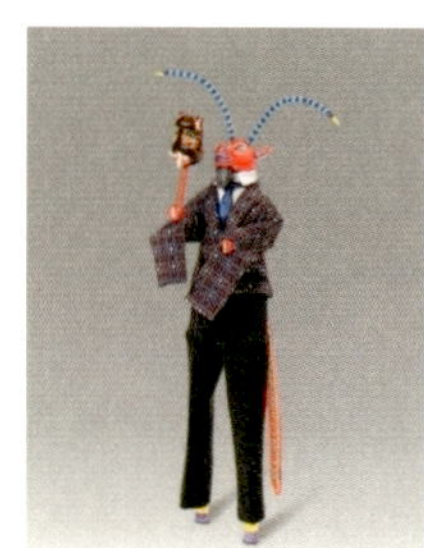

Alebrije Wall Street, 2011-2012
Colaboración de Laura Anderson Barbata
con los artesanos Martín Melchor (alebrije)
y Manuela Morales (traje)
55.8 x 15.2 x 15.2 cm
Fotografía: Marco Pacheco

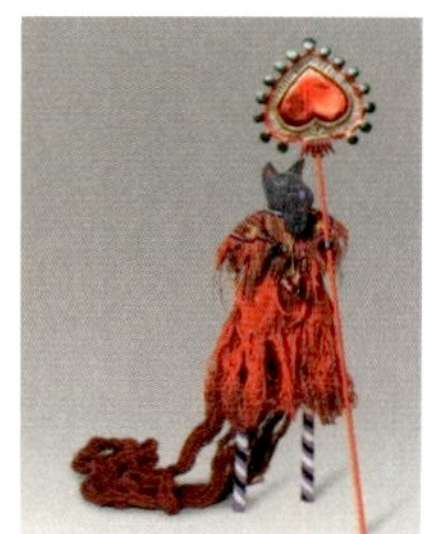

Alebrije perro rojo, 2011-2012
Colaboración de Laura Anderson Barbata con
el artesano Martín Melchor (alebrije), con corazón
de Oaxaca de hojalata pintada
55.8 x 15.2 x 20.3 cm
Fotografía: Marco Pacheco

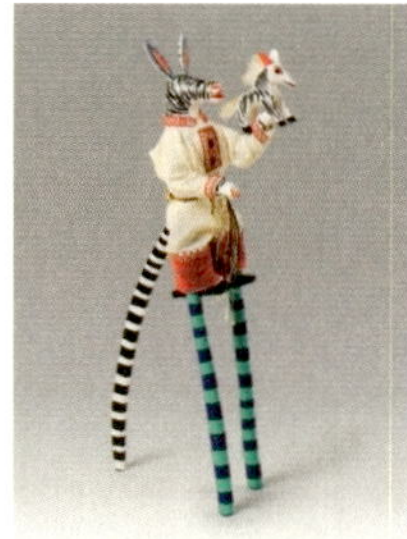

Alebrijes cebra y cebrita, 2011-2012
Colaboración de Laura Anderson Barbata
con los artesanos Martín Melchor (alebrije),
Paula Sánchez y Florencio Fuentes (cebrita),
Ernestina Gómez Gómez (bordado)
50.8 x 15.2 x 15.2 cm
Fotografía: Marco Pacheco

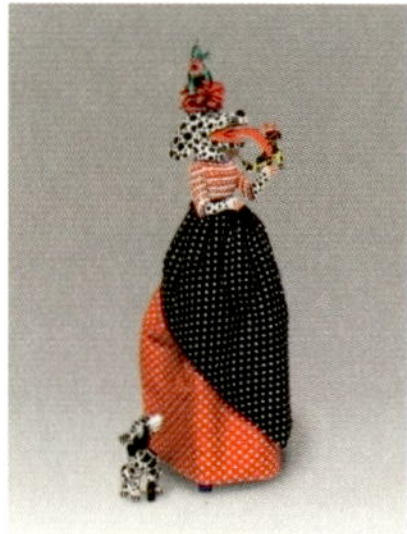

Mamá con perritos, 2011-2012
Colaboración de Laura Anderson Barbata
con los artesanos Martín Melchor (alebrije),
Paula Sánchez y Florencio Fuentes
(perritos)
45.7 x 20.3 x 20.3 cm
Fotografía: Marco Pacheco

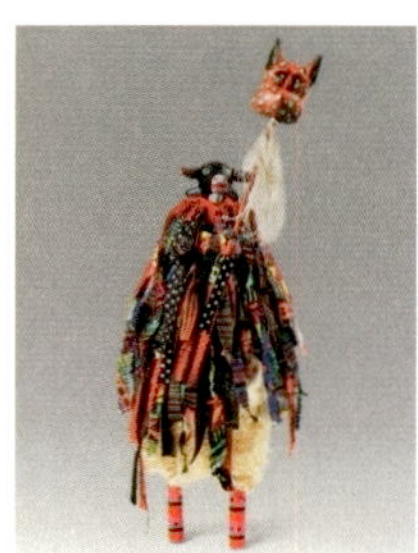

Tlacololero, 2011-2012
Colaboración de Laura Anderson Barbata
con los artesanos Martín Melchor (alebrije),
Paula Sánchez y Florencio Fuentes (máscara)
45.7 x 12.7 x 10 cm
Fotografía: Marco Pacheco

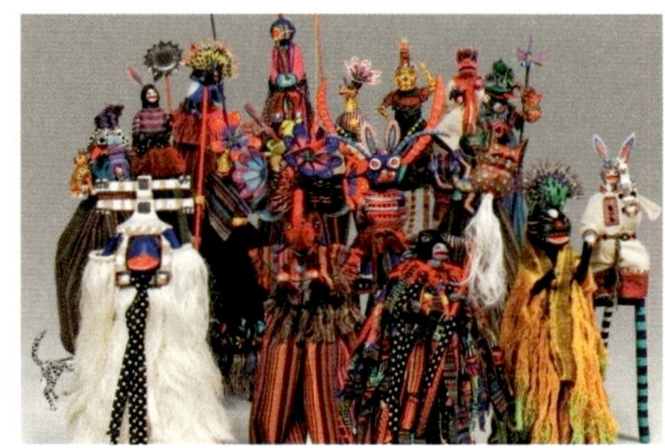

Procesión de alebrijes, 2011-2012
Veintitrés alebrijes colaboración de Laura Anderson
Barbata con los artesanos Martín Melchor, Paula
Sánchez, Florencio Fuentes, Jesús Sosa Calvo,
Juana Ortega Fuentes, Ernestina Gómez Gómez,
Julia Villa y Mariano Navarrete
Medidas variables
Fotografía: Marco Pacheco

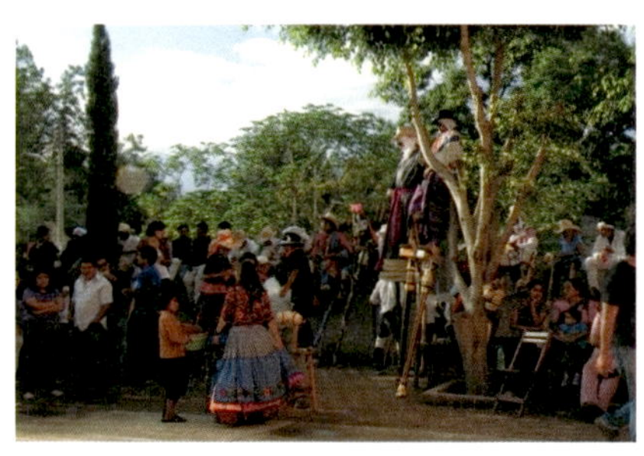

Final de la fiesta de San Pedro, 2012
Zaachila, Oaxaca
Fotografía: Marco Pacheco

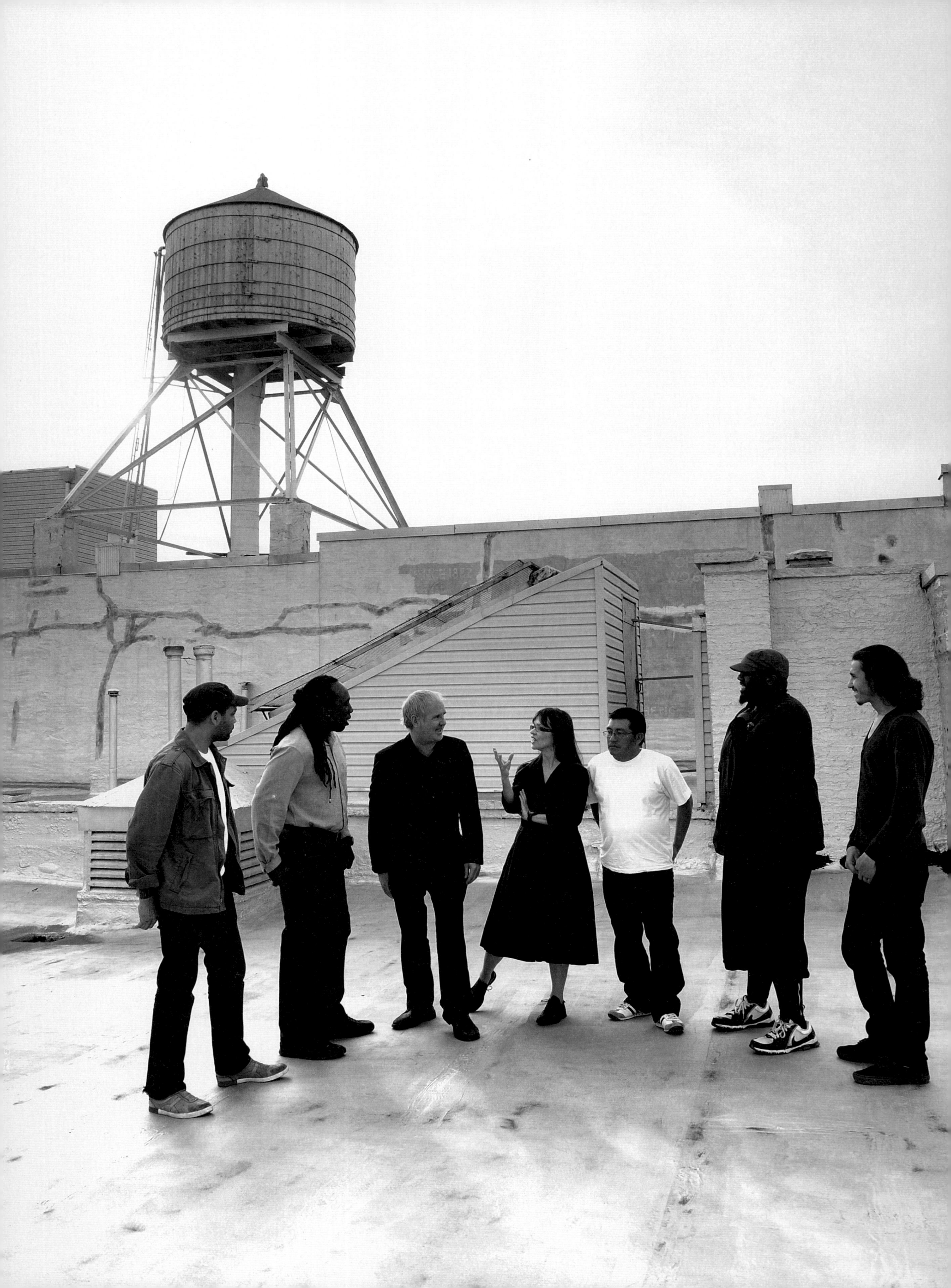

EL GRANERO
Y LA OTREDAD:
UNA CONVERSACIÓN
CON TIM ROLLINS

Transcripción de la conversación que mantuvieron **Tim Rollins**, los miembros de K. O. S. (Kids of Survival), **Rick Savinon** y **Eric Fernández**; **Najja Codrington** y **Ali Sylvester**, de los Brooklyn Jumbies; el líder del proyecto *Yanomami Owë Mamotima*, **Sheroanawë Hakihiiwë** y **Laura Anderson Barbata**.

Estudio de Laura en Manhattan, Nueva York, 15 de abril de 2012.

Tim Rollins: Conocí a Laura en una cena en la ciudad de México en 1993. Rick Savinon, Ángel Abreu y Carlos Riviera, tres de los miembros más antiguos de K. O. S., me habían acompañado para montar una importante exposición retrospectiva en la nueva Fundación de Arte Contemporáneo que se había inaugurado en la parte antigua de la ciudad.

La primera impresión que nos transmitió Laura fue de deslumbramiento. Como decimos en el sur del Bronx, "brilla". Podíamos verlo y sentirlo. Nuestra estancia en México fue muy importante para todos nosotros en ese momento.

En la familia de K. O. S. aún no nos habíamos recuperado del reciente asesinato de Christopher Hernández, el miembro más joven y quizá el más querido del estudio, que tenía tan sólo catorce años cuando perdió la vida. A pesar de aquella exposición tan importante y del éxito que obtuvimos, estábamos muy afectados. El cariño sincero y la abundante hospitalidad que nos brindaron Laura y la ciudad de México en general fueron para nosotros un bálsamo y un apoyo muy necesarios en ese momento. Y la comida… ¡engordamos cinco kilos cada uno en una semana!

Así que Laura se portó con nosotros como una verdadera hermana: comprensiva sin caer en la sensiblería, enérgica sin resultar estridente, instructiva sin dejarse llevar por la pedantería. Desde entonces hemos seguido su obra, y cuando nos enteramos de que iba a

◄ De izquierda a derecha:
Rick Savinon, Najja
Codrington, Tim Rollins,
Laura Anderson Barbata,
Sheroanawë Hakihiiwë,
Ali Sylvester, Eric Fernández

caer en Brooklyn con todo y su actitud activista, que iba a iniciar una colaboración con los Jumbies, nos sentimos entusiasmados.

Ahora que en los círculos artísticos todo el mundo habla de "estética relacional", me maravillan los artistas que trabajan con vecindarios, comunidades e individuos para crear cultura a largo plazo. Laura es una de esas artistas, aunque a menudo no se le presta la debida atención, porque se suele considerar que los artistas famosos son la antítesis de lo que representa en realidad este tipo de arte.

Aunque las obras de arte físicas o los *performances* son vitales, el proceso, el contacto social que tiene lugar en el transcurso de la concepción del proyecto es aún más importante. Forzosamente, el tono del proceso queda reflejado en las obras que nos ofrecen los artistas.

Después de más de tres décadas de colaboración con el estudio de K. O. S., todavía hay gente que me pregunta: "¿Qué es más importante: el proceso o el resultado?" Es el eterno debate de la relación entre la forma y el contenido en las obras de arte. La metáfora que mejor describe este debate es la de la forma y el contenido como las dos caras de una misma hoja de papel. Son entidades distintas, pero están vinculadas. Todas las obras de Laura son manifestaciones de un sinnúmero de experiencias que ella ha puesto en marcha o ha recibido… siempre con la mayor naturalidad.

Laura Anderson Barbata: Para mí, éste es un momento muy emocionante. Reunir en una misma mesa a Tim Rollins, a Rick y a Eric de K. O. S.; a los dos miembros fundadores de los Brooklyn Jumbies, Ali y Najja, con los que he colaborado durante varios años, y a Sheroanawë, el líder del proyecto que inicié con la comunidad yanomami de la Amazonia venezolana… Es la primera vez que visita Nueva York.

Cuéntanos, Rick, ¿qué significó para ti unirte a los K. O. S.? ¿Qué edad tenías entonces?

Rick Savinon: Estaba un poco nervioso cuando me uní a los K. O. S. Aunque tenía trece años, me trataban de igual a igual. Todo lo que decía en el estudio tenía valor. Por lo demás, no era más que un niño y nadie valoraba mis ideas, no tenían importancia.

 ¿Cómo lo supiste? ¿Cómo supiste que iba a ocurrir algo importante? Eras tan joven… ¿cómo lo supiste?

Najja Codrington: Me gustaría contestar a esa pregunta. Es una intuición. Todo sucede por algún motivo. También conocí a Ali y a la Laura por casualidad. Acababa de regresar de África y me había iniciado en la espiritualidad del arte del chaba (el baile con zancos) en Senegal.

TR: Nadie quiere oír hablar de la palabra espiritualidad.

NC: Hay muchas cosas que tienen que ver con la espiritualidad. No tiene por qué ser la espiritualidad bautista, católica o la de cualquier otra religión. La espiritualidad está ahí. Lo que está claro es que algo me atrajo cuando conocí a Ali. Algo me dijo que tenía que hablar con este tipo.

Lo mismo sucedió cuando conocí a Laura. Habíamos oído hablar de su trabajo en Trinidad y Tobago y queríamos saber más de ella. Ni siquiera sospechábamos que ella también quería conocernos, así que nos encontramos por casualidad y cuando nos saludamos nos dijimos: "Te he estado buscando". Nos invitó a su estudio, y cuando salimos de allí, nos miramos y nos preguntamos: "¿Estamos listos para hacer esto? A partir de ahora vamos a hacer muchas cosas más".

TR: Creo que los artistas cuestionan los modos de pensar, los estilos de vida. No nos dedicamos a solucionar problemas, sino a crearlos…

LAB: ¡Precisamente por eso el trabajo de colaboración puede representar un desafío enorme!

TR: No somos rebeldes ni agitadores. Cuando hacemos algo nuevo, creemos tener una voz personal, un espíritu en este cosmos enloquecido, sordo, mudo y ciego. Nos atrevemos a creer que tenemos algo que decir y, te guste o no, lo vas a tener que oír. Ése es el gran placer —el gran reto— de ser un artista.

LAB: Al trabajar así, haces que el sistema se tambalee, y planteas que puede funcionar mejor de un modo diferente.

TR: El arte es una plataforma para el diálogo. Tu obra *Intervention: Wall Street* era genial, tan hermosa e imprevisible… La imagen de esos hombres de color, con sus trajes gigantescos, con una mujer mucho más pequeña, trajeada, que ofrecía monedas de chocolate, era sorprendente. Está cargada de referencias y metáforas.

LAB: Me llevó mucho tiempo desarrollar plenamente esa idea en términos visuales y simbólicos, y cuando Najja y yo empezamos a planear la intervención, el movimiento Ocupa Wall Street todavía no existía. Cuando surgió, yo ya tenía una imagen en mi mente: trajes gigantescos paseándose por Wall Street. Sin embargo, tardé bastante tiempo en coordinarlo y crearlo todo. Rafael Esquer me presentó a Manuela Morales, la persona que podía confeccionar los trajes, y yo le expliqué en qué consistía el proyecto. Tenía una agenda muy complicada, pero al final conseguimos fijar una fecha. Era el único día que todos podíamos estar en Nueva York, y esa fecha coincidió con el aniversario de la ocupación.

NC: Éstas son algunas de las cosas que hacemos gracias a Laura. Si no fuera por ella, sólo bailaríamos en los carnavales y en los festivales de danza africana.

LAB: Llevar este proyecto a lugares como la zona de galerías de arte de la calle 24, en Chelsea, donde convertí el espacio de la galería en taller y espacio de entrenamiento para que los Jumbies pudieran ensayar una actuación callejera… misma que luego representamos en el MoMA y en el Museo de Arte Moderno de Fort Worth… Trabajar en comunidades desfavorecidas es una experiencia, muy enriquecedora para todas las partes del espectro. Los chicos y los padres de estas comunidades nunca habían visitado un museo ni una galería de arte, y la gente de los museos y las galerías, tampoco habían estado en los barrios de estos chicos, no habían tenido la posibilidad de compartir una experiencia de arte comunitario. Estas experiencias transforman a la gente y rompen barreras.

NC: A veces el arte tiene que ocuparse del lado más desagradable de la vida, y si quieres cambiar algo tienes que obligar a la gente a que se enfrente a esa realidad. El problema es que puedes llegar a insensibilizarte, y por eso nos gusta trabajar con Laura, porque muchas de las obras que pone en marcha, muchas de nuestras colaboraciones, les abren los ojos a la gente con una luz positiva, no con oscuridad. Como dijo Laura, habíamos planeado *Intervention: Wall Street* antes de que surgiera el movimiento Ocupa Wall Street.

LAB: No puedo hablar como economista o como experta, y mis opiniones apenas tienen valor. Lo único que puedo decir es que siento la necesidad de crear obras enmarcadas en un momento social o político determinado, y creo que esas obras no surgen de una actitud analítica, sino intuitiva. Por ese motivo tienen la capacidad de expresar verdades y valores éticos esenciales más profundos que las opiniones individuales.

NC: Después, cuando vimos las imágenes que habíamos grabado en video, nos sorprendió la reacción de un hombre de negocios de mediana edad que miraba cómo bailábamos delante del parque Zuccotti. Estaba hablando por teléfono y decía: "Está pasando algo loquísimo aquí. Voy a tener pesadillas esta noche".

LAB: Era absolutamente necesario que desfiláramos delante de la Bolsa, y aunque la policía intentó impedírnoslo en varias ocasiones, conseguí pasar por delante de Wall Street y de la Bolsa. La policía forma parte del noventa y nueve por ciento de la población, y sabe perfectamente cuánto les pagan por "proteger y resguardar". Cuando vieron que ofrecíamos monedas doradas de chocolate, las aceptaron: sabían que no podían hacer nada para detenernos. Esta obra tiene muchos niveles, se puede acceder a ella desde distintos ángulos. Quería transmitir un mensaje lo suficientemente amplio para llegar a todos los espectadores, y quería mantenerlos dentro del espacio vivencial el mayor tiempo posible.

TR: *Intervention: Wall Street* funciona sin resultar empalagosa. Ya sabes que una de las críticas que suelen hacernos en los círculos artísticos dominantes es que nuestras obras son demasiado bellas. ¡Vaya un insulto!

LAB: A mí me han acusado de lo mismo.

TR: En el sur del Bronx puedes ver cómo asesinan a tiros a los niños. Conocemos la fealdad. Como dice Toni Morrison, la mayoría de la gente quiere vernos sufrir porque ver a una víctima que sufre provoca un sentimiento de superioridad inconsciente.

RS: Mucha gente no se atreve a visitar el sur del Bronx. Quieren experimentar una relación personal a través de las obras que creamos, pero también quieren que nuestras obras se parezcan al lugar donde vivimos.

TR: El arte no tiene por qué ser un espejo, un reflejo. El arte debe ser una proyección.

LAB: Por supuesto, algo que se proyecta desde dentro, algo que es hermoso porque proyectas lo que tienes en tu interior. Por eso adoro los zancos, porque son la metáfora de una perspectiva más elevada que permite ver el entorno y las comunidades a través de una lente diferente. Ver el mundo desde una perspectiva elevada: eso es lo que tratamos de hacer y de inspirar.

RS: ¿Cuál es tu próximo proyecto?

LAB: En la actualidad estamos trabajando con un grupo de zanqueros de Oaxaca, México, los Zancudos de Zaachila, una colaboración que se inició hace cuatro años. Además, he incorporado al proyecto a algunos maestros artesanos y tejedores de Oaxaca que me están ayudando a decorar los zancos y a confeccionar los vestidos. Estamos preparando una exposición individual de los diez años de mi trabajo con zanqueros. Esta entrevista formará parte del libro que se publicará con ocasión de esa exposición.

Tim, ¿cuándo y cómo se formaron los K. O. S.?

TR: ¿Sabes?, todo esto empezó en Longwood Avenue en 1980, cuando el sur del Bronx ardía, literalmente; edificios y almas en llamas por todas partes. Lo bueno es que el barrio también ardía desde el punto de vista cultural: estaba prendido. Los chicos le pusieron el nombre de K. O. S., Kids of Survival, y con esa unión vamos a sobrevivir emocional, psicológica y, espero, económicamente. Queríamos tener una voz. Creo que lo que haces, Laura, es una reminiscencia maravillosa de esos días tan intensos.

RS: Las obras que creamos son para nosotros; son un reflejo de lo que somos. La gente busca una definición, pero no la hay. Es un vínculo espiritual que nos relaciona con nuestra obra y con el espectador.

NC: Y al comunicarnos, sabemos que nadie puede interponerse entre nosotros, y Laura lo puede atestiguar. Cuando tu espíritu conecta con alguien, se crea un vínculo. No nos dedicamos a esto para hacernos ricos: lo hacemos por los chicos con los que trabajamos: les permite expresarse. Muchos de los chicos que participan no tienen la oportunidad de expresarse en la escuela, y no todos son deportistas. A muchos de ellos se les considera problemáticos o "conflictivos".

LAB: Pero en cuanto se ponen los zancos y los trajes, es transformtivo. Literalmente se elevan, y la gente los ve hacia arriba. Es una metáfora realmente poderosa.

TR: Todos tenemos talentos diferentes. Me encanta utilizar la metáfora del coro: yo puedo alcanzar una nota y tú otra, pero no hay nada más hermoso que cantar todos juntos. La gente se conmueve y se emociona, y podemos disfrutar de un día más de vida.

NC: Sheroanawë, espero que puedas entender esto, aunque estoy seguro de que puedes sentirlo.

Sheroanawë Hakihiiwë: Gracias por invitarme a Nueva York y a esta reunión para compartir la experiencia del trabajo conjunto con Laura. Llevamos trabajando juntos desde 1992, cuando Laura visitó por primera vez mi comunidad, la comunidad de Platanal Pori Pori.

NC: Nosotros llamamos a Laura "la guerrera del Amazonas", porque un día está en Flatbush, Brooklyn, trabajando con nosotros, y al día siguiente viaja a algún lugar remoto de la Amazonia para hacer papel con los yanomamis, y después da una conferencia en una universidad.

SH: He visto a muchos artistas que se hacen esto como si fuese turismo. Llegan a un lugar, toman muchas fotografías, se van y se dedican a promocionar la experiencia. Es evidente que esos artistas ignoran las relaciones humanas.

NC: Trabajamos muy bien con Laura porque tenemos principios en común. No se pueden fingir cosas así. Mucha gente dice: "Lo hago por la gente y por los niños", pero abandonarlo todo de verdad y trabajar dentro de una comunidad es algo completamente distinto.

TR: Sí, nadie quiere hablar de lo ardua que resulta la lucha. ¿Qué haces para poder seguir adelante? En los últimos treinta años no ha habido una sola semana en la que no haya pensado: "Estoy harto. Renuncio".

NC: A nosotros nos sucede constantemente.

TR: Nos ganamos la vida con ello, que es algo que está muy bien, pero es realmente duro. Para poder mantener abierto el estudio, todos tenemos dieciocho trabajos distintos. ¿Les resulta familiar?

LAB y NC: Sí. Hemos pasado por ahí.

LAB: Una de las cosas más importantes, que no debemos olvidar, es que creemos en lo que hacemos y eso nos mantiene comprometidos. Es una creencia colectiva, de tal modo que cuando flaqueo, tengo a alguien al lado que me da fuerzas. Estoy convencida de que en la actualidad el mundo del arte empieza a valorar el arte de un modo diferente. No somos productos fáciles de consumir para el mundo del arte. Hay que esforzarse para entender lo que hacemos.

TR: Enturbiamos las aguas.

LAB: Estoy de acuerdo, pero ¿qué es lo que se necesita para mantenerlo a flote, para que no se detenga?

TR: Bueno, hay tantas personas que no conocen el amor… es fascinante. No creen que nos amemos realmente, que hayamos creado esta unión, esta tribu, y que trabajemos juntos, viajemos juntos y conozcamos a nuestras respectivas familias. No creo que sean capaces de imaginárselo.

RS: Siempre buscan motivos ocultos.

LAB: Creo que estás hablando de compromiso, de amar tu obra y amarse los unos a los otros. Estoy segura de que algunos piensan: "¿Qué está pasando en esa familia rara?" He viajado con Sheroanawë, hemos vivido juntos durante meses mientras trabajábamos en algunos proyectos y nos queremos, somos como una familia. Su madre es mi madre, me bautizó con el nombre de Amoahenami, "Hoja que canta".

TR: Bueno, yo me crié en las colinas del interior de Maine, y allí, cuando quieres construir un granero, no estudias la práctica y la teoría de la construcción de graneros en la Nueva Inglaterra del siglo XIX. No lees ensayos titulados "El granero y la otredad". ¡Construyes un maldito granero y punto!

RS: Sí, construyes, cometes errores y sigues evolucionando. Nuestro trabajo es una continuación y evoluciona en todo momento. Veo la obra que hice en los ochenta y es completamente diferente. ¿Por qué? Porque *nosotros* cambiamos. Somos personas que evolucionamos como artistas y de acuerdo con nuestras experiencias. Y es una lucha diaria, porque nos ponemos a prueba todos los días. ¿Podemos hacer algo que sea *nuevo*? ¿Hay algo diferente que podamos ofrecer? Lo más importante es que formamos un grupo, nos reunimos y todo el mundo aporta sus ideas. Si la idea que yo he aportado no funciona o hay algo valioso en mi idea pero estoy cansado para seguir desarrollándola, se la paso a Eric, y Eric la desarrolla y después se la puede pasar a Ángel y así va y viene. Es como un partido de tenis, hasta que, al final, obtenemos algo que funciona.

TR: Desde el punto de vista científico, K. O. S. es un compuesto: tenemos una molécula llamada Rick, otra molécula llamada Eric… y cada molécula tiene propiedades cambiantes, y por eso todo es tan emocionante y tan orgánico. John Dewey diría que formamos una democracia orgánica.

NC: Estás usando nuestra terminología. Lo repetimos una y otra vez, decimos que somos una "democracia orgánica".

TR: Democracia orgánica. No se puede predecir y menos aún controlar. ¿Cómo se puede hacer esto durante treinta años? Es como seguir la telenovela más larga del mundo…

SH: Con Laura aprendimos a confeccionar papel y libros, y poco después decidimos hacer juntos un libro que nos permitiera compartir nuestra historia, en nuestra propia lengua, con nuestras propias imágenes. Así fue como creamos el libro titulado *Shapono*, y ya hemos escrito e impreso tres libros ilustrados, y también creamos nuestros propios cuadernos para que nuestros niños no tengan que comprarlos. El proyecto se llama *Yanomami Owë Mamotima*.

TR: ¿Así que ahora ellos hacen sus propios libros y su propio papel?

LAB: Sí, y sus libros forman parte de las bibliotecas más importantes, como la Biblioteca Pública de Nueva York, la de Princeton, la de Harvard, por ejemplo. Ha sido una experiencia extraordinaria y él sigue desarrollándola para hacerla suya. Tiene pensado construir una escuela yanomami donde pueda enseñar a las comunidades vecinas a elaborar papel y libros. Y crear talleres para enseñar a los yanomamis las tradiciones que se están perdiendo.

TR: ¿Tienes aquí alguno de esos libros? ¿Me lo podrías enseñar?

SH: Sí, por supuesto.

TR: Este libro es tan hermoso, tan visual… ¿son grabados en madera?

SH: Linóleo. En nuestra comunidad utilizamos a menudo pequeños fragmentos de madera que tallamos y entintamos para adornar nuestros cuerpos. No es una tradición cultural propia, sino que la aprendimos de los yekuana, y Laura nos enseñó a utilizarla para confeccionar nuestros propios libros.

TR: Se convierten en grabados andantes. Eric también hace grabados.

Eric Fernández: Qué curioso. Cuando era pequeño mi madre me llevó al Museo del Barrio y allí nos enseñaron a fabricar sellos como los de la cultura taína. Eran de arcilla, y creo que también podías imprimirlos en el cuerpo.

TR: Sheroanawë, ¿cómo hiciste los grabados? ¿Utilizaste una prensa?

SH: Una plegadera de hueso y un rodillo para entintar.

TR: Es maravilloso. Gracias.

NC: No, gracias a ustedes por venir. Tienen una agenda de locura. Estoy muy contento de que hayan podido venir.

SH: Hoy regreso a Venezuela y llevo alegría en el corazón; alegría por la obra que hemos hecho juntos y los recuerdos que compartiré con mi familia y mi comunidad.

TR: Estoy muy contento por ti, Laura. Se están cocinando cosas muy interesantes en tu trabajo. Tenías un buen motivo para llamarme. Si te soy sincero, cuando me llamaste, pensé: o es una persona auténtica o está loca, y por eso quedé contigo en ese bar de Chelsea, para ver si estabas loca. Y también por los recuerdos que tengo de México… nos trataron con tanto cariño… todavía creemos que nuestra estancia en México es la mejor experiencia que hemos tenido en treinta años.

LAB: ¡Pues entonces voy a sacar el tequila! ¿Quién quiere tequila?

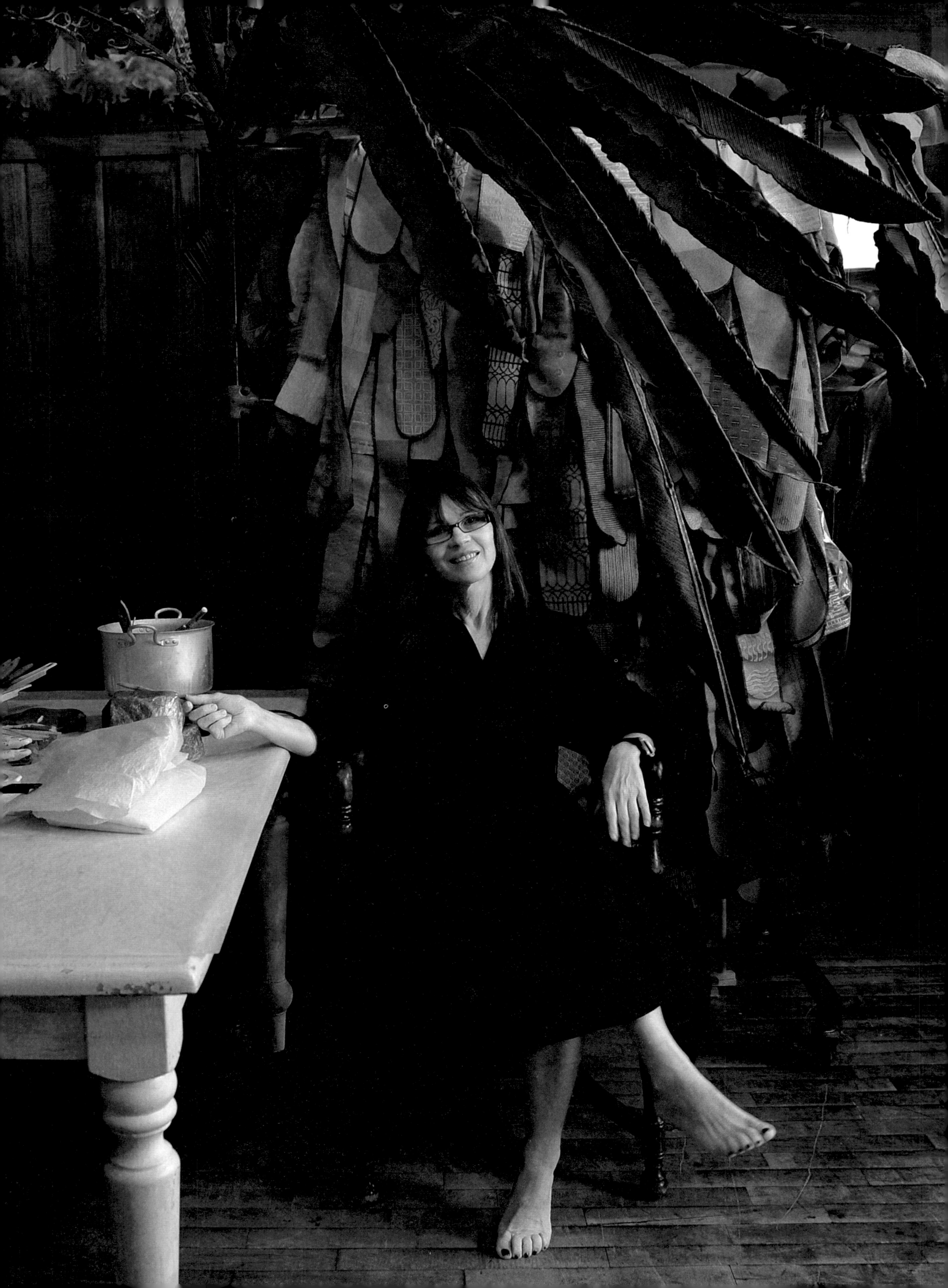

CONVERSACIÓN CON LAURA ANDERSON BARBATA

Juan García de Oteyza

Juan García de Oteyza: Laura, querría que esta entrevista por correo electrónico fuera una continuación de la conversación que mantuviste con Tim Rollins el mes pasado. Ambos textos se publicarán en un libro que espero que el lector tenga ahora en sus manos. Me gustaría que ampliaras algunos conceptos que mencionaste brevemente en aquel diálogo, y que, al mismo tiempo, nos ofrecieras una visión de conjunto de tu evolución como artista.

Pero, en primer lugar, ¿cómo conociste a Tim Rollins y cómo te ha influido su obra?

Laura Anderson Barbata: Conocí a Tim Rollins y a K. O. S. (Kids of Survival) en la ciudad de México a principios de los noventa. Había visto su obra en algunos museos de Nueva York y el proceso de colaboración y el enfoque educativo y social de su trabajo me conmovieron. Rollins empezó a impartir clases de arte a adolescentes en riesgo del sur del Bronx hace más de treinta años, y desde entonces ha combinado el arte con la enseñanza, creando una serie de obras de gran formato inspiradas en importantes obras de la literatura y que se pueden contemplar en museos de todo el mundo. Siempre me ha parecido que su obra posee una dimensión estética y social. Rollins centró su atención en el sur del Bronx, una parte de la ciudad de Nueva York que entonces se conocía como el "Bronx ardiente", no sólo porque era una zona peligrosa e ignorada por las autoridades, sino también porque se encontraba literalmente en llamas. La influencia que ha ejercido Tim en mi visión de lo que se puede conseguir gracias al arte determinó desde el inicio de mi carrera mis expectativas en relación con el papel que debe desempeñar el artista en la sociedad.

JGO: *¿Cuál fue el origen de la conversación que mantuviste con Tim, con los miembros de K. O. S. y con los Brooklyn Jumbies?*

LAB: Cuando comenzamos a trabajar en este libro me acordé de Tim y de cómo utiliza la literatura para expresar una crítica visual y social, y quería incluir su voz y su forma de pensar. Aunque no nos habíamos visto en casi veinte años, le escribí un correo electrónico en el que le explicaba mi propio proceso y cómo su obra me había influido y me había servido de inspiración. Tim generosamente aceptó visitar mi estudio para conversar acerca del libro, en compañía de los miembros fundadores de los Brooklyn Jumbies y los de K. O. S.

JGO: *Hablando de influencias, me gustaría profundizar en el ambiente familiar de tu infancia. ¿Ejerció tu educación un papel fundamental en la decisión de convertirte en artista?*

LAB: Me crié en México y en casa siempre se nos apoyaba a reaccionar cuando pensamos que algo es injusto o está mal. En mi casa no se toleraban las quejas innecesarias, pero cuando mis hermanas y yo pensábamos

◂ Laura Anderson Barbata
en su estudio de Nueva York
Fotografía: Stefan Falke

que había algo que era necesario cambiar, nos brindaban su apoyo. Desde muy pequeña aprendí a calcular el valor de mis actos y desarrollé una conciencia muy profunda sobre cómo nuestros actos afectan a los demás y en última instancia el futuro. Nos enseñaron a mirar a nuestro alrededor, a investigar y, lo más importante, a tener curiosidad. Si combinas esos elementos, la conciencia profunda y la convicción de que nuestros actos afectan nuestro entorno, tienes todos los ingredientes del arte social.

Por ejemplo, mi abuela nació en Chiapas, y cuando se casó con mi abuelo, que era guardabosques y maestro de secundaria, se trasladaron a California. Mi abuela empezó a involucrarse con la comunidad mexicana y descubrió que los hispanos no tenían derecho a un traductor en los tribunales, y, por tanto, estaban en desventaja. De modo que se ofreció de voluntaria para trabajar como traductora para los hispanohablantes. Éste es sólo uno de los muchos ejemplos que vi en casa. Así que la respuesta a tu pregunta es que no, el ambiente familiar y la educación que recibí no me ayudaron a convertirme en artista, sino que desempeñaron un papel fundamental en la imagen que tengo de mí misma. Los artistas son comunicadores y yo quería compartir mis ideas con mi obra y mis acciones.

JGO: *¿Cómo y dónde empezaste a crear arte?*

LAB: Mi madre confeccionaba la ropa que nos poníamos y su joyería, y también las vendía. Trabajaba con papel maché, así que yo estaba acostumbrada a ver cómo distintos materiales se transformaban en cosas hermosas gracias a sus manos. La creatividad formaba parte de nuestra cotidianidad, y como la vida de nuestra familia de clase trabajadora era bastante austera, se nos animaba a inventar nuestros propios juegos y a construir nuestros juguetes. Las playas de Mazatlán eran nuestro patio de recreo, y nos divertíamos con cualquier cosa. Me pasaba el día soñando despierta en un mundo que pudiera construir por mí misma; una especie de Robinson Crusoe que vivía en una casa construida con palitos de paleta. Por supuesto que eso no se puede considerar arte, pero estábamos siempre construyendo artefactos, mi padre incluido, creando nuevas cosas, juegos, etcétera. A medida que uno crece, todo se vuelve más complejo y quizá entonces sí se puede considerar arte. La transición de esa experiencia a la creación artística fue natural.

Al principio trabajaba sobre todo con dibujos y esculturas, y buscaba la retroalimentación de críticos, artistas y curadores, muchos de los cuales se convirtieron con el tiempo en amigos míos. No tardé mucho en darme cuenta de que no era fácil ofrecer respuestas al desarrollo de una práctica que es además una extensión de mi propia noción de verdad, y de que nadie me puede decir lo que debo hacer. Tuve que encontrar mi voz interior y escucharla con sinceridad, y recurrí a los libros, a la poesía, a la filosofía, a la mitología y a la psicología… fue allí donde encontré la inspiración y la información que buscaba con avidez.

JGO: *Hace ya tiempo que practicas un tipo de arte interdisciplinario. ¿Cómo desarrollaste ese método de trabajo?*

LAB: Fue un proceso orgánico. Sentí la necesidad de establecer una relación directa con los temas que me interesaban y exponerme para abordar las cuestiones que tenían significado para mí; no quería contemplar las cosas desde la distancia: quería involucrarme de forma activa, y me parecía que éste era el método de trabajo más obvio y natural.

JGO: *Tu práctica artística incluye proyectos comunitarios e intervenciones callejeras, ¿podrías hablarnos un poco más del arte social?*

LAB: No se ha escrito lo suficiente acerca del arte comprometido socialmente ni sobre proyectos comunitarios. El arte "vivo" que se sitúa dentro del ámbito social se basa en sistemas sociales y visuales complejos, y es un terreno resbaladizo en el que se produce la intersección entre distintas disciplinas y prácticas, una intersección que tiene mucha fuerza. Los temas sociales pueden ser catalizadores de activismo; el activismo puede convertirse en expresión artística, y la propiedad y la autoría se comparten o desaparecen. Cuando la experimentación es tu metodología, se obtienen resultados caóticos y/o irrelevantes; sin embargo, este tipo de trabajo puede dar lugar a nuevas formas de comprender y experimentar el arte y el mundo que nos rodea.

JGO: *¿Cómo y cuándo diste el salto del trabajo de estudio a la práctica comunitaria y a las cuestiones sociales?*

LAB: Todo empezó hace veinte años, cuando visité por primera vez la Amazonia venezolana y estuve con distintos grupos de personas cuyas historias y experiencias compartían una relación lejana con las de México. Al encontrarme tan lejos de casa, disponía de bastante tiempo para la introspección y la contemplación, y me llevó a contactar a algunos miembros de la tribu yekuana que trabajaban dentro de la comunidad yanomami. Les pregunté si me aceptaban como aprendiz en la construcción de canoas y, después de evaluar mi trabajo anterior y de consultar con los ancianos y con los miembros de la comunidad, me preguntaron qué podía enseñarles a cambio. Les propuse un proyecto de elaboración de papel y edición de libros. En aquel entonces había muchos antropólogos que estaban escribiendo sobre los yanomamis, pero los yanomamis no estaban escribiendo su propia historia. Los misioneros les habían enseñado a leer y a escribir, y podían leer la Biblia, pero no les habían enseñado a hacer sus propios libros. Les propuse utilizar los materiales que tuviéramos a mano para fabricar papel y libros, y les gustó la idea. Les entusiasmaba la idea de que una artista de otra cultura contribuyera a lograr un objetivo común. Así surgió el proyecto *Yanomami Owë Mamotima*.

JGO: *Has seguido desarrollando el proyecto de fabricación de papel y edición en otras comunidades, ¿cómo varía el proceso de un lugar a otro y qué criterios sigues en tu elección? ¿Cómo acabaste trabajando en el Caribe, por ejemplo?*

LAB: Recibí una invitación de Caribbean Contemporary Arts [CCA7] para pasar una temporada en Trinidad y Tobago como artista residente y continuar con el proyecto comunitario de elaboración de papel. Quería aprender de los *mas* [bailes de máscaras] de Trinidad y Tobago, y estaba interesada sobre todo en el trabajo de la Callaloo Company de Peter Minshall, pues consideraba que eran esculturas en movimiento. Ésa era mi intención, pero no fue el camino que tomé…

Llegué a Puerto España dispuesta a trabajar como voluntaria para la Callaloo Company, pegando lentejuelas o realizando cualquier otra tarea que me asignaran, pero una amiga me invitó a visitar a un hombre que enseñaba a bailar con zancos a los chicos del barrio marginado de Cocorite. En cuanto entré en el patio vacío de este señor, me sorprendió el contraste con Callaloo. El patio donde vivía el constructor de zancos se llenaba todas las tardes y todas las noches con más de ciento cincuenta chicos del vecindario que acudían a aprender a bailar con zancos de casi dos metros de altura, en algunos casos. No había voluntarios que ayudaran a construir y decorar los zancos y los trajes, sólo unos cuantos padres y vecinos que pasaban por allí al salir del trabajo. El hombre que vivía allí, Dragon de Souza, se había impuesto la tarea de enseñar a estos chicos la tradición africana de la danza con zancos para mantenerlos alejados de los peligros de las calles. Fiel a su nombre, era famoso por su mal carácter, y colaborar con él era difícil; pero todas las tardes salía al patio para trabajar con los chicos sin pedir nada a cambio. Construía los zancos él mismo, con la ayuda de un puñado de amigos, y había bautizado su escuela con el nombre de Keylemanjahro School of Arts and Culture. El nombre no hacía referencia al volcán de Tanzania: "*Key*" significa "llave", la llave que abre la puerta a nuestro futuro; "*le*" son las dos primeras letras de la palabra "*leader*" [líder], "*man*" representa a la humanidad; "*Jah*" es el nombre rastafari de Dios, y "*ro*" es el clamor de la gente cuando ve a los zancudos pasando por la calle…

Me sentí cautivada por ese lugar, porque allí se daban cita muchos de los elementos en los que yo creía: el trabajo comunitario, la herencia cultural, la participación grupal, la educación, la creatividad, la costumbre de compartir y la idea de mantener a los niños ocupados en actividades sanas. Era un centro cultural totalmente independiente, que no contaba con la ayuda del gobierno, y me di cuenta que yo podía colaborar como artista. De pronto, me vi sentada frente a una máquina de coser, confeccionando los trajes que se reciclaban y se reutilizaban una y otra vez. Teníamos muy pocos recursos y, hasta entonces, la escuela Keylemanjahro había solucionado la escasez de trajes pintando directamente los cuerpos de los chicos. Aunque era un recurso eficaz y poderoso, les impedía competir en muchos concursos de carnaval en los que se podían conseguir trofeos y dinero. Además de coser para ellos, hice algunos cortos en video para promocionar la escuela. Ideamos juntos los temas de los desfiles, y les ayudé a crear libros de presentación para enseñararlos a sus posibles patrocinadores. Me acompañaron a ver exposiciones de arte y dimos una charla en el Contemporary Art Center sobre el trabajo que habíamos desarrollado juntos. Gracias a mis contactos con la comunidad del arte contemporáneo, algunos conocidos artesanos *mas* y otros artistas se involucraron en el proyecto, y esto nos permitió diseñar producciones de mayor envergadura. Quería aprovechar para crear una plataforma educativa que nos permitiera enseñar a los niños arte e historia; acercarlos a la naturaleza, a la literatura y a otras culturas, y ayudarles a tomar conciencia de la importancia del lugar que ocupaban en la construcción de una sociedad de valores más elevados.

JGO: *¿Adónde viajaste después de abandonar el Caribe?*

LAB: Trabajamos juntos durante cinco años, y entonces llegamos a un punto en el que sentí que teníamos que afrontar nuevos retos. Tenía mi estudio en Nueva York desde hacía muchos años, y quería trabajar más cerca de casa, así que regresé a Nueva York. Me enteré de que algunos antiguos miembros de Keylemanjahro estaban en la ciudad, y me habían hablado de un grupo de zanqueros llamado los Brooklyn Jumbies. Me propuse encontrarlos. Entretanto, decidí trabajar como voluntaria en el Halloween Parade de Nueva York para ampliar mis conocimientos sobre la organización de desfiles urbanos multitudinarios, ¡y allí me encontré a los Brooklyn Jumbies! Estaban participando en el desfile con sus zancos y habían oído hablar de mis colaboraciones con Dragon en Trinidad. La galería en la que solía exponer me había propuesto montar una nueva exhibición individual en Nueva York, pero yo estaba reacia a presentar instalaciones, videos, fotografías lenticulares, etcétera. Quería incorporar mis experiencias en Trinidad, de modo que les propuse transformar la galería en un estudio abierto, con una pequeña muestra de fotografías realizadas en colaboración con Stefan Falke. La galería se convirtió en un taller en el que se invitaba a los visitantes a participar en la confección de los trajes y las máscaras de los Brooklyn Jumbies, que no tenían ni trajes ni un espacio para ensayar. Una de mis propuestas era convertir la galería en un lugar en el que los Jumbies pudieran ensayar y preparar una presentación que tendría lugar en la calle 24.

JGO: *Una propuesta poco ortodoxa para una galería de arte de Chelsea, ¿cómo funcionó?*

LAB: Los viernes por la tarde y los fines de semana los Jumbies ocupaban la galería y un tramo de la calle 24 para ensayar y probarse nuevos trajes, y trabajábamos en la galería hasta bien entrada la noche. La gente bajaba a la calle descalza para poder ver mejor lo que acababan de ver pasar por las ventanas de sus departamentos. Los taxis reducían la marcha y los conductores nos fotografiaban con sus teléfonos… Era maravilloso poder jugar con las expectativas de la comunidad artística de Chelsea, era muy estimulante. La gente quería ver lo que sucedía en el interior de la galería, y se presentaron muchos voluntarios, estudiantes del Fashion Institute of Technology (FIT) y de la Universidad de Columbia, que nos ayudaban a coser y a planchar. Nos dieron permiso para cerrar la calle, y el día del desfile contamos con la colaboración de un DJ, más de cincuenta participantes en zancos, treinta en tierra y cientos de espectadores. La mayoría de los chicos no habían caminado nunca en zancos por Manhattan, casi nunca salían de su barrio, y, desde luego, no habían estado jamás en una galería de arte en Chelsea. He seguido colaborando estrechamente con los Jumbies y hemos trabajado juntos durante varios años en la confección de trajes para el West Indian Day Parade. También organizamos un *performance* para el Museo de Arte Moderno de Nueva York y viajamos hasta Fort Worth para participar en los programas comunitarios de Amphibian Stage Production y presentarnos en el Museo de Arte Moderno de Fort Worth.

JGO: *Después de tu experiencia en Trinidad y de tu colaboración con los Jumbies, ¿qué fue lo que te llevó a Oaxaca? ¿Cómo es que acabaste trabajando con artesanos tradicionales de la región?*

LAB: Sabía que en México se practicaba un baile tradicional con zancos, y estaba deseando conocerlo más a fondo. En 2008 me invitaron junto a Najja Codrington, uno de los fundadores de los Brooklyn Jumbies, a participar en Prisma Forum, un certamen experimental internacional de danza y música que se celebró en Oaxaca. Quería trabajar con bailarines de la región, y pregunté si se practicaba alguna danza con zancos en los pueblos cercanos. Me dieron una noticia maravillosa: los Zancudos de Zaachila, un grupo de bailarines fundado en honor a su patrón, San Pedro, se encontraba cerca de allí, y las fiestas anuales se celebrarían durante

---

nuestra estancia en Oaxaca. Al llegar a Oaxaca, nos presentaron al capitán de los Zancudos de Zaachila, don José Mendoza. Les enseñamos libros y videos del trabajo que había desarrollado en Trinidad, les preguntamos si estaban interesados en colaborar con nosotros y aceptaron entusiasmados. No conocían los bailes de zancos que se practican en Trinidad y Tobago y en Senegal, y empezamos a trabajar incorporando a nuestro método de trabajo el *acompañamiento*, pues define una experiencia compartida en tiempo real, un elemento fundamental en la práctica artística social comunitaria. Nuestra interpretación de la palabra expresaba nuestro respeto por las tradiciones de los Zancudos, y esto les ayudó a abrirse más a nuestra práctica. Con el paso de los años, nuestra colaboración se ha estrechado y es cada vez más ambiciosa, y los acompañamos en los desfiles que celebran todos los años (ésta es la parte del *acompañamiento*). Para el último día preparo un *performance* con piezas confeccionadas expresamente para la ocasión, en la que participarán algunos integrantes de los Zancudos. De esta manera se forma un tercer grupo, y la gente del pueblo, acostumbrada a ver la misma danza todos los años, se emociona.

JGO: *¿Qué motivos te impulsaron a trabajar con otras disciplinas artísticas tradicionales de Oaxaca?*

LAB: Cualquiera que haya visitado Oaxaca conoce la riqueza y diversidad de la cultura de la región; es un bombardeo constante de colorido, sutileza, calidad y belleza. Oaxaca cuenta con maestros inigualables en el ámbito de la talla en madera y la pintura: los alebrijes, por ejemplo, son esculturas delirantes, llenas de colorido, que representan criaturas fantásticas y que forman parte de una tradición inaugurada en 1936 por Pedro Linares. En las iglesias se pueden admirar pinturas excepcionales y retablos tallados en madera muy recargados, recubiertos de oro y plata. Los textiles de los trajes tradicionales, de una belleza exquisita, se siguen confeccionando con ayuda de técnicas de bordado ancestrales. Las jícaras se decoran con motivos animales tallados y los artesanos que se dedican a la fabricación de velas las adornan con papel y flores de cera. Hay cerámica, cestería y metalistería… la lista se extiende hasta el infinito. Fue muy estimulante estar rodeada de tantos artistas de talento, y mi forma de reconocer ese talento era invitándolos a participar en el proceso.

Según la tradición de África occidental, los zancos de los bailarines, así como sus manos y su cabello, no deben mostrarse nunca. Así, el bailarín se transforma en un ser sobrenatural que no tiene ninguna relación humana con el espectador. En Trinidad, los zancos se pintan o se cubren con rafia, pero en Oaxaca se dejan al descubierto. Para mí, estos zancos de madera desnuda, sin decorar, fueron una invitación. Confeccionar los trajes de los danzantes con los hermosos textiles oaxaqueños me parecía natural, por supuesto, pero también quería colaborar con los artesanos de alebrijes, con los que restauran iglesias y los que decoran jícaras…

JGO: *¿Podrías describir en mayor detalle cómo te planteaste el trabajo con estos artesanos?*

LAB: Tuve la suerte de conocer al artista contemporáneo Beto Ruiz, que pertenece a una familia de tejedores tradicionales de Teotitlán del Valle, y su ayuda fue inestimable. Visitamos a algunos maestros artesanos que se dedican al arte de los alebrijes, los jicalpextles, a restaurar iglesias y a trabajar con la cera. Les enseñamos mi trabajo, les explicamos en qué consistía el proyecto, los invitamos a crear obras que respondieran a mi trabajo, y todos ellos aceptaron. Después, les entregamos un par de zancos construidos por don José Mendoza, con la excepción del restaurador de iglesias, el maestro Óscar Vázquez, que decidió construir sus propios zancos con las mismas técnicas que suele emplear en la restauración de retablos como el de la iglesia de Tlacolula. En la costa de Oaxaca la población afrodescendiente confecciona telas de colores brillantes que yo quería incoporar para los trajes, así que una amiga de la costa le pidió a su familia que tejiera para el proyecto lienzos especiales que nos sirvieran para la confección de algunos trajes. Remigio Mestas es uno de los artistas textiles más importantes de Oaxaca y trabaja desde hace años con tejedores, fabricantes de telas y bordadores, aplicando técnicas que están en peligro de extinción. Hablé con Remigio y tuvo la generosidad de donar algunos textiles de una belleza exquisita. Después les pedí a algunas mujeres chamulas y wixaritari que bordaran las telas de Remigio; así, el proyecto se fue ampliando para dar cabida a artistas procedentes de otros estados mexicanos.

Cuando los artesanos empezaron a trabajar, me di cuenta de que el planteamiento inicial era el de un encargo. Sin embargo, cuando vieron que sus obras se habían transformado gracias a las aportaciones de otros talentos y que el objetivo era participar en las fiestas de Zaachila y que las obras se presentarían en una gran exposición en el Museo Textil de Oaxaca, tomaron conciencia de que su arte había entablado un diálogo más amplio. Se dieron cuenta de que estaban desempeñando un papel importante en la difusión del legado de su artesanía a un grupo nuevo y diverso de espectadores, integrado por el público tradicional que acude a las festividades anuales, el amplio grupo de los aficionados a las artes populares y, en última instancia, el público aún más extenso interesado en el arte contemporáneo. La experiencia de ver su obra dialogando con el arte contemporáneo fue transformativo.

JGO: *Llevas diez años trabajando con zanqueros. ¿Se podría decir que la obra que has desarrollado en Oaxaca es la culminación de ese trabajo?*

LAB: Creo que en Oaxaca la obra ha alcanzado su expresión más rica y compleja hasta el momento. Es la cúspide del proyecto en la medida en que abarca infinidad de talentos y habilidades diferentes, y creo que además desafía las expectativas del arte contemporáneo. Es arte social, un proyecto colectivo en el que se entretejen voces diversas, pero cada elemento individual brilla con luz propia, y ésta es la función primordial del proyecto. Pero no puedo decir si representa la culminación del trabajo. Me imagino que de aquí saldrán nuevos desafíos. Tengo la esperanza de que todos los que han participado en el proyecto se sientan honrados y enaltecidos, y que los que lo vean sean capaces de contemplar esas voces desde una perspectiva diferente: desde los zancos que llevan en su interior.

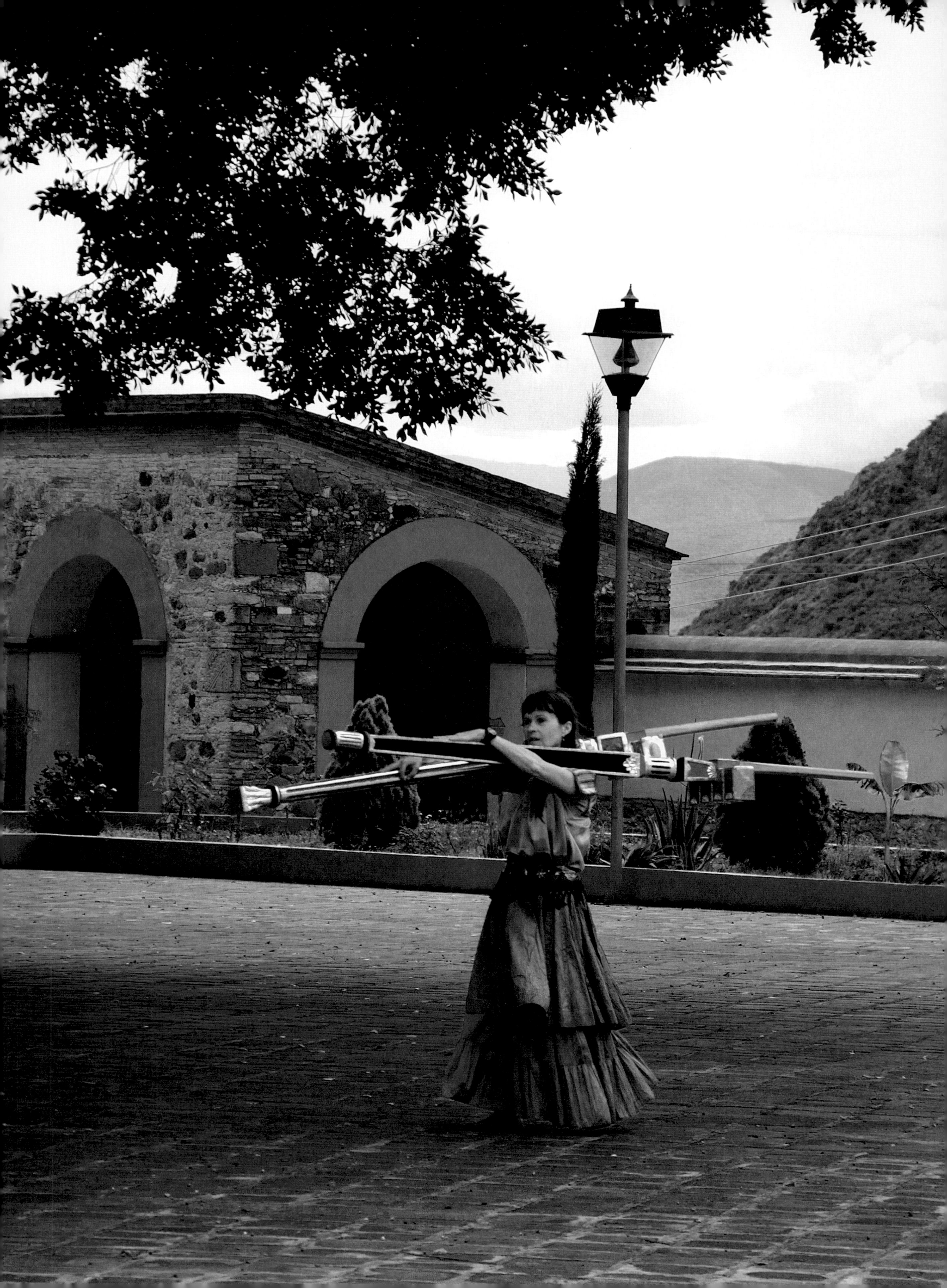

CRONOLOGÍA ILUSTRADA

1958

Laura Anderson Barbata nace en la ciudad de México, hija de Carlos Anderson Culebro y Judith Barbata.

1975-1984

Lleva a cabo estudios de filosofía y arquitectura en la ciudad de México y de sociología y antropología en la Universidad de California, en San Diego. En la Escola de Artes Visuais do Parque Lage de Río de Janeiro se centra en la escultura y el grabado. En Brasil, viaja a Salvador de Bahía y se inicia en la capoeira.

1986

Laura Anderson Barbata empieza a trabajar en dibujos al carboncillo y al grafito; entre sus series cabe destacar *Orígenes, El sacrificio* y *Lo sagrado y lo profano* (esta última también incluye esculturas). Seguirá ampliando estas series hasta 1995 con obras cada vez más abstractas que llegan a exponerse en diversas muestras individuales e itinerantes. En 1986, 1989 y 1997, sus dibujos y fotografías son premiados por el Instituto Nacional de Bellas Artes.

1990

Conoce en la ciudad de México al artista de *performance* Carlos Zerpa y al investigador de arte Axel Stein, ambos venezolanos, quienes ejercerán una influencia definitiva en su decisión de viajar a la Amazonia venezolana.

Se casa en Las Vegas, Nevada, con el artista pop y "neomexicanista" Adolfo Patiño (1954-2005), conocido como "Adolfotógrafo" y "Adolfrido". Viven y trabajan en la ciudad de México y Nueva York; se divorcian después de tres años de matrimonio.

1991

Su obra se exhibe en la muestra *Recent Acquisitions: Works on Paper* [Adquisiciones recientes: obras en papel], del Metropolitan Museum of Art de Nueva York, y en *Four Decades After the Muralists/Cuatro décadas después del muralismo* del Mexican Fine Arts Center Museum de Chicago, Illinois; participa en *La mujer en México/Women in Mexico*, que se celebra en la National Academy of Design de Nueva York, en el Centro Cultural/Arte Contemporáneo de México y en el Museo de Monterrey. El Metropolitan Museum of Art de Nueva York adquiere dibujos suyos para su colección.

1992

Viaja a la selva amazónica de Venezuela por vez primera y propone en las comunidades locales yanomami, yekuana y piaroa emprender un proyecto de elaboración de papel a cambio de que le enseñen a construir los bongos (canoas) tradicionales. Así surge el proyecto *Yanomami Owë Mamotima*, destinado a la confección de papel y libros con materiales de la región, un proyecto que permite a los yanomamis narrar sus propias historias y leyendas tradicionales. En la actualidad, estos libros forman parte de los catálogos de las bibliotecas más prestigiosas, como el de la Biblioteca Pública de Nueva York y los de las bibliotecas de las universidades de

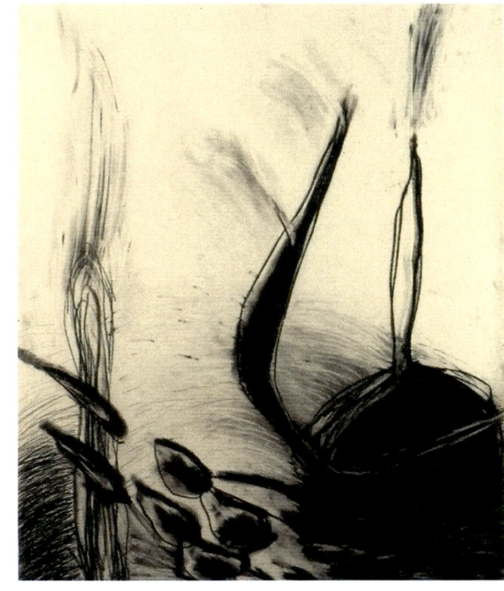

Sin título, 1988
Carboncillo y grafito
sobre papel
102.8 × 84.3 cm
Colección de la artista

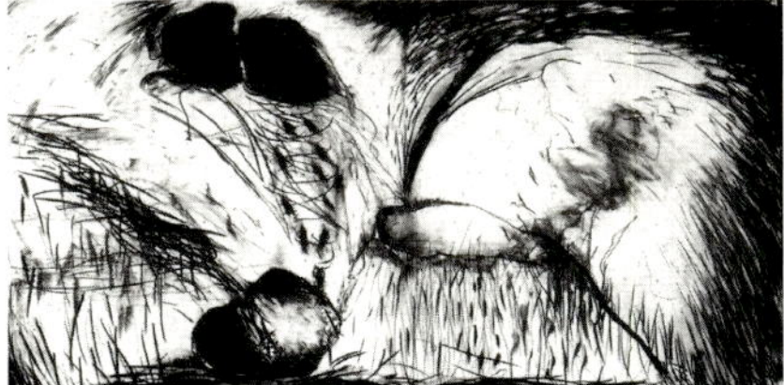

Soberano de la naturaleza húmeda, 1993
Carboncillo y grafito
sobre papel
107 × 207 cm
Colección Wheeler, Trigg, O'Donnell, LLP, Denver, Colorado
Fotografía: Stefan Hagen

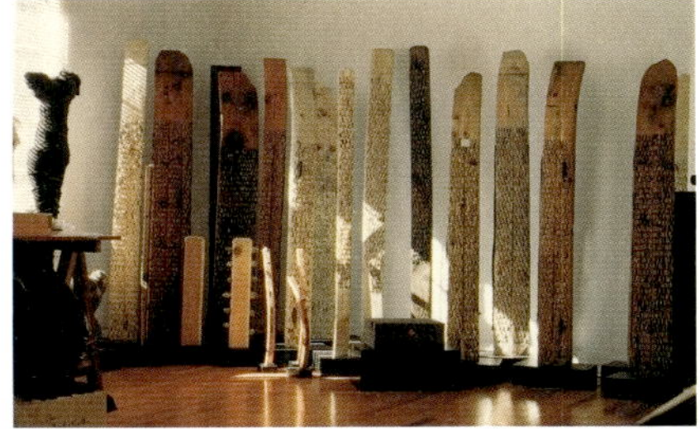

Lo sagrado y lo profano, 1988
Madera con incrustaciones de piedra
Medidas variables
Colección privada, EUA
Fotografía: J. I. González

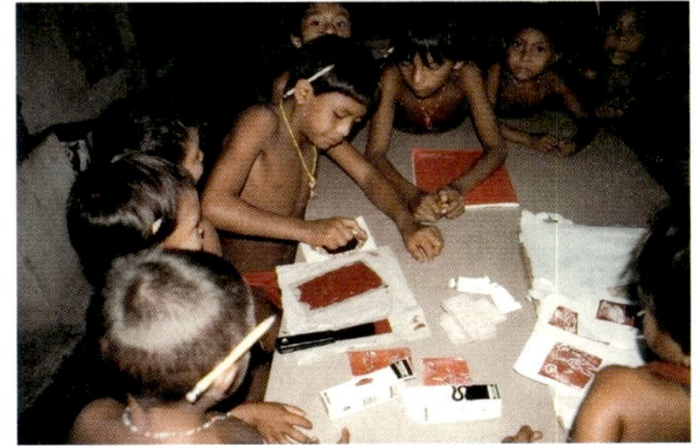

Javier les enseña a otros niños la técnica de la xilografía, 1993
Escuela Intercultural Bilingüe Yanomami, Platanal, Amazonia venezolana
Fotografía: Laura Anderson Barbata

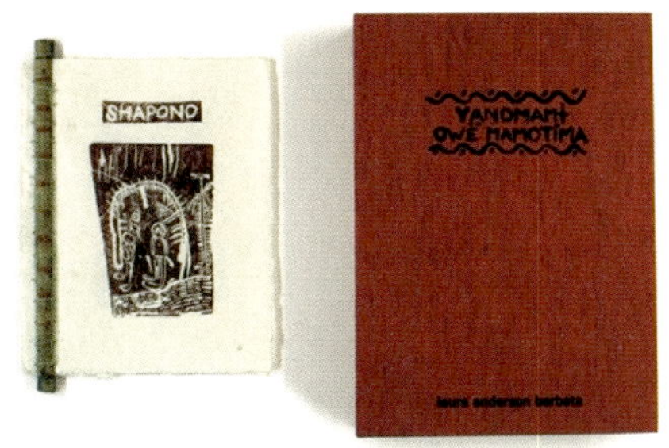

Shapono, 1996-2001
Pinturas de agua en papel de shiki y de abaca, con estuche hecho a la medida
31.7 × 22.8 cm
Edición de 50
Colecciones públicas y privadas

◀ Laura Anderson Barbata en los preparativos para el ensayo, 2012
Teotitlán del Valle, Oaxaca
Fotografía: Marco Pacheco

Princeton y Harvard. Durante los primeros seis años, desarrolla este proyecto de colaboración con los yanomamis y el aprendizaje de la construcción de canoas al margen de su obra; no incorporará las obras de la Amazonia a su práctica artística sino hasta 1998, con la exposición *En el orden del caos* [In the Order of Chaos].

1993

Instala un estudio en Manhattan y empieza a producir con múltiples técnicas: escultura, video, fotografía, dibujo y pintura. Sus trabajos posteriores, vinculados con la filosofía, la naturaleza, la historia, la lingüística, la etnografía y el folclore tradicional, adoptarán la forma de proyectos de arte social en colaboración con comunidades de Venezuela, Trinidad y Tobago, México, Noruega y Estados Unidos.

1996

En el Museo de Arte Moderno de la ciudad de México se inaugura la exposición individual *La piel de la tierra*, una muestra centrada en la naturaleza, la cual incluye dibujos, ensamblajes y esculturas inspiradas en el trabajo que desarrolló en la selva.

En el Museo de Arte Contemporáneo de Monterrey (MARCO), se representa *No-tengo-quién-me-ayude-en-casa* [I-Get-No-Help-Around-the-House], un *performance* individual sobre el problema del trabajo doméstico en relación con las lenguas y los pueblos indígenas del norte de México, relegados por la cultura dominante a desempeñar empleos no calificados. Al final, los trabajadores del museo destruyen los materiales utilizados por la artista, así como la instalación que se había montado.

1997

Dieu Donné y la Rutgers University invitan a Anderson Barbata a la comunidad de Cuellaje, en Ecuador, para elaborar libros con cabuya, una planta de la región. La cabuya, la principal fuente de ingresos de esa comunidad, se había empleado durante décadas como materia prima para fabricar alfombras, pero se empezó a sustituir por materiales sintéticos; Sustainable Uses for Biological Resources (SUBIR) participa en este proyecto en la búsqueda de nuevas aplicaciones para este importante recurso.

Participa en varias exposiciones colectivas, entre las cuales cabe destacar *Embodied Abstraction* [Abstracción encarnada], que se celebra en la Americas Society de Nueva York; la VI Bienal de La Habana, Cuba; el Premio MARCO del Museo de Arte Contemporáneo de Monterrey, México; la III Bienal de Monterrey, México, y *Arte mexicana*, del Museo de Arte Contemporáneo de la Universidad de São Paulo, en Brasil.

1998

En la Dieu Donné Papermill Gallery de Nueva York se expone *En el orden del caos* [In the Order of Chaos], un ciclo de instalaciones escultóricas elaboradas con materiales orgánicos. La muestra, un trabajo de investigación sobre la extinción de las lenguas indígenas y el impacto del colonialismo y de la religión en América, viaja a The Austin Museum of Art de Texas, a la galería Landesbank Baden-Württemberg de Stuttgart, Alemania, y al Kiscelli Múzeum Templotere de Budapest, Hungría.

Archive X, una instalación escultórica formada por elevadas columnas de papel hecho a mano con páginas de diferentes versiones del Nuevo Testamento en lenguas indígenas de la Amazonia, se presenta en la Offenes Kulturhaus de Linz, en Austria.

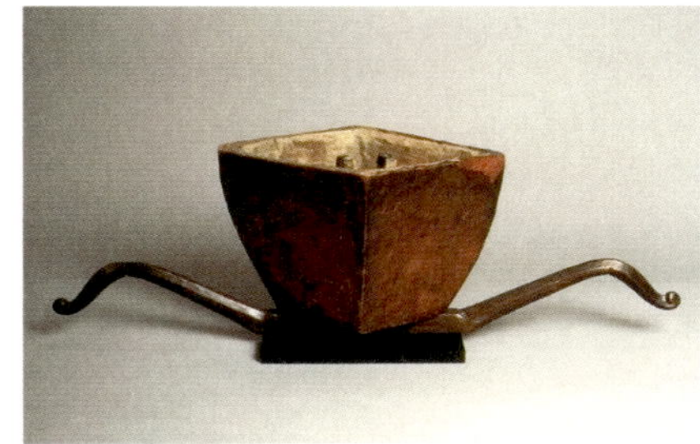

Flor de río, 1994-2012
Bronce fundido
Colección Wheeler,
Trigg, O'Donnell, LLP,
Denver, Colorado
Fotografía: Stefan Hagen

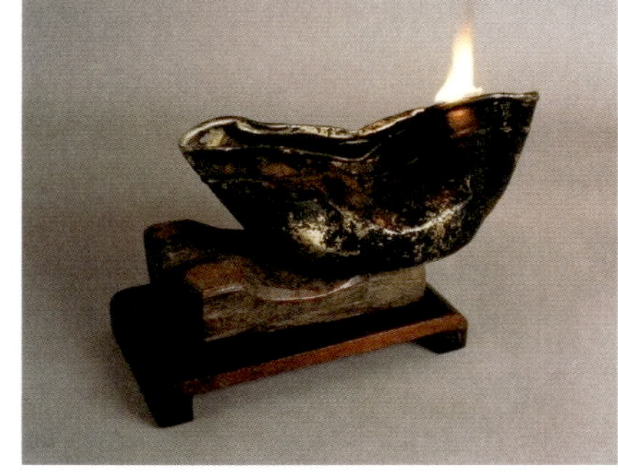

El cuerpo eterno, 1994
Técnica mixta, madera,
cera y mecha encendida
30 × 48 × 21 cm
Colección de la artista
Fotografía: Stefan Hagen

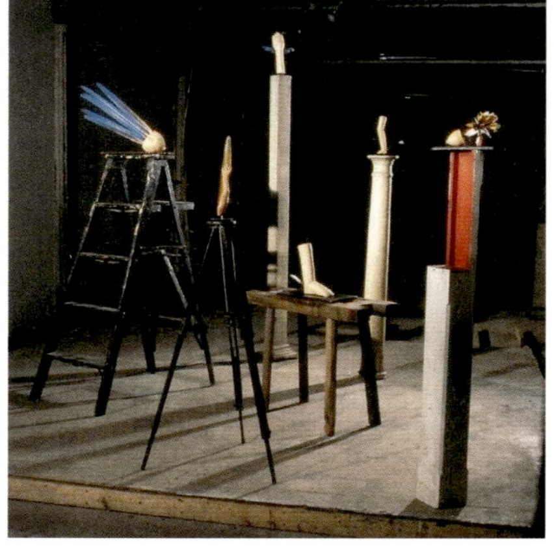

Santos y profetas, 1995
Madera, exvotos y plumas
en diversos soportes
Medidas variables
Colección Patricia Phelps
de Cisneros
Fotografía: Stefan Hagen

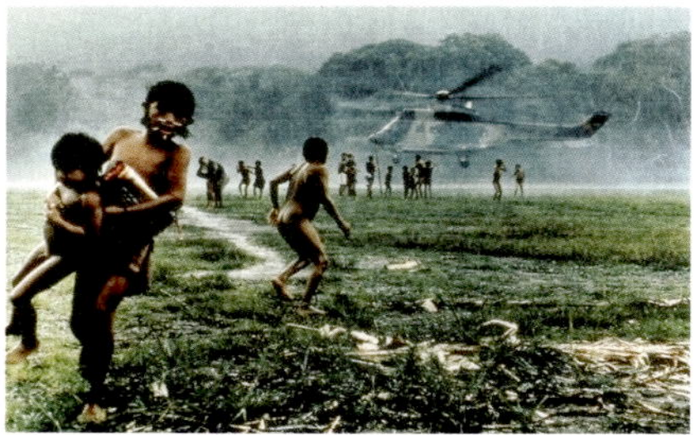

En el orden del caos, 1996
Impresión cromogénica
76.2 × 101.6 cm
Edición de 3
Colecciones privadas

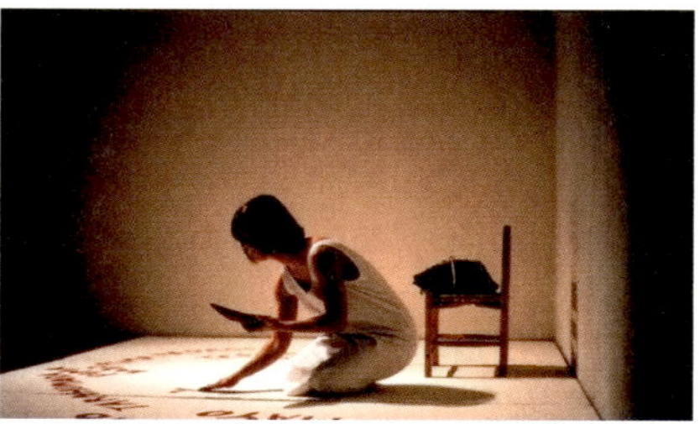

No-tengo-quién-me-ayude-en-casa (vista
del *performance*), 1997
Museo de Arte
Contemporáneo de
Monterrey (MARCO),
Fotografía: Carlos Blas
Galindo

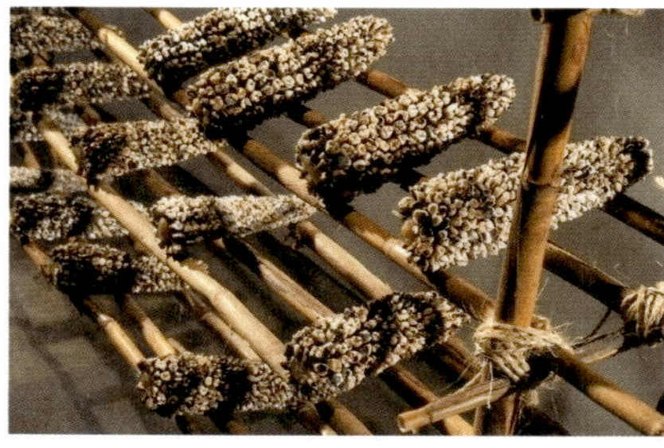

*Epítome o modo fácil
de aprender el idioma
náhuatl* (detalle), 1996
Sesenta y dos piezas
de cera, con dientes
humanos y cabello,
sobre estructura de
bambú y mecate
Colección de la artista
Fotografía: Stefan Hagen

1994-2004

Crea instalaciones al aire libre para el centro cultural de Wave Hill, en el Bronx, para la Biennal Exhibition of Public Art de The Neuberger Museum of Art y para el Dante Park de Nueva York. Utiliza hamacas, papel, cintas, corteza de cedro rojo, plantas, árboles y rosales en flor. Además, concibe obras e instalaciones para espacios interiores con cuerdas, semillas germinadas, agua y otros materiales, que se exponen en distintas instituciones.

Traces of Infinity [Trazos del infinito] surge de una residencia de la artista en Wave Hill, en el Bronx, donde crea una exposición en dos partes y una serie de instalaciones escultóricas con luces de neón, figuras religiosas, plantas, agua, madera y objetos encontrados, que abordan temas relacionados con la identidad. Anderson Barbata utiliza la naturaleza como punto de partida para reflexionar sobre las estaciones y el camino de la vida, sobre las personas que lo han recorrido antes que nosotros y el lugar que ocupamos en ese camino. Idea algunas instalaciones al aire libre en las que utiliza flores secas y frescas, papel, tejidos, espejos, papel maché y alusiones a las lenguas autóctonas que se hablaban antiguamente en esa zona y a las que se hablan en el Bronx en la actualidad. En el proyecto participan alumnos de institutos de enseñanza secundaria del Bronx. Las flores desechadas y los trabajadores mexicanos del barrio de las flores de Chelsea son una parte esencial del proyecto.

Recibe la beca Artist as Catalyst, de la Mid-Atlantic Arts Foundation, para trabajar en el Rutgers Center for Innovative Print and Paper. Edita una obra en la que combina litografías, papel de molde y grafito. La pieza es un estudio de la catalogación *online* de las lenguas indígenas de Estados Unidos y México.

2001

Viaja a Trinidad, en las Antillas, invitada por el Caribbean Contemporary Arts (cca7), y pone en marcha en Grande Riviere el proyecto *GRAS*, destinado a la elaboración de papel con materiales reciclados.

Crea *Papeles lacandones*, un proyecto de confección de papel en colaboración con habitantes de la selva lacandona de Chiapas, México. El objetivo es el de consolidar y comprender la relación entre la cultura y la naturaleza. El proyecto sigue en marcha bajo la dirección de miembros de la comunidad y del centro cultural Na Bolom.

Recibe una invitación para participar en la Biennial Exhibition of Public Art del Neuberger Museum of Art, Purchase College State University de Nueva York, y expone su obra en *Age Influence: Reflections in the Mirror of American Culture*, que se celebra en el Museum of Contemporary Art de Chicago, Illinois.

2002

Moko Jumbies Project: durante su estancia en Trinidad, Laura Anderson Barbata conoce a Dragon de Souza, fundador de la Dragon Keylemanjahro School of Arts and Culture, una escuela que se dedica a iniciar en la tradición africana del baile con zancos a jóvenes. Comienza a colaborar con la escuela confeccionando piezas con materiales reciclados, que la artista define como "esculturas que se pueden vestir" y, más tarde, participa en el diseño de los temas de las presentaciones. Además, realiza una serie de cortometrajes en video para promocionar la escuela de De Souza. Gracias a sus contactos con el mundo del arte contemporáneo y artistas como Roland Guy James, Jasmine Thomas- Girvan, Lesley-Ann Noel, Luis Romero, Hemit Kaiser y Michael Guy James se involucran en el proyecto. Las nuevas aportaciones permiten crear presentaciones más complejas y de mayor envergadura. La escuela recibe varios premios y llama la atención de algunos directores de documentales.

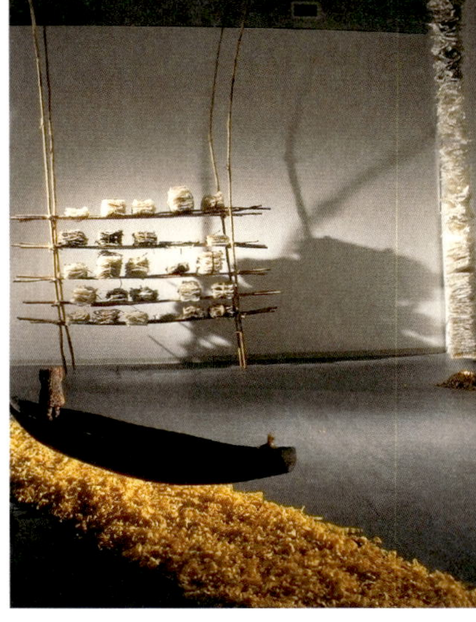

En el orden del caos (vista de la instalación), 1998
Dieu Donné Papermill, Nueva York
Fotografía: Stefan Hagen

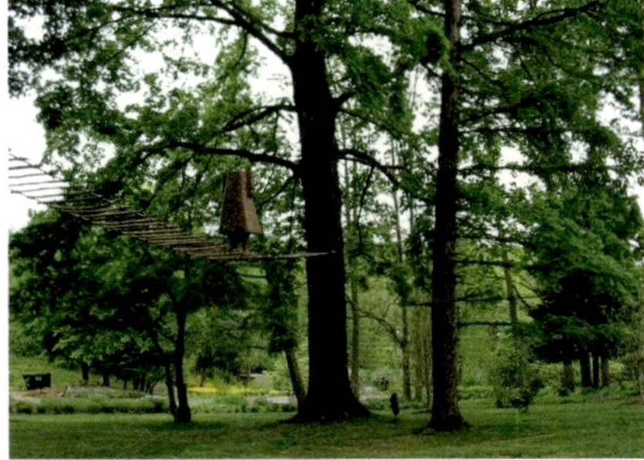

Autorretrato (primera parte), 1996-2001
Fibra de vidrio, mecate y madera
Figura: 132 × 53.3 × 45 cm
Medidas del puente variables
Colección Sandy Solomon y Doug Messenger, Shillington, PA
Fotografía: Laura Anderson Barbata

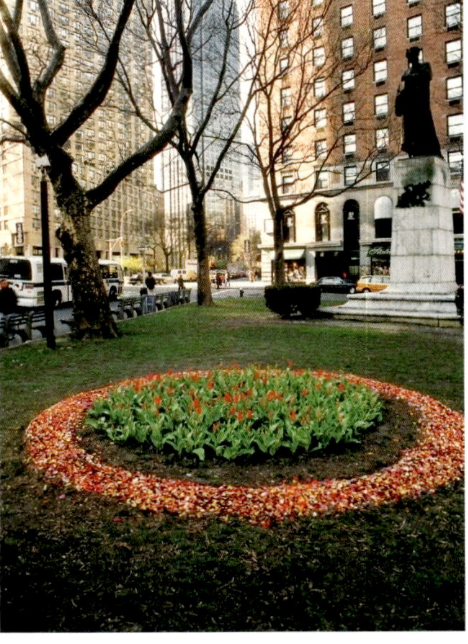

Gone from the Path Direct, 2000
Flores de desecho del barrio de las flores de Nueva York, papel y plantas en flor
4.87 m de diámetro
De la exposición *Environmentally Concerned*, Nathan Cummings Foundation, Nueva York
Fotografía: Stefan Hagen

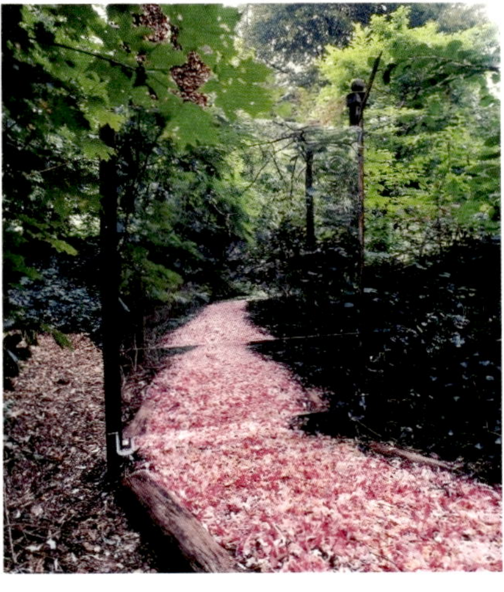

Temporal Displacement, 1999
Espejo instalado en un camino cubierto de papel y pétalos de peonías
Wave Hill Woodlands, Bronx, Nueva York
Fotografía: Stefan Hagen

Comienza a cimentarse así uno de los pilares más sólidos de la práctica artística de Anderson Barbata: sus trabajos de colaboración con zanqueros de distintas culturas de todo el mundo.

Capoeira: Anderson Barbata incorpora la capoeira a sus métodos de enseñanza, un arte marcial tradicional de Brasil con elementos de danza basados en la energía de la resistencia y la superación; crea talleres destinados al desarrollo de una técnica de creación artística que utiliza el cuerpo como recurso material para desencadenar la acción. En esos talleres se refleja su idea de que el condicionamiento físicos es esencial para impulsar al artista a la acción, una filosofía que sigue aplicando en la actualidad en su labor docente.

2004

Ute Meta Bauer invita a Anderson Barbata a participar en *Transbord-Rájis Rádjái*, un proyecto destinado a poner en contacto a artistas, curadores y críticos de arte con las comunidades samis de Noruega, Suecia, Finlandia y Rusia. Gracias a este proyecto, creadores culturales procedentes de distintos entornos intercambian opiniones sobre la etnicidad, la cultura y las fronteras, el nacionalismo, el activismo cultural, la comunicación y la educación.

Ese mismo año, Amphibian Stage Productions (una compañía de Fort Worth dirigida por la hermana menor de Laura Anderson Barbata, Kathleen A. Culebro) invita a la artista a diseñar el vestuario para una obra de teatro basada en la vida de Julia Pastrana; salvo los minutos iniciales, la obra se desarrolla en la oscuridad. Es así como Laura Anderson Barbata conoce la historia de Julia Pastrana.[1]

2005

La Office of Contemporary Art (OCA) de Noruega invita a Anderson Barbata como artista residente a Oslo, donde inicia el proyecto *A Homecoming for Julia* [Julia vuelve a casa], una petición para que se devuelvan los restos de Julia Pastrana a Sinaloa y reciban sepultura en el lugar donde nació. En Noruega, la artista comienza una relación epistolar con la Colección Schreiner, con el Comité Nacional para la Evaluación de la Investigación de Restos Humanos de Noruega, con antropólogos de la universidad y con miembros de la comunidad sami, para suscitar un debate que desembocará en el proceso de repatriación. Como Julia Pastrana era católica, Anderson Barbata organiza una misa en su honor con el apoyo de Christiane Erharter. Asisten académicos, artistas, activistas y artistas circenses.

Durante la beca de la OCA en Noruega, Anderson Barbata recibe una invitación para participar en la Trienal de Arte de Barents y se embarca en el proyecto *Wesselborgen* (nombre de una residencia y hospital geriátrico de Kirkenes, Noruega). Éste es un proyecto comunitario que anima a los voluntarios de los alrededores a colaborar con los ancianos de la residencia impartiendo clases de arte para enseñarles pintura, *collage*, escultura y otras técnicas. Durante su estancia en Noruega, presenta *Barents Herstory*, una instalación videográfica en la que se utilizan labores de tejido a ganchillo confeccionadas por los ancianos de la residencia.

Con una beca de seis años, ingresa al Sistema Nacional de Creadores de Arte del Fondo Nacional para la Cultura y las Artes, perteneciente al Consejo Nacional para la Cultura y las Artes, México.

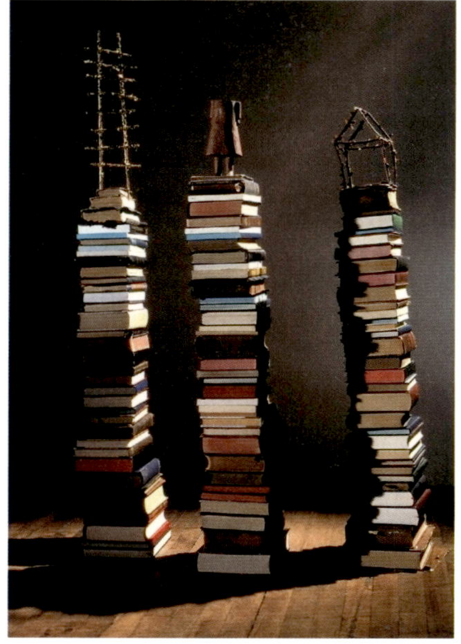

Thought, Word, Deed (And O-Mission), 1999
Tres columnas formadas con Biblias y diferentes versiones del Nuevo Testamento en varias lenguas, libros, madera, tallos de rosa y hoja de oro
137 × 82 × 33 cm
Colección de la artista
Fotografía: Stefan Hagen

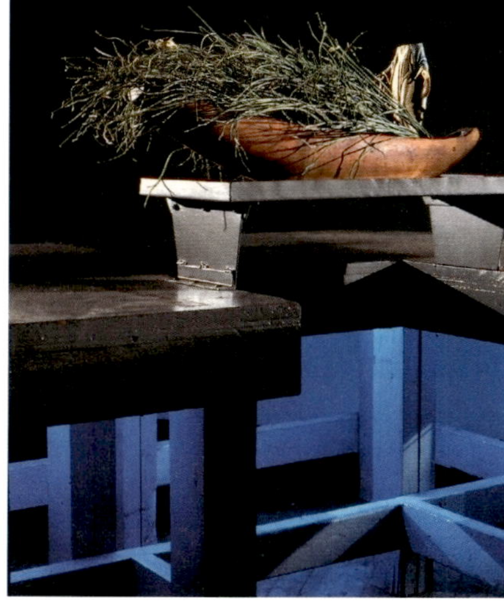

No, no es que yo sueño (detalle), 1999
Mesa de madera pintada con soporte de metal, canoa de madera, figura religiosa, ramas, hilo, agua y neón
Fotografía: Stefan Hagen

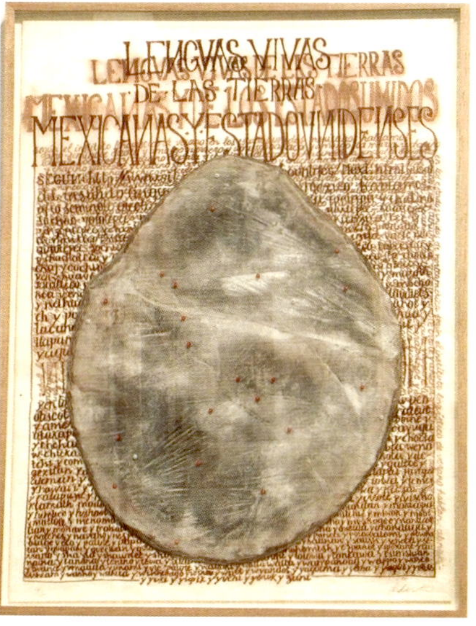

The Tree of Life According to: http://sil.org, 2001
Litografía de doble faz sobre papel de gampi y papel hecho a mano creado en el Rutgers Center for Papermaking como parte de la beca Artist as Catalyst
81.2 × 58.4 cm
Edición de 12
Colección de la artista
Fotografía: Stefan Hagen

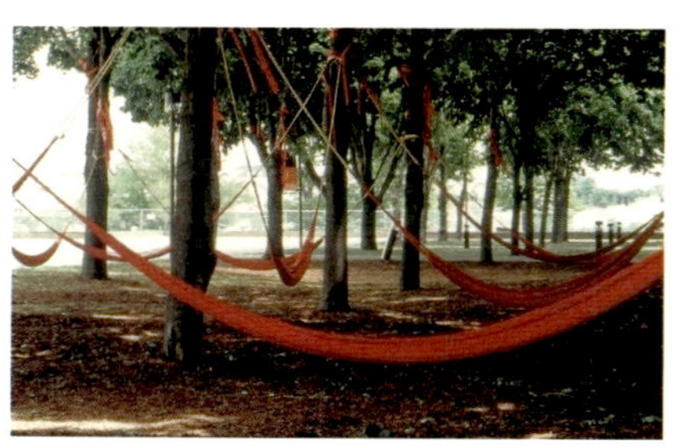

Our History Is Not Found in a Book, 2001
Cincuenta hamacas tejidas a mano, superficie de cedro rojo en el suelo y listones atados a los árboles, que incluyen mensajes escritos por los visitantes
Neuberger Museum of Art, Biennial of Public Art, 2001
Fotografía: Stefan Hagen

2006

Para la exposición individual *Dos Vírgenes*, que se celebra en la galería La Refaccionaria, en la ciudad de México, Anderson Barbata crea imágenes lenticulares en las que ella misma aparece caracterizada como la Virgen María sin cabeza, además de una escultura de una Virgen de tamaño natural, elaborada con parafina, con el título de *Remedios*. La figura de la Virgen de cera se va derritiendo poco a poco en el transcurso de la exposición.

2007

Laura Anderson Barbata inicia el proyecto *Jumbie Camp* en la galería Ramis Barquet de Chelsea, Nueva York. En este espacio se presentan como esculturas algunas de las obras creadas para los zanqueros de Trinidad y Tobago, y se puede contemplar una pequeña muestra de fotografías lenticulares creadas en colaboración con Stefan Falke. Durante un mes, la galería se transforma en un taller abierto y se invita a los transeúntes a participar en la confección del vestuario para un desfile que tendrá lugar en la calle 24. Con este proyecto comienza la prolongada colaboración de la artista con los Brooklyn Jumbies, una continuación del proyecto *Moko Jumbie* que había iniciado en Trinidad. Son invitados invitados a presentarse en el Museo de Arte Moderno de Nueva York.

Su obra se incluye en una exposición itinerante que recorre Estados Unidos hasta 2009, *Cardinal Points: A Survey of Contemporary Latino and Latin American Art from the Sprint Nextel Art Collection* [Puntos cardinales: una muestra de arte contemporáneo latino y latinoamericano de la colección Sprint Nextel].

2008

Viaja en compañía del fundador de los Brooklyn Jumbies, Najja Codrington, a Oaxaca. Allí conocen a don José Mendoza, el capitán de los Zancudos de Zaachila, un grupo de danza tradicional en zancos fundado en honor de San Pedro. De este modo, el proyecto *Moko Jumbie* se amplía para incluir a los Zancudos de Zaachila, una colaboración que durará varios años y que evolucionará para dar lugar a desfiles cada vez más ambiciosos. Aparecen en internet algunos videos de estas colaboraciones anuales y, de inmediato, algunos miembros de los Zancudos de Zaachila que se encuentran en Connecticut se ponen en contacto con la artista.

2008-2009

Colabora con Amphibian Stage Productions en algunos proyectos de ayuda social y realiza un *performance* en el Museo de Arte Moderno de Fort Worth.

La artista acepta el cargo de profesora de Arte Social y Estética Relacional en la Escuela Nacional de Pintura, Escultura y Grabado, La Esmeralda, en la ciudad de México. Funda el grupo Arte y Ética, que reúne a estudiantes, artistas y representantes de organizaciones no gubernamentales para analizar el papel del arte y de los artistas en los problemas sociales de actualidad y estudiar posibles colaboraciones.

2010

Se inaugura en el Center for Book & Paper Arts del Columbia College de Chicago la exposición *Among Tender Roots: Laura Anderson Barbata* [Entre tiernas raíces], una crónica de los proyectos *Yanomami Owë Mamotima*, GRAS y *Moko Jumbie*, curada por Melissa Potter. El Columbia College invita a Sheroanawë Hakihiiwë, el líder yanomami del proyecto *Yanomami Owë Mamotima*, a participar en un coloquio y en un taller, y a pasar una temporada en esta institución como artista residente.

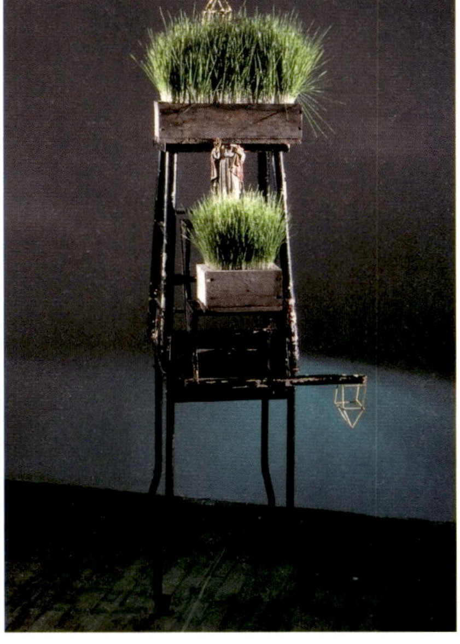

El que yace entre tiernas raíces, 1999
Trigo germinado, figura religiosa, escalera, mesa, fósforos, hoja de oro y neón
165.5 × 55.8 × 54.1 cm
Colección de la artista

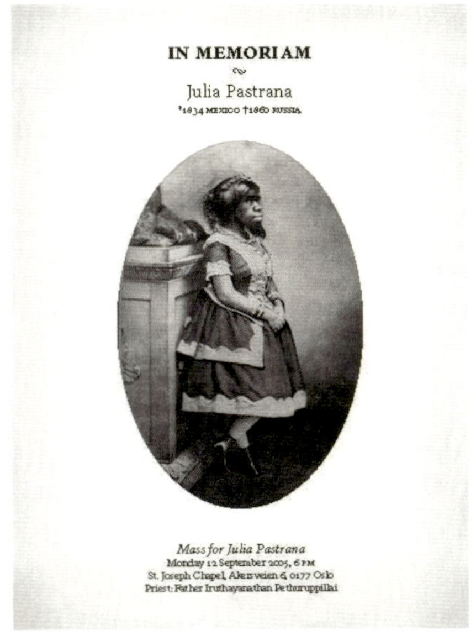

In Memoriam: A Mass for Julia Pastrana, 2005
Capilla de St. Josef, Oslo, Noruega

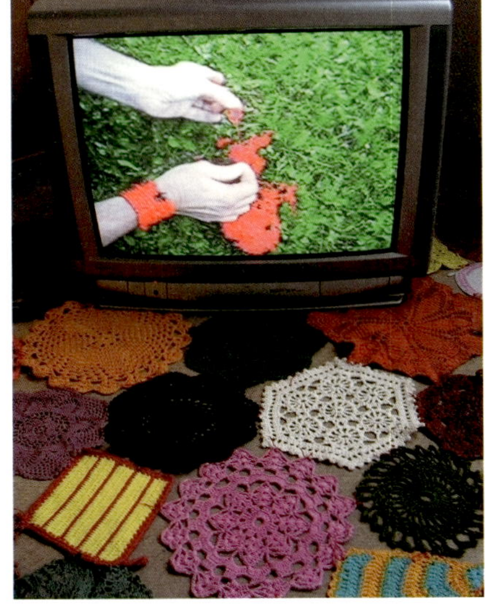

Barents Herstory, 2005
Video-instalación con monitor de televisor y carpetas tejidas a ganchillo, realizadas en la residencia y hospital para ancianos Wesselborgen
Kirkeness, Noruega
Fotografía: Laura Anderson Barbata

Durante su estancia, Sheroanawë crea una serie de obras en papel. En 2011 y 2012, el centro invita de nuevo a Sheroanawë y a Laura Anderson Barbata a trabajar en esta institución como artistas residentes.

Ofrece una ponencia en TEDxDF en la ciudad de México.

El Sistema Nacional de Creadores de Arte del Fondo Nacional para la Cultura y las Artes, perteneciente al Consejo Nacional para la Cultura y las Artes, México, le concede una beca de tres años.

2011

Laura Anderson Barbata y los Brooklyn Jumbies viajan a Zaachila, Oaxaca, para bailar con los Zancudos de Zaachila en las fiestas anuales de la región, como lo han hecho durante los últimos tres años. Convencida de la necesidad de acercar la actuación al público que contempla el *performance* desde el suelo, la artista se disfraza y participa directamente en las acciones. Se ve a sí misma como un nexo entre el público y los zanqueros y, por medio de su participación, el espectador desempeña un papel participativo.[2]

Intervention: Wall Street es un *performance* público de Laura Anderson Barbata y los Brooklyn Jumbies, que tiene lugar en el distrito financiero de Nueva York en respuesta al impacto global de la crisis económica y a la necesidad urgente de promover un cambio en los valores y las prácticas del sector financiero de Nueva York.

Con ayuda del artista contemporáneo Beto Ruiz, Laura Anderson Barbata recorre la región de Oaxaca para conocer a algunos maestros artesanos que se dedican a distintos oficios, como la talla en madera, la textilería, la decoración de jícaras, la confección de velas y la cestería. La artista los invita a colaborar en el proyecto en el que se encuentra inmersa.

Ute Meta Bauer y el colectivo de artistas Apparatjik[3] invitan a Laura Anderson Barbata a participar en la Apparatjik Mini Summit: "Sustaining Creativity-Creating Sustainability" [Minicumbre Apparatjik: "Creatividad sostenible/sostenibilidad creativa"], un evento que forma parte de la exposición *Globe. For Frankfurt and the World*. Después de Fráncfort, deciden colaborar en una ópera y en un proyecto multidisciplinar basados en Julia Pastrana. En 2012, el gobernador de Sinaloa, Mario López Valdez, se une a la iniciativa de Laura Anderson Barbata para conseguir una campaña destinada a conseguir que el cuerpo de Pastrana regrese al lugar donde nació para recibir sepultura. El Comité de Ética de Noruega accede a la petición. El proyecto *A Homecoming for Julia* se amplía y dará lugar a una ópera, a una serie de obras multidisciplinares, a un libro y a un filme documental.

Participa en *Mujeres detrás de la lente. 100 años de creación fotográfica en México*, que tiene lugar en el Centro Cultural Tijuana (CECUT), México.

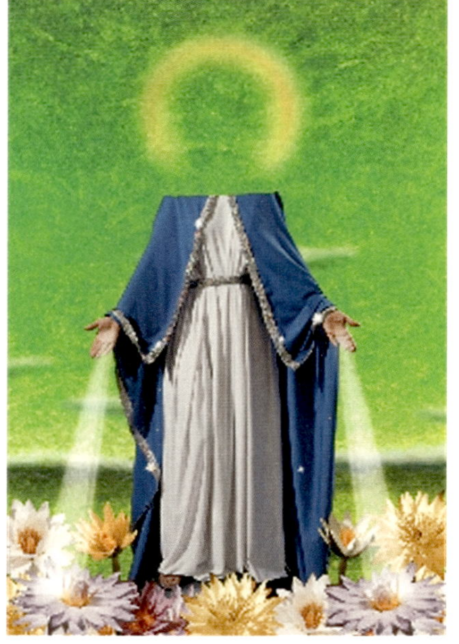

Gloria, 2006
Impresión digital lenticular, de veinticuatro capas sobre aluminio
182.8 × 106.6 cm
Edición de 3
Colección Museo Jaureguía, Navarra, España

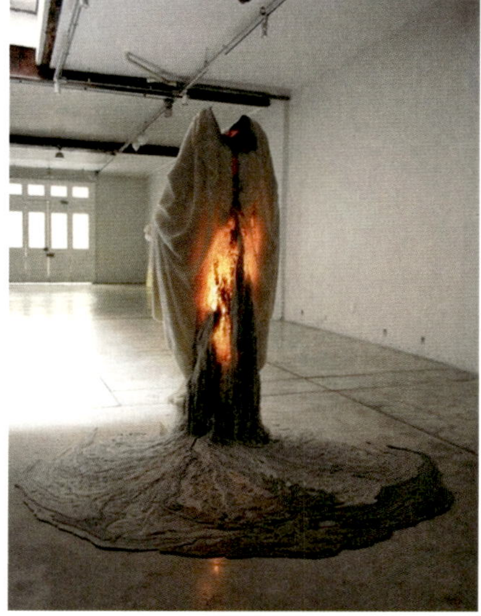

Remedios (vista de la instalación), 2006
Cera parafina de Malasia, mecha y fuego
177.8 × 63.5 × 43.1 cm
Galería La Refaccionaria, Ciudad de México
Fotografía: Laura Anderson Barbata

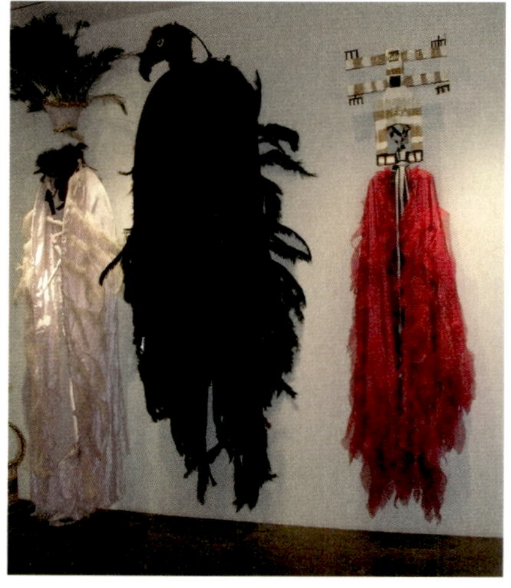

Jumbie Camp, 2007
Instalación
Galería Ramis Barquet, Nueva York
Fotografía: Laura Anderson Barbata

2012

Laura Anderson Barbata y los Brooklyn Jumbies regresan a Oaxaca para bailar con los Zancudos de Zaachila. Ese año las actuaciones cuentan con la colaboración de algunos maestros artesanos de la región, que muestran el legado de su arte a un grupo de espectadores heterogéneo, mucho más amplio que el público que asiste tradicionalmente a las fiestas anuales.

Transcomunalidad: esta exposición individual, en el Museo Textil de Oaxaca, es una visión de conjunto de la colaboración que Laura Anderson Barbata desarrolló durante diez años con los Moko Jumbies y otros zanqueros. Se presentan obras creadas en Trinidad, Nueva York y Oaxaca, además de instalaciones escultóricas y elementos que la artista ha creado en el pasado para este proyecto: videos, fotografías y obras realizadas en colaboración con maestros del arte popular de Oaxaca. Los zancos, tallados y pintados, y el trabajo textil se exponen como esculturas e instalaciones que entablan un diálogo directo con el lenguaje del arte contemporáneo.

Participa en *Caribbean: Crossroads of the World*, que se desarrolla en los espacios neoyorquinos del Museo del Barrio, el Queens Museum of Art y el Studio Museum de Harlem. También expone en la X Bienal de Monterrey, FEMSA, del Museo de Arte Contemporáneo de Monterrey, México.

En la actualidad, Laura Anderson Barbata divide su tiempo entre Manhattan y la ciudad de México. Imparte clases en la Escuela Nacional de Pintura, Escultura y Grabado, La Esmeralda, del Instituto Nacional de Bellas Artes. Su obra forma parte de la colección permanente del Metropolitan Museum of Art de Nueva York, del Museum of Contemporary Art de San Diego, del Museo de Arte Moderno de México, de la Fundación Cisneros de Caracas y de muchas otras instituciones de primer orden.

1 Julia Pastrana (1834-1860), indígena nacida en el estado de Sinaloa, México, fue un caso extremo de una enfermedad congénita llamada hipertricosis lanuginosa, y padecía además una hiperplasia gingival severa. Tenía el rostro y el cuerpo cubiertos de una espesa capa de pelo y una mandíbula de tamaño desproporcionado. Gracias a su talento musical —era una mezzosoprano, cantaba en inglés, español y francés—, recorrió Estados Unidos y Europa. En los espectáculos se la presentaba como "la mujer más fea del mundo". Se casó y tuvo un hijo que heredó la enfermedad, pero sólo vivió treinta y cinco horas. A la muerte de Julia Pastrana, su viudo, Theodore Lent, embalsamó los cuerpos de su mujer y de su hijo y se dedicó a exhibirlos; posteriormente, un coleccionista de Oslo adquirió los cuerpos. En la actualidad, los restos de Julia Pastrana forman parte de la Colección Schreiner de la Universidad de Oslo.

2 Gracias a su amigo Clayton Kirking, jefe de Recursos de Información Artística de la Biblioteca Pública de Nueva York, Laura Anderson Barbarta se entera de que en las Antillas los Moko Jumbies desfilan en el carnaval acompañados por un enano que viste una indumentaria similar a la suya; nunca lo había visto en Trinidad y Tobago.

3 Apparatjik es un colectivo de artistas multidisciplinario, fundado en 2008 por cuatro músicos de renombre: Guy Berryman del grupo Coldplay, Magne Furuholmen de a-ha, Jonas Bjerre de Mew y el productor Martin Terefe. La traducción literal de "*apparatjik*", un término de origen ruso, es "agente del aparato", y se utilizaba para aludir a "la gente que obstruye, que pone obstáculos en las organizaciones que, de no ser por ellos, funcionarían de un modo eficaz". Este colectivo ha actuado en numerosos museos y en festivales internacionales de arte y música de todo el mundo.

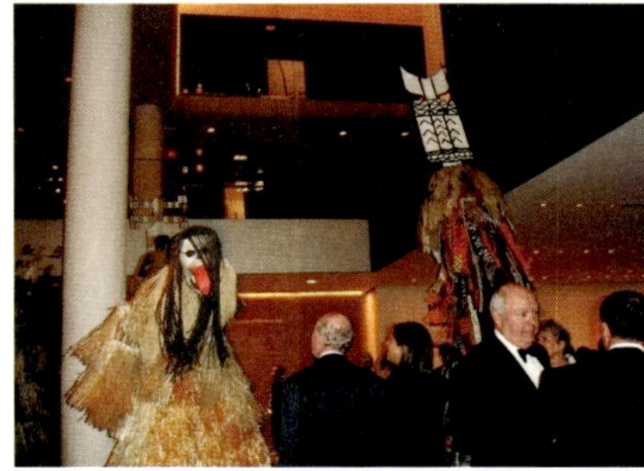

Jumbie Camp (vista del *performance*), 2007
Museo de Arte Moderno, Nueva York

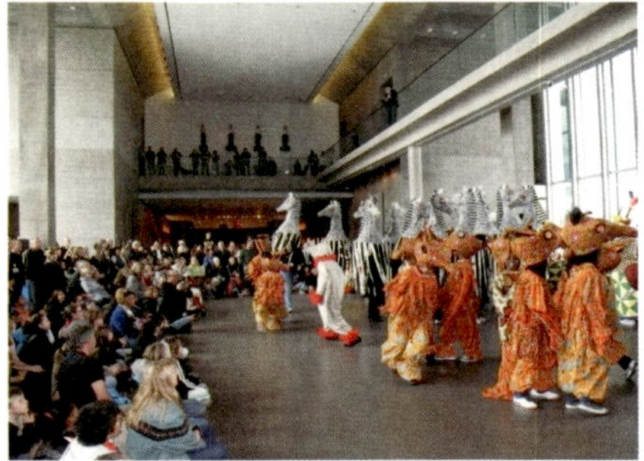

Jumbies Texas! (vista del *performance*), 2008
Colaboración con el programa de Amphibian Stage Productions y los Brooklyn Jumbies
Museo de Arte Moderno, Fort Worth, Texas
Fotografía: Gregory Ibáñez

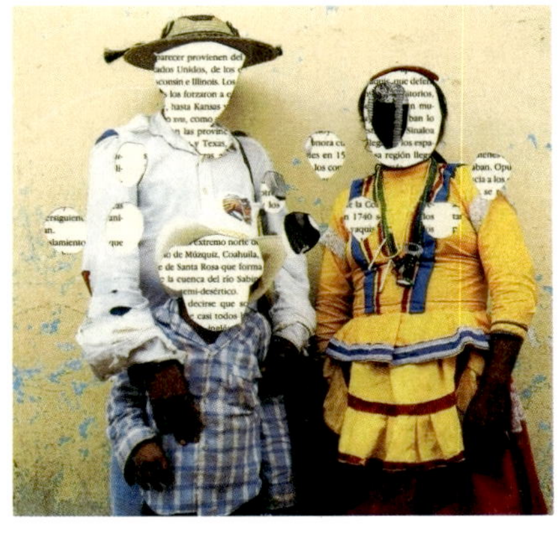

Familia Victoriano, 2011
Impresión tipo C en papel fotográfico
64.7 × 66 cm
Edición de 3
Colección de la artista

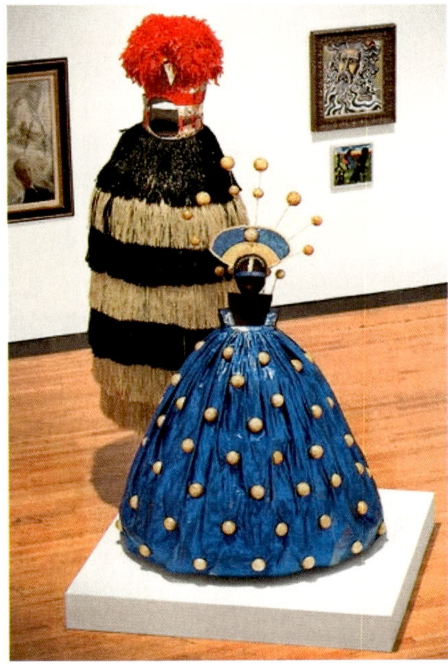

Caribbean: Crossroads of the World (vista del *performance*), 2012
Queens Museum of Art, Nueva York
Colección de la artista

AGRADECIMIENTOS

/FOTOGRAFÍA

Pablo Aguinaco

Laura Anderson Barbata

Najja Codrington

Rafael Esquer

Stefan Falke

Stefan Hagen

Greg Ibáñez

Jorge López

Alix Milne

Marco Pacheco

Frank Veronsky

/MÉXICO

Los Zancudos de Zaachila, capitán don José Mendoza

Secretaría de las Culturas y Artes de Oaxaca

Centro de Diseño de Oaxaca

Museo Textil de Oaxaca

Fomento Cultural Banamex, A.C.

La Curtiduría, A.C.

Escuela Nacional de Pintura, Escultura y Grabado, La Esmeralda, Instituto Nacional de Bellas Artes

Grupo Anderson's, S. A. de C. V.

Comité de los Festejos del Barrio de San Pedro la Reforma, 2009–2012, Villa de Zaachila, Oaxaca

Comité de la Capilla de San Pedro Apóstol, 2008-2012
Villa de Zaachila, Oaxaca

    Eloy Chacón Pérez

    Carlos Monroy

    Filiberto Villarreal López

    Pablo Villarreal López

    Esteban Zaragoza Aragón

    Jefes de capilla:

    Agripino Luis Ambrosio

    Guillermina Aquino Sebastián

    Rogelio Aquino Sebastián

    Victoria Betanzo Coronel

    Florentina Flores Aquino

    Graciela Martínez Betanzo

    Emma Rodríguez Rojas

Carlos Barrera

Alfredo Cruz

Cándida Fernández de Calderón

Demián Flores

Ana Paula Fuentes

Lizeth Galván

Lucero González

Hemit Kaiser

Familia Mendoza

Remigio Mestas

Carlos Monroy Valentino

Marco Pacheco

Fernando Quintero

Beto Ruiz

Mónica Villegas

Andrés Webster

/NUEVA YORK

Brooklyn Jumbies

Najja Codrington

Ali Sylvester

Amphibian Stage Productions

Victor Group

Gary Chin

Kathleen Culebro

Stefan Falke

Stefan Hagen

Olga Hubard

Clayton Kirking

Judith Norman

Alix Milne

Manuela Morales

Marguerite Oerleman

Melissa Potter

Jennifer Russell

Stefanie Seitinger

Axel Stein

Frank Veronsky

Brooklyn Jumbies agradecen a:

Judy Charles

Sewaa Codrington

Sophia Codrington

Geraldine Parris, alias Mother Jumbie

Melicia Williams

/TRINIDAD Y TOBAGO

Keylemanjahro Moko Jumbie School of Arts and Culture, Cocorite
Dragon de Souza

Caribbean Contemporary Arts CCA7

Charlotte Elias

Norman Girvan

Ronald Guy James

Lesley Ann Noel

Jasmine Thomas-Girvan

COLABORADORES

/MÉXICO

ARTESANOS

Alebrijes de San Martín Tilcajete:

Florencio Fuentes

Martín Melchor

Ermelinda Ortega

Juana Ortega Fuentes

Vicente Paul

Paula Sánchez

Jesús Sosa Calvo

Juana Venegas

Velas de concha de Teotitlán del Valle:

Viviana Alavés Hipólito

José Hernández Alave

Petra Mendoza Mendoza

Guillermina Ruiz Carreño

Jicalpextle:

Petronilo Vázquez

Grabador de jícaras:

Olegario Hernández

Restaurador de retablos:

Óscar Vázquez (Teotitlán del Valle y Tlacolula)

Textiles:

Alhelí Hernández (textiles de la costa)

Remigio Mestas Revilla

Bordados:

Ernestina Gómez Gómez (San Juan Chamula, Chiapas)

Teresa López Bello (vendedora de cigarros en la ciudad de México)

Mariano Navarrete (wixárika, San Andrés Cuamiata, Jalisco)

Julia Villa (wixárika, San Andrés Cuamiata, Jalisco)

Asistentes y consultores:

Hemit Kaiser

Beto Ruiz (Teotitlán del Valle)

Antropología:

Santiago Olguín (Oaxaca)

Estudio en Oaxaca:

La Curtiduría, A.C.

/NUEVA YORK

Manuela Morales, elaboración de trajes

Asistentes:

Hemit Kaiser

Alix Milne

/TRINIDAD Y TOBAGO

Diseño y construcción:

Collin Clark

Olaf Dannecker

Robert Frederick

Ronald Guy James

Michael Guy James

Byron Joseph

Hemit Kaiser

Lesley Ann Noel

Larry Roberts

Luis Romero

Jasmine Thomas-Girvan

Costureras:

Annette Raymond

Barbara Williams

/ZANCUDOS DE ZAACHILA

José Mendoza, capitán

Ulises Aragón Solano
Uriel Aragón Solano
Mauricio Cerero
Ulises Cerero Mejía
Jorge Chacón Cruz
Francisca Coronel Alonzo
Armando Cruz Hernández
Javier Félix Pérez
Leobardo García Aquino
Miguel Ángel Gómez Luis
Juan de Dios López Sumano
Pedro López Sumano
Erick Martínez
Héctor Martínez
Julio César Matus Pacheco
Manuel Méndez López
Emma Mendoza Coronel
Jesús Merlin
Erick Miguel Lázaro
Ramiro Miguel Lázaro
Juan Carlos Ramírez Félix
Giovani Rafael Robles Mendoza
Ángel Sumano
Manuel Sumano

/BROOKLYN JUMBIES

Najja Codrington
Ali Sylvester
Raynald Belmont Jr.

AJ Alcee
Lernell Alcee
Andrea Alexander
Anthony Allen
Daran Andrew
Bonivia Bartolo
Gideon Baynes Jr.
Brianna Brewster-Luke
Patrice Bridgewater
Messiah Brown
Eli-Jah Cineus
Brandon Delgado
Darrius Delgado
Naeem Edwards
Christian Gibbs

Kenwyn Gibbs Jr.
Matthew Gibbs
Burundi Johnson-Chung
Terrol Leacock
Frederick Linch
Markanthony Lynch
Jemari Lucas
Teveion Mitchell
Treston Mitchell
Allana Morris
Denzel Morris
Aaliyah Parris
Uniq Peters
Jarita Phillips
Konate Primus
Keston Reefer
Dhaunte Richardson
Colleen Rojas
Jabari Rollocks
Salim Sammy
Nijere Selby
Candace Skeete
Keisy Villanueva
Marquis Williams

/KEYLEMANJAHRO MOKO JUMBIES

Dragon de Souza

Brandon Ali
Akin Andrews
Brian Andrews
Allison Arthur
Keisha Arthur
Kerwyn Arthur
Kyle Arthur
Josanne Arthur
Mutema Azizi de Souza
Ayanna Bacchus
Chester Bacchus
Rodney Barrow
Anthony Bryan
Kareem Bonadie
Kern Bowen
Melissa Bowen
Marvin Burnett
Kwame Clement
Adayshura Collis

Christopher Collis
Nicole Cox
Curline
Aliyah Daniel
Tion Dopwell
Shane Drayton
Giselle Eve
Tricia Farrel
Ashley Folkes
Crystal Folkes
Sean Francis
Wayne François
Ferlyn Frank
Jamaal Franklin
Samuel Franklin
Steven Franklin
Kevin Frection
Michael Fredrick
Ancil George
Mutawakkil Glen Dragon de Souza
Shinell Goodridge
Aaron Griffith
Alex Griffith
Alicia Griffith
Kerwin Grimes
Kelly Halford
Corey Herbert
Samantha Hernández
Llyana Heywood
Akeil Jacob
Michael James
Ekwon Jeffray
Mark John
Samson Lavende
Adanna Lewis
Irish Lions
Perry Liverpool
Kwasi Lyons
Makeba Matooram
Kerry Matthews
Keston Matthews
Sheldon Mayers
John McKenna
Hollis Mclean
Hafiz Mohammed
Geneil Moses
Jameel Neptune
Jamilla Neptune

Shinelle Nichols
Adanna Noel
Sasha Noel
Junior Paul
Keston Paul
Ron Paul
Daniel Pereira
Jermel Pereira
Joel Pereira
Khadija Permel
Adwin Phillip
Eric Phillip
Kevon Piper
Teresa Piper
Tracey Piper
Stephon Pollard
De'Andre Pompey
Precious Pompey
N'Neka Pompey
Samantha Pompey
Shane Pompey
Sonny Ramatali
Tazim Ramjattan
Ricardo Regis
Jonathan Sammy
Alister Scanterbury
Jermel Sebro
Ayana Smith
Janelle Smith
Keith Smith
Sherika Smith
Adanna de Souza
Anim de Souza
John Sterling
Stefan Sterling
Innis Tyson
Ria Walters
Makhandal Watson
Andy Williams
Betty Williams
Luanna Williams
Nichole Williams
Nicolas Williams
Rena Williams
Roland Williams

Una perspectiva elevada inspira respeto

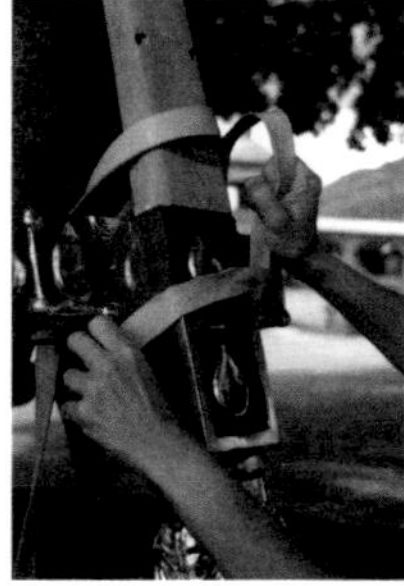

Impreso y encuadernado en agosto de 2012 en los talleres de EBS, Verona, Italia,
en papel Gardapat Kiara de 135 gramos. Se utilizaron los tipos Garamond y Franklin Gothic.